Risk Controlling in der Praxis

Henner Schierenbeck (Hrsg.)

Risk Controlling in der Praxis

Rechtliche Rahmenbedingungen
und geschäftspolitische Konzeptionen
in Banken, Versicherungen und Industrie

2000
Schäffer-Poeschel Verlag Stuttgart

Die Deutsche Bibliothek – CIP-Einheitsaufnahme

Risk-Controlling in der Praxis :
rechtliche Rahmenbedingungen und geschäftspolitische
Konzeptionen in Banken, Versicherungen und Industrie /
Henner Schierenbeck (Hrsg.)
– Stuttgart : Schäffer-Poeschel, 2000
   ISBN 3-7910-1682-2

Dieses Werk einschließlich aller seiner Teile ist urheberrechtlich geschützt. Jede Verwertung außerhalb der engen Grenzen des Urheberrechtsgesetzes ist ohne Zustimmung des Verlages unzulässig und strafbar. Das gilt insbesondere für Vervielfältigungen, Übersetzungen, Mikroverfilmungen und die Einspeicherung und Verarbeitung in elektronischen Systemen.

© 1999 Verlag Neue Zürcher Zeitung, Zürich
Lizenzausgabe für Deutschland und Österreich:
Schäffer-Poeschel Verlag für Wirtschaft · Steuern · Recht GmbH & Co. KG
Einbandgestaltung: Willy Löffelhardt
Printed in Germany

Schäffer-Poeschel Verlag Stuttgart
Ein Tochterunternehmen der Verlagsgruppe Handelsblatt

Inhaltsübersicht

Risk Controlling in Banken

Henner Schierenbeck
Bankaufsichtsrechtliche Risikobegrenzung –
Aktuelle Empfehlungen des Basler Ausschusses für Banken ... 19

Michael Lister
Konzeption des bankinternen Risikomodells Riskmaster ® ... 69

Matthias Nolte
Betriebliche und technische Aspekte des unternehmensweiten
Risikomanagements in Finanzinstituten ... 147

R. Häberle/P.-G. Persson
Risikokontrolle bei der UBS AG ... 177

Risk Controlling in Versicherungen

Reinhold Hölscher/Henner Schierenbeck
Aufsichtsrechtliche Grundlagen des Risikomanagements in
Versicherungsunternehmen ... 191

Oliver Neumann
Risk Controlling im Lichte des Shareholder Value ... 237

Christiane Jost
Das Risk Controlling der Kapitalanlage bei der Helvetia Patria Gruppe ... 269

Risk Controlling in der Industrie

Reinhold Hölscher
Gestaltungsformen und Instrumente des industriellen
Risikomanagements ... 297

Uwe Rücker
Finite Risk Konzepte als Beispiel hybrider Instrumente der
Risikofinanzierung   365

Reinhold Hölscher
Die Praxis des Risiko- und Versicherungsmanagements in der
deutschen Industrie   413

Edgar Wittmann
Organisation des Risikomanagements im Siemens Konzern   457

Inhaltsverzeichnis

Vorwort	15

Risk Controlling in Banken

Henner Schierenbeck
Bankaufsichtsrechtliche Risikobegrenzung –
Aktuelle Empfehlungen des Basler Ausschusses für Banken — 19
   Einleitung — 19
   Qualitative und quantitative Anforderungen an die Eigenmittel von Banken — 21
      Klassifizierung und Anrechenbarkeit bankeigener Mittel — 21
      Der Mindest-Eigenmittelbedarf für (Kredit-)Ausfallrisiken und Marktrisiken — 23
      Bestimmung der «aufsichtsrechtlichen Eigenmittelquote» — 26
   Anrechnungspflichtige bilanzielle und ausserbilanzielle Risiko-Positionen — 28
      Anrechnungspflichtige Zinsänderungsrisikopositionen — 28
      Anrechnungspflichtige Aktienkursrisikopositionen — 30
      Anrechnungspflichtige Währungsrisikopositionen — 31
      Anrechnungspflichtige Rohstoffrisikopositionen — 34
      Anrechnungspflichtige (Kredit-)Ausfallrisikopositionen — 35
   Verfahren zur Eigenmittelunterlegung von Positionsrisiken — 40
      Standardverfahren zur Eigenmittelunterlegung von (Kredit-)Ausfallrisiken — 40
      Standardverfahren zur Eigenmittelunterlegung von Marktrisiken — 44
      Eigenmittelunterlegung mit Hilfe bankinterner Modelle — 60
   Fazit — 66

Michael Lister
Konzeption des bankinternen Risikomodells Riskmaster ® — 69
   Grundlagen des bankinternen Risikomodells RiskMaster — 69
      Bankaufsichtsrechtliche Anforderungen an ein bankinternes

Risikomodell	69
Alternative Risikomodelle	73
Überblick über die Konzeption des Risikomodells RiskMaster	87
Risikomessung im Risikomodell RiskMaster	89
Stufenschema zur Value at Risk-Messung	89
Quantifizierung des Value at Risk ausgewählter Risikokategorien	94
Modifikationen der Value at Risk-Messung	104
Konzeptionen der Risikokapitalallokation	122
Prozess zur Abstimmung der Risikotragfähigkeit	122
Stufenweise Abgrenzung der Risikodeckungsmassen	123
Risikoadjustierte Ergebnisoptimierung	134
Verfahren zur Optimierung der Risikokapitalallokation	140

Matthias Nolte
Betriebliche und technische Aspekte des unternehmensweiten Risikomanagements in Finanzinstituten **147**

Unternehmensweites Risikomanagement – zentrale Aufgabe in Finanzinstituten	147
Das Risk-Data-Warehouse – die betrieblich/technische Herausforderung im modernen Risikomanagement	152
Der Einführungsprozess	168

Rainer Häberle/ Per-Göran Persson
Risikokontrolle bei der UBS AG **177**

Einführung	177
Organisatorische Verantwortlichkeit	177
Hintergrund	177
Verwaltungsrat	178
Konzernleitung	178
Risikomanagementkomitees der Unternehmensbereiche	178
Grundsätze der Risikopolitik	179
Ablaufgestaltung der Risikokontrolle	180
Vier Verteidigungswälle	180
Management der Geschäftsbereiche	181
Logistik Funktionen	181

Corporate Risk Control	182
Konzernrevision	183
Zusammenarbeit von Risikokontrolle und Logistik	183
Operations/Marktrisikokontrolle	183
Operations/Credit Risk Control	184
Abläufe für neue Geschäftsaktivitäten	185
Marktrisikokontrolle	185
Die Rolle des Market Risk Officers	185
Identifizierung von Marktrisiken	185
Messung der Marktrisiken	186
Limiten für Marktrisiken	186
Berichterstattung von Marktrisiken	187
Marktrisiken vs. Kreditrisiken	187
Die Abläufe im Bereich Kreditrisikokontrolle	188
Die Rolle des Credit Officers	188
Identifikation von Kreditrisiken	188
Messung der Kreditrisiken	189
Richtlinien und Limiten für Kreditrisiken	189
Berichterstattung von Kreditrisiken	189
Abschliessende Bemerkungen	190

Risk Controlling in Versicherungen

Reinhold Hölscher/ Henner Schierenbeck

Aufsichtsrechtliche Grundlagen des Risikomanagements in Versicherungsunternehmen — **191**

Aufbau und Durchführung der Aufsicht	191
Versicherungsgeschäfte und Versicherungsaufsicht	191
Das Aufsichtssystem	194
Beaufsichtigung ausländischer Versicherungsunternehmen	202
Die Aufsicht über die Kapitalanlagen der Versicherungsunternehmen	204
Allgemeine Anlagegrundsätze	204
Das gebundene Vermögen	207
Anlagekatalog und Anlagegrenzen	209
Solvabilitätsvorschriften zur Sicherstellung der Erfüllbarkeit von	

Verpflichtungen aus Versicherungsverträgen	216
Der Begriff der Solvabilität	216
Die anrechnungsfähigen Eigenmittel	217
Die Ermittlung der Solvabilitätsspanne	223
Der Garantiefonds	232

Oliver Neumann
Risk Controlling im Lichte des Shareholder Value — 237

Shareholder Value – alter Wein in neuen Schläuchen?	237
Zukünftige Anforderungen an die Versicherungsunternehmen	238
Prozessorganisation	238
Informationstechnologie	239
Personalressourcen	240
Unternehmenssteuerung	241
Status Quo und Grenzen des traditionellen Risiko-Controlling in Versicherungsunternehmen	243
Stufe I – Vollkostenrechnung	243
Stufe II – Teilkostenrechnung	244
Stufe III – Mix aus Voll- und Teilkostenrechnung	246
Stufe IV – Zahlungsströme (Cash Flows)	247
Theoretische Ansätze der wertorientierten Steuerung	248
Discounted Cash Flow	249
Cash Flow Return on Investment	252
Economic Value Added	254
Fazit	257
Kritische Auseinandersetzung mit der wertorientierten Steuerung für Versicherungsunternehmen	258
Shareholder Value versus Stakeholder Value?	258
Besonderheiten der Versicherungsunternehmen	259
Ermittlung der Eigenkapitalkosten	260
Ermittlung des Cash Flow	261
Fazit	263

Christiane Jost
Das Risk Controlling der Kapitalanlage bei der Helvetia Patria Gruppe — 269

Die Entwicklung des Risk Controllings der Kapitalanlagen bei der

Helvetia Patria Gruppe	269
Die Konzeption des Risk Controllings der Kapitalanlagen bei der Helvetia Patria Gruppe	271
Zu den Risiken eines Versicherungsunternehmens	271
Die Wahl des geeigneten Kapitalanlage-Risk Managements	274
Die Bestimmung der Benchmark-Allokation	279
Die zu sichernden Verbindlichkeiten	280
Die Entwicklung der Kapitalanlagen	283
Die taktische Allokation	288
Umsetzung und Kontrolle	288
Richtlinien und Kompetenzen	288
Berichterstattung und Kontrolle	290
Erfahrungen	292

Risk Controlling in der Industrie

Reinhold Hölscher

Gestaltungsformen und Instrumente des industriellen Risikomanagements — **297**

Grundgedanken eines modernen industriellen Risikomanagements	297
Die Dynamik der industriellen Risikosituation	297
Das Risiko als Betrachtungsgegenstand des Risikomanagements	299
Die Zielsetzung des Risikomanagements	305
Rechtliche Anforderungen an das Risikomanagement	306
Ausgestaltung des Risikomanagements in einem Industrieunternehmen	308
Die Koordination des Risikomanagements	308
Die strategische Komponente des Risikomanagements	311
Der Prozess des operativen Risikomanagements	316
Die Risikofinanzierung als Instrument des passiven Risikomanagements	334
Selbsttragen von Risiken	335
Versichern von Risiken	336
Alternative Strategien der Risikofinanzierung	344

Uwe Rücker
Finite Risk Konzepte als Beispiel hybrider Instrumente der Risikofinanzierung — **365**
- Formen der Risikofinanzierung — 365
  - Systematisierung der Instrumente der Risikofinanzierung — 365
  - Die Risikofinanzierung im Gesamtkonzept des Risikomanagements — 371
  - Kritische Analyse der traditionellen Instrumente der Risikofinanzierung — 373
- Finite Risk-Konzepte — 380
  - Entwicklung und Abgrenzung — 380
  - Merkmale von Finite Risk-Konzepten — 383
  - Formen des Risikotransfers — 387
- Funded Cover-Deckungen — 392
  - Aufbau und Charakteristik — 392
  - Steuerliche Behandlung von Funded Covers — 398
  - Beispielhafte Ausgestaltung einer Funded Cover-Deckung — 400

Reinhold Hölscher
Die Praxis des Risiko- und Versicherungsmanagements in der deutschen Industrie — **413**
- Das Design der Untersuchung zum Risiko- und Versicherungsmanagement — 413
  - Zielsetzung und Aufbau der Untersuchung — 413
  - Auswahl der Adressaten und Struktur des Rücklaufs — 414
- Ergebnisse der empirischen Untersuchung — 417
  - Risikomanagement — 417
  - Versicherungsmanagement — 424
  - Versicherungsprogramm — 428
- Beurteilung der Untersuchungsergebnisse und Schlussfolgerungen — 434
  - Die Effektivität des Risikomanagements deutscher Industrieunternehmen — 434
  - Potentielle Schwachstellen im Versicherungsprogramm — 447
  - Verbesserungsansätze im industriellen Risiko- und Versicherungsmanagement — 450

Edgar Wittmann
Organisation des Risikomanagements im Siemens Konzern **457**
    Vom Risikomanagement zum unternehmensweiten
    Risikomanagement   457
    Elemente einer Risikomanagement-Organisation   459
    Mehr-Ebenen-Modell eines unternehmensweiten
    Risikomanagements   462
        Operative Geschäftseinheiten   463
        Stabs- und Fachabteilungen   465
        Aufgaben einer eigenständigen
        Risikomanagementabteilung   466
        Interne Revision   468
    Unternehmensweites Risiko-Controlling   469
        Identifikation und Erfassung von Risiken   472
        Analyse und Bewertung von Risiken   474
        Steuerung von Risiken   477
        Risiko-Reporting   478
    Verbindung zur bestehenden Organisation und
    Controlling-Prozessen   480

Autorenverzeichnis   483

Vorwort

Risk Controlling in der Praxis

Rechtliche Rahmenbedingungen und geschäftspolitische Konzeptionen in Banken, Versicherungen und Industrie

Die ständig fortschreitende Globalisierung der Geschäftstätigkeit von Unternehmen der verschiedensten Branchen stellt diese zunehmend vor neue Herausforderungen. Einerseits verstärkt die steigende Konkurrenz den direkten Wettbewerbsdruck auf die einzelne Unternehmung. Auf der anderen Seite sieht sie sich komplexen und gleichzeitig dynamischen Märkten und Marktstrukturen gegenüber, aus denen immer vielfältigere und neue Risiken resultieren. Diesen verschiedenartigen Risiken, die sowohl branchenspezifisch aber auch branchenübergreifend hohe Aktualität besitzen, gilt es, mit gesteigerten Anforderungen an das Risikomanagement und insbesondere an das Risk Controlling zu begegnen. So müssen zunächst generelle und spezifische Risikoquellen und adäquate Risikogrössen für die einzelne Unternehmung herausgearbeitet werden. Auf Basis dieser Einflussgrössen sind die Unternehmen gezwungen, ihre geschäftspolitischen Entscheidungen und damit auch ihre innerbetrieblichen Steuerungssysteme ständig an die sich ändernden Markt- und Umweltbedingungen anzupassen.

Das vorliegende Buch «Risk Controlling in der Praxis» greift diese hochaktuelle Thematik auf. Dem Herausgeber ist es dabei gelungen bewährte Experten aus Wissenschaft und Praxis als Autoren für dieses umfassende Werk zu gewinnen. Die Autoren geben interessante Überblicke, aber auch detaillierte Einblicke in die zukunftsweisenden Konzeptionen des Risk Controlling von Banken, Versicherungen und Industrieunternehmen.

Beginnend mit dem Bankensektor werden zunächst die Empfehlungen des Basler Ausschusses für Bankenaufsicht für die Begrenzung der Risiken aus dem Bankgeschäft eingehend beschrieben. Ausgehend von dieser Darstellung der qualitativen und quantitativen Anforderungen an die Eigenmittel und der Unterlegung der bankenspezifischen Risiken wird mit dem Modell RiskMaster ein Verfahren der Risikomessung, wie es heute aktuell in

Banken Verwendung findet, vorgestellt. Die zukünftig auch weiterhin an Bedeutung gewinnende, wichtige Rolle einer adäquaten Datenverarbeitung und -bereitstellung in Form eines Risk-Data-Warehouses wird in Form einer Ziel- und Bedarfsanalyse für den Sektor der Finanzinstituten ausführlich erfasst. Einige Ausführungen zur Eingliederung des Risikomanagements und speziell der praktischen Umsetzung des Risk Controllings in der UBS ergänzen die theoretischen Konzeptionen.

Im zweiten Teil des Buches steht das Risk Controlling der Versicherungsunternehmen im Mittelpunkt. Nach einer grundlegenden Darstellung der aufsichtsrechtlichen Anforderungen an die Kapitalanlage durch Versicherungskonzerne und der Solvabilitätsvorschriften zur Erfüllung der vertraglich fixierten Verbindlichkeiten aus dem Versicherungsgeschäft wird das Risk Controlling im Versicherungsunternehmen aus der Sicht des zur Zeit viel diskutierten Shareholder Value-Ansatzes betrachtet. Im Anschluss wird zeigt eine Autorin aus der Praxis, wie das Risk Controlling in den Unternehmensstrukturen der Helvetia Patria Gruppe implementiert wurde und mit Hilfe welcher Konzeptionen und Verfahren den Risiken des Kapitalanlage- und Versicherungsgeschäfts begegnet wird.

Den Abschluss dieses umfassenden Werkes bilden im dritten Teil die profunden Einführungen in das Risikomanagment der Industrieunternehmungen. Ausführlich werden die Risiken, die Risikoanalyse und die Ansätze der Risikobewältigung dargestellt. Als Beispiele für moderne, hybride Instrumente der Risikobewältigung werden Finite Risk Konzepte näher vorgestellt. Der interessante Bericht über eine aktuelle empirischen Studie, bei der insbesondere deutsche Industrieunternehmen nach ihren Ansätzen und ihrer speziellen Umsetzung des Risikomanagements in die Praxis befragt wurden, zeigt in seinem Ergebnis die aktuelle Situation in der Industrie und weist fortführend zukunftsweisende Tendenzen für die weitere Entwicklung auf. Abschliessend wird eine mögliche praktische Umsetzung des Risikomanagements am Beispiel des Siemens Konzerns aufgezeigt.

Ein so universelles Werk wie das vorliegende ist letztlich nur als Gemeinschaftsprojekt und durch das Engagement aller Autoren zu bewältigen. Mein herzlicher Dank gilt dabei insbesondere meinen *Mit-autoren Frau Dr. Christiane Jost* und den Herren *Prof. Dr. Reinhold Hölscher, Dr. Michael Lister, Dr. Matthias Nolte, Dr. Edgar Wittmann, Dr. Uwe Rücker, Herrn Oliver Neumann* und *Herrn Rolf T. Böni* für die Bereitschaft Einblicke in die Praxis zu gewähren, die mehr sind als die Betrachtung der nach aussen sichtbaren Oberflächen. Ihre an der Realität des Risk Controllings orientierten Beiträge geben dem Leser auf diese Weise tiefergehende Einblicke in diese für Unternehmen so wesentliche Thematik.

Basel, im Juni 1999　　　　　　　　　　　　　　　　　　*Henner Schierenbeck*

Henner Schierenbeck

Bankaufsichtsrechtliche Risikobegrenzung – Aktuelle Empfehlungen des Basler Ausschusses für Bankenaufsicht

Einleitung

Um der Globalisierung des Bankgeschäfts in den 80er Jahren Rechnung zu tragen und eine grösstmögliche Vereinheitlichung und Effizienz internationaler bankaufsichtsrechtlicher Risikobegrenzungsnormen zu realisieren, hat der Basler Ausschuss für Bankenaufsicht seit Dezember 1987 zahlreiche Empfehlungen zur Begrenzung von (Kredit-)Ausfallrisiken und Marktrisiken erlassen. Wenngleich diese Empfehlungen nach wie vor keinerlei Rechtskraft besitzen, prägen sie heute eine Vielzahl an nationalen und supranationalen Risikobegrenzungsnormen in ausserordentlich hohem Masse. Jüngste Beispiele hierzu sind die derzeitigen Verhandlungen zur Anpassung der Kapitaladäquanzrichtlinie an die Basler Empfehlungen (Stichwort: CAD II) oder die Neufassung des Ende 1997 in Kraft getretenen deutschen Grundsatzes I KWG, der die Regelungen der Basler Marktrisikopapiere vom Januar 1996 in deutsches Aufsichtsrecht umsetzt. Nicht zuletzt dieser zentralen Bedeutung für die Risikobegrenzung seitens der Bankenaufsicht wegen, werden die wichtigsten Inhalte der derzeit aktuellen Empfehlungen des Basler Ausschusses im folgenden einmal in den Mittelpunkt der Betrachtung gestellt.

Der erste Teil setzt sich mit den Anforderungen, die der Basler Ausschuss an die Eigenmittel von Banken stellt, auseinander. Prinzipiell lassen sich qualitative Normen von quantitativen unterscheiden. Die qualitativen Normen betreffen die Zusammensetzung bankeigener Mittel. Mit dem Kernkapital, dem Ergänzungskapital und dem Nachrangkapital unterscheidet der Basler Ausschuss insgesamt drei «Güteklassen». Diese werden einleitend zunächst hinsichtlich ihrer Bestandteile und sodann bezüglich ihrer Anrechenbarkeit als Eigenmittel analysiert. Im Anschluss daran werden die volumensmässigen Anforderungen, die an die Eigenmittel von Banken gestellt werden, umrissen. Dem Building Block Approach folgend, wird dabei zwischen dem Mindesteigenmittelbedarf für allgemeine Marktrisiken, spezifische Risiken und (Kredit-)Ausfallrisiken unterschieden und im Überblick aufgezeigt, welche Kapitalunterlegungssätze bei Applikation aufsichtsrechtlicher Standardverfahren oder bankinterner Modelle jeweils anzusetzen sind. Die Konsequenzen der qualitativen und quantitativen Normen für die Berechnung der «aufsichtsrechtlichen Eigenmittelquote» werden abschliessend allgemein und anhand eines einfachen Zahlenbeispiels dargestellt.

Der zweite Teil befasst sich sodann mit den anrechnungspflichtigen Risikopositionen. Hierbei werden – nach Zinsänderungsrisiko-, Aktienkursrisiko-, Währungsrisiko-, Rohstoffrisiko- und (Kredit-) Ausfallrisikopositionen getrennt – zum einen die jeweils risikotragenden bilanziellen und ausserbilanziellen Geschäfte identifiziert. Mit der Berechnung von zinsbindungs-, aktien-, währungs- sowie rohstoffspezifischen Nettopositionen, der darauf aufbauenden Ermittlung der Brutto- respektive Nettogesamtpositionen im zinsabhängigen Geschäft, in Aktien sowie Rohstoffen und der Quantifizierung des risikoäquivalenten Volumens von derivativen Ausfallrisikopositionen mit Hilfe der Laufzeit- und der Marktbewertungsmethode werden zum andern die Bemessungsgrundlagen für die Ermittlung des Eigenmittelbedarfs zur Unterlegung der positionsinhärenten Risiken erörtert.

Im dritten Teil werden schliesslich die Verfahren zur Eigenmittelunterlegung von Positionsrisiken dargelegt. Gegenstand der Betrachtung bilden hier zunächst die Standardverfahren zur Eigenmittelunterlegung des (Kredit-)Ausfallrisikos von bilanziellen und ausserbilanziellen Geschäften. Daran anschliessend werden die Standardverfahren zur Eigenmittelunterlegung von Zinsänderungs-, Aktienkurs-, Währungs- und Rohstoffrisiken erläutert, bei ersteren beiden jeweils nach Unterlegung allgemeiner Marktrisiken und spezifischer Risiken differenziert. Daneben erfahren – aufgrund der wachsenden Bedeutung des Optionsgeschäfts – mit dem Delta-Plus-Verfahren, der Szenario-Analyse und einem vereinfachten Verfahren die drei vom Basler Ausschuss vorgeschlagenen Standardverfahren zur Ermittlung des Eigenmittelbedarfs für Optionspositionen eine gesonderte Darstellung, obwohl mit den nicht-linearen Risiken nur ein unwesentlicher Teil der mit Optionen verbundenen Risiken separat, d.h. getrennt von der Eigenmittelunterlegung der vier vorstehend genannten Risikokategorien mit eigenen Mitteln zu unterlegen ist. Abschliessend wird auf den aufsichtsrechtlichen Rahmen für die Applikation interner Modelle (als Alternative zu den Standardverfahren) eingegangen.

Qualitative und quantitative Anforderungen an die Eigenmittel von Banken

Klassifizierung und Anrechenbarkeit bankeigener Mittel

Die Eigenmittelklassifizierung des Basler Ausschusses beruht im wesentlichen auf den Vereinbarungen des Cooke-Committee von 1988[1] Die von diesem vorgenomme Differenzierung zweier Güteklassen bankeigener Mittel, dem Kernkapital (Tier 1-Kapital) und dem Ergänzungskapital (Tier 2-Kapital), wird im Rahmen der Vorschriften des Basler Ausschusses jedoch – im Hinblick auf die explizite Unterlegung von Marktrisiken – mit dem Nachrangkapital (Tier 3-Kapital) um eine dritte Klasse ergänzt. Die Bestandteile dieser nunmehr 3 Klassen von Eigenmitteln sind folgender Abbildung zu entnehmen.

Eigenmittel-komponente	Charakteristikum Kapitalbestandteile	Anrechenbarkeit
Kernkapital (Tier 1-Kapital)	a) Aktienkapital ⊕ b) offene Reserven (Gewinn-/Kapitalreserven) ⊕ c) Reingewinne (sofern nicht ausgeschüttet) ⊕ d) Sonderposten für allgemeine Bankrisiken	• unbeschränkt
Ergänzungskapital (Tier 2-Kapital)	**Klasse 1:** a) Vorsorgereserven b) Neubewertungsreserven c) Hybride Finanzierungsinstrumente d) Kumulative Vorzugsaktien mit fester Laufzeit **Klasse 2:** a) Längerfristige nachrangige Verbindlichkeiten, Ursprungslaufzeit mind. 5 Jahre	• Summe von Klasse 1 und 2: max. in Höhe von 100% des Tier 1-Kapitals • Klasse 1: max. in Höhe von 100% des Tier 1-Kapitals • Klasse 2: max. in Höhe von 50% des Tier 1-Kapitals
Nachrangkapital (Tier 3-Kapital)	Kürzerfristige, nachrangige Verbindlichkeiten mit einer Ursprungslaufzeit von mind. 2 Jahren, kein vorzeitiges Kündigungsrecht, weder Zins- noch Tilgungszahlungen, wenn dadurch die Mindesteigenmittelausstattung der Bank unterschritten würde („Lock-in-Klausel")	• max. in Höhe von 250% des Tier 1-Kapitals • nur Unterlegung von Marktrisiken

Abbildung 1: Klassifizierung bankeigener Mittel und deren Anrechenbarkeit [2]

Das Kernkapital besteht aus dem eingezahlten Kapital (je nach Rechtsform der Bank z.b. dem Geschäftskapital, Grundkapital, Stammkapital, Geschäftsguthaben oder Dotationskapital), den Kapitalreserven, den Gewinnreserven (gesetzliche Reserven, Reserven für eigene Anteile, satzungsmässige Reserven und andere Gewinnreserven), dem Gewinnvortrag sowie dem Sonderposten für allgemeine Bankrisiken.

Hinsichtlich des Ergänzungskapitals wird zwischen Kapital der Klasse I und Kapital der Klasse II unterschieden. Während unter dem Klasse I-Kapital Vorsorgereserven, Neubewertungsreserven, hybride Finanzierungsinstrumente und kumulative Vorzugsaktien mit fester Laufzeit subsummiert werden, besteht das Klasse II-Kapital aus längerfristigen nachrangigen Verbindlichkeiten mit einer Ursprungslaufzeit von mindestens 5 Jahren.

Als Nachrangkapital gelten schliesslich kürzerfristige nachrangige Verbindlichkeiten mit einer Ursprungslaufzeit von mindestens zwei Jahren, die nicht vorzeitig gekündigt werden können und eine «Lock-in-Klausel» aufweisen. Diese bewirkt, dass Zins- und Tilgungszahlungen nicht geleistet werden müssen, wenn dadurch die Eigenmittelausstattung einer Bank unter ihr notwendiges Minimum sinkt.

Nur am Rande sei bemerkt, dass von den Eigenmitteln zum einen der Goodwill (bereits beim Kernkapital), zum andern Beteiligungen an Tochtergesellschaften, welche Bank- und/oder Finanzgeschäfte betreiben und in nationalen Bilanzierungssystemen nicht konsolidiert werden sowie – nach Ermessen der nationalen Aufsichtsbehörden – Beteiligungen am Kapital anderer Banken und Finanzinstitute in Abzug zu bringen sind.

Während Bestandteile des Kernkapitals unbeschränkt als Eigenmittel angerechnet werden, ist die Anrechenbarkeit von Ergänzungskapital in der Summe auf maximal 100 % des Kernkapitals begrenzt. Ergänzungskapital der Klasse I ist dabei bis in Höhe von 100 %, Ergänzungskapital der Klasse II lediglich bis in Höhe von 50 % des Kernkapitals anrechenbar. Kürzerfristige nachrangige Verbindlichkeiten ohne vorzeitiges Kündigungsrecht und mit Lock-in-Klausel schliesslich sind bis zu 250 % des Kernkapitals als eigene Mittel anrechenbar, dürfen jedoch nur zur Unterlegung von Marktrisiken verwendet werden.

Der Mindest-Eigenmittelbedarf für (Kredit-)Ausfallrisiken und Marktrisiken

Bis zu Beginn des Jahres 1996 schrieb der Basler Ausschuss lediglich für das (Kredit-)Ausfallrisiko Mindest-Eigenmittelanforderungen vor.[3] Diesen zufolge mussten die bonitätsgewichteten (Kredit-)Ausfallrisikopositionen mit mindestens 8 % eigenen Mitteln unterlegt sein bzw. durften das 12,5-fache der Eigenmittel nicht übersteigen. Die Marktrisikoregelungen vom Januar 1996 erweitern diese Eigenkapitalübereinkunft zum (Kredit-)Ausfallrisiko aus dem Jahr 1988, indem sie – in Analogie zur Kapitaladäquanzrichtlinie – Mindest-Eigenkapitalanforderungen für das Marktrisiko festlegen.[4]

Der Gesamtbedarf an bankeigenen Mitteln wird nach dem Bausteinprinzip (Building Block Approach) ermittelt. Das Prinzip besteht in einer getrennten Erfassung und Unterlegung des den einzelnen Geschäften inhärenten (Kredit-)Ausfall- und Marktrisikos. Bezüglich des Marktrisikos wird dabei zwischen allgemeinem Marktrisiko und spezifischem Risiko unterschieden, um die im Rahmen der Kapitalmarkttheorie vorgenommene Differenzierung von systematischem und unsystematischem Risiko aufzugreifen.

Das spezifische Risiko beinhaltet die Gefahr «negativer» Wertveränderungen als Folge von emittentenspezifischen Bonitätsverschlechterungen. Verschlechtert sich beispielsweise die Bonität eines Wertpapieremittenten, dann wird von diesem eine höhere Risikoprämie gefordert. Dies führt zu einer entsprechend tieferen Notierung des Wertpapierkurses. Verbessert sich dagegen die Bonität des Emittenten, dann steigt der Kurs des Wertpapiers als Reaktion auf eine Reduktion der Risikoprämie. Vor diesem Hintergrund sieht sich eine Bank demzufolge dem Risiko ausgesetzt, dass sie «negative» Wertänderungen hinnehmen muss, wenn sich die Emittentenbonität bei einer Long-Position verschlechtert respektive bei einer Short-Position verbessert.

Das allgemeine Marktrisiko ist demgegenüber definiert als Gefahr negativer Wertänderungen aufgrund allgemeiner Marktentwicklungen. Wie Abbildung 2 verdeutlicht, sind diesem Risiko – mit Ausnahme der (Kredit-)Ausfallrisikopositionen, die bislang auf keinem Markt gehandelt werden – alle Positionen ausgesetzt.

Risikobehaftete Positionen / Risikokategorie	Zinsänderungsrisikopositionen			Aktienkursrisikopositionen			Währungsrisikopositionen			Rohstoffrisikopositionen			Ausfallrisikopositionen	
	Wertpapiere	Zinsderivate		Aktien	Aktienderivate		Devisen	Währungsderivate		Rohstoffe	Rohstoffderivate		bilanziell	außerbilanziell
		Optionen	FRAs, Futures, Swaps		Optionen	Fwds, Futures, Swaps		Optionen	Fwds, Futures, Swaps		Optionen	Fwds, Futures, Swaps		
• **Marktrisiken**														
- Allgemeines Marktrisiko:														
* linear	X	X	X	X	X	X	X	X	X	X	X	X		
* nicht-linear		X			X			X			X			
- Spezifisches Risiko	X	X	X	X	X	X								
• **Ausfallrisiko**	X	X		X	X		X	X		X	X		X	X

Abbildung 2: Risikobehaftete Positionen

Bezüglich der Unterscheidung von spezifischem Risiko und (Kredit-) Ausfallrisiko bleibt festzuhalten, dass beide Kategorien grundsätzlich dasselbe Risiko beschreiben.[5] Dieses besteht in der Gefahr, dass einer Bank aufgrund von Bonitätsveränderungen einer Person oder einer Unternehmung, zu der eine wirtschaftliche Beziehung besteht, Verluste entstehen. Während jedoch das spezifische Risiko in der Gefahr bonitätsänderungsbedingter Wertverschlechterungen von Trading Book-Positionen besteht, also aus Positionen resultiert, die mit Zinsänderungsrisiken und/oder Aktienkursrisiken verbunden sind, bezieht sich das (Kredit-)Ausfallrisiko vor allem auf die ausstehenden Kreditvolumina und besteht in der Gefahr, dass ein Vertragspartner seinen Verpflichtungen in bezug auf Betrag und/oder Zins- und Tilgungstermin des Kredits nicht oder nur teilweise nachkommt.

Bankaufsichtsrechtlich wird das spezifische Risiko allerdings dem Marktrisiko zugerechnet, da die Wirkung dieses Risikos in zu Verlusten führenden (Markt-)Preisveränderungen besteht. Abbildung 2 stellt daher auf die Unterscheidung von Markt- und (Kredit-)Ausfallrisiko ab. Auf die vom Basler Ausschuss vorgenommene Trennung linearer und nicht-linearer Marktrisiken wird im Zusammenhang mit der Behandlung der Optionspreisrisiken kurz eingegangen.

Die Höhe der Kapitalunterlegung kann entweder mit Hilfe der vom Basler Ausschuss formulierten Standardverfahren oder anhand bankinterner Modelle, die der Genehmigung seitens der zuständigen nationalen Aufsichtsbehörde bedürfen, oder einer Kombination beider bestimmt werden. Im Rahmen der Standardverfahren gehen die risikokategoriespezifischen Unterlegungssätze dabei auf statistische Untersuchungen des Basler Ausschusses zurück und ergeben sich als Vielfaches der auf Basis historischer Daten ermittelten Standardabweichungen der entsprechenden Risikoparameter. Abbildung 3 gibt einen Überblick über die kategoriespezifischen Sätze.

Zinsänderungsrisiken		Aktienkursrisiken		Währungsrisiken	Rohstoffrisiken	(Kredit-)Ausfallrisiken
Brutto-/Netto-Barwerte offener Positionen		Brutto-/Netto-Barwerte offener Positionen		Netto-Barwerte offener Positionen	Netto-Barwerte offener Positionen	Risikoäquivalentes Volumen
Allg. Marktrisiko	Spezif. Risiko	Allg. Marktrisiko	Spezif. Risiko	Allg. Marktrisiko	Allg. Marktrisiko	(Kredit-)Ausfallrisiko
•						•
Risiko-Gewichte (Modified Duration-Zinsänderung)	•	•	•	•	Diverse Aufrechnungsmöglichkeiten (fristenspezifisch, fristenübergreifend)	Risiko anrechnungsfaktoren (0-100%)
•					•	•
Disallowance Factors (10-150%)	0-8% (je nach Emittent und Restlaufzeit)	2-4%	8%	8% (Innerhalb der Bagatellgrenze 0%)	0,6-15% (In Einzelfällen auch 8%)	8% (Solvabilitätskoeffizient)
		(In Einzelfällen auch 8%)				
=		=		=	=	=
Eigenmittelbedarf		Eigenmittelbedarf		Eigenmittelbedarf	Eigenmittelbedarf	Eigenmittelbedarf
Gesamt Eigenmittelbedarf						

Abbildung 3: Unterlegungssätze für (Kredit-)Ausfall- und Marktrisiken gemäss Standardverfahren

Die für das Ausfallrisiko, das spezifische Risiko und das allgemeine Marktrisiko somit getrennt ermittelten Eigenmittelanforderungen sind anschliessend zur Gesamtforderung zu aggregieren.

Wird der Risikomessung ein bankinternes Modell zugrundegelegt, orientiert sich die Eigenmittelanforderung am gemessenen Value at Risk (VaR). Hierbei ist entweder der VaR des Vortages oder der durchschnittliche VaR der vergangenen 60 Tage, gewichtet mit einem Faktor, der – in Abhängigkeit der Prognosegüte des Modells – zwischen 3 und 4 liegt, vollständig mit eigenen Mitteln zu unterlegen, je nachdem welcher Wert der höhere ist. Da Banken mit internen Modellen jedoch häufig lediglich den dem allgemeinen Marktrisiko ausgesetzten Wert erfassen und das spezifische Risiko sowie das (Kredit-)Ausfallrisiko getrennt davon mit Hilfe von Verfahren zur Quantifizierung von (Kredit-)Ausfallrisiken bestimmen, ergibt sich über die mit Hilfe eines internen Modells bestimmte Eigenmittelanforderung hinaus in der Regel ein zusätzlicher Bedarf an bankeigenen Mitteln. Während die bonitätsgewichteten (Kredit-)Ausfallrisikopositionen dabei bekanntermassen mit mindestens 8 % eigenen Mitteln unterlegt sein müssen, muss der Eigenmittelbedarf zur Unterlegung des spezifischen Risikos mindestens die Hälfte des im Rahmen der Standardverfahren gemessenen Bedarfs betragen.

Bestimmung der «aufsichtsrechtlichen Eigenmittelquote»

Zur Kalkulation der «aufsichtsrechtlichen Eigenmittelquote» sind die Messgrössen für Markt- und (Kredit-)Ausfallrisiken numerisch miteinander zu verknüpfen. Im Rahmen der Basler Empfehlungen wird hierzu das gemessene Marktrisiko mit dem Kehrwert der Mindesteigenmittelquote in Höhe von 8 % zur Unterlegung bonitätsgewichteter Ausfallrisikopositionen multipliziert. Das Ergebnis, das 12,5-fache des gemessenen Marktrisikos, wird sodann zur Summe der bonitätsgewichteten Ausfallrisikopositionen hinzuaddiert. Zur Ermittlung der aufsichtsrechtliche Eigenmittelquote ist das solchermassen bestimmte unterlegungspflichtige Gesamtrisikovolumen schliesslich ins Verhältnis zu den anrechenbaren Eigenmitteln zu setzen. Abbildung 4 verdeutlicht die allgemeine Vorgehensweise anhand eines stark vereinfachten Beispiels.

Unterlegungs-pflichtiges Risikovolumen	Eigenmittel-anforderung (8%)	Vorhandene Kapitalien	Als Eigenmittel	
			anrechenbar	nicht anrechenbar
Marktrisiko 4.375 Ausfallrisiko 7.500	350 600	Tier 1 - Kapital 700 Tier 2 - Kapital 100 Tier 3 - Kapital 400	Tier 3 - Kapital 250 Tier 1 - Kapital 100 Tier 2 - Kapital 100 Tier 1 - Kapital 500 Tier 1 - Kapital 100	Tier 3 - Kapital 150
11.875	950	1.000	1.050	150

$$\text{Aufsichtsrechtliche Eigenmittelquote} = \frac{1.050}{11.875} \cdot 100 = 8{,}8\%$$

Abbildung 4: Berechnung der aufsichtsrechtlichen Eigenmittelquote am Beispiel

Die Beispielbank halte bonitätsgewichtete Ausfallrisikopositionen im Umfang von 7.500 GE. Für das Marktrisiko sei insgesamt ein VaR in Höhe von 350 GE ermittelt worden. Darüber hinaus verfüge die Bank über potentiell als Eigenmittel anrechenbare Kapitalien in Höhe von 1.200 GE. Davon entfielen 700 GE auf das Kernkapital (Tier 1-Kapital), 100 GE auf das Ergänzungskapital (Tier 2-Kapital) und 400 GE auf das Nachrangkapital (Tier 3-Kapital).

In einem ersten Schritt ist zunächst die Messgrösse für das Marktrisiko mit 12,5 zu multiplizieren und daran anschliessend zum Total bonitätsgewichteter Ausfallrisikopositionen hinzuzuzählen. In der Summe ergibt sich somit ein unterlegungspflichtiges Gesamtrisikovolumen in Höhe von 11.875 GE (= 350 GE • 12,5 + 7.500 GE).

In einem zweiten Schritt muss sodann der Mindesteigenmittelbedarf für (Kredit-)Ausfall- und Marktrisiken bestimmt werden. Dieser beläuft sich bei einem Unterlegungssatz von 8 % auf 950 GE (= 11.875 GE • 8 % bzw. 7.500 GE • 8 % + 350 GE • 12,5 • 8 %).

In einem dritten Schritt sind schliesslich die zur Erfüllung der einzelnen Bedarfe anrechenbaren Eigenmittel zu ermitteln, wobei mit dem (Kredit-) Ausfallrisiko zu beginnen ist. Grundsätzlich ist hierfür zunächst Tier 2-Kapital zu verwenden, da Tier 3-Kapital ausschliesslich zur Unterlegung von Marktrisiken eingesetzt werden darf und Tier 1-Kapital als einzige Eigenmittelklasse uneingeschränkt anrechenbar ist. Da im Beispiel nur 100 GE des Tier 2-Kapitals zur Verfügung stehen, müssen daneben noch 500

GE Tier 1-Kapital zur Unterlegung der (Kredit-)Ausfallrisiken herangezogen werden.

Zur Deckung des Eigenmittelbedarfs für Marktrisikopositionen ist in erster Linie Tier 3-Kapital zu verwenden. Dessen Anrechenbarkeit ist jedoch auf das 2,5-fache des zur Marktrisikounterlegung verwendeten Tier 1-Kapitals limitiert (vgl. hierzu Abbildung 1). Neben 250 GE Tier 3-Kapital sind somit zusätzlich weitere 100 GE Tier 1-Kapital heranzuziehen.

Neben dem bereits zur Unterlegung herangezogenen Kapital dürfen in einem vierten Schritt schliesslich noch die überschüssigen Tier 1-Kapitalien in Höhe von 100 GE als Eigenmittel angerechnet werden. Im Ergebnis resultiert für die Beispiel-Bank damit eine aufsichtsrechtliche Eigenmittelquote in Höhe von 8,8 %.

Anrechnungspflichtige bilanzielle und ausserbilanzielle Risikopositionen

Anrechnungspflichtige Zinsänderungsrisikopositionen

Bemessungsgrundlage für die Ermittlung des Eigenmittelbedarfs zur Unterlegung des allgemeinen Marktrisikos von Zinsänderungsrisikopositionen stellen die zinsbindungsspezifischen Nettopositionen dar. Die Summe derselben, die sog. Nettogesamtposition, ist der Unterlegung des spezifischen Risikos von Zinsänderungsrisikopositionen zugrundezulegen. Unterlegt werden müssen dabei nicht sämtliche zinsabhängigen Geschäfte, sondern lediglich diejenigen des Trading Books.

Basis der Berechnung zinsbindungsspezifischer Nettopositionen bildet eine getrennt für jede Währung aufzustellende Zinsbindungsbilanz. Zunächst sind die Bruttopositionen in Wertpapieren zu ermittelten. Hinzuaddiert werden müssen sodann die Bruttopositionen in Zinsderivaten, so sie zu einer Erhöhung des Zinsänderungsrisikos beitragen. Forward Rate Agreements (FRAs), Zinsfutures, Zinsswaps und Zinsoptionen sind dabei jeweils getrennt nach Long- und Short-Positionen zu erfassen.

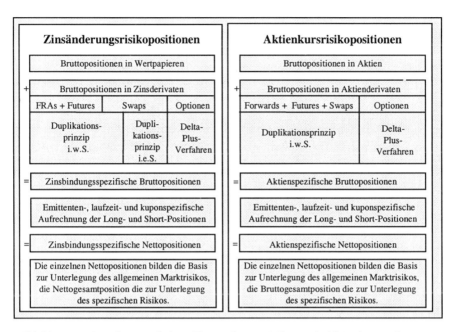

Abbildung 5: Anrechnungspflichtige Zinsänderungsrisiko- und Aktienkursrisikopositionen

Bei der Zerlegung der Zinsderivate in ihre «Underlyings», d.h. den zugrundeliegenden Basispapieren, sind – wie in Abbildung 5 angedeutet – unterschiedliche Prinzipien anzuwenden. Während bei FRAs und Zinsfutures auf das Duplikationsprinzip i.w.S. abzustellen ist, besteht bei Zinsswaps grundsätzlich die Wahlmöglichkeit zwischen dem Duplikationsprinzip i.w.S. und i.e.S. Das Duplikationsprinzip i.e.S. repliziert dabei ausschliesslich deterministische Zahlungsströme. Es fordert die Zerlegung des Zinsswaps in synthetische FRAs und die Aggregation der entsprechenden Barwerte. Im Ergebnis weist die aggregierte Position damit dieselbe Zinssensitivität wie der zugrundeliegende Swap auf. Im Unterschied dazu können mit dem Duplikationsprinzip i.w.S. auch stochastische Zahlungsströme, wie etwa die von Zinsoptionen repliziert werden. Darüberhinaus haben die Replikationsstrategien hier zumeist einen dynamischen Charakter, d.h. sie müssen im Zeitablauf stetig angepasst werden.

Zur Ermittlung der zinsbindungsspezifischen Nettopositionen, dürfen einander ausgleichende Zinspositionen – sofern sie bestimmte Voraussetzungen erfüllen – schliesslich aufgerechnet werden. Eine vollständige Aufrechnung ist dabei nur bei bezüglich Emittent, Kupon, Währung und Fälligkeit identischen Instrumenten möglich.[6] Im Rahmen des «Matched-Pairs-Ansatzes» für Zinsfutures, FRAs und Zinsswaps erfährt dieser strenge Grundsatz insofern jedoch eine Lockerung, als eine vollständige Aufrechnung bereits dann erlaubt ist, wenn die Papiere hinsichtlich Basisinstrument, Nominalwert, Währung und zinsrisikodeterminierenden Parametern übereinstimmen. Letztere sind dabei nachstehender Abbildung zu entnehmen.

Zinsfutures	Forward Rate Agreements	Zinsswaps
Positionen beziehen sich auf die gleichen **Basisinstrumente**, denselben **Nominalwert**, dieselbe **Währung** und		
beziehen sich auf identische Produkte und ihre Fälligkeitstermine liegen nicht mehr als 7 Tage auseinander	der nächste Zinsneufestsetzungstermin bzw. - bei festverzinslichen Positionen oder Forward-Kontrakten - der Zinsfälligkeitstermin muss innerhalb der folgenden Grenzen übereinstimmen: - weniger als 1 Monat nach dem Stichtag: **derselbe Tag** - zwischen einem Monat und einem Jahr nach dem Stichtag: **7 Tage** - über ein Jahr nach dem Stichtag: **30 Tage**	
	der Referenzsatz (bei zinsvariablen Positionen) muss identisch sein und die Kupons dürfen einen Spread von 15 Basispunkten nicht überschreiten	

Abbildung 6: Voraussetzungen einer Aufrechnung von Zinsänderungsrisikopositionen[7]

Anrechnungspflichtige Aktienkursrisikopositionen

Unterlegungspflichtig sind sämtliche Long- und Short-Positionen in Aktien und diesen ähnlichen Positionen, vorausgesetzt, sie zählen zum Trading Book und sind nicht bereits bei den Zinsänderungsrisikopositionen berücksichtigt worden, wie etwa Vorzugsaktien ohne Wandelrecht.[8]

Zunächst sind die Bruttopositionen in Aktien (vgl. hierzu Abbildung 5) zu bestimmen. In einem zweiten Schritt müssen sodann die Bruttopositionen in Aktienderivaten durch die Applikation des Duplikationsprinzips i.w.S. für Aktien-Forwards, Aktienfutures und Aktienswaps sowie des Delta-plus-Verfahrens für Aktienoptionen ermittelt werden. Die sich in der Summe ergebenden aktienspezifischen Bruttopositionen stellen schliesslich – im Unterschied zu den Zinsänderungsrisikopositionen – die Bemessungsgrundlage für die Bestimmung des Eigenmittelbedarfs zur Unterlegung des spezifischen Risikos von Aktienkursrisikopositionen dar. Die Ermittlung des Bedarfs an bankeigenen Mitteln zur Unterlegung des allgemeinen Marktrisikos von Aktienkursrisikopositionen orientiert sich hingegen – in Analogie zu den Zinsänderungsrisikopositionen – an den aktienspezifischen Nettopositionen (mithin die jeweilige Differenz zwischen der Summe der Long- und Short-Positionen), wobei für jeden nationalen Aktienmarkt, auf dem das Institut tätig ist, eine separate Ermittlung durchgeführt werden muss.

Anrechnungspflichtige Währungsrisikopositionen

Die Eigenmittelunterlegung für das Fremdwährungsrisiko soll Verlustrisiken abdecken, die der Bank aus dem Halten oder Eingehen von Positionen in Fremdwährungen einschliesslich Gold erwachsen. Im Gegensatz zu den Zins- und Aktienpositionen werden sämtliche Geschäfte, die einen Fremdwährungsbezug und damit ein potentielles Fremdwährungsrisiko aufweisen, erfasst, also auch die im Investment Book.
Bemessungsgrundlage für die Ermittlung des Bedarfs an Eigenmittel zur Unterlegung des allgemeinen Marktrisikos von Devisenpositionen bilden die währungsspezifischen Nettopositionen. Die Nettoposition in einer einzelnen Fremdwährung kann dabei durch Addition folgender Positionen ermittelt werden:

Nettokassaposition; Differenzbetrag zwischen allen bilanziellen Aktiv- und Passivposten, inklusive aufgelaufener (abgegrenzter) Zinsen, sowie Positionen aus noch nicht abgewickelten Kassageschäften;

(+) Nettoterminposition; Unterschiedsbetrag zwischen allen zu erhaltenden und zu zahlenden Beträgen im Rahmen von Forward-Devisengeschäften, einschliesslich Währungsfutures und des Kapitalbetrages aus Währungsswaps, sofern diese nicht in der Kassaposition enthalten sind;

(+) Gesamtbestand an Garantien und vergleichbaren Instrumenten, die mit Sicherheit in Anspruch genommen werden und voraussichtlich abgeschrieben werden müssen;

(+) Nettogegenwert aller – abhängig vom Ermessen des meldenden Institutes – künftigen, noch nicht angefallenen, aber bereits voll abgesicherten Einnahmen und Ausgaben;

(+) Netto-Delta-Äquivalent, d.h. das auf dem Delta basierende Äquivalent des gesamten Bestandes an Devisenoptionen (sofern das Delta-plus-Verfahren appliziert wird);

(+) sonstige Positionen, die einen Gewinn/Verlust in Fremdwährung in Abhängigkeit von spezifischen Rechnungslegungsusancen des betreffenden Landes darstellen.

Positionen in Korbwährungen (z.b. Euro) können einerseits als Fremdwährung sui generis betrachtet werden. Andererseits besteht die Möglichkeit, solche Positionen – gemäss ihren aktuellen Anteilen an der Korbwährung – in die einzelnen Währungen aufzuspalten und den entsprechenden Fremdwährungspositionen zuzurechnen.[9]

Strukturelle Positionen, die Banken explizit eingehen, um zu verhindern, dass sich Wechselkursschwankungen negativ auf die Eigenmittelquote auswirken, können – nach ausdrücklicher Genehmigung durch die zuständige nationale Aufsichtsbehörde – von der Berechnung der Nettogesamtposition aus Devisen ausgenommen werden, vorausgesetzt sie erfüllen die folgenden Bedingungen:[10]

- sie dienen keinem Handelszweck, sondern allein dem Schutz der Eigenmittelausstattung der Bank;[11]
- sie werden wenn, dann dauerhaft, d.h. über die gesamte Laufzeit der Position von der Berechnung der Nettogesamtposition aus Devisen ausgenommen.

Mit dieser Regelung wurde einem britischen Anliegen entsprochen, da zahlreiche britische Institute einen Grossteil ihrer bilanzwirksamen Geschäfte in USD denominiert haben, während die Rechnungslegung in GBP vorgenommen wird. Dies hat zur Folge, dass die Eigenmittelquote mit dem entsprechenden Wechselkurs schwankt, und zwar umso stärker, je grösser der

Anteil der Risikoaktiva in Fremdwährung ist. Ein kurzes Zahlenbeispiel illustriere diesen Zusammenhang.[12]

Eine deutsche Bank halte einen Grossteil ihrer Aktiva, hier 60 %, in US-Dollar. Die gesamten Aktiva seien risikobehaftet, so dass sich bei einem Grundkapital von 25 Mio. DEM eine Eigenmittelquote von 10 % (25 DEM : 250 DEM) ergibt. Wie Abbildung 7 verdeutlicht, führt nun eine Abwertung der DEM gegenüber dem USD von 1,50 DEM/USD auf 2,20 DEM/USD trotz fristenstrukturkongruent geschlossener Dollarposition zu einer Verschlechterung der Eigenmittelquote. Diese sinkt auf 7,81 % (25 DEM : 320 DEM) und liegt damit unter der Minimumvorgabe des Basler Ausschusses in Höhe von 8 %.

Bilanz Szenario	Aktiv			Passiv		
	Position	USD in Mio.	DEM in Mio.	Position	USD in Mio.	DEM in Mio.
① 1,50 DEM/USD EM-Koeffizient 10%	1-J. Kredit 5-J. Kredit	100	100 150 250	Aktienkapital 1-J. Termingeld 5-J. Spareinl.	100	25 75 150 250
② 2,20 DEM/USD EM-Koeffizient 7,81%	1-J. Kredit 5-J. Kredit	100	100 220 320	Aktienkapital 1-J. Termingeld 5-J. Sparein.	100	25 75 220 320

Abbildung 7: Exemplarische Darstellung des Wechselkurseinflusses auf die Eigenmittelquote

Um den negativen Effekt der DEM-Abwertung auf die Eigenmittelquote zu eliminieren, kann die Bank beispielsweise eine Long-Position in Höhe von 10 Mio. USD eingehen, etwa durch einen langfristigen Terminkauf. Erfüllt dieser Terminkauf obige Bedingungen, dann darf er von der Berechnung der Nettogesamtposition aus Devisen ausgenommen werden, ist also nicht unterlegungspflichtig. Bilanziell ergeben sich damit keine Änderungen. Aufgrund des bei Veräusserung des Terminkontraktes realisierten Bewertungsgewinns in Höhe von 7 Mio. DEM (= 22 Mio. DEM − 15 Mio. DEM) erhöhen sich jedoch die anrechenbaren eigenen Mittel. Diese steigen auf 32 Mio. DEM. Im Ergebnis bleibt die Eigenmittelquote damit trotz DEM-Abwertung konstant bei 10 %.

Anrechnungspflichtige Rohstoffrisikopositionen

Die Unterlegung der mit Rohstoffen verbundenen Risiken wurde vom Basler Ausschuss erstmals 1995 zur Diskussion gestellt und 1996 beschlossen.[13]

Märkte für Rohstoffe, insbesondere für Rohstoffderivate sind im allgemeinen illiquider als Märkte für Zins-, Aktien- und/oder Devisenpositionen. Infolgedessen haben Veränderungen von Angebot und Nachfrage in der Regel gravierendere Auswirkungen auf die Rohstoffpreise und deren Volatilitäten. Darüberhinaus besteht auf illiquiden Märkten ein sog. «Glattstellungsrisiko». Dieses wird schlagend, wenn eine Short-Position eher fällig wird als die entsprechende Long-Position und nicht rechtzeitig geschlossen werden kann. Derartige Marktcharakteristika können die Preistransparenz und damit eine effektive Absicherung gegen das Rohstoffrisiko erschweren. Neben dem Preisänderungsrisiko, sehen sich Marktteilnehmer einer Vielzahl weiterer Risiken ausgesetzt. Die in diesem Kontext wichtigsten drei sind:

- das Basisrisiko als Risiko, dass sich das Preisverhältnis ähnlicher Rohstoffe im Zeitablauf ändert;
- das Zinsänderungsrisiko als Risiko einer Veränderung der Bestandshaltekosten bei Forward-Positionen und Optionen;
- das «forward gap risk» als Risiko, dass sich der Terminpreis des Rohstoffes aus Gründen ändert, die nicht direkt mit einer Zinssatzänderung in Zusammenhang stehen.[14]

Die Nettoposition in einem einzelnen Rohstoff oder Edelmetall (exklusive Gold) kann durch Addition folgender Positionen ermittelt werden:

Nettokassaposition in einem Rohstoff oder Edelmetall;

(+) Nettoterminpositionen in diesem Geschäftsgegenstand;

(+) auf dem Delta basierendes Nettoäquivalent des Bestandes an Rohstoffoptionen (sofern das Delta-plus-Verfahren appliziert wird).

Überdies können nationale Aufsichtsbehörden eine Aufrechnung zwischen verschiedenen Subkategorien desselben Rohstoffs zulassen, wenn diese untereinander substituierbar sind. Selbst zwischen unterschiedlichen Rohstoffen darf kompensiert werden, vorausgesetzt eine eindeutige Mindestkorrelationen von 0,9 ist mit einem bankeigenen – von der nationalen Aufsichtsbehörde genehmigten – Verfahren nachgewiesen worden.[15]

Die notwendige Eigenmittelunterlegung bereits angesprochener Risiken, denen Banken auch durch den Handel mit Rohstoffen bzw. Rohstoffderivaten ausgesetzt sind, wie z.B. Zinsänderungs- und Währungsrisiken bei der Finanzierung von Rohstoffpositionen, sind bei den entsprechenden Positionen zu berücksichtigen.

Anrechnungspflichtige (Kredit-)Ausfallrisikopositionen

Prinzipiell sind alle Aktivpositionen und Ausserbilanzgeschäfte dem (Kredit-)Ausfallrisiko ausgesetzt und daher unterlegungspflichtig. Da die Gefahr bonitätsänderungsbedingter Wertverschlechterungen respektive Ausfälle bilanzwirksamer Zinsänderungs- und Aktienkursrisikopositionen des Trading Books jedoch als spezifisches Risiko mit eigenen Mitteln zu unterlegen ist und für das spezifische Risiko von Devisen, Gold, Rohstoffen und Edelmetallen bislang keine Eigenmittelanforderungen erhoben werden, verbleiben als bilanzwirksame Ausfallrisikopositionen im wesentlichen nur noch die ausstehenden Kreditvolumina einer Bank. Bei derivativen Geschäften ist die Gefahr bonitätsänderungsbedingter Wertverschlechterungen respektive Ausfälle zwar ebenfalls als spezifisches Risiko zu unterlegen, darüberhinaus sind die ausserbilanziellen Positionen jedoch zusätzlich als Ausfallrisikopositionen unterlegungspflichtig.

Basis der Eigenmittelunterlegung des (Kredit-)Ausfallrisikos von bilanzwirksamen Geschäften und traditionellen ausserbilanziellen Positionen wie z.B. Eventualverbindlichkeiten bildet das ausstehende Nominalvolumen. Bei Finanzderivaten tragen Banken das (Kredit-)Ausfallrisiko dagegen nicht für den Nennwert ihrer Kontrakte, sondern nur für die Kosten der Beschaffung von Ersatzmitteln. Der Unterlegung ihres Ausfallrisikos ist daher nicht das Nominalvolumen, sondern das «risikoäquivalente Volumen»

(= Kreditäquivalent) zugrundezulegen. Dieses ist nach der Laufzeitmethode oder der Marktbewertungsmethode zu ermitteln.

Bei der Laufzeitmethode wird auf die exakte Berechnung des aktuellen (Kredit-)Ausfallrisikos in Form der Wiederbeschaffungskosten verzichtet. Das risikoäquivalente Volumen eines Geschäfts wird vereinfachend durch Multiplikation des Nominalvolumens des Kontrakts mit einem laufzeitbezogenen Anrechnungssatz ermittelt.

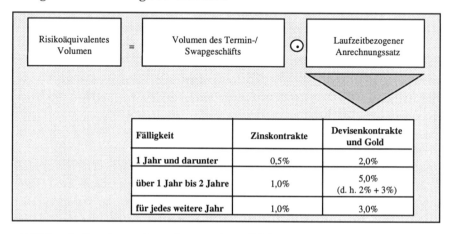

Abbildung 8: Berechnung des risikoäquivalenten Volumens nach der Laufzeitmethode[16]

Bei reinen Zinskontrakten kann – vorbehaltlich der Zustimmung der nationalen Aufsichtsbehörden – dem Anrechnungssatz dabei entweder die Ursprungs- oder die Restlaufzeit der Risikoanrechnung zugrundegelegt werden, während bei Devisenkontrakten und Gold auf die Ursprungslaufzeit abzustellen ist.

Demgegenüber wird bei der Marktbewertungsmethode das risikoäquivalente Volumen anhand des aktuellen Eindeckungsaufwands (Current Exposure) ermittelt. Dieser wird – zur Berücksichtigung möglicher Wertveränderungen in der Zukunft – um einen restlaufzeitabhängigen Zuschlagssatz (Add on) erweitert.[17]

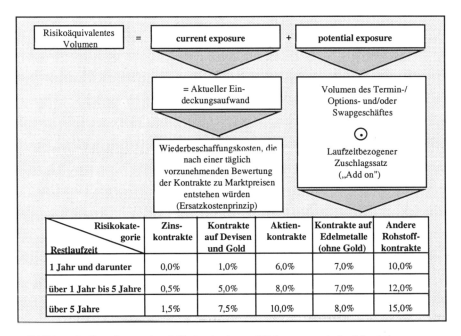

Abbildung 9: Berechnung des risikoäquivalenten Volumens nach der Marktbewertungsmethode

Der aktuelle Eindeckungsaufwand wird durch die Wiederbeschaffungskosten determiniert, sofern diese nach einer täglich vorzunehmenden Bewertung der Kontrakte zu Marktpreisen entstehen (vgl. Abbildung 9). Dabei werden nur Kontrakte angerechnet, bei denen die Differenz zwischen den aktuellen Marktkonditionen und den ursprünglichen vertraglichen Bedingungen positiv ist, die also einen positiven Marktwert haben. Denn nur in diesem Fall ergibt sich bei Ausfall des Partners ein Eindeckungsaufwand. Bei Kontrakten mit negativem Marktwert kann ein Ersatzgeschäft hingegen zu günstigeren Konditionen abgeschlossen werden, so dass hier keine Wiederbeschaffungskosten anfallen.

Unabhängig von der Höhe (und auch dem Vorzeichen) der Wiederbeschaffungskosten wird für sämtliche Kontrakte ein Add on ermittelt, um auch mögliche höhere Ausfallrisiken bei zukünftigen Wertänderungen (potential exposure) mit zu berücksichtigen. Errechnet wird dieser Betrag auf der Grundlage der Nominalbeträge des gesamten Kontraktbestandes. Die relevanten Zuschlagssätze und die Berechnung des risikoäquivalenten Volumens können Abbildung 9 entnommen werden. Die vorstehend allgemein beschriebene Vorgehensweise zur Berechnung des risikoäquivalenten Volumens von Finanzderivativen sei im folgenden exemplarisch anhand eines Zinsswaps illustriert.[18]

Eine Bank habe mit einem Unternehmen vor drei Jahren einen Zinsswap über 100 Mio. GE mit einer Gesamtlaufzeit von 5 Jahren abgeschlossen. Sie zahle während der Laufzeit jährlich einen Festzins in Höhe von 8 % und erhalte im Gegenzug halbjährlich Zinszahlungen in Höhe des variablen 6-Monats-Libor-Satzes. Da im Rahmen des Zinsswaps lediglich die Zinszahlungen, nicht aber die Kapitalbeträge ausgetauscht wurden, beschränkt sich das (Kredit-)Ausfallrisiko des weiteren ausschliesslich auf die allfällige negative Zinsdifferenz, die der Bank bei Ausfall des Swappartners im Falle eines geänderten Zinsnivaus durch die Schliessung der offenen Position erwachsen kann.

Zunächst sei das risikoäquivalente Volumen nach der Marktbewertungsmethode bestimmt. Bei Ausfall des Unternehmens entsteht der Bank eine offene Festzinsposition, da sie aus dem Gegengeschäft einen Festzins in Höhe von 8 % erhält und selbst den Libor-Satz zahlt. Um nun bei zukünftigen Zinssteigerungen keinen Verlust aus der offenen Zinsposition zu erleiden, muss sie für die Restlaufzeit des Ursprungsswaps einen entsprechenden Ersatzswap abschliessen (vgl. Abbildung 10).

Durch den Ausfall des Unternehmens kann in Abhängigkeit von der bisherigen Zinsentwicklung ein Gewinn oder Verlust entstehen, der durch die Konditionen des Ersatzswaps determiniert wird. Im Beispiel wird unterstellt, dass für einen adäquaten Ersatzswap mit einer Laufzeit von 2 Jahren im Gegenzug für 6-Monats-Libor-Zahlungen ein jährlicher Festzins in Höhe von 10 % zu zahlen ist. In jedem Jahr der Restlaufzeit des zu bewertenden Swaps würde die Bank damit einen Verlust in Höhe von 2 Mio. GE erleiden, da sie bezogen auf den Nominalwert von 100 Mio. GE einen Festzins in Höhe von 8 % erhielte, aber im Rahmen des fiktiven Ersatzswaps selbst 10 % zahlen müsste (vgl. Abbildung 13). Der Marktwert des Festsatz-Zahlungsstroms entspricht dem Barwert dieser jährlichen Verluste, die mit dem gültigen Zinssatz für die Restlaufzeit (10 %) zu diskontieren sind. Dieser Barwert beträgt für das Beispiel 3,471 Mio GE. In der Praxis wird häufig eine exaktere Bewertung unter Berücksichtigung der jeweils gültigen Zinsstruktur vorgenommen, bei der die jeweiligen zukünftigen jährlichen Verluste mit den für die Laufzeit gültigen Zerobond-Abzinsfaktoren verbarwertet werden.

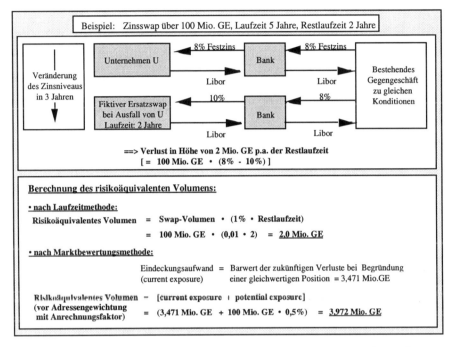

Abbildung 10: Bestimmung des risikoäquivalenten Volumens am Beispiel eines Zinsswaps

Die variablen Zahlungen aus dem Ersatzswap und dem originären Gegenswap sind in diesem Fall identisch, da unterstellt wird, dass der Partner unmittelbar nach dem Zinsfixing für den variablen Libor-Satz ausfällt. Ein von Null verschiedener Marktwert des variablen Zahlungsstroms kann sich nur unter der Prämisse ergeben, dass der derzeit gültige Zinssatz für Gelder mit einer Laufzeit bis zum nächsten Zinsfixing nicht dem bereits festgelegten variablen Zins entspricht.

Der Marktwert des variablen Zahlungsstroms kann mit dem Kurs einer Floating Rate Note (abzüglich des Auszahlungskurses) verglichen werden. Die FRN notiert am Tag des Zinsfixing zu 100 %, weist also einen Marktwert von 0 auf, während zwischenzeitlich durchaus – aufgrund von Zinsänderungen – geringfügige Kursschwankungen auftreten können. Der

Marktwert des Festsatzzahlungsstroms eines Swaps ist analog hierzu, mit dem Kurs einer hinsichtlich Laufzeit und Zinszahlungen entsprechenden Anleihe (abzüglich des Auszahlungskurses) zu vergleichen. Für den Zinsswap wurde im Beispiel ein Marktwert in Höhe von 3,471 Mio. GE ermittelt. Dieser Wert ist nach der Marktbewertungsmethode des Basler Ausschusses um einen Zuschlag für das zukünftige Risiko in Höhe von 0,5 % zu erhöhen. Insgesamt ergibt sich damit ein risikoäquivalentes Volumen in Höhe von 3,971 Mio. GE (= 3,471 Mio. GE + 100 Mio. GE • 0,5 %). Um schliesslich das unterlegungspflichtige Risikovolumen des Zinsswaps zu berechnen, ist das risikoäquivalente Volumen mit dem bonitätsspezifischen Anrechnungsfaktor des Swap-Partners, in diesem Fall mit 50 % zu gewichten. Das unterlegungspflichtige Risikovolumen des Swaps beläuft sich nach Marktbewertungsmethode somit auf insgesamt 1,986 Mio. GE.

Bei der einfachen Laufzeitmethode wird das risikoäquivalente Volumen in Abhängigkeit von der (Ursprungs- oder Rest-) Laufzeit über pauschale Anrechnungsfaktoren geschätzt, wobei bei Zinskontrakten für eine Laufzeit von 1 bis 2 Jahren 1 %, für jedes weitere Jahr zusätzlich 1 % anzusetzen ist. Bei Unterstellung der Restlaufzeit als Laufzeitkriterium beträgt dieses Volumen 2,0 Mio. GE (= 100 Mio. GE • 2 Jahre • 1 %). Nach entsprechender Bonitätsgewichtung (50 %) ergibt sich hier ein unterlegungspflichtiges Risikovolumen in Höhe von 1,0 Mio. GE. Die Laufzeitmethode führt in diesem Beispiel – aufgrund der relativ hohen Zinsschwankung – damit zu einer geringeren Anrechnung als die Marktbewertungsmethode.

Verfahren zur Eigenmittelunterlegung von Positionsrisiken

Standardverfahren zur Eigenmittelunterlegung des (Kredit-)Ausfallrisikos

Die Ermittlung des Eigenmittelbedarfs zur Unterlegung des (Kredit-) Ausfallrisiko vollzieht sich grundsätzlich nach folgendem Schema.

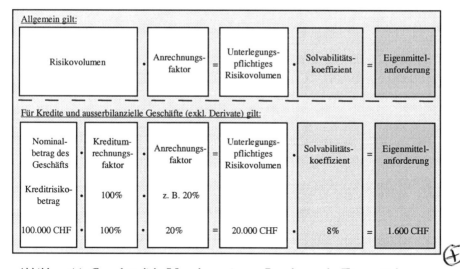

Abbildung 11: Grundsätzliche Vorgehensweise zur Berechnung der Eigenmittelanforderung für das (Kredit-)Ausfallrisiko

Zunächst gilt es, das unterlegungspflichtige Risikovolumen zu bestimmen. Bei bilanzwirksamen Geschäften und traditionellen ausserbilanziellen Positionen ergibt sich dieses aus der Multiplikation des Nominalbetrags des Geschäfts mit einem Kreditumrechnungsfaktor sowie einem bonitätsabhängigen Anrechnungsfaktor. Der Kreditumrechnungsfaktor beträgt bei bilanzwirksamen Geschäften grundsätzlich 100 %. Bei ausserbilanziellen Geschäften (exklusive Finanzderivate) variiert er – in Abhängigkeit vom positionsinhärenten Ausfallrisiko – zwischen 0 und 100 %. Differenzierungskriterium für die Anrechnungsfaktoren ist die Bonität der Kontrahentengruppen. Entscheidendes Zuordungskriterium ist dabei die Zugehörigkeit zur OECD (vgl. Abbildung 12). Darüberhinaus werden die Geschäfte nach Banken, Nichtbanken, staatlichen Stellen und sonstigen Aktiva unterschieden.

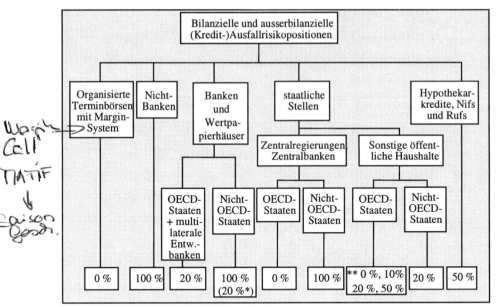

Abbildung 12: Anrechnungsfaktoren des Basler Ausschusses[19]

Bei Finanzderivaten bestimmt sich das unterlegungspflichtige Risikovolumen aus dem Produkt von risikoäquivalentem Volumen (vgl. 2.Teil V.) und bonitätsmässigem Anrechnungsfaktor (vgl. Abbildung 13).[20] Für die Adressengewichtung ist dabei generell eine Obergrenze von 50 % festgelegt (50 %-Cap), da die meisten Gegenparteien an diesen Märkten, insbesondere bei langfristigen Kontrakten, Adressen mit einwandfreier Bonität sind.[21]

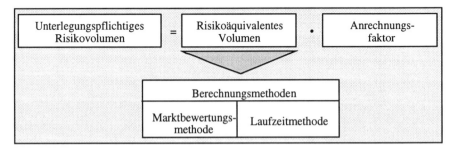

Abbildung 13: Bestimmung des unterlegungspflichtigen Risikovolumens von Finanzderivaten

Das über das gesamte Spektrum von Forward-Kontrakten, Swaps, Optionen und ähnlichen Derivaten ermittelte unterlegungspflichtige Risikovolumen kann schliesslich durch bilaterales Netting, d.h. durch Verrechnung gegenläufiger Kontrakte mit demselben Geschäftspartner reduziert werden. Der Basler Ausschuss gestattet mit dem Netting durch Novation und dem Netting durch Close-out diesbezüglich die Anwendung zweier unterschiedlicher Nettingverfahren.

Das Netting durch Novation gestattet Banken, Kontrakte mit Novationsklausel gegeneinander aufzurechnen, wenn jede Verpflichtung zwischen einer Bank und ihrer jeweiligen Gegenpartei über die Lieferung einer bestimmten Währung an einem bestimmten Wertstellungstag automatisch mit allen anderen Verpflichtungen für dieselbe Währung und denselben Wertstellungstag verschmolzen wird, wobei ein einziger Nettokontrakt rechtswirksam die vorherigen Bruttoverpflichtungen substituiert.

Unter dem Begriff Netting durch Close-out werden Nettingverfahren mit Liquidationsklauseln subsumiert. Dieses Verfahren ermöglicht die automatische Glattstellung der Kontrakte durch Saldierung, sobald eines von mehreren exakt festgelegten Ereignissen eintritt, wie etwa die Bestellung eines Liquidators oder die Zahlungsunfähigkeit eines Teilnehmers.[22]

Da bei der Laufzeitmethode eine stichtagsbezogene Saldenverrechnung der Kontrakte nicht möglich ist – eine aktuelle Marktbewertung findet nicht statt, das Risikovolumen wird lediglich über die vereinbarten Nominalbeträge geschätzt – werden die Zuschlagssätze hier pauschal um 25 % gesenkt. Bei der Marktbewertungsmethode werden im Zuge des Close-out-Nettings die Ersatzkosten von gegenläufigen Kontrakten mit einem Kontrahenten miteinander saldiert. Es werden mithin die Netto-Wiederbeschaffungskosten berücksichtigt, so diese positiv sind. Überdies hat der Basler Ausschuss den Add on für die Marktbewertungsmethode reduziert.

Zur Ableitung des notwendigen Eigenmittelbedarfs zur Unterlegung des (Kredit-)Ausfallrisiko ist das solchermassen ermittelte unterlegungspflichtige Risikovolumen schliesslich mit dem Solvabilitätskoeffizienten zu gewichten. Bei einem unterlegungspflichtigen Risikovolumen von 20.000 CHF und einem derzeit gesetzlich geforderten Mindest-Solvabilitätskoeffizienten von 8 % beläuft sich der Eigenmittelbedarf im Beispiel somit auf 1.600 CHF (vgl. Abbildung 11).

Standardverfahren zur Eigenmittelunterlegung von Marktrisiken

Eigenmittelunterlegung von Zinsänderungsrisiken

Bei der Ermittlung des Eigenmittelbedarfs zur Unterlegung des allgemeinen Marktrisikos von Zinsänderungsrisikopositionen stehen mit der Jahresbandmethode und der Durationsmethode zwei alternative Standardverfahren zur Wahl. Basis beider Verfahren bildet eine Zinsablaufbilanz mit festen Gewichtungssätzen, deren Zeitraster sich aus drei jeweils unterschiedlichen, laufzeitabhängigen Zonen zusammensetzen. Die Einstellung der Netto-Long- respektive Netto-Short-Positionen im Trading Book in die einzelnen Zonen erfolgt dabei grundsätzlich zu Marktwerten. Diese müssen für jede Währung separat berechnet werden, d.h. eine Aufrechnung zwischen zwei Positionen in unterschiedlichen Währungen ist unzulässig.

Im Rahmen der Jahresbandmethode erfolgt die Ermittlung des Eigenmittelbedarfs in vier Stufen. Auf Stufe eins werden die einzelnen Nettopositionen zunächst mit spezifischen Gewichtungsfaktoren multipliziert und gemäss ihrer Zinsfälligkeit bzw. dem Termin der nächsten Zinsanpassung in verschiedene Laufzeitbänder eingestellt (vgl. Abbildung 14).

	LAUF-ZEIT-BÄN-DER I Kupon >= 3%	LAUF-ZEIT-BÄN-DER II Kupon < 3%	Ange-nommene Zins-änderung	GE-WICHT	(1) Barwert Netto-Positionen long	(1) short	(2) Gew. Netto-Positionen long	(2) short	(3) Geschl. Position pro LZ-Bd.	Vertikales Hedging Verbleibende offene Pos. long	Vertikales Hedging short
Zone 1	0-1 M	0-1 M			5.000						
	1-3 M	1-3 M	1,00%	0,20 %	5.000		10,00			10,00	
	3-6 M	3-6 M	1,00%	0,40 %	4.000		16,00			16,00	
	6-12 M	6-12 M	1,00%	0,70 %		-7.500		-52,50			-52,50
				Summe Zone 1	14.000	-7.500	26,00	-52,50		26,00	-52,50
Zone 2	1-2 J.	1,0-1,9 J.	0,90%	1,25 %		-2.500		-31,25			31,25
	2-3 J.	1,9-2,8 J	0,80%	1,75 %	2.500		43,75			43,75	
	3-4 J.	2,8-3,6 J.	0,75%	2,25 %	2.500	-2.000	56,25	-45,00	45,00	11,25	
				Summe Zone 2	5.000	-4.500	100,00	-76,25	45,00	55,00	-31,25
Zone 3	4-5 J.	3,6-4,3 J.	0,75%	2,75 %	1.500		41,25			41,25	
	5-7 J.	4,3-5,7 J.	0,70%	3,25 %		-1.000		-32,50			-32,50
	7-10 J.	5,7-7,3 J.	0,65%	3,75 %		-1.500		-56,25			-56,25
	10-15 J.	7,3-9,3 J.	0,60%	4,50 %	1.000	-1.500	45,00	-67,50	45,00		-22,50
	15-20 J.	9,3-10,6 J.	0,60%	5,25 %	1.500		78,75			78,75	
	> 20 J.	10,6-12,0 J.	0,60%	6,00 %	1.000		60,00			60,00	
		12,0-20,0 J.	0,60%	8,00 %							
		>20 J.	0,60%	12,50 %							
				Summe Zone 3	5.000	-4.000	225,00	-156,25	45,00	180,00	-111,25
Summe über alle Zonen					24.000	-16.000	351,00	-285,00	90,00	261,00	-195,00

Abbildung 14: Einstellung der Zinsänderungsrisikopositionen in die Laufzeitbänder und vertikales Hedging im Rahmen der Jahresbandmethode

Die Gewichtungsfaktoren wiederspiegeln dabei die Eigenmittelanforderungen, die an die jeweiligen Risikopositionen gestellt werden. Ihre Höhe bestimmt sich aus der für das betreffende Laufzeitband angenommenen Zinsänderung, wobei eine mit zunehmender Restlaufzeit sukzessiv rückläufige Zinsvolatilität unterstellt wird. In Abhängigkeit der Kuponhöhe sind des weiteren entweder 13 (Kupon $\geq$ 3 %) oder 15 (Kupon < 3 %) Laufzeitbänder zugrundezulegen.[23]

Auf Stufe zwei sind die gewichteten Nettopositionen sodann getrennt nach Long- und Short-Positionen zu aggregieren. Die Gesamtsumme beider Aggregate (im Beispiel 636 GE) stellt den Bruttoeigenmittelbedarf dar. Dieser kann auf Stufe drei durch vertikales und horizontales Hedging reduziert werden.

Zoneninternes horizontales Hedging:

Zonen	Verbleibende offene Positionen		Geschlossene Positionen	Endgültige offene Positionen der Zonen	
	long	short	in den Zonen	long	short
Zone 1	26,00	-52,50	**26,00**	0	-26,50
Zone 2	55,00	-31,25	**31,25**	23,75	0
Zone 3	180,00	-111,25	**111,25**	68,75	0
Summe über alle Zonen			**92,50**	-26,50	
Offene Positionen (über alle Zonen)			**66,00**		

Zonenübergreifendes horizontales Hedging:

	long	short			long	short
Übertrag Zone 1	0	-26,50		Rest der Zone 2	0	0
Übertrag Zone 2	23,75	0		Übertrag Zone 3	68,75	0
Aufrechnung Zone 1/2	**23,75**			Aufrechnung Zone 2/3	**0**	

	long	short
Rest der Zone 1	0	-2,75
Rest der Zone 3	68,75	0
Aufrechnung Zone 1/3	**2,75**	

		Disallowance Factor	Volumen	Anrechnung
1. Vertikales Hedging; geschlossene Position in den Bändern		10%	90,00	9,00
2. Horizontales Hedging: zonenintern; geschlossene Position in	Zone 1	40%	26,00	10,40
	Zone 2	30%	31,25	9,38
	Zone 3	30%	111,25	33,38
3. Horizontales Hedging: zonenübergreifend; geschlossene Position zwischen	Zone 1+2	40%	23,75	9,50
	Zone 2+3	40%	0,00	0,00
	Zone 1+3	150%	2,75	4,12
4. Übrige offene Position		100%	66,00	66,00
Eigenmittelunterlegung für das allgemeine Marktrisiko von Zinsänderungsrisikopositionen:				**141,78**

Abbildung 15: Horizontales Hedging im Rahmen der Jahresbandmethode

Beim vertikalen Hedging werden die gewichteten Long- und Short-Positionen innerhalb eines Laufzeitbandes gegeneinander aufgerechnet (vgl. Abbildung 14). Die resultierenden geschlossenen Positionen sind generell mit 10 % (vertikaler «Disallowance Factor») Eigenmitteln zu unterlegen.

Beim horizontalen Hedging erfolgt die Verrechnung zwischen verschiedenen Laufzeitbändern einer Zone bzw. zonenübergreifend (vgl. Abbildung 15). Die derart geschlossenen Positionen sind ebenfalls mit Eigenmitteln zu unterlegen. Die «Disallowance Factors» belaufen sich dabei, je nach zeitlicher Lage der beteiligten Laufzeitbänder respektive Zonen, auf 30 %, 40 % oder 100 %, liegen also deutlich über dem «vertikalen» Faktor. Risikowerte, die auch durch horizontales Hedging nicht geschlossen werden können, sind zu 100 % mit Eigenmitteln zu unterlegen.

Auf Stufe vier sind schliesslich sämtliche Eigenmittelanforderungen pro betrachtetem Währungsbereich zu aggregieren. Im Beispiel ergibt sich hiernach ein Eigenmittelbedarf in Höhe von insgesamt 141,78 GE.

Alternativ zur Jahresbandmethode können die zuständigen Aufsichtsbehörden auch die Durationsmethode zulassen (vgl. Abbildung 16/17).

LAUF-ZEIT-BÄNDER		Mod. Duration	Ange-nommene Zins-änderung	GE-WICHT	(1) Barwert Netto-Positionen long / short		(2) Gew. Netto-Positionen long / short		(3) **Vertikales Hedging** Geschl. Position pro LZ-Bd.	Verbleibende offene Pos. long / short	
Zone 1	0-1,0 J.	0,00	1,00%	0,00 %	5.000						
		0,20	1,00%	0,20 %	5.000		10,00			10,00	
		0,40	1,00%	0,40 %	4.000		16,00			16,00	
		0,70	1,00%	0,70 %		-7.500		-52,50			-52,50
Summe Zone 1					14.000	7.500	26,00	-52,50		26,00	-52,50
Zone 2	1,0-1,8 J.	1,40	0,90%	1,26 %		-2.500		-31,50			-31,50
	1,8-2,6 J.	2,20	0,85%	1,87 %	2.500		46,75			46,75	
	2,6-3,3 J.	3,00	0,80%	2,40 %	2.500	-2.000	60,00	-48,00	48,00	12,00	
Summe Zone 2					5.000	-4.500	106,75	-79,50	48,00	58,75	-31,50
Zone 3	3,3-4,0 J.	3,65	0,75%	2,74 %	1.500		41,10			41,10	
	4,0-5,2 J.	4,65	0,70%	3,26 %		-1.000		-32,55			-32,55
	5,2-6,8 J.	5,80	0,65%	3,77 %		-1.500		-56,55			-56,55
	6,8-8,6 J.	7,50	0,60%	4,50 %	1.000	-1.500	45,00	-67,50	45,00		-22,50
	8,6-9,9 J.	8,75	0,60%	5,25 %	1.500		78,75			78,75	
	9,9-11,3 J.	10,00	0,60%	6,00 %	1.000		60,00			60,00	
	11,3-16,6 J.	13,33	0,60%	8,00 %							
	> 16,6 J.	20,83	0,60%	12,50 %							
Summe Zone 3					5.000	-4.000	224,85	-156,60	45,00	179,85	-111,60
Summe über alle Zonen					24.000	-16.000	357,60	-288,60	93,00	264,60	-195,60

Abbildung 16: Einstellung der Zinsänderungsrisikopositionen in die Laufzeitbänder und vertikales Hedging im Rahmen der Durationsmethode

Die einzelnen Zonen der Durationsmethode entsprechen nahezu denjenigen der Jahresbandmethode. Auch hier erfolgt eine weitere Unterteilung der Zonen in Laufzeitbänder. Der wesentliche Unterschied besteht jedoch in der Art der Risikoermittlung. Die einzelnen Positionen sind dabei nicht wie bei der Jahresbandmethode gemäss ihrer nominellen Fälligkeit, sondern gemäss ihrer Modified Duration in die einzelnen Laufzeitbänder einzustellen. Analog zur Jahresbandmethode geben die positionsspezifischen Gewichte (hier: Modified Duration • unterstellte Zinsänderung) die Eigenmittelanforderung für das der jeweiligen Position anhaftende allgemeine Marktrisiko an. Die effektive notwendige Eigenmittelunterlegung kann auch hier wieder durch vertikales und horizontales Hedging gesenkt werden.

Das vertikale Hedging vollzieht sich analog zur Jahresbandmethode. Geschlossene Positionen eines Laufzeitbandes sind allerdings nur mit 5 % Eigenmitteln zu unterlegen, da Unterschiede in der Restlaufzeit der einzelnen Zinsinstrumente eines Laufzeitbandes in der Modified Duration bereits berücksichtigt sind. Bei der zoneninternen Kompensation im Rahmen des horizontalen Hedgings entsprechen die Anrechnungssätze denen der Jahresbandmethode. Die innerhalb einer Zone nicht verrechenbaren Positionen können zonenübergreifend miteinander verrechnet werden, sofern sie eine gegenläufige Ausrichtung haben. Risikowerte, die durch zonenübergreifendes horizontales Hedging geschlossen werden können, sind mit den gleichen Sätzen wie bei der Jahresbandmethode, solche, die nicht geschlossen werden können, wiederum zu 100 % mit Eigenmitteln zu unterlegen.

Ein Vergleich von Jahresband- und Durationsmethode anhand des ermittelten Eigenmittelbedarfs (im Beispiel: Jahresbandmethode: 141,78 GE; Durationsmethode: 137,58 GE) verdeutlicht, dass die Durationsmethode tendenziell zu einer niedrigeren Eigenmittelbelastung führt. Die Ursache hierfür ist vor allem in der wesentlich präziseren Risikoquantifizierung der Durationsmethode und des deshalb niedrigeren vertikalen Disallowance-Faktors (5% statt 10%) zu sehen. Im Gegensatz zur Jahresbandmethode, bei der die einzelnen Positionen unabhängig von ihrer Kuponstruktur in Laufzeitintervalle eingestellt werden, denen dann, ohne weitere Differenzierung, ein (pro Laufzeitband) einheitlicher Gewichtungssatz zugemessen wird, beinhaltet die Modified Duration neben der spezifischen Kuponausstattung auch die exakte Restlaufzeit einer Position. Die auf Basis dieser Kennzahl ermittelten Risikowerte kommen deshalb der positionsspezifischen Zinssensitivität wesentlich näher. Der vergleichsweise hohe vertikale Disallowance-Factor kann insofern als «Preis» für die relativ undifferenzierte Vorgehensweise der Jahresbandmethode interpretiert werden.

Zoneninternes horizontales Hedging:

Zonen	Verbleibende offene Positionen		Geschlossene Positionen in den Zonen	Endgültige offene Positionen der Zonen	
	long	short		long	short
Zone 1	26,00	-52,50	**26,00**	0	-26,50
Zone 2	58,75	-31,50	**31,50**	27,25	0
Zone 3	179,85	-111,60	**111,25**	68,25	0
Summe über alle Zonen			**95,50**		-26,50
Offene Positionen (über alle Zonen)			**69,00**		

Zonenübergreifendes horizontales Hedging:

	long	short		long	short
Übertrag Zone 1	0	-26,50	Rest der Zone 2	0,75	0
Übertrag Zone 2	27,25	0	Übertrag Zone 3	68,25	0
Aufrechnung Zone 1/2	**26,50**		**Aufrechnung Zone 2/3**	**0**	

	long	short
Rest der Zone 1	0	0
Rest der Zone 3	68,25	0
Aufrechnung Zone 1/3	**0**	

		Disallowance Factor	Volumen	Anrechnung
1. Vertikales Hedging; geschlossene Position in den Bändern		5%	93,00	4,65
2. Horizontales Hedging: zonenintern; geschlossene Position in	Zone 1	40%	26,00	10,40
	Zone 2	30%	31,50	9,45
	Zone 3	30%	111,60	33,48
3. Horizontales Hedging: zonenübergreifend; geschlossene Position zwischen	Zone 1+2	40%	26,50	10,60
	Zone 2+3	40%	0,00	0,00
	Zone 1+3	150%	0,00	0,00
4. Übrige offene Position		100%	69,00	69,00
Eigenmittelunterlegung für das allgemeine Marktrisiko von Zinsänderungsrisikopositionen:				**137,58**

Abbildung 17: Horizontales Hedging im Rahmen der Durationsmethode

Ausgangspunkt der Ermittlung des Eigenmittelbedarfs zur Unterlegung des spezifischen Risikos von Zinsänderungsrisikopositionen bildet die Nettogesamtposition in Zinsinstrumenten (vgl. 2. Teil, Abschnitt I). Diese ist nach folgenden fünf «Schuldnerkategorien» zu staffeln, für die jeweils unterschiedliche Unterlegungssätze vorgesehen sind:

Schuldner	Eigenmittel-unterlegungssatz	Anerkennungsvoraussetzung
Staat	0%	Für alle Arten von Staatspapieren gültig
Emittenten "qualifizierter" Aktiva: (Rest-)Laufzeit Š 6 Monate (Rest-)Laufzeit]6,24] Monate (Rest-)Laufzeit > 24 Monate	 0,25% 1,00% 1,60%	Erfüllung eines der folgenden Kriterien: 1. Investment-Grade-Rating von mind. zwei Agenturen (Überwachung durch Aufsichtsbehörde) 2. Ein Investment-Grade-Rating und kein existierendes schlechteres einer anderen Rating-Agentur (Genehmigung durch Aufsichtsbehörde) 3. Ohne Rating, aber Anlagequalität der betreffenden Bank vergleichbar und Titel börsengehandelt
Sonstige Emittenten	8,00%	

Abbildung 18: Unterlegungssätze für das spezifische Risiko von Zinsänderungsrisikopositionen[24]

Zur Kategorie «Staat» zählen sämtliche Arten von Staatspapieren (inkl. Anleihen, Schatzwechseln und anderer kurzfristiger Instrumente). Den nationalen Aufsichtsbehörden bleibt jedoch das Recht vorbehalten, bei Wertpapieremissionen bestimmter ausländischer Staaten das spezifische Risiko mit einem Gewicht ungleich Null zu belegen. Insbesondere gilt dies bei Wertpapieren, die auf eine fremde Währung lauten. Unter der Kategorie «Emittenten qualifizierter Aktiva» werden Aktiva wie etwa Wertpapiere öffentlicher Schuldner oder multilateraler Entwicklungsbanken subsummiert, die eines der drei in Abbildung 18 genannten Kriterien erfüllen.[25] Jede nationale Aufsichtsbehörde ist für die Überwachung und Einhaltung dieser Kriterien, insbesondere jedoch für die Einhaltung der Anlagequalität bei Titeln ohne Rating verantwortlich. Ferner liegt es in ihrem Ermessen, Schuldverschreibungen von Banken oder Wertpapierhäusern in diese Kategorie aufzunehmen, die zwar die Basler Eigenmittelvereinbarungen applizieren, jedoch keinem der drei Kriterien genügen. Für Wertpapiere «sonstiger Emittenten» gilt eine Unterlegung von 8 %. Da das spezifische Risiko solcher Schuldverschreibungen indes wesentlich höher sein kann, ist es jedem Mitgliedstaat freigestellt, einen höheren Unterlegungssatz zu fordern.

Von Eigenmittelanforderungen für das spezifische Risiko befreit sind Zinsswaps, FRAs, Zinsfutures sowie Futures auf einen Zinsindex (z.B. Libor). Bei Futures-Kontrakte, denen eine Schuldverschreibung oder ein auf einem Korb von Schuldverschreibungen basierender Index zugrunde liegt, muss das spezifische Risiko hingegen – in Abhängigkeit vom positionsinhärenten Risiko – explizit unterlegt werden.

Aufgrund der besonderen Bedeutung des Zinsänderungsrisikos werden immer wieder neue bankaufsichtsrechtliche Vorschriften erlassen, die das Zinsrisikomanagement betreffen. So wurden etwa im Januar 1997 vom Basler Ausschuss zwölf qualitative und quantitative Regeln zum Management von Zinsänderungsrisiken erlassen, die inhaltlich den Vorschriften zur Konzeption bankinterner Risikomodelle entsprechen. Auf deren explizite Erörterung soll deshalb an dieser Stelle verzichtet werden.[26]

Eigenmittelunterlegung von Aktienkursrisiken

Ausgangspunkt der Ermittlung des Eigenmittelbedarfs zur Unterlegung des allgemeinen Marktrisikos von Aktienkursrisikopositionen ist die für jeden Aktienmarkt separat zu ermittelnde Summe aller aktienspezifischen Nettopositionen (vgl. hierzu 2.Teil II.) Diese ist einheitlich mit 8 % Eigenmitteln zu unterlegen (vgl. Abbildung 19).

Von der Unterlegungspflicht ausgenommen werden können Positionen, die eine Bank im Rahmen einer Arbitragestrategie eingeht, bei der einem Futures-Kontrakt auf einen breit diversifizierten Index ein Aktienkorb gegenübersteht, der mindestens zu 90 % dem – in hypothetische Komponenten aufgeschlüsselten – Index entspricht. Zudem muss das Geschäft bewusst als solches abgeschlossen worden sein und separat überwacht werden. Übersteigt der Wert der Aktien im Korb indes den Wert des Futures-Kontrakts oder vice versa, so wird die Differenz als offene Long- bzw. Short-Position behandelt.[27]

	(2) Aktien	(3) Devisen (inkl. Gold)	(4) Rohstoffe (inkl. Edelmetalle)
Unterlegungs-pflichtige Größe	Summe der einzelnen Nettopositionen.	Netto-Gesamtposition Long oder Short, je nachdem welche der beiden Summen die größere ist.	abhängig vom gewählten Standardverfahren (eines mit Fristigkeitsfächern und ein „einfaches" für Banken mit geringer Position in Rohstoffen und Edelmetallen.
Unterlegungs-satz	8%	8%	abhängig vom Verfahren, offene Pos. stets mit 15 %
Modifikation	Arbitragepositionen können bei Erfüllung bestimmter Voraus-setzungen von der Eigenmittelunterle-gung befreit werden.	Eine Befreiung (Bagatell-regelung) ist zulässig, sofern die höhere der Brutto-Gesamtposition Long und Short zzgl. Gold die EM insgesamt nicht übersteigt und der Saldo der Netto-Gesamtposition Long und Short nicht höher als 2% der EM ist.	Sobald Handel mit Roh-stoffen wesentlich wird, ist ein internes Modell anzuwenden.

Abbildung 19: Unterlegungssätze für das allgemeine Marktrisiko von Aktienkurs-, Währungs- und Rohstoffrisikopositionen

Bemessungsgrundlage der Eigenmittelunterlegung des spezifischen Risikos von Aktienkursrisikopositionen ist die Bruttogesamtposition in Aktien. Der Unterlegungssatz in Höhe von grundsätzlich 8 % kann im Falle eines liquiden sowie diversifizierten Aktienportefeuilles dabei auf 4 %, bei einer Netto-Long- bzw. Netto-Short-Position auf einen Indexkontrakt, so dieser ebenfalls auf einem breit diversifizierten Portefeuille basiert, auf 2 % reduziert werden. Bei Anwendung einer der nachfolgend beschriebenen, auf der Verwendung von Futures beruhenden Arbitragestrategie kann der Unterlegungssatz sogar unter 2 % gesenkt werden, da die entgegengesetzte Position in diesen Fällen von einer Unterlegung befreit ist:

- Die Bank geht eine konträre Position auf genau denselben Index zu unterschiedlichen Terminen oder an differierenden Finanzplätzen ein.
- Die Bank hält eine entgegengesetzte Position in verschiedenen, aber vergleichbaren Indizes zum selben Termin; hierbei muss die Aufsichts-behörde jedoch überwachen, dass die beiden Indizes genügend gemein-

same Komponenten enthalten, damit eine Aufrechnung gerechtfertigt werden kann.

Eigenmittelunterlegung von Währungsrisiken

Ausgangspunkt der Bestimmung des Eigenmittelbedarfs für das allgemeine Marktrisiko von Devisenpositionen bilden die währungsspezifischen Nettopositionen (vgl. 2.Teil III.). Diese müssen zunächst zu den aktuellen Wechselkursen in Inlandswährung umgerechnet werden und sind sodann – nach Long- und Short-Positionen getrennt – zu aggregieren. Dem Aggregationsmodus liegt dabei die Annahme zugrunde, dass Verluste in einer Fremdwährungsposition nur teilweise durch Gewinne in einer entgegengesetzten Position ausgeglichen werden können («Middle Case»). Alternativ dazu hätte auch vom «Worst Case» oder «Best Case» ausgegangen werden können. Während ersterer unterstellt, dass aus allen Devisenpositionen gleichzeitig Verluste entstehen, im Prinzip also sämtliche in Inlandswährung umgerechnete währungsspezifischen Nettopositionen – ungeachtet davon, ob es sich um Long- oder Short-Positionen handelt – aufsummiert werden müssten, geht letzterer von der Prämisse aus, Verluste in einer Fremdwährungsposition können durch Gewinne in einer entgegengesetzten Position vollständig kompensiert werden. Diesem Ansatz zufolge wären die währungsspezifischen Nettopositionen also unter Berücksichtigung ihrer Vorzeichen zu aggregieren. Durch Zugrundelegen des Middle Case verzichtet der Basler Ausschuss jedoch auf solch «extreme» Annahmen.

Nach separater Addition aller aktivischen und passivischen Nettopositionen ist schliesslich die grössere der beiden Summen (Netto-Gesamtposition Long oder Short) zu 8 % mit bankeigenen Mitteln zu unterlegen.

Eine Befreiung (Bagatellgrenze) von der Unterlegung ist zulässig, sofern die höhere der Brutto-Gesamtposition Long bzw. Short (zzgl. Gold) die Eigenmittel insgesamt nicht übersteigt und der Saldo von Netto-Gesamtposition Long und Short nicht höher als 2 % der Eigenmittel ist.

Eigenmittelunterlegung von Rohstoffrisiken

Bei der Ermittlung des Eigenmittelbedarfs zur Unterlegung des allgemeinen Marktrisikos von Rohstoffrisikopositionen stehen einer Bank mit dem Verfahren mit Fristigkeitsfächern und dem vereinfachten Verfahren zwei alternative Methoden zur Wahl (vgl. Abbildung 20). Ausgangspunkt beider bilden die ermittelten rohstoffspezifischen Nettopositionen.

Rechenschritt \ Fristigkeitsfächer	0 - 1 Monat	1 - 3 Monate	3 - 6 Monate	6 - 12 Monate	1 - 2 Jahre	2 - 3 Jahre	> 3 Jahre	Summe (Betrag)
Position long	+300			+800				
Position short	- 700			- 100	-500			2.400
Fächerspezifische Aufrechnung (long + short)	600			200				800
Offene Position nach fächerspezifischer Aufrechnung	- 400			+700	-500			1.600
Vortrag		➡ - 400 ➡	- 400 ➡	- 400 ➡	+300			1.500
Fächerübergreifende Aufrechnung (long + short)				800	600			1.400
Offene Position nach fächerübergreifender Aufrechnung					-200			200
Aufrechnung insgesamt		600		1.000	600			2.200

Eigenmittelbedarf nach Verfahren mit Fristigkeitsfächern:	Aufrechnung	2.200 • 1,5% =	33,0 GE
	Vortrag	1.500 • 0,6% =	9,0 GE
	Verbliebene offene Position	200 • 15,0% =	30,0 GE
			72,0 GE
Eigenmittelbedarf nach "einfachem" Verfahren:	Gesamtnettoposition	2.400 • 3,0% =	72,0 GE
	Verbliebene offene Position	200 • 15,0% =	30,0 GE
			102,0 GE

Abbildung 20: Berechnung des Eigenmittelbedarfes für Rohstoffrisikopositionen mit Hilfe der Standardverfahren

Beim Verfahren mit Fristigkeitsfächern sind die Nettopositionen – entsprechend ihrer Laufzeit – in sieben verschiedene Fristigkeitsfächer einzustellen. In einem ersten Schritt werden zunächst gegenläufige Positionen innerhalb der einzelnen Fristigkeitsfächer aufgerechnet. Im Beispiel können im ersten Fach 600 GE (je 300 GE long und short) und im vierten Fach 200 GE (je 100 GE long und short) aufgerechnet werden. In einem zweiten Schritt können die verbliebenen offenen Positionen aus kürzeren Fristigkeitsfächern sodann vorgetragen und mit längerfristigen Engagements, sofern gegenläufig, verrechnet werden. Da eine solche fächerübergreifende Verrechnung naturgemäss ungenau ist, wird für jedes Fristigkeitsfach, über das hinweg die offene Position vorgetragen wird, ein Aufschlag in Höhe von 0,6 %

der vorgetragenen Position erhoben. So muss z.B. die nach fachspezifischer Verrechnung resultierende offene Position des ersten Fristigkeitsfachs (-400) über drei Fächer hinweg vorgetragen werden, ehe sie mit der nach fachspezifischer Aufrechnung resultierenden offenen Position des vierten Fachs (+700) verrechnet werden kann.

Insgesamt werden im Beispiel 1.500 GE vorgetragen, die zu 0,6 % mit Eigenmitteln zu unterlegen sind. Fächerübergreifend können in der Summe 1.400 GE aufgerechnet werden. Diese sind zusammen mit den nach fächerspezifischer Verrechnung verbleibenden offenen Positionen in Höhe von 600 GE zu 1,5 % mit Eigenmitteln zu unterlegen. 200 GE können nicht geschlossen werden. Sie müssen zu 15 % mit bankeigenen Mitteln unterlegt werden. Im Ergebnis ergibt sich damit ein Eigenmittelbedarf zur Abdeckung des allgemeinen Marktrisikos von Rohstoffpositionen in Höhe von 72 GE.

Zur Berechnung des Eigenmittelbedarfs mit Hilfe des einfachen Verfahrens müssen die in Inlandswährung umgerechneten Nettopositionen aufaddiert und mit 3 % Eigenmitteln unterlegt werden (vgl. Abbildung 20). Long- und Short-Positionen werden sodann gesamthaft saldiert und die verbleibende offene Position mit 15 % Eigenmitteln unterlegt. Für das Beispiel ergibt sich damit ein mittels einfachem Verfahren ermittelter Eigenmittelbedarf in Höhe von 102 GE.

Eigenmittelunterlegung von Optionspreisrisiken

Mit dem linearen und dem nicht-linearen Risiko sind zunächst zwei Kategorien von Optionspreisrisiken zu unterscheiden. Unter dem linearen Optionspreisrisiko wird das Deltarisiko verstanden, formal erste Ableitung der Optionspreisfunktion nach dem Basiswert, materiell Ausdruck der Sensitivität des Optionspreises gegenüber Preisveränderungen des Basiswerts.[28] Das nicht-lineare Optionspreisrisiko umfasst mit dem Gamma-, dem Vega-, dem Theta- und dem Rhorisiko demgegenüber insgesamt vier Komponenten:

- Das Gammarisiko ist ein Mass für die Sensitivität des Optionsdeltas gegenüber Preisveränderungen des Basiswertes, folglich die zweite Ableitung der Optionspreisfunktion nach dem Basiswert.

- Das Vegarisiko misst die Sensitivität des Optionspreises gegenüber Schwankungen der Volatilität des Basiswertes, entspricht also der ersten Ableitung der Optionspreisfunktion nach der Volatilität.
- Das Thetarisiko beschreibt, wie empfindlich der Optionspreis auf eine Veränderung der (Rest-)Laufzeit reagiert und resultiert aus der ersten Ableitung der Optionspreisfunktion nach der Verfallzeit der Option.
- Das Rhorisiko schliesslich drückt die Abhängigkeit des Optionspreises vom «risikolosen» Zins aus und ergibt sich aus der ersten Ableitung der Optionspreisfunktion nach dem Zins.

Explizit mit eigenen Mitteln zu unterlegen sind gemäss Basler Ausschuss lediglich das Delta-, das Gamma- und das Vega-Risiko. Je nach Ermessen der nationalen Aufsichtsbehörden stehen mit dem Delta-Plus-Verfahren, der Szenario-Analyse und einem vereinfachten Verfahren dabei insgesamt drei Standardverfahren zur Bestimmung des Eigenmittelbedarfs für Optionspreisrisikopositionen zur Wahl (vgl. Abbildung 21).

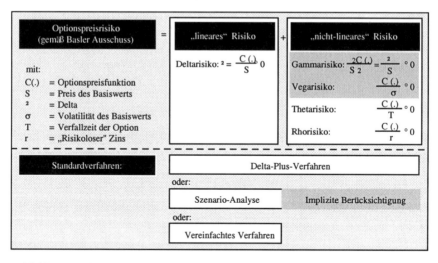

Abbildung 21: Standardverfahren zur Eigenmittelunterlegung von Optionspreisrisiken[29]

Beim Delta-Plus-Verfahren finden – wie auch bei der Szenario-Analyse – sowohl lineare als auch nicht-lineare Optionspreisrisiken Berücksichtigung.

Darüber hinaus erfolgt die Bestimmung der Eigenmittelanforderung für das allgemeine Marktrisiko getrennt von derjenigen für das spezifische Risiko.

Dem linearen Risiko wird – in Analogie zum Duplikationsprinzip i.w.S. – durch die Berücksichtigung der Marktrisiken des Basiswerts und der Finanzierungsposition Rechnung getragen. Für ersteres wird dabei der Deltawert der Option (= Optionsdelta • Marktwert des Basiswertes) berechnet und in das Standardmessverfahren der jeweiligen Risikokategorie eingestellt. Die Ermittlung des Deltawerts einer Option sei kurz anhand einer Aktienoption illustriert (vgl. Abbildung 22).

Aus der Multiplikation des aktuellen Marktwerts der Aktie XY in Höhe von 500 CHF und dem Optionsdelta in Höhe von 0,9772 ergibt sich für die in vorstehender Abbildung dargestellten Short Call ein Deltawert von 488,60 CHF (= 0,9772 • 500 CHF). Dieser ist als Short-Position bei der entsprechenden Aktienposition einzustellen und bekanntermassen zu 8 % mit bankeigenen Mitteln zu unterlegen.

„Europäischer" short Call auf eine Aktie XY

Daten: • Basispreis der Option: 400 CHF
 • Optionsrestlaufzeit: 6 Monate
 • Marktwert der XY-Aktie: 500 CHF
 • Risikofreie Verzinsung: 10 % p. a.
 • Volatilität: 20 % p. a.
 • Optionswert: 120,02 CHF
 • Vega: -1,68 CHF
 • Delta: 0,9772 bei Δ Preis des Basisinstruments um +1
 • Gamma: - 0,0014

Eigenmittelbedarf

1. Deltawert: 500 CHF • |0,721| = 488,60 CHF => geht als Short-Position bei Aktien ein und ist dort zu 8% mit eigenen Mitteln zu unterlegen

2. Gammarisiko: $|1/2 \cdot (-0{,}0014) \cdot (500\ CHF \cdot 0{,}08)^2| = 1{,}12\ CHF$
 Vegarisiko: $|-0{,}3491 \cdot (\pm 25\% \cdot 100 \cdot 0{,}2)| = 1{,}75\ CHF$

=> 2,87 CHF Eigenmittelbedarf für nicht-lineare Optionspreisisiken

---

Abbildung 22: Beispiel für das Delta-plus-Verfahren bei Aktienoptionen

Das nicht-lineare Optionspreisrisiko wird durch die separate Unterlegung des Gamma- und des Vega-Risikos (Theta- und Rhorisiko werden vernachlässigt) erfasst. Da die Gammas von Calls und Puts grundsätzlich positiv sind, hat der Basler Ausschuss zunächst festgelegt, dass Long-Positionen einen positiven Gamma-Effekt und Short-Positionen einen negativen Gamma-Effekt aufweisen. Die einzelnen Gammas sind sodann basiswertspezifisch zu addieren, wobei sich – bezogen auf den gleichen Basiswert – entweder ein positives oder ein negatives Netto-Gamma ergeben kann. Als «gleicher» Basiswert zu behandeln sind dabei:

- Anleihen eines Laufzeitbandes gemäss der Jahresbandmethode;
- Aktien und Aktienindizes eines jeden Ländermarktes;
- Devisenpositionen in der gleichen Währung sowie
- Rohstoffpositionen im gleichen Rohstoff.

Der Eigenmittelbedarf zur Unterlegung des Gammarisikos ergibt sich schliesslich – entsprechend der Taylor-Expansion – aus der Multiplikation der negativen Netto-Gammas (dividiert durch 2) mit dem Quadrat der absoluten Marktwertänderungen der dazugehörigen Basiswerte.[30] Letztere resultieren dabei aus der Gewichtung der aktuellen Marktwerte der Basiswerte mit Faktoren, die deren allgemeines Marktrisiko widerspiegeln. Während bei Anleihen diesbezüglich die im Rahmen der Jahresbandmethode definierten laufzeitbandspezifischen Gewichtungsfaktoren anzusetzen sind (vgl. Abbildung 14), sind die aktuellen Marktwerte von Aktien, Aktienindizes, Fremdwährungen und Gold einheitlich mit 0,08, diejenigen von Rohstoffen und Edelmetallen einheitlich mit 0,15 zu gewichten. Für das Gammrisiko des betrachteten short Call ergibt sich auf diese Weise ein Eigenmittelbedarf in Höhe von 1,12 CHF.

Um schliesslich den Eigenmittelbedarf zur Unterlegung des Vegarisikos zu bestimmen, muss das optionsspezifische Vega mit der Veränderung der entsprechenden Volatilität multipliziert werden. Letztere ergibt sich dabei aus dem Produkt von historischer Volatilität und aufsichtsrechtlichem Worst-case-Factor in Höhe von 25 %. Im Beispiel verändert sich die Volatilität damit um 5%, woraus ein Bedarf an bankeigenen Mitteln zur Unterlegung des Vegarisikos in Höhe von 1,75 CHF erwächst.

Insgesamt beläuft sich der Gesamteigenmittelbedarf für das nicht-lineare Risiko auf 2,87 CHF. Würde man zu diesem noch denjenigen für das Deltarisiko (500 CHF • 0,9772 • 8 % = 39,09 CHF) hinzuaddieren, dann ergäbe sich ein Saldo in Höhe von 41,96 CHF, der nichts anderes als eine Schätzgrösse für die Marktwertveränderung der Option auf Basis der unterstellten

Änderungen des Aktienkurses und dessen Volatilität darstellt.[31] Der Eigenmittelbedarf für das Deltarisiko wird realiter indes – wie bereits erwähnt – nicht direkt berechnet, sondern mittels Deltaäquivalent (= 500 CHF • 0,9772 = 488,60 CHF) bei der entsprechenden Aktienpositionen berücksichtigt.

Sofern von der zuständigen Aufsichtsbehörde gestattet, können Banken, die über die notwendigen Voraussetzungen verfügen, den Eigenmittelbedarf zur Unterlegung des allgemeinen Marktrisikos von Optionspositionen auch mittels Szenario-Analyse berechnen. Hierbei wird zunächst unterstellt, dass sich mit dem Preis des Basisinstruments und dessen Volatilität lediglich zwei Dimensionen gleichzeitig verändern. Auf Basis dieser Prämisse werden die Optionspositionen sodann mittels Matrizen neu bewertet. Für Zinssätze orientieren sich die Preisänderungen (erste Dimension der Matrix) dabei eng an denen der Jahresbandmethode und belaufen sich für Zone 1 auf ±100 Basispunkte, für die anderen beiden Zonen auf ±90 respektive ±75 Basispunkte. Für Aktien, Aktienindizes, Devisen und Gold beträgt der Spread hingegen ±8 %, für Rohstoffe und Edelmetalle ±15 %. Bei allen Risikokategorien ist die Preisänderung in mindestens sieben glcich grosse Intervalle zu unterteilen. Die Änderung der Volatilität (zweite Dimension der Matrix) wird mit ±25 % angesetzt. Nach Abschluss der Berechnungen enthält jede Zelle einer Matrix einen spezifischen Nettogewinn oder –verlust. Die für einen bestimmten Basiswert erforderliche Eigenmittelunterlegung entspricht schliesslich dem höchsten in der relevanten Matrix enthaltenen Verlust.

Die Unterlegung des spezifischen Risikos von Optionspositionen ist explizit nur bei Applikation des vereinfachten Verfahrens notwendig. Banken mit geringem Optionsgeschäft, die keine offenen Stillhalterpositionen besitzen, können dieses applizieren. Die Eigenmittelanforderung für das spezifische Risiko bestimmt sich dabei – wie folgendes Beispiel verdeutlicht – zusammen mit derjenigen für das allgemeine Marktrisiko.

Eine Bank halte 100 XY-Aktien mit einem Marktwert von 10 CHF pro Stück und einen entsprechenden long Put mit einem Basispreis von 11 CHF. Der Marktwert des Puts betrage 140 CHF. Der Eigenmittelbedarf errechnet sich sodann wie folgt: 100 • 10 CHF • 16 % (je 8 % für das spezifische und das allgemeine Marktrisiko) = 160 CHF, abzüglich des Betrags, mit dem die Option «in the money» liegt, also (11 CHF – 10 CHF) • 100 = 100 CHF. Der Eigenmittelbedarf beläuft sich somit insgesamt auf 60 CHF.

Wird nur die Option im Portefeuille gehalten, dann entspricht die notwendige Eigenmittelunterlegung dem niedrigeren der beiden folgenden Werte: Aktueller Marktwert der Option in Höhe von 140 CHF respektive Marktwert des Optionsgegenstands multipliziert mit 16 % (je 8 % für das spezifische und das allgemeine Marktrisiko).[32] Die nicht-linearen Optionspreisrisiken werden hier gänzlich vernachlässigt.

Wird indes, wie zumeist üblich, das Delta-Plus-Verfahren angewandt, dann gehen die replizierten Positionen mit ihren Deltawerten in die Berechnung der jeweiligen Nettogesamtpositionen (bei Zinsänderungsrisikopositionen) bzw. Bruttogesamtpositionen (bei Aktienkursrisikopositionen) ein und werden dort entsprechend unterlegt. Bei Banken, die interne Modelle verwenden, darf die Unterlegung des spezifischen Risikos schliesslich weder für Zinsänderungs- noch für Aktienkursrisikopositionen die Hälfte der nach dem vereinfachten Verfahren berechneten Eigenmittelunterlegung nicht unterschreiten (50 % Floor).[33] Für Banken, deren Modelle das spezifische Risiko teilweise oder gar völlig vernachlässigen, gilt die sich nach Anwendung der Standardverfahren ergebende Eigenmittelanforderung für das spezifische Risiko.[34]

Eigenmittelunterlegung mit Hilfe bankinterner Modelle

Mit Hilfe von internen Modellen bestimmen Banken – je nach Bauweise des Modells – das Risikopotential für einzelne Geschäftspositionen, für verschiedene Risikokategorien oder für das gesamte Marktrisiken ausgesetzte Engagement. Abschliessend sei kurz auf deren aufsichtsrechtlichen Rahmen eingegangen.

Die Überzeugung des Basler Ausschusses, dass den Banken die Messung von Markrisiken im Handelsgeschäft auf Basis interner Modelle nicht nur gestattet sein soll, sondern dass diese mittelfristig ausschliesslich anzuwenden sind, beruht vor allem auf folgenden Argumenten:[35]

- Die Standardmessverfahren bieten nicht genügend Anreiz für eine Verbesserung der Risikomanagementsysteme und für eine permanente Anpassung an Finanzmarktentwicklungen, da sie diejenigen Techniken der Risikomessung, die die grösste Genauigkeit ermöglichen, nicht anerkennen.

- Die Methodik der Standardmessverfahren berücksichtigen Korrelationen und Portfolioeffekte zwischen Instrumenten und Märkten nicht ausreichend und belohnen die Risikodiversifikation generell ungenügend.
- Die Standardmessverfahren sind mit den internen Messsystemen der Banken zu wenig kompatibel.

Auf Bitten des Basler Ausschusses testeten infolgedessen 15 Banken ihre Risikomesssysteme im Hinblick auf deren Qualität, das Risikopotential («value at risk», VaR) eines aus rund 350 Positionen bestehenden Portefeuilles adäquat abzubilden. Das VaR bildet die zukünftige Basis für die Bestimmung der Eigenmittelanforderungen. Die Ergebnisse dieser Tests wurden auf ihre Kohärenz überprüft und stellen die Basis für die vom Ausschuss erlassenen allgemeinen Kriterien, Marktrisikofaktoren sowie qualitativen und quantitativen Standards für die Zulassung interner Modelle dar, die nachfolgend erläutert werden sollen.

Will eine Bank ein internes Modell zur Messung des Marktrisikos verwenden, benötigt sie hierfür die explizite Genehmigung der zuständigen nationalen Aufsichtsbehörde. Diese wird nur dann erteilt, wenn folgende Mindestvoraussetzungen (= allgemeine Kriterien) erfüllt sind:

- Das Risikomanagementsystem der Bank beruht auf einem soliden Konzept und ist korrekt implementiert.
- Die Bank verfügt über genügend hinreichend qualifizierte Mitarbeiter, die im Handelsbereich, der Risikokontrolle, der Revision und gegebenenfalls dem Back-Office mit komplizierten Modellen umgehen können.
- Die Modelle haben sich nachweislich durch Risikomessung akzeptabler Genauigkeit bewährt.
- Krisentests werden regelmässig von der Bank durchgeführt.

Zur Einhaltung dieser allgemeinen Kriterien seitens der Finanzinstitute, hat der Basler Ausschuss des weiteren acht qualitative Standards aufgestellt, denen das bankinterne Modell genügen muss (vgl. hierzu Abbildung 23). Einer besonderen Diskussion bedarf dabei das achte Kriterium, da der Basler Ausschuss hier ausdrücklich elf Punkte nennt, die es regelmässig im Rahmen eines internen Prüfverfahrens zu kontrollieren gilt. Spezielles Augenmerk ist dabei auf

- die Angemessenheit der Dokumentation von Risikomanagementsystem und –verfahren,
- die Organisation der Risikokontrollabteilung,
- die Einbeziehung der Messgrössen für das Marktrisko in das tägliche Risikomanagement,
- den Genehmigungsprozess für die von den Mitarbeitern des Front-Office und des Back-Office verwendeten Risikomodelle und Bewertungssysteme,
- die Prüfung grösserer Änderungen des Risikomessverfahrens, den Umfang der vom Risikomessmodell erfassten Marktrisiken,
- die Integrität des Managementinformationssystems,
- die Exaktheit und Vollständigkeit der Positionsdaten,
- die Verifizierung der Uniformität, Zeitnähe, Zuverlässigkeit und Unabhängigkeit der in internen Modellen verwendeten Datenquellen,
- die Genauigkeit und Angemessenheit der Annahmen über Volatilität und Korrelationen,
- die Exaktheit der Bewertungs- und Risikotransformationsberechnungen sowie
- die Überprüfung der Modellqualität durch regelmässiges Backtesting

zu richten.[36]

Zentraler Baustein eines internen Modells zur Quantifizierung des Marktrisikos ist die genaue Spezifikation einer Reihe von Marktrisikofaktoren, d.h. von Marktsätzen, -kursen und -preisen, die den Wert von Handelspositionen massgeblich beeinflussen. Diese müssen hinreichend sein, um die Risiken im Portefeuille bilanzieller und ausserbilanzieller Handelspositionen adäquat abbilden zu können. Für die genaue Ausgestaltung der Risikofaktoren wird den Banken ein gewisser Spielraum gewährt, der indes durch Vorgaben für die einzelnen Risikokategorien limitiert wird.

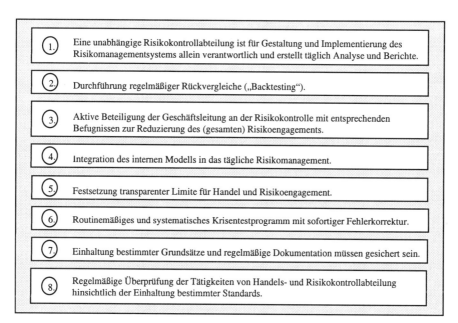

Abbildung 23: Qualitative Standards zur Sicherstellung der Qualität interner Modelle[37]

Es müssen eigene Risikofaktoren für Zinssätze in jeder Währung berücksichtigt werden, in der die Bank zinsreagible bilanzielle oder ausserbilanzielle Positionen hält. Die Renditestrukturkurve ist explizit zu berechnen. Damit soll der differierenden Zinssatzvolatilität Rechnung getragen werden. Die Zahl der verwendeten Risikofaktoren ist von der Komplexität der applizierten Strategien und der Grösse ihrer Engagements abhängig. Es sollten bei entsprechendem Volumen jedoch mindestens sechs unterschiedliche Zinssätze Verwendung finden. Überdies muss das Risikomesssystem separate Risikofaktoren für das Spread-Risiko, dem Risiko einer nicht vollständig positiven Korrelation zwischen Zinstiteln divergierender Bonität, aufweisen. Für jede Fremdwährung, in der die Bank ein «nennenswertes» Engagement hält, muss ein separater Risikofaktor gebildet werden, da der mit Hilfe des Risikomesssystems berechnete VaR in Inlandswährung ausgedrückt ist. Bei Aktienkursen müssen Risikofaktoren für jeden Aktienmarkt konstruiert werden, an dem die Bank nennenswerte Positionen hält. Mindestens muss indes ein Risikofaktor die Entwicklung des jeweiligen Aktienmarktes in Gänze abbilden, beispielsweise via eines Marktindizes. Einzelne

Positionen können dann mit ihren Beta-Äquivalenten abgebildet werden. Komplexität und Art der Modellrechnung sollten sich nach der Höhe des Engagements und dem Diversifikationsgrad richten. Jeder Rohstoffmarkt, an dem die Bank eine nennenswerte Position hält, muss durch einen eigenen Risikofaktor charakterisiert werden. Bei geringeren Engagements ist ein Risikofaktor je Rohstoff, eventuell sogar je Rohstoffgruppe ausreichend. Bei grösseren muss ausserdem berücksichtigt werden, wie sich die «convenience yield», d.h. der Nutzen aus dem direkten Eigentum an einem physischen Rohstoff, von Derivativpositionen einerseits und Kassapositionen andererseits in diesem Rohstoff entwickelt.

Damit sich die Streuung der Ergebnisse der einzelnen Modelle für eine homogene Gruppe von Positionen in einer relativ engen Bandbreite hält, müssen die jeweiligen Modelle darüber hinaus neun quantitativen (Mindest-)Standards genügen, die in Abbildung 24 aufgeführt sind. Einer ausführlicheren Erläuterung bedarf dabei der achte quantitative Standard. Die Höhe des sogenannten Multiplikationsfaktors (M) wird von den einzelnen Aufsichtsbehörden in Abhängigkeit von der Qualität des Risikomanagement-Systems der jeweiligen Bank festgelegt und soll helfen, mögliche Schwachstellen im Modellverfahren auszugleichen. Solchen Schwachstellen können folgende Ursachen zugrunde liegen:

- Marktbewegungen weichen häufig von dem Muster der vereinfachten Verteilungsannahme (z.B. Normalverteilung) ab. Beispielsweise können wesentlich öfter Extremwerte («Fat Tails») auftreten, als es die Verteilungsannahme vorgibt.
- Eine Extrapolation der Historie in die Zukunft ist nicht immer möglich, etwa bei der Veränderung von Volatilitäten und Korrelationen.
- Die VaR-Schätzungen basieren prinzipiell auf den Positionen am Tagesende. Das Handelsrisiko während des Tages wird vernachlässigt.
- Das Modell erfasst nicht das Risiko extremer Marktverhältnisse.
- Die Bewertungsmodelle für die oft komplexen Risiken (z.B. von Optionen) sind häufig zu einfach.

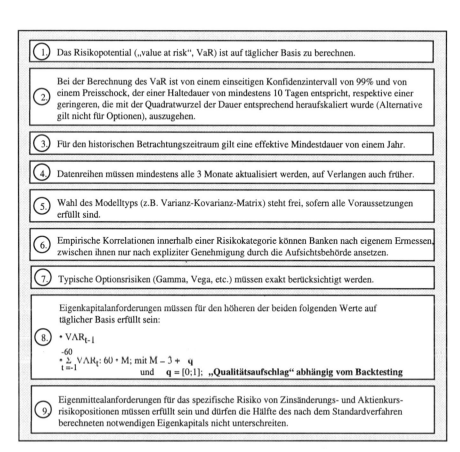

Abbildung 24: Quantitative (Mindest-)Standards interner Modelle[38]

Aus diesen Gründen müssen Banken zu einem Floor von drei einen Qualitätsaufschlag (q) hinzuaddieren, der in direktem Zusammenhang mit der Prognosegüte des Modells steht. Diese richtet sich wiederum nach den Ergebnissen der Rückvergleiche («Backtesting»). Sind diese zufriedenstellend und erfüllt die Bank die oben genannten qualitativen Standards, dann kann der minimale Aufschlag von null gewährt werden. Wird den Ansprüchen indes nicht entsprochen, dann kann maximal ein Aufschlag von eins erhoben werden. Auf diese Weise soll ein Anreiz geschaffen werden, die Prognosequalität des Modells zu verbessern.

Fazit

Mit den qualitativen und quantitativen Anforderungen an die Eigenmittel von Banken, den anrechnungspflichtigen bilanziellen und ausserbilanziellen Zinsänderungsrisiko-, Aktienkursrisiko-, Währungsrisiko-, Rohstoffrisiko- und (Kredit-)Ausfallrisikopositionen und den Standardverfahren zur Eigenmittelunterlegung von (Kredit-) Ausfallrisiken und Marktrisiken sowie dem aufsichtsrechtlichen Rahmen für die Applikation interner Modelle (als Alternative zu den Standardverfahren) wurden vorstehend die wichtigsten Inhalte der aktuellen Empfehlungen des Basler Ausschusses für Bankenaufsicht diskutiert. Diese stellen für die Banken und Wertpapierhäuser derzeit eine grosse Herausforderung dar. Ihre Umsetzung wird einige Zeit in Anspruch nehmen und den Finanzinstituten finanzielle und personelle Belastungen aufbürden.

Zukünftig werden auf Banken und Wertpapierhäuser Regulierungen zukommen, mit denen die Bankenaufsicht den Abbau des Normengefälles zwischen den europäischen und aussereuropäischen Instituten zu erreichen sucht. Neben Verfeinerungen bestehender Regelungen, zum Beispiel der Erweiterung der Netting-Vereinbarungen zur Reduzierung der Eigenmittelanforderung für (Kredit-)Ausfallrisiken oder der Ausdehnung der Herkunftslandkontrolle auf ausländische Banken in «Off Shore-Zentren», werden die Institute diesbezüglich auch mit neuen Regelungen konfrontiert werden. Vorrangig zu erwähnen sind dabei die geplanten Massnahmen zur weltweiten Harmonisierung der Bilanzierungs- und Publizitätsstandards, die eine uneingeschränkte Vergleichbarkeit von Banken und Wertpapierhäusern untereinander ermöglichen soll. Ihre Realisierung wird jedoch noch einige Jahre auf sich warten lassen.

Anmerkungen
1   Die Basler Eigenkapitalübereinkunft (Capital Accord) zum Ausfallrisiko aus dem Jahr 1988.
2   Schierenbeck (1999).
3   Basler Ausschuss für Bankenaufsicht (1988).
4   Basler Ausschuss für Bankenaufsicht (1996).
5   Schierenbeck (1999).
6   Basler Ausschuss für Bankenaufsicht (1996).
7   Schierenbeck (1999).
8   Basler Ausschuss für Bankenaufsicht (1995a).
9   Schulte-Mattler/Traber (1997).

10 Basler Ausschuss für Bankenaufsicht (1996)
11 Die genaue Definition einer strukturellen Position ist indes von der zuständigen nationalen Aufsichtsbehörde unter Berücksichtigung der relevanten Rechnungslegungsvorschriften und –usancen festzulegen.
12 Schierenbeck (1999).
13 Basler Ausschuss für Bankenaufsicht (1996).
14 Rohstoffpreise reagieren wesentlich sensitiver auf Konjunkturänderungen und aussergewöhnliche Ereignisse als Aktien oder Zinstitel. So haben sich die Krisen im Vorderen Orient stets erheblich stärker auf den Preis für Rohöl niedergeschlagen als auf die Aktienkurse von Ölfirmen.
15 Basler Ausschuss für Bankenaufsicht (1996)
16 Schierenbeck (1999).
17 Schierenbeck (1999).
18 Schierenbeck (1999).
19 Basler Ausschuss für Bankenaufsicht (1988) und die Ergänzung (1998a).
20 Basler Ausschuss für Bankenaufsicht (1988) Und Schierenbeck (1999).
21 Basler Ausschuss für Bankenaufsicht (1995c).
22 Basler Ausschuss für Bankenaufsicht (1993).
23 Da die Zinssensitivität von Nullkuponanleihen und Anleihen mit einem niedrigen Nominalzins grösser ist als die von höher verzinslichen Wertpapieren, schlägt der Basler Ausschuss zwei separate Laufzeitsysteme vor. Für den niedrig verzinslichen Bereich gilt in den mittel- und langfristigen Zonen 2 und 3 dabei jeweils eine etwas kürzere Periodenlänge, um dem vergleichsweise höheren Zinsänderungsrisiko niedrig verzinslicher Titel Rechnung zu tragen.
24 Schierenbeck (1999).
25 Unter einem «Investment-Grade-Rating» wird ein Rating von «BB» oder besser verstanden.
26 Basler Ausschuss für Bankenaufsicht (1997).
27 Basler Ausschuss für Bankenaufsicht (1996).
28 Streng genommen ist das Deltarisiko nicht als lineares sondern als konvexes Risiko aufzufassen, da ein linearer Zusammenhang zwischen Optionspreis- und Basiswertpreisveränderung lediglich bei infinitesimalen Änderungen besteht und diese in der Praxis eher selten zu beobachten sind.
29 Schierenbeck (1999).
30 Schierenbeck (1999).
31 Schulte-Mattler (1996).
32 vgl. hierzu Basler Ausschuss für Bankenaufsicht (1996) und Jakob (1996).
33 Basler Ausschuss für Bankenaufsicht (1996).
34 Letztlich wird damit der Tatsache Rechnung getragen, dass die Aufsichtsrechtbehörden noch zu keinem Konsens darüber gelangt sind, wie das spezifische Risiko optimalerweise in ein Modell einzubeziehen ist. So werden – wie erwähnt – bislang keine Eigenmittelanforderungen für das spezifische Risiko bei Devisen, Gold, Rohstoffen oder Edelmetallen erhoben.
35 Basler Ausschuss für Bankenaufsicht (1995b).
36 In einem grösseren Rahmen werden die qualitativen Rahmenbedingungen an bankinterne Risikomodelle in den Richtlinien für Interne Kontrollsysteme in Banken aufgegriffen

(vgl. Basler Ausschuss für Bankenaufsicht 1998). Aus der Einsicht heraus, dass ein zuverlässiges Internes Kontrollsystem das Risiko unerwarteter Verluste reduziert, werden in der Richtlinie die notwendigen Bestandteile und Strukturen eines Internen Kontrollsystems herausgestellt.

37 Schierenbeck (1999).
38 Schierenbeck (1999).

Literaturverzeichnis

Basler Ausschuss für Bankenaufsicht: Internationale Konvergenz der Eigenkapitalmessung und Eigenkapitalanforderungen, Basel 1988.

Basler Ausschuss für Bankenaufsicht: Aufsichtsrechtliche Anerkennung des Nettings bei der Eigenkapitalberechnung – Vorschlag des Basler Ausschusses für Bankenaufsicht zur Konsultation, Basel 1993.

Basler Ausschuss für Bankenaufsicht: Geplante Ergänzung der Eigenkapitalvereinbarung durch die Marktrisiken, Basel 1995a.

Basler Ausschuss für Bankenaufsicht: Eigenkapitalunterlegung des Marktrisikos auf der Basis interner Modelle, Basel 1995b.

Basler Ausschuss für Bankenaufsicht: Behandlung des potentiellen Engagements aus nicht bilanzwirksamen Positionen, Basel 1995c.

Basler Ausschuss für Bankenaufsicht: Änderungen der Eigenkapitalvereinbarungen zur Einbeziehung der Marktrisiken, Basel 1996.

Basler Ausschuss für Bankenaufsicht: Principles for the management of interest rate risk, Basel 1997.

Basler Ausschuss für Bankenaufsicht: Amendment to the Basle Capital Accord of July 1988, Basel 1998a.

Basler Ausschuss für Bankenaufsicht: Framework for Internal Control Systems in Banking Organisations, Basel 1998b.

Jakob, K.: Die Baseler Marktrisikoempfehlungen: Das Standardverfahren, in: ZfgK, 49. Jg. (1996), S. 108 – 114.

Schierenbeck, H.: Ertragsorientiertes Bankmanagement, Band 2: Risiko-Controlling und Bilanzstruktur-Management, 6. vollständig überarbeitete und erweiterte Auflage, Wiesbaden 1999.

Schulte-Mattler, H.: Delta-plus-Ansatz bei Optionen, in: Die Bank (1996), S. 500 – 505.

Schulte-Mattler, H./Traber, U.: Marktrisiko und Eigenkapital, 2. Auflage, Wiesbaden 1997.

Michael Lister

Konzeption des bankinternen Risikomodells RiskMaster®

Grundlagen des bankinternen Risikomodells RiskMaster

Bankenaufsichtsrechtliche Anforderungen an ein bankinternes Risikomodell

Bankenaufsichtsrechtliche Regelungen werden grundsätzlich auf nationaler Ebene gesetzlich fixiert. Die nationale Umsetzung ist dabei üblicherweise das Ergebnis multinationaler Verhandlungen und Beschlüsse. Zum zentralen Organ für bankenaufsichtsrechtliche Innovationen avancierte hier in den letzten Jahren der Basler Ausschuss für Bankenaufsicht. Der Basler Ausschuss wurde 1975 von den Zentralbanken der Zehnergruppe sowie der Zentralbank Luxemburgs ins Leben gerufen. Seitdem entwickelt der Basler Ausschuss immer wieder neue Verordnungen, zu deren Umsetzung in nationales Recht sich die angeschlossenen Zentralbanken anschliessend verpflichten. Des weiteren werden von der Europäischen Union Richtlinien erlassen, die für die EU-Länder zwingend einzuhalten sind, an denen sich aber auch Nicht-EU-Länder des europäischen Raumes, wie z. B. die Schweiz, ebenfalls orientieren.

Angesichts der besonderen Bedeutung, die das Geschäft mit Finanzderivaten in jüngster Zeit für die Banken erlangt hat, ergibt sich für die internationale Bankenaufsicht der Zwang, den sich rasch ändernden Risikopotentialen durch entsprechende Regelungen, Rechnung zu tragen. Diesbezüglich sind insbesondere für das Handling von Marktrisiken immer wieder neue Verordnungen erlassen worden, um das immense Risikopotential, das sich aus dem Derivategeschäft ergibt, zu beherrschen. In diesem Zusammenhang wurden am vorläufigen Ende eines lange währenden Prozesses der Entwicklung geeigneter Verfahren das in Abbildung 1 dargestellte Standardmodell sowie bankinterne Modelle bereits zugelassen, während der pre-commitment-Ansatz zur Zeit intensiv diskutiert wird.

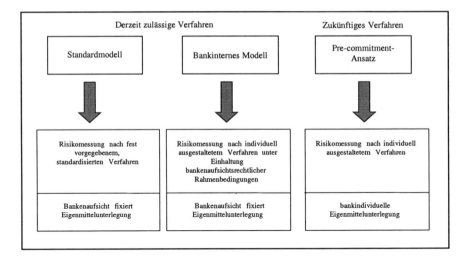

Abbildung 1: Risikomodelle im Bankenaufsichtsrecht

Grundlegende Basis dieser Verordnungen bildet das sogenannte Standardmodell. Dieses Standardmodell beinhaltet zum einen eine standardisierte Risikomessung nach fest vorgegebenen Verfahren. Zum anderen wird die Höhe der für die gemessenen Risiken erforderlichen Eigenmittelunterlegung genau fixiert.

Insbesondere die mit den bankenaufsichtsrechtlichen Bestimmungen zwangsläufig verbundene Standardisierung hat dazu geführt, dass einige Banken eigene Modelle zur Risikomessung konzipiert haben. Denn das Standardmodell kann nicht den Besonderheiten einer jeden Bank gerecht werden. Da diese internen Risikomodelle letztlich den standardisierten Verfahren der Bankenaufsicht überlegen sind, haben im Dezember 1995 die Präsidenten der Zentralbanken der Zehnergruppe einem Vorschlag des Basler Ausschusses für Bankenaufsicht zugestimmt, wonach bei der Ermittlung der notwendigen Eigenkapitalausstattung für Marktrisiken bankinterne Modelle zulässig sind. Bankinterne Risikomodelle erlauben den Banken, innerhalb bestimmter Rahmenbedingungen die Risikomessung individuell zu gestalten. Gleichwohl wird auch hier die Höhe der erforderlichen Eigenmittelunterlegung fest vorgegeben.[1]

Die Zulassung bankinterner Risikomodelle wird jedoch mit der Einhaltung bestimmter quantitativer und qualitativer Kriterien verknüpft, die vom Basler Ausschuss zunächst als Pressemitteilung vom 12. Dezember 1995 in einer allgemeinen Formulierung und schliesslich im Januar 1996 als präzisierte Novelle der Eigenkapitalvereinbarungen bezüglich Marktrisiken veröffentlicht wurden.[2] Darin werden folgende qualitative Standards genannt:

- Eine von den Geschäftseinheiten unabhängige und dem Top Management unterstellte Risikokontrollabteilung ist für den Aufbau und die Einführung eines Risikomanagement-Systems verantwortlich.
- Eine tägliche Moderation der Ergebnisse des Risikomodells enthält insbesondere eine Bewertung des Verhältnisses der gemessenen Risiken zu den Handelslimiten.
- Die aus der Simulation hypothetischer Veränderungen und vergangener Szenarien hervorgehenden Risikowirkungen werden ermittelt.
- Das Aufsichtsorgan und das Top-Management sind aktiv in den Risikokontrollprozess integriert. Ein Management mit ausreichender Erfahrung und Verantwortung sowohl hinsichtlich einzelner Positionen als auch des Gesamtbankrisikos überpruft die täglichen Moderationen der Risikokontrollabteilung.
- Das Risikomodell ist in den täglichen Risikomanagement-Prozess der Bank zu integrieren.
- Die Risikomessung erfolgt in Verbindung mit den internen Handels- und Risikolimiten.
- Zur Unterstützung der Risikoanalyse werden regelmässig Stress-Tests durchgeführt.
- Um die Einhaltung der Vorgabe sicherzustellen, ist ein dokumentierter Massnahmenkatalog bezüglich der Risikomessung aufzustellen.
- Es sind regelmässig unabhängige Revisionen der Risikomessungen durchzuführen.

Neben diesen qualitativen Kriterien werden verschiedene quantitative Anforderungen aufgelistet:
- Der Value-at-Risk (VaR), d. h. das in Währungseinheiten ausgedrückte Risiko, muss täglich ermittelt werden.

- Bei der VaR-Ermittlung muss ein 99 %iges Konfidenzintervall zugrundegelegt werden, d. h. es muss mit einer Wahrscheinlichkeit von maximal 1 % mit einem höheren Verlust gerechnet werden.
- Als Zeitbezug ist eine Haltedauer für offene Positionen von 10 Tagen zugrundezulegen. Daraus folgt, dass das Risiko eines Verlustes aus den innerhalb eines 10-Tages-Intervalls erfolgenden Preisschwankungen abzuleiten ist.
- Das Modell umfasst einen historischen Betrachtungszeitraum von mindestens einem Jahr. Demnach ist für einen zurückliegenden Zeitraum von einem Jahr der Durchschnitt der 10-Tages-Renditen zu ermitteln und daraus der VaR-at-Risk zu bestimmen.
- Die einmal gewonnenen Daten dürfen maximal drei Monate verwendet werden. Danach erfolgt eine Neuberechnung des Datensatzes.
- Die Bankenaufsicht schreibt kein spezielles Risikomodell vor. Sie verlangt lediglich, dass die Bank die Risiken inhaltlich voll erfasst.
- Es liegt im Ermessen der Banken, Korrelationen zwischen einzelnen Risikokategorien in den Kalkül einfliessen zu lassen.
- Die Besonderheiten von Finanzderivaten insbesondere von Optionen mit nicht-linearen Risiken sind zu berücksichtigen.
- Die erforderliche Mindest-Eigenkapitalausstattung ergibt sich entweder aus dem VaR-at-Risk des Vortages oder aus einem von der nationalen Bankenaufsicht definierten Vielfachen zuzüglich des Durchschnitts des täglichen VaR-at-Risks der vorangegangenen 60 Tage inklusive eines aus der Simulation vergangener Preisentwicklungen resultierenden Zuschlags, wobei der höhere der beiden Beträge massgebend ist.
- Sofern das spezifische Risiko nicht im bankinternen Risikomodell erfasst wird, sind die bankenaufsichtsrechtlichen Standard-Verfahren weiter anzuwenden.

Um nicht neben dem bankinternen Risikomodell gleichzeitig die Standardverfahren der Bankenaufsicht anwenden zu müssen, ist bei der Konzeption des bankinternen Risikomodells darauf zu achten, dass die an dessen Zulassung geknüpften Bedingungen eingehalten werden. Gleichzeitig kann die Idee eines bankinternen Risikomodells für Marktrisiken weiter ausgebaut werden. Vor dem Hintergrund der Anforderungen einer ertragsorientierten

Risikopolitik und der damit verbundenen organisatorischen Notwendigkeiten sollte ein bankinternes Risikomodell nicht nur auf Marktrisiken beschränkt sein, sondern auch die übrigen Risikokategorien mit der gleichen Systematik erfassen, zum Gesamtbankrisiko zusammenführen und die Basis für eine ertragsorientierte Kapitalallokation bilden können.

Der darüber hinausgehende pre-commitment-Ansatz sieht vor, dass die Banken nicht nur ihre Risikomessung völlig frei gestalten können. Vielmehr soll auch die Höhe der Eigenmittelunterlegung von den Banken zukünftig selbst vorgegeben werden können. Der Bankenaufsicht käme danach nur noch die Aufgabe zu, innerhalb bestimmter Zeitintervalle zu prüfen, ob die Eigenmittelunterlegung ausreichend hoch war, um potentielle Verluste kompensieren zu können. Sofern die Eigenmittelunterlegung nicht den eingegangenen Risiken entsprechen sollte, muss die Bank eine Strafe zahlen. Ziel dieses Konzeptes ist, den Banken mehr Verantwortung für eine ausreichend hohe Kapitalunterlegung zu übertragen. Andererseits soll ein marktwirtschaftlicheres Verhalten im Bankenmarkt erreicht werden.

Alternative Risikomodelle

Im Rahmen bankinterner Risikomodelle werden insbesondere die Instrumentarien der neoklassischen Finanzierungstheorie angewendet. Diverse Institutionen und Autoren haben inzwischen ihre Konzeptionen publiziert. Auch wenn alle Verfahren auf den Erkenntnissen der neoklassischen Finanzierungstheorie aufbauen, so unterscheiden sie sich doch z. T. erheblich. Primäres Ziel aller Verfahren ist die Messung der Risiken des Bankgeschäftes, wobei der Kreis der erfassten Risiken unterschiedlich gross ist. Aus den Ergebnissen der Risikomessung folgt im nächsten Schritt die Eigenkapitalunterlegung der Geschäfte bzw. Geschäftsbereiche. Um eine möglichst hohe Rentabilität des eingesetzten Eigenkapitals zu erreichen, liefern bestimmte Modelle darüber hinaus Instrumentarien zur optimalen Kapitalallokation.

Im Zusammenhang mit diesen Praxismodellen tauchen verschiedene, in Abbildung 2 aufgelistete Begriffe auf.

Risikodefinitionen	Risikomodelle	Risikoadjustierte Performance-Kennzahlen
- Value at Risk (VaR) - Daily Earnings at Risk (DEaR) - Money at Risk (MaR) - Capital at Risk (CaR) - Earnings at Risk (EaR)	- RiskMetrics™ (RM) - Earnings Volatility Model (EVM) - CreditMetrics™ (CM) - RAROCTM 2020™	- Return on risk adjusted capital (RORAC) - Risk adjusted return on capital (RAROC)

Abbildung 2: Abgrenzung von Risikobegriffen

Diese Ausdrücke sind entweder Titel eines Risikomodells oder sie bezeichnen das wesentliche Instrumentarium eines Modells. Grundsätzlich lassen sich hierbei Risikomodelle, die ausschliesslich der Risikomessung dienen, von solchen abgrenzen, die zur integrierten Risiko-/Renditesteuerung konzipiert wurden.

Das ebenfalls z. Zt. intensiv diskutierte Shareholder Value-Konzept steht in enger Verbindung mit den genannten Risikomodellen. Dieser Steuerungsansatz beinhaltet die Unternehmensbewertung über die Diskontierung zukünftiger freier Cash-flows und die Ableitung von Handlungsmaximen zur Erhöhung des Unternehmenswertes. Die Diskontierung zukünftiger Cash-flows erfolgt mit Hilfe eines Kapitalkostensatzes, der der erwarteten Rendite alternativer Kapitalanlagen mit gleichem Risiko entspricht.[3]

Dieser Vergleichsmassstab lässt sich jedoch nur dann ermitteln, wenn die entsprechende Risikohöhe der Bankgeschäfte bekannt ist. Dazu benötigt man wiederum ein Risikomodell, mit dem die Risiken in ihrer Gesamtheit erfasst und zusammengeführt werden. Insofern kann auch das Shareholder Value-Konzept stets auf den Ergebnissen bankinterner Risikomodelle aufbauen.

Modelle zur Risikomessung

Das Value at Risk als Basis bankinterner Risikomodelle

Das Value at Risk (VaR)-Konzept besitzt im Rahmen der praxisrelevanten Risikomodelle einen besonderen Stellenwert. Dies zeigt sich bspw. daran, dass die G-30 das Value at Risk-Konzept schon am Anfang dieser neuen risikopolitischen Entwicklungen als das beste Praxismodell zur Messung von Marktrisiken empfahl.[4]

Der Value at Risk ist definiert als
- der geschätzte
- maximale erwartete Verlust,
- der unter üblichen Marktbedingungen
- innerhalb einer bestimmten Periode
- mit einer bestimmten Wahrscheinlichkeit eintreten kann.

Der VaR soll anhand des in Abbildung 3 dargestellten Beispiels erläutert werden. Darin wird zunächst ein beliebiges Aktienportefeuille zusammengestellt. Anschliessend wird untersucht, wie sich der Wert dieses Aktienportefeuilles innerhalb 10.000 gleich langer, aber zu unterschiedlichen Zeitpunkten beginnender Halteperioden verändert hätte. Danach werden die beobachteten Ergebnisse den in Spalte (1) genannten Ergebnisintervallen zugeordnet, um die in Spalte (2) genannten Häufigkeiten der Einzelergebnisse innerhalb dieser Intervalle festzustellen. Darüber hinaus werden die Beobachtungsdaten in Spalte (3) vom besten bis hin zum schlechtesten Ergebnisintervall kumuliert.

Hieraus lassen sich die unterschiedlichsten Erkenntnisse gewinnen. Es zeigt sich bspw. anhand der in Spalte (2) dargestellten Einzelhäufigkeiten, dass mit 3.414 Fällen die grösste Anzahl beobachteter Ergebnisse in den Intervallen 0 TCHF bis -5 TCHF und +5 TCHF bis 0 TCHF wiederzufinden ist. Gleichzeitig wird deutlich, dass sich in 5.000 Fällen eine positive, in den übrigen 5.000 Fällen aber eine negative Performance ergeben hat.

(1)	(2)	(3)
Ergebnisintervalle	Häufigkeit einzeln	kumuliert
+ 20 TCHF bis + 15 TCHF	13	13
+ 15 TCHF bis + 10 TCHF	214	227
+ 10 TCHF bis + 5 TCHF	1359	1586
+ 5 TCHF bis 0 TCHF	3414	5000
0 TCHF bis - 5 TCHF	3414	8414
- 5 TCHF bis - 10 TCHF	1359	9723
- 10 TCHF bis - 15 TCHF	214	9987
- 15 TCHF bis - 20 TCHF	13	10000

Abbildung 3: Häufigkeiten beobachteter Ergebnisse eines Aktienportefeuilles

Die gewonnenen Daten werden in Abbildung 4 graphisch dargestellt und mit der Value at Risk-Aussage verknüpft. Aus den kumulierten Häufigkeiten ist die Erkenntnis abzuleiten, dass in 100 % aller Fälle das Ergebnis besser bzw. in 0 % aller Fälle nicht schlechter war als -20 TCHF. Dieses Ergebnis ist nicht weiter verblüffend, da bekanntlich ausserhalb des untersten Ergebnisintervalls kein Ergebniswert beobachtet werden konnte.

Dass diesem untersten Ergebnisintervall 13 Werte zugeordnet werden konnten, fällt in 99,87 % aller Fälle das Ergebnis besser bzw. in 0,13 % aller Fälle schlechter als - 15 TCHF aus. Definitionsgemäss wird mit dem VaR der mit einer bestimmten Wahrscheinlichkeit verbundene, maximale Verlust fixiert. Im Beispiel beträgt der VaR mit einer Wahrscheinlichkeit von 99,87 % somit - 15 TCHF. Aufgrund der möglichen Verknüpfung mit alternativen Wahrscheinlichkeiten lässt sich jedoch eine Vielzahl von VaR-Grössen bestimmen. Wie die Graphik zeigt, beträgt der VaR mit einer Wahrscheinlichkeit von 97,73 % - 10 TCHF und mit einer Wahrscheinlichkeit von 84,14 % - 5 TCHF.

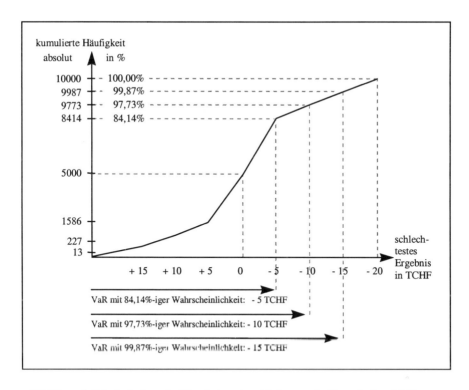

Abbildung 4: Verknüpfung der Ergebnisse des Aktienportefeuilles mit dem VaR

Natürlich bleibt das Konzept des VaR nicht auf diese sehr einfache Form beschränkt. Mit statistischen Verfahren werden über die Berechnung von Erwartungswerten, Standardabweichungen und Korrelationen bzw. Kovarianzen der VaR-Definition entsprechende Risikoaussagen formuliert.

Grundlage für die Berechnung des VaR ist die in Abbildung 5 skizzierte Gauss'sche Glockenkurve. Diese beschreibt, ausgehend von den Parametern Erwartungswert und Standardabweichung, die Häufigkeitsverteilung von Beobachtungswerten. Wenn die Häufigkeiten der Beobachtungswerte dem Verlauf der Gauss'schen Glockenkurve folgen, dann lassen sich die Funktionswerte und damit auch der VaR aus der Gauss'schen Glockenkurve, die der Standard-Normalverteilung entspricht, ableiten. Für das in Abbildung 3 und 4 genannte Beispiel ist diese Übereinstimmung gegeben, wie Abbildung 5 durch den Vergleich der Häufigkeitssäulen der Beobachtungsintervalle mit dem Verlauf der Glockenkurve zeigt.

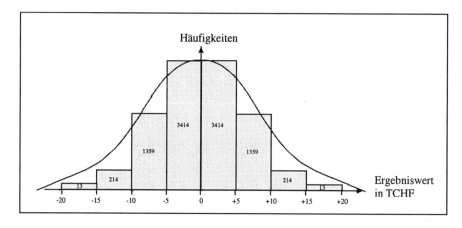

Abbildung 5: Vergleich der Häufigkeiten mit dem Verlauf der Gauss'schen Glockenkurve

Für die Aggregation unterschiedlicher Risiken ist es unbedingt erforderlich, dass die Messgrössen auf die gleiche Verteilung zurückzuführen sind. Idealerweise sollte diesbezüglich die Standard-Normalverteilung anwendbar sein. Die Annahme der Normalverteilung der Beobachtungsgrössen bildet gerade in der Finanzmarkttheorie eine notwendige Voraussetzung für eine Vielzahl von Modellen. Auch wenn an dieser Stelle mit der gleichen, in der Regel stark vereinfachenden Prämisse weitergearbeitet wird, sei angemerkt, dass mit Hilfe sogenannter Verteilungstests die Hypothesen bezüglich der Verteilungsform der Grundgesamtheit überprüfbar sind. Auf die Erörterung von Verteilungstests wird an dieser Stelle verzichtet. Statt dessen werden in einer sehr pragmatischen Betrachtung verschiedene Häufigkeitsverteilungen lediglich hinsichtlich ihrer optischen Übereinstimmung mit der Normalverteilung untersucht, wobei dies

- für DAX®-Renditen bei einer Haltedauer von einem Tag,
- für Veränderungen des USD-Devisenkurses innerhalb eines Jahreszeitraums und
- für Veränderungen des Zinssatzes für eine Laufzeit von 30 Tagen innerhalb eines Jahreszeitraums

geschieht.

Dazu wurden die von 1988 bis 1995 zurückliegenden beobachteten stetigen Renditen des DAX®, bzw. die stetigen Veränderungsraten bestimmter, zwischen 1990 und 1995 beobachteter Zinssätze und Devisen berechnet (die historischen DAX®-Werte wurden freundlicherweise von der Deutsche Börse GmbH, Frankfurt, und die Zinssätze von der Schweizerischen Nationalbank zur Verfügung gestellt). Aus den Einzelwerten lassen sich im nächsten Schritt Erwartungswert und Standardabweichung bestimmen. Diese Werte werden benötigt, um die Dichtefunktion der Standard-Normalverteilung einer Beobachtungsreihe beschreiben zu können. Danach werden die Einzelwerte kategorisiert, indem die Menge der Einzelwerte, die innerhalb verschiedener Intervalle liegen, gezählt werden, woraus sich die bekannten Häufigkeitssäulen ergeben.

Anschliessend wird graphisch verifiziert, ob die Dichtefunktion der Standard-Normalverteilung die beobachteten Einzelwerte richtig widerspiegelt. Dazu werden die Häufigkeitssäulen sowie die Dichtefunktion in ein Koordinatensystem mit gemeinsamer X-Achse bei unterschiedlichen Y-Achsen gelegt. Wenn die Dichtefunktion der Standard-Normalverteilung die wahrscheinliche Verteilung der Beobachtungswerte korrekt wiedergibt, müssen sich die Säulenhöhen und der Verlauf der Dichtefunktion entsprechen.

In einem weiteren Schritt können die Verteilungsfunktionen für die Häufigkeitssäulen bzw. für die Dichtefunktion aufgebaut und miteinander verglichen werden. Die Verteilungsfunktion der Dichtefunktion der Standard-Normalverteilung kann mit Hilfe von Formeln oder statistischen Tabellen beschrieben werden. Für die Häufigkeitssäulen ist ausgehend vom niedrigsten Beobachtungswert bzw. der untersten Säule die Anzahl der Beobachtungswerte innerhalb der aufeinander folgenden Säulen zu kumulieren. Indem die bis zu einer bestimmten Säule erreichte kumulierte Anzahl der Beobachtungswerte in Relation zur Gesamtmenge der Beobachtungswerte gesetzt wird, erhält man die Verteilungsfunktion der Häufigkeitssäulen. In der Statistik werden die Wahrscheinlichkeitswerte der Quantile aus der Verteilungsfunktion abgeleitet, so dass dieser im Vergleich zur Dichtefunktion letztlich die grössere Bedeutung zukommt.

Wie die nachfolgenden Abbildungen 6 bis 11 zeigen, ergeben sich dabei zwar keine exakten, aber doch zumindest hinreichend genaue Übereinstimmungen der Wahrscheinlichkeits- bzw. Häufigkeitswerte. Es existieren bzgl. der verschiedenen Häufigkeitssäulen stets Spitzenwerte, von denen aus nach rechts und nach links die Säulenhöhen in gleichem Masse abfallen wie die Dichtefunktionskurve. Die Identität des Kurvenverlaufs spiegelt sich auch in den dazugehörigen Verteilungsfunktionen wider. Die Spitzen der kumulierten Häufigkeitssäulen sowie der Graph der Verteilungsfunktion der Standard-Normalverteilung überschneiden sich im Bereich der unterjährigen Haltedauern. Dies gilt sowohl für die untersuchten Veränderungen der DAX®-Rendite als auch für die des USD-Devisenkurses und die des 30-Tages-GKM-Zinses.

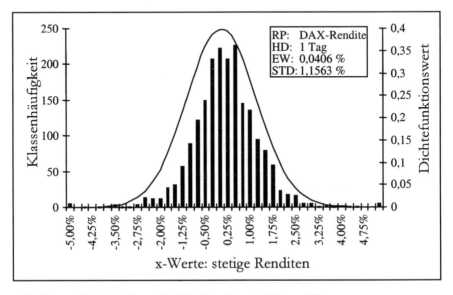

Abbildung 6: Dichtefunktion DAX®-Rendite mit HD = 1 Tag

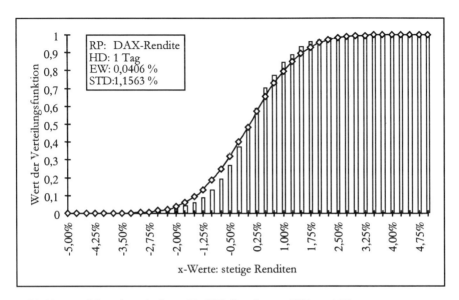

Abbildung 7: Verteilungsfunktion DAX®-Rendite mit HD = 1 Tag

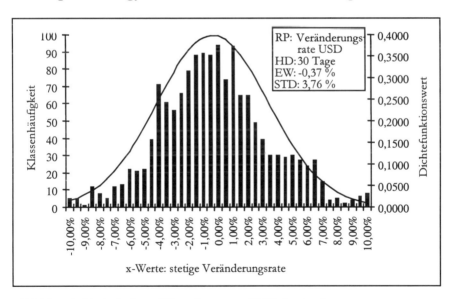

Abbildung 8: Dichtefunktion Veränderungsrate USD-Devisenkurs

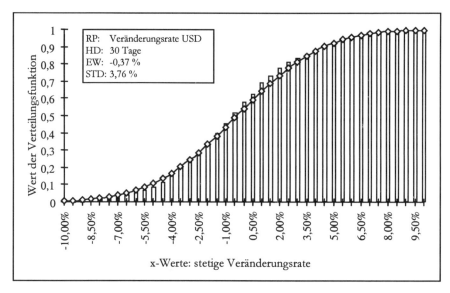

Abbildung 9: Verteilungsfunktion Veränderungsrate USD-Devisenkurs

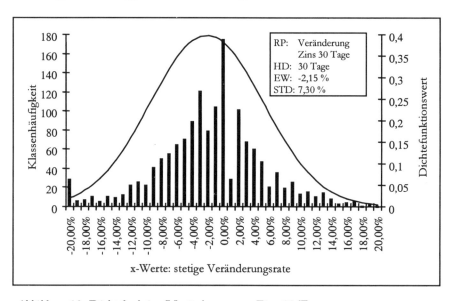

Abbildung 10: Dichtefunktion Veränderungsrate Zins 30 Tage

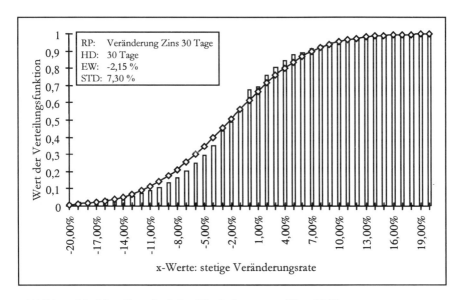

Abbildung 11: Verteilungsfunktion Veränderungsrate Zins 30 Tage

Abschliessend bleibt festzustellen, dass der VaR, wie in Abbildung 12 skizziert, entweder auf der Basis von Marktwerten oder auf der Basis der Periodenrechnung bestimmt werden kann. Auf der Basis von Marktwerten wird im Rahmen einer Marktwertbilanz der Marktwert des Eigenkapitals aus der Differenz zwischen dem Marktwert der Aktiva und dem Marktwert des Fremdkapitals quantifiziert. Über alle Risiken hinweg sollen dann insgesamt die Schwankungen des Marktwertes des Eigenkapitals mit Hilfe des VaR-Konzepts gemessen werden.

Auf der Periodenrechnung aufbauend werden demgegenüber in einer Gesamtbetrachtung lediglich die Schwankungen des Jahresüberschusses quantifiziert. Diese Variante gleicht grundsätzlich der Konzeption des noch zu erörternden Earning Volatility Models, das allerdings weitere spezielle Prämissen enthält.

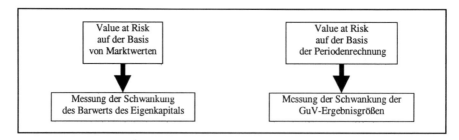

Abbildung 12: Es lassen sich zwei Dimensionen des Value at Risk-Konzepts unterscheiden.

Verschiedene Banken haben Risikomodelle auf Grundlage der Ideen des VaR konzipiert. Zu einem Marktstandard wurde zwischenzeitlich das von der amerikanischen Gesellschaft J. P. Morgan für die Messung von Marktrisiken entwickelte Konzept RiskMetrics™. Damit können nach den Prinzipien des VaR über Volatilitäten und Korrelationen Marktrisiken der grössten internationalen Finanzmärkte gemessen.[5] Darüber hinaus wurde von J.P.Morgan mittlerweile mit CreditMetrics™ auch ein Modell zur Erfassung von Ausfallrisiken präsentiert.[6]

Das Daily Earnings at Risk (DEaR)-Konzept stellt lediglich eine Variante des VaR-Modells dar. Im VaR-Modell besteht die Möglichkeit, das Risiko bestimmter Positionen in Abhängigkeit von ihrer Fristigkeit zu kalkulieren. Im DEaR-Konzept wird darauf aufbauend, dass jede offene, mit Risiken behaftete Geschäftsposition innerhalb eines Zeitraumes von 24 Stunden geschlossen werden kann, lediglich das Overnight-Risiko quantifiziert. Mit Hilfe bestimmter Annahmen und Gesetzmässigkeiten lässt sich aber der tagesrhythmische DEaR-Wert in den auf eine bestimmte Tagesanzahl bezogenen VaR-Wert überführen.

Die deutsche Privatbank Trinkaus & Burkhardt bezeichnet ihr Risikomodell als Money-at-Risk (MaR)-Konzept. Der Money-at-Risk-Wert wird prinzipiell auf die gleiche Art und Weise berechnet wie der VaR. Insofern handelt es sich hierbei lediglich um eine institutsspezifisch abweichende Bezeichnung des VaR.

Konzeption des Earnings Volatility Models

Die Ermittlung der Earnings at Risk (EaR) im Earnings Volatility Model (EVM) stellt ein einfaches Konzept dar, mit dem Banken, denen die weit über die bisherigen Ausführungen hinausgehende statistische Komplexität des VaR-Konzepts übermächtig erscheint, ihre Risiken messen können. Im Gegensatz zum marktrisikoorientierten VaR-Konzept werden dabei lediglich die Volatilitäten bankspezifischer Erträge gemessen.

Im Gegensatz zu den komplexeren Risikomodellen, in denen mit Renditen, Veränderungs- oder Abweichungsraten gegebenenfalls unter Berücksichtigung von Sensitivitäten der VaR quantifiziert wird, stehen beim EVM lediglich die in der Vergangenheit erzielten Gewinne und Verluste im Mittelpunkt der Betrachtungen.

Aus den institutseigenen Daten wird die Wahrscheinlichkeit von Ertragsschwankungen ermittelt. Bspw. wird für das Geschäftsfeld Firmenkunden ein durchschnittlicher Ertrag in Höhe von 100 Mio. CHF beobachtet. Mit einer Wahrscheinlichkeit von 90 % beträgt der Ertrag mindestens 60 Mio. CHF. Somit beträgt das als EaR bezeichnete Risiko im Firmenkundengeschäft 40 Mio. CHF (− 100 Mio. CHF - 60 Mio. CHF) mit einer Wahrscheinlichkeit von 90 %.

Dieser Betrag wird jedoch im EVM nicht mit dem Risikokapital gleichgesetzt. Vielmehr wird aus den bisherigen Ergebnissen des EVM-Konzeptes erst in einem weiteren Schritt die Höhe des Risikokapitals abgeleitet.[7]

Das Risikokapital stellt dabei das Volumen einer risikofreien Anlage dar, deren risikofreie Verzinsung zu einem sicheren Ertrag in Höhe der EaR führt. Bei einem risikofreien Zins von 5 % beträgt demnach das Risikokapital im o. g. Beispiel

$$EaR = \frac{40 \text{ Mio. CHF}}{5\%} = 800 \text{ Mio. CHF}.$$

Dementsprechend müsste ein Kapitalbetrag in Höhe von 800 Mio. CHF bereitgestellt werden, um sich gegen eine Unterschreitung der erwarteten Erträge abzusichern. Diese Schlussfolgerung erscheint falsch, wenn man das Risikokapital als denjenigen Betrag ansieht, der als Versicherungsprämie gegen mögliche Ausfälle schützen soll. Die Versicherungsprämie kann grundsätzlich nicht höher sein als der maximal ausfallende Betrag. Insofern wird das Risikokapital direkt durch die Ertragsschwankung und nicht über den Umweg eines risikofreien Investments determiniert.

Trotzdem lässt schon die im EaR-Konzept enthaltene Aussage über die Wahrscheinlichkeit zukünftiger Ertragsschwankungen eine Aussage über die Höhe des Gesamtbankrisikos zu, sofern sämtliche Ergebniskomponenten in den Kalkül einfliessen.

Konzepte zur integrierten Risiko-/Renditemessung

Die bisher genannten Kennzahlen dienen lediglich der Risikomessung. Demgegenüber stellen die Grössen Return on Risk Adjusted Capital (RORAC) und Risk Adjusted Return on Capital (RAROC) Kennziffern dar, mit denen eine Beziehung zwischen Risiko und Ertrag hergestellt werden soll. Dabei lassen sich derartige Kennzahlen unter dem Begriff Risk Adjusted Profitability Measurements (RAPM) zusammenfassen. Sie sind letztlich aus der Finanzierungstheorie abgeleitet worden: Die Kennziffer RORAC wurde in Anlehnung an die Sharpe-Ratio konstruiert; die Kennziffer RAROC ähnelt dem Jensen-Alpha, wobei das Jensen-Alpha im Gegensatz zur RAROC-Kennziffer auf dem systematischen Risiko basiert. Die Kennzahl RORAC wird berechnet, indem der Nettoerfolg eines Geschäfts oder Geschäftsbereichs ins Verhältnis zu dem eingesetzten Risikokapital gesetzt wird. Die Höhe des Risikokapitals bestimmt sich dabei grundsätzlich nach den Prinzipien des VaR. Demgegenüber resultiert das Nettoergebnis aus der Anwendung moderner bankbetrieblicher Konzepte zur Ergebnismessung, wie bspw. der Marktzinsmethode oder der Standardeinzelkostenrechnung. So würde ein Wertpapiergeschäft über 10 Mio. CHF bei einem VaR von 0,2 Mio. CHF und einem Nettoerfolg von 50.000 CHF zu einem RORAC von 25 % (= 50.000 CHF / 200.000 CHF) führen.

Die Kennziffer RAROC stellt eine Weiterentwicklung der Kennziffer RORAC dar. Auch hier steht im Nenner das einem Geschäft zugeordnete Risikokapital. Gegenüber der RORAC-Kennziffer wird beim RAROC im Zähler das Nettoergebnis eines Geschäftes um eine den Eigenkapitalkosten entsprechende Ziel-Risikoprämie korrigiert. Damit zeigt die Kennziffer RAROC auf, inwiefern von der Zielrisikoprämie abweichende Über- oder Unterrenditen erzielt werden können. Sofern die Ziel-Risikoprämie im vorherigen Beispiel 20 % beträgt, ergibt sich daraus ein RAROC von 5 % [= (50.000 CHF - 20 % x 200.000 CHF) / 200.000 CHF].

Die amerikanische Bank Bankers Trust entwickelte bereits in den 70er Jahren das inzwischen patentierte bankinterne Risikomodell RAROC™2020, das 1987 zu einem umfassenden Risikomanagement-System weiterentwickelt wurde.[8] Aber selbst Bankers Trust als erster Propagandist der Kennziffer RAROC führt im Rahmen von RAROC™2020 inzwischen eine Ergebnissteuerung nach den Prinzipien der Kennziffer RORAC durch.

Abschliessend bleibt festzustellen, dass im Rahmen bankinterner Risikomodelle eine Vielzahl neuer Begriffe verwendet wird. Die ausschliesslich auf die Risikomessung bezogenen Ausdrücke können dabei unter dem Begriff VaR, die auf die Risiko-/Rendite-Steuerung anspielenden Kennziffern unter dem Ausdruck Risk Adjusted Profitability Management zusammengefasst werden.

Überblick über die Konzeption des Risikomodells RiskMaster

Im Rahmen des Risikomodells RiskMaster wird nun versucht, die zuvor beschriebenen Elemente einer risikoadjustierten Ergebnismessung miteinander zu verknüpfen. Diesbezüglich umfasst das Risikomodell sowohl den Bereich der Risikomessung als auch der Risikokapitalallokation. Die Risikomessung erfolgt dabei zunächst mit Hilfe eines standardisierten Grundmodells. Zur Verbesserung der Messergebnisse lässt sich das Grundmodell um zusätzliche Instrumentarien erweitern.

Auf den Ergebnissen der Risikomessung aufbauend können anschliessend Verfahren zur Risikokapitalallokation eingesetzt werden. Dabei wird im Rahmen des passiven Risikomanagements der Prozess zur Abstimmung der Risikotragfähigkeit eingeleitet. Darüber hinaus könnten mit Hilfe der VaR-Steuerung als Element des aktiven Risikomanagements Shareholder Value generierende Geschäftsfelder erkannt und damit das Eigenkapital in diese Bereiche hineingelenkt werden.

	Standardisiertes Ablaufschema im Risikomodell RiskMaster ®
Stufe 1	Definition des Risikoparameters: RP = Aktienkursrendite, Zinssatzänderung, Kostenabweichung, etc.
Stufe 2	Berechnung der Standardabweichung des Risikoparameters: STD(RP)
Stufe 3	Bestimmung einer Risikomeßzahl durch Fixierung des Konfidenzintervalls mit der Auswahl des Z-Wertes: RMZ(RP) = ± Z-Wert x STD(RP)
Stufe 4	Ableitung des Risikofaktors: $RF(RP) = e^{RMZ(RP)} - 1$
Stufe 5	Ermittlung des Risikovolumens: RV(RP) zu Marktwerten
Stufe 6	• VaR eines <u>einzelnen</u> Risikoparameters: VaR = RV(RP) x RF(RP) zum Value at Risk (VaR) bei einem oder mehreren Risikoparametern, gegebenenfalls unter zusätzlicher Addition eines Standardrisikos: • VaR <u>mehrerer</u> Risikoparameter: $$VaR_{Gesamt} = \sqrt{[Risikovektor] \times [Korrelationskoeffizientenmatrix] \times [Transponente\ des\ Risikovektors]}$$ $(+\ VaR_{Standard})$ mit: [Risikovektor] = [VaR(RP1) VaR(RP2) ... VaR(RPn)]

Abbildung 13: Standardisierte Risikoquantifizierung im Grundmodell des bankinternen Risikomodells RiskMaster

Risikomessung im Risikomodell RiskMaster

Stufenschema zur Value at Risk-Messung

Im Risikomodell RiskMaster wird zunächst der VaR einzelner Risikokategorien quantifiziert. Während innerhalb der verschiedenen, im vorherigen Abschnitt dargestellten Risikomodelle die Risikomessung einzelner Risikokategorien mit Hilfe unterschiedlicher Instrumentarien durchgeführt wird, erfolgt die Risikoquantifizierung hier nach einem standardisierten, sechsstufigen, in Abbildung 13 dargestellten Verfahren, um einerseits die praktische Anwendbarkeit zu vereinfachen und andererseits eine bessere Verständlichkeit und höhere Akzeptanz dieses Risikomodells zu erreichen.

Grundsätzlich gilt jedoch, dass auch das Risikomodell RiskMaster auf die Quantifizierung des VaR ausgerichtet ist und sich somit lediglich durch die Standardisierung von den übrigen Risikomodellen unterscheidet.

In der ersten Stufe sind die für die jeweiligen Kategorien relevanten Risikoparameter (RP) zu definieren. Dabei sind nicht die unmittelbaren Aktienkurse, Zinssätze oder Devisenkurse, sondern die sich aus den Entwicklungen dieser Grössen ergebenden Renditen bzw. Veränderungsraten als Risikoparameter zu betrachten.

In der zweiten Stufe ist die Standardabweichung (STD) des jeweiligen Risikoparameters zu berechnen. Für jeden Risikoparameter ist hierzu eine Reihe historischer Beobachtungsdaten aufzustellen, wobei zu entscheiden ist, welcher Beobachtungszeitraum den Berechnungen zugrundegelegt werden soll. Kürzere Analysezeiträume weisen grundsätzlich einen stärkeren Zeitbezug zu den aktuellen Marktentwicklungen auf. Damit verbunden ist jedoch das Problem stärker schwankender Risikowerte. Die bankenaufsichtsrechtlichen Verfahren zur Risikomessung legen eher auf lange Beobachtungsperioden Wert, wobei unter Umständen die näher zurückliegenden Beobachtungsdaten eine stärkere Gewichtung erfahren können. Aus statistischer Sicht sind ebenfalls längere Zeiträume zu befürworten, da mit der Zahl der Beobachtungsdaten die Annäherung an eine für die weitere Vorgehensweise erforderliche Normalverteilung automatisch grösser wird.

In der dritten Stufe erfolgt die Fixierung einer Risikomesszahl (RMZ). Diese stellt einen mathematischen Ausdruck zur Bestimmung der mit einer bestimmten Wahrscheinlichkeit eintretenden Entwicklung des Risikoparameters dar. Die Wahrscheinlichkeitsaussage wird dabei aus der Standard-Normalverteilung abgeleitet.

Die Standard-Normalverteilung entspricht der Normalverteilung einer Zufallszahl Z mit der Standardabweichung 1 und dem Erwartungswert 0. Für diese Zufallszahl Z lässt sich zeigen, mit welcher Wahrscheinlichkeit bestimmte Z-Werte erreicht, über- oder unterschritten werden. Bspw. liegen 84,14 % aller tatsächlich zu beobachtenden Z-Werte über und damit 15,86 % (=100 % - 84,14 %) aller Z-Werte unter - 1.

In der Praxis weisen die tatsächlichen Standardabweichungen grundsätzlich nicht den Wert 1 auf. Gleichzeitig ist die Ermittlung von Wahrscheinlichkeiten für reale, normalverteilte Beobachtungswerte mit hohem Aufwand verbunden. Dieser Aufwand lässt sich verringern, indem mit Hilfe der Transformationsregel

$$Z = \frac{X - EW}{STD}$$

jeder beliebige Beobachtungswert in die Standard-Normalverteilung überführt wird. Voraussetzung für die Überführbarkeit ist allerdings, dass der reale Beobachtungswert normalverteilt ist.

Mit Hilfe vorstehender Transformationsregel lassen sich schliesslich sehr einfach Wahrscheinlichkeitsaussagen für reale Beobachtungswerte treffen. Wie in Abbildung 14 gezeigt wird, müssen bspw. für ein Aktienportefeuille mit einem Erwartungswert von 0 und einer Standardabweichung von 5.000,- CHF lediglich die Z-Werte mit der entsprechenden Standardabweichung multipliziert werden. Für das Ergebnis dieser Multiplikation gelten dann die gleichen, auch für den standardnormalverteilten Z-Wert gültigen Wahrscheinlichkeitsaussagen. So führt z. B. ein Z-Wert von - 2 durch Multiplikation mit der Standardabweichung von 5.000,- CHF zu einem Ergebniswert von - 10.000,- CHF. Gemäss der mit dem Z-Wert von - 2 verbundenen Wahrscheinlichkeit wird auch dieser Ergebniswert von - 10.000,- CHF mit einer Wahrscheinlichkeit von 97,71 % nicht unterschritten, bzw. wird mit einer Wahrscheinlichkeit von lediglich 2,29 % (=100 % - 97,71 %) das Ergebnis schlechter ausfallen als -10.000,- CHF.

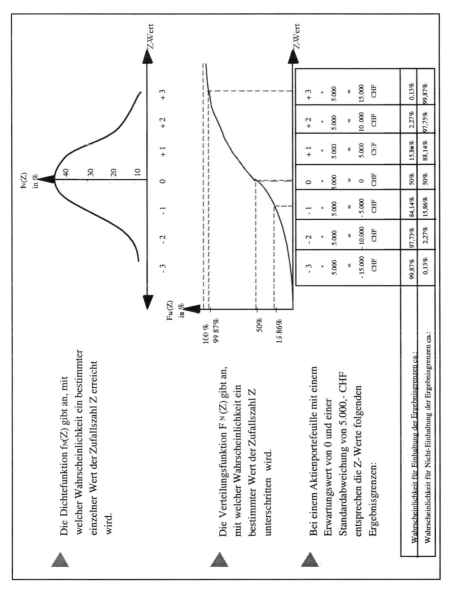

Abbildung 14: Zusammenhang zwischen Z-Werten, Standardabweichungen und Wahrscheinlichkeitsaussagen

Vor diesem Hintergrund wird die Gefahr von Ergebnisabweichungen schliesslich im Grundmodell mit der Risikomesszahl

$$RMZ(RP) = \pm Z \bullet STD(RP)$$

ausgedrückt.

Das Vorzeichen des Z-Wertes ist in Abhängigkeit von der Ausrichtung der Verlustgefahr zu wählen. Während beispielsweise für eine long-Aktienkassaposition die Gefahr in einer negativen Kursentwicklung besteht, führen bei short-Aktienkassapositionen positive Kursentwicklungen zu Verlusten. Dabei ist es grundsätzlich unerheblich, ob die Frage des zu wählenden Vorzeichens in Verbindung mit dem Z-Wert bei stets positivem Vorzeichen der Standardabweichung oder in Verbindung mit der Standardabweichung bei stets positivem Vorzeichen des Z-Wertes beantwortet wird.

Die Risikomesszahl bildet die Basis für den in der vierten Stufe zu berechnenden Risikofaktor (RF). Schon bei der Definition der Risikoparameter in Stufe 1 ist zu beachten, dass diese Werte stets als stetige Kennziffern zu berechnen sind, um den für die Anwendung statistischer Instrumentarien erforderlichen Verteilungsannahmen gerecht zu werden. Stetige Kennziffern ergeben sich, indem der natürliche Logarithmus bspw. zweier aufeinanderfolgender Preise gebildet wird. Für zwei Aktienkurse von 110,- CHF in t = 0 und 100,- CHF in t = 1 gelten somit folgende Beziehungen:

- Stetige Rendite: $LN(100\ CHF/110\ CHF) = -9{,}53\%$
- zukünftiger Aktienkurs: $110\ CHF \bullet e^{-9{,}53\%} = 100{,}-\ CHF$
- Risiko: $100\ CHF - 110\ CHF = 110\ CHF \bullet (e^{-9{,}53\%} - 1) = -10{,}-\ CHF$.

Bzgl. der Risikoberechnung führt die logarithmische Verknüpfung zweier Preise dazu, dass das Risiko nicht durch die einfache Multiplikation einer bestimmten Position mit der Risikomesszahl ermittelt werden kann. Statt dessen ist ein Risikofaktor zu definieren, der der logarithmischen Verknüpfung Rechnung trägt. Diesbezüglich basiert der in Abbildung 1 dargestellte Risikofaktor auf der Prämisse eines Erwartungswertes von Null. Diese zur rechentechnischen Vereinfachung erforderliche Prämisse ist insofern unproblematisch, als das tatsächliche Verlustrisiko grundsätzlich zu hoch bewertet wird. Damit ergibt sich der Risikofaktor schliesslich aus folgender Gleichung:

$$RF(RP) = e^{RMZ(RP)} - 1$$

In der fünften Stufe ist zu überlegen, welches finanzielle Volumen einem Risiko ausgesetzt ist und somit als Risikovolumen (RV) den Berechnungen zugrundezulegen ist. Grundsätzlich kann für sämtliche Ist- und Plangrössen einer Bank, die Wertschwankungen unterliegen, das mit einer bestimmten Wahrscheinlichkeit schlagend werdende Abweichungsrisiko bestimmt werden. Im RiskMaster stehen dabei die Daten des liquiditätsmässig-finanziellen Bereichs, wie etwa Ist- oder Plangeschäftsvolumina, Ist- oder Plankosten etc. im Vordergrund der Analyse.

In der sechsten und letzten Stufe werden die Stufen 1 - 5 zusammengefasst. Der VaR als das mit einer vorgegebenen Wahrscheinlichkeit schlagend werdende Risiko ergibt sich für einzelne Risikoparameter grundsätzlich aus der Multiplikation des Risikovolumens mit dem Risikofaktor. Sofern jedoch nicht nur ein, sondern mehrere Risikoparameter bei der Risikoanalyse der Bankgeschäfte auftreten, sind die zwischen diesen Risikoparametern bestehenden Risikoverbundeffekte zu berücksichtigen.

Um diese Risikoverbundeffekte mit Hilfe von Korrelationskoeffizienten erfassen zu können, ist der in Abbildung 13 angedeutete Übergang zur Matrizenschreibweise sinnvoll. Aus der Quadratwurzel der multiplikativen Verknüpfung eines Risikovektors, der Korrelationskoeffizientenmatrix sowie der Transponenten des Risikovektors resultiert der ggfls. mehrere Risikoparameter umfassende VaR. Dabei bilden die jeweiligen VaR-Grössen einzelner Risikoparameter die Elemente des Risikovektors, der zunächst als Zeilenvektor zu definieren ist. Aus den gleichen, in Spaltenschreibweise zusammengefassten Elementen wird die Transponente des Risikovektors gebildet. Die Korrelationskoeffizientenmatrix enthält die zwischen den Risikoparametern bestehenden Korrelationen.

In speziellen Fällen muss dem sich aus der Vektorenrechnung ergebenden VaR noch ein Standardrisiko hinzugerechnet werden. Diese Ergänzung des VaR wird grundsätzlich immer dann erforderlich, wenn bei der Quantifizierung von Gegenparteirisiken deren durchschnittliches Verlustpotential mit dem Standardrisiko und deren Schwankungen um den Durchschnittswert mit Hilfe einer VaR-Komponente zu erfassen sind, wie dies bspw. bei den Gegenparteirisiken aus Finanzderivaten möglich ist.

Quantifizierung des Value at Risk ausgewählter Risikokategorien

Marktrisikomessung am Beispiel des Aktienkursrisikos

Die Anwendung des Grundmodells soll anhand des Aktienkursrisikos kurz dargestellt werden. Unter dem Aktienkursrisiko wird allgemein die Gefahr verstanden, dass sich der Wert eines aus Aktien oder aus Finanzderivaten, denen Aktien zugrunde liegen, bestehenden Portefeuilles aufgrund von Kursbewegungen vermindert. Das Aktienkursrisiko ist insofern eng mit dem Ausfallrisiko verbunden, als die Ursache für das Schlagendwerden beider Risikokategorien identisch sein kann. So ist es möglich, dass aufgrund einer Bonitätsverschlechterung eine Forderung an ein (börsennotiertes) Unternehmen vollständig oder teilweise ausfällt und dass gleichzeitig aufgrund der (fundamentalen) Verschlechterung der Unternehmenslage der Aktienkurs dieser Unternehmung sinkt. Dieser Teil des Aktienkursrisikos zählt jedoch zu den Gegenparteirisiken. In diesem Abschnitt wird das Aktienkursrisiko lediglich als ein allgemeines Markt- bzw. Preisrisiko analysiert, das nicht durch die Bonität der börsennotierten Unternehmung determiniert wird.

Um zu demonstrieren, wie das Aktienkursrisiko eines Aktienportefeuilles im Grundmodell zu bestimmen ist, sei das Portefeuille einer deutschen Bank unterstellt, das am 2.1.96 aus 500 Bayer-Aktien, 250 BMW-Aktien und je 1000 Lufthansa-, Mannesmann- und Thyssen-Aktien besteht. Der Portefeuillemanager plant, dieses Aktienpaket nach einer Haltedauer von 30 Tagen vollständig zu verkaufen.

Nach dem Stufenschema des Grundmodells fungiert hier die Aktienkursrendite, mit der sich die Schwankungen von Aktienkursen exakt beschreiben lassen, als Risikoparameter. Zur Bestimmung der Aktienkursrendite sind unter Berücksichtigung der für das bestehende Portefeuille geplanten zukünftigen Haltedauer die historischen Aktienkurse zu Beginn und am Ende der Plan-Haltedauer festzustellen, wie Abbildung 15 zeigt. Aus diesen Aktienkursentwicklungen werden anschliessend in Abbildung 16 jeweils die stetigen Aktienkursrenditen, deren Erwartungswert und Standardabweichung berechnet.

Beginn HD	Kurse zu Beginn der HD					Kurse am Ende der HD					
	BAY	BMW	LHA	MAN	THY	Ende HD	BAY	BMW	LHA	MAN	THY
(Datum)	(in CHF)	(in CHF)	(in CHF)	(in CHF)	(in CHF)	(Datum)	(in CHF)	(in CHF)	(in CHF)	(in CHF)	(in CHF)
(1)	(2)	(3)	(4)	(5)	(6)	(7)	(8)	(9)	(10)	(11)	(12)
30.12.87	263,80	447,00	135,50	139,00	104,50	29.01.88	237,10	477,00	131,00	145,50	106,40
...	...	...	...	...	...	...	...	...	...	...	...
13.11.95	365,60	773,00	192,50	407,50	251,50	13.12.95	378,70	752,50	202,50	402,50	259,20
14.11.95	367,10	784,50	190,20	411,00	255,70	14.12.95	380,00	761,00	202,00	407,50	261,00
15.11.95	363,20	777,50	190,00	413,00	251,80	15.12.95	379,30	757,00	200,00	405,00	261,60
16.11.95	366,60	782,00	189,50	415,80	255,40	18.12.95	378,70	750,50	201,30	399,00	261,80
17.11.95	368,00	784,00	189,50	409,50	256,10	18.12.95	378,70	750,50	201,30	399,00	261,80
20.11.95	370,90	792,50	192,00	411,50	263,00	20.12.95	378,90	742,00	201,50	398,50	262,50
21.11.95	367,80	786,00	191,00	411,50	266,00	21.12.95	381,50	741,50	201,00	395,90	262,00
22.11.95	367,00	782,50	186,00	406,00	264,80	22.12.95	384,50	747,00	202,40	396,70	262,50
23.11.95	366,60	772,50	186,20	405,50	265,00	27.12.95	384,40	742,00	201,00	400,00	262,50
24.11.95	367,50	763,50	187,50	401,70	264,90	27.12.95	384,40	742,00	201,00	400,00	262,50
27.11.95	374,50	780,00	197,30	412,50	268,00	27.12.95	384,40	742,00	201,00	400,00	262,50
28.11.95	377,10	783,00	192,50	412,00	270,00	28.12.95	383,20	739,50	200,00	398,50	261,70
29.11.95	377,10	781,50	194,50	414,00	268,50	29.12.95	378,50	735,00	197,50	388,00	260,60

Abbildung 15: Haltedauerspezifische Erhebung historischer Aktienkurse

Beginn HD	r_{AKT}				
	BAY	BMW	LHA	MAN	THY
(Datum)	(in %)	(in %)	(in %)	(in %)	(in %)
	(13) =	(14) =	(15) =	(16) =	(17) =
(1)	LN [(8) / (2)]	LN [(9) / (3)]	LN [(10) / (4)]	LN [(11) / (5)]	LN [(12) / (6)]
30.12.87	-10,67	6,50	-3,38	4,57	1,80
...	...	...	...	...	...
13.11.95	3,52	-2,69	5,06	-1,11	3,02
14.11.95	3,45	-3,04	6,02	-0,86	2,05
15.11.95	4,34	-2,67	5,13	-1,96	3,82
16.11.95	3,25	-4,11	6,04	-4,12	2,47
17.11.95	2,87	-4,37	6,04	-2,60	2,20
20.11.95	2,13	-6,58	4,83	-3,21	-0,19
21.11.95	3,66	-5,83	5,10	-3,86	-1,52
22.11.95	4,66	-4,64	8,45	-2,32	-0,87
23.11.95	4,74	-3,96	7,65	-1,37	-0,95
24.11.95	4,50	-2,86	6,95	-0,42	-0,91
27.11.95	2,61	-4,99	1,86	-3,08	-2,07
28.11.95	1,60	-5,72	3,82	-3,46	-3,12
29.11.95	0,37	-6,13	1,53	-6,49	-2,99
EW	0,43	0,47	0,40	1,09	0,90
STD	5,07	7,32	8,65	7,56	7,49

Abbildung 16: Berechnung stetiger Aktienkursrenditen sowie deren Erwartungswerte und Standardabweichungen

Am 2.1.96 galten für die untersuchten Aktien die in Abbildung 17 in Zeile (b) genannten Kurse. Für den Risikoparameter Aktienkursrendite lässt sich nun aus der Standardabweichung beispielsweise bei einem Z-Wert von 1 die Risikomesszahl berechnen. Dabei erhält die Standardabweichung ein negatives Vorzeichen, da es sich bei den Aktienpositionen im Beispiel um long-Positionen handelt. Es besteht also eine Verlustgefahr, wenn die Aktienkurse sinken. Aus der Risikomesszahl folgt im nächsten Schritt der Risikofaktor, der die Form (e^{RMZ} - 1) erhält. Das Risikovolumen ergibt sich, indem die Aktienanzahl mit dem aktuellen Kurswert multipliziert wird. Schliesslich resultieren die VaR einzelner Aktien aus der Multiplikation des Risikovolumens mit dem Risikofaktor.

(1)	(2)	(3)	(4)	BAY (5)	BMW (6)	LHA (7)	MAN (8)	THY (9)
Risikoparameter		(a)		Aktienkursrendite r_{AKT}				
S	(in CHF)	(b)		385,70	743,00	200,80	400,00	260,80
Aktienanzahl	(in Stück)	(c)		500	250	1.000	1.000	1.000
STD_{AKT}	(in %)	(d)		5,07	7,32	8,65	7,56	7,49
RMZ_{AKT}	(in %)	(e)	=-(d) • 1	-5,07	-7,32	-8,65	-7,56	-7,49
RF_{AKT}	(in %)	(f)	$=e^{(e)} - 1$	-4,94	-7,06	-8,29	-7,28	-7,22
RV_{AKT}	(in CHF)	(g)	=(b)•(c)	192.850	185.750	200.800	400.000	260.800
VaR_{AKT}	(in CHF)	(h)	=(g)•(f)	-9.535	-13.111	-16.639	-29.123	-18.826

Abbildung 17: Beispiel zur Quantifizierung von Aktienkursrisiken

Das Gesamtrisiko entspricht bekanntlich nicht der Summe der Einzelrisiken, sofern die Aktienrenditen nicht vollständig positiv miteinander korreliert sind. Durch teilweise gegenläufige Kursbewegungen vermindert sich das tatsächliche Gesamtrisiko gegenüber der Summe der Einzelrisiken. Dabei lässt sich das Gesamtrisiko grundsätzlich mit Hilfe der statistischen Formeln für Linearkombinationen berechnen.

	BAY	BMW	LHA	MAN	THY
BAY	1,0000	0,6519	0,6135	0,5910	0,6749
BMW	0,6519	1,0000	0,5756	0,6193	0,6555
LHA	0,6135	0,5756	1,0000	0,5763	0,6130
MAN	0,5910	0,6193	0,5763	1,0000	0,7333
THY	0,6749	0,6555	0,6130	0,7333	1,0000

Abbildung 18: Matrix der Korrelationskoeffizienten

Dazu sind die in Abbildung 17 genannten VaR-Kennziffern je Aktienwert mit Hilfe der in Abbildung 18 dargestellten Korrelationskoeffizientenmatrix zu verknüpfen. Für das Beispiel gilt somit zusammenfassend:

$$VaR_{AKT}^{PF} =$$

$$\sqrt{\begin{bmatrix} -9.535 & -13.111 & -16.639 & -29.113 & -18.826 \end{bmatrix} \times \begin{bmatrix} 1 & 0,6519 & 0,6135 & 0,5910 & 0,6749 \\ 0,6519 & 1 & 0,5756 & 0,6193 & 0,6555 \\ 0,6135 & 0,5756 & 1 & 0,5763 & 0,6130 \\ 0,5910 & 0,6193 & 0,5763 & 1 & 0,7333 \\ 0,6749 & 0,6555 & 0,6130 & 0,7333 & 1 \end{bmatrix} \times \begin{bmatrix} -9.535 \\ -13.111 \\ -16.639 \\ -29.113 \\ -18.826 \end{bmatrix}}$$

$$= -73.914,- CHF$$

Beginn HD	Portefeuillewert zu Beginn der HD	Portefeuillewert am Ende der HD	(stetige) Portefeuille-rendite
(1)	(2)	(3)	(4)
(Datum)	(in CHF)	(in CHF)	(in %)
30.12.87	622.650	620.700	-0,31 %
...	...	...	...
13.11.95	1.227.050	1.241.675	1,18 %
14.11.95	1.236.575	1.250.750	1,14 %
15.11.95	1.230.775	1.245.500	1,19 %
16.11.95	1.239.500	1.239.075	-0,03 %
17.11.95	1.235.100	1.239.075	0,32 %
20.11.95	1.250.075	1.237.450	-1,02 %
21.11.95	1.248.900	1.235.025	-1,12 %
22.11.95	1.235.925	1.240.600	0,38 %
23.11.95	1.233.000	1.241.200	0,66 %
24.11.95	1.228.725	1.241.200	1,01 %
27.11.95	1.260.050	1.241.200	-1,51 %
28.11.95	1.258.800	1.236.175	-1,81 %
29.11.95	1.260.925	1.219.100	-3,37 %
EW			0,70 %
STD			6,20 %

Abbildung 19: Untersuchung der Wertentwicklung eines Aktienportefeuilles

Nur zum Vergleich sei in Abbildung 19 abschliessend die in der Praxis - angesichts vieler Möglichkeiten der Portefeuillezusammensetzung - ingesamt sehr viel aufwendigere Variante der direkten Generierung der Portefeuilleentwicklung dargestellt. Hier bildet die Portefeuillerendite den Risikoparameter. Bei einer Standardabweichung von 6,20 % ergeben sich eine Risikomesszahl von - 6,20 % und ein Risikofaktor von - 6,01 %. Der Portefeuillewert von 1.240.200,- CHF am 2.1.96 entspricht dem Risikovolumen. Aus der Multiplikation von Risikovolumen und Risikofaktor resultiert ein VaR des Portefeuilles von 74.557,- CHF (= 1.240.200,- CHF • - 6,01 %). Dieser unmittelbar für das Portefeuille berechnete Risikowert fällt somit geringfügig höher aus, als der durch die Linearkombination bestimmte Risikowert. Ursache dieser Ergebnisdifferenz ist insbesondere die Anwendung statistischer Regeln für Linearkombinationen, die im Falle stetiger Kennziffern nur zu approximativen Lösungen führt.

Der VaR von Aktienpositionen stellt als Ergebnis der Risikomessung grundsätzlich einen zentralen Parameter in Verbindung mit der Risikolimitierung oder der Erfassung des Gesamtbankrisikos dar. Gleichwohl wird bei der speziellen Steuerung von Aktienkursrisiken häufig nur auf einzelne Teile der im Grundmodell ermittelten statistischen Parameter, wie z. B. Standardabweichungen, Korrelationen, etc., oder aber auf ergänzende Steuerungsinformationen, wie sie beispielsweise von Indikatormodellen geliefert werden, zurückgegriffen.

Methoden zur Messung des Value at Risk von Ausfallrisiken

Die VaR-Messung wurde ursprünglich nur für Marktrisiken konzipiert. Die Ausfallrisiken stellen jedoch grundsätzlich das im Bankgeschäft sehr viel bedeutendere Risiko dar. Für die Quantifizierung des VaR von Ausfallrisiken wurden zwischenzeitlich verschiedene, stets in das Risikomodell RiskMaster integrierbare Konzepte vorgestellt. Die wohl bekanntesten führen dabei zu einer Risikomessung auf der Basis von
- einzelgeschäftsbezogenen Rating-Migrationen
- einzelgeschäftsbezogene Barwertschwankungen mittels Diskriminanzanalyse oder Neuronaler Netzanalyse oder
- gesamtgeschäftsbezogenen Risikoergebnisschwankungen (vgl. Abbildung 20)

und sollen im folgenden kurz vorgestellt werden. Damit kann jedoch keineswegs ein vollständiges Bild vorhandener Kreditrisikomodelle aufgezeigt werden. Denn es existieren noch weitere, teilweise unveröffentlichte Modelle, die aber grundsätzlich nach ähnlichen Prinzipien aufgebaut sind. Zu nennen wären diesbezüglich CreditPortfolioView von McKinsey & Co., CreditRisk⁺ von Credit Suisse Financial Products und das Modell von KMV Corp..[9]

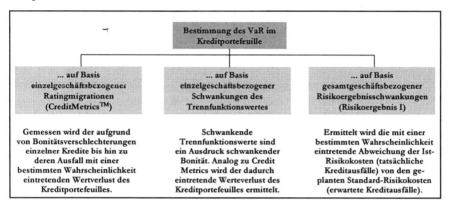

Abbildung 20: Konzepte moderner Ausfallrisikomessung

Einzelgeschäftsbezogene Rating-Migrationen

J.P. Morgan hat zunächst mit grossem Erfolg das Konzept RiskMetrics™ für die Messung von Marktrisiken unentgeltlich zur Verfügung gestellt. Wegen der besonderen Bedeutung der Ausfallrisiken wurde mittlerweile das Konzept CreditMetrics™ als Ergänzung zu RiskMetrics™ vorgestellt. Mit Hilfe von CreditMetrics™ können die Ausfallrisiken in einem mehrstufigen Verfahren gemessen werden. Diese Vorgehensweise soll anhand eines Kredites über 1 Mio. CHF mit 5 Jahren Laufzeit und einem Coupon über 6% dargestellt werden (vgl. Abbildung 21).

Migrationswahrscheinlichkeiten (w_i)							
	Anfängliches Rating						
	AAA	AA	A	BBB	BB	B	CCC
AAA	90,81	0,70	0,09	0,02	0,03	0,00	0,22
AA	8,33	90,65	2,27	0,33	0,14	0,11	0,00
A	0,68	7,79	91,05	5,95	0,67	0,24	0,22
BBB	0,06	0,64	5,52	86,93	7,73	0,43	1,30
BB	0,06	0,06	0,74	5,30	80,53	6,48	2,38
B	0,12	0,14	0,26	1,17	8,84	83,46	11,24
CCC	0,00	0,02	0,01	0,12	1,00	4,07	64,86
Ausfall	0,00	0,00	0,06	0,18	1,06	5,20	19,79

(Rating am Jahresende)

Migrationswerte am Jahresende (x_i)
1.093.529 CHF
1.091.724 CHF
1.086.430 CHF
1.075.309 CHF
1.020.064 CHF
980.859 CHF
836.258 CHF
510.000 CHF

(Forward-) Zerobondrenditen				
	Laufzeit			
	1 Jahr	2 Jahre	3 Jahre	4 Jahre
AAA	3,60	4,17	4,73	5,12
AA	3,65	4,22	4,78	5,17
A	3,72	4,32	4,93	5,32
BBB	4,10	4,67	5,25	5,63
BB	5,55	6,02	6,78	7,27
B	6,05	7,02	8,03	8,52
CCC	15,05	15,02	14,03	13,52
Ausfall	-	-	-	-

	w_i	x_i	$w_i \cdot x_i$	$x_i - EW(x_i)$	$w_i \cdot (x_i - EW)^2$
AAA	0,70	1.093.529 CHF	7.655 CHF	2.559 CHF	45.839 CHF
AA	90,65	1.091.724 CHF	989.648 CHF	754 CHF	515.360 CHF
A	7,79	1.086.430 CHF	84.633 CHF	-4.540 CHF	1.605.644 CHF
BBB	0,64	1.075.309 CHF	6.882 CHF	-15.661 CHF	1.569.708 CHF
BB	0,06	1.020.064 CHF	612 CHF	-70.906 CHF	3.016.597 CHF
B	0,14	980.859 CHF	1.373 CHF	-110.111 CHF	16.974.205 CHF
CCC	0,02	836.258 CHF	167 CHF	-254.712 CHF	12.975.641 CHF
Ausfall	0,00	510.000 CHF	0 CHF	-580.970 CHF	0 CHF
			$EW(x_i)$ = 1.090.970 CHF	STD^2 = 36.702.994 CHF	STD = 6.058 CHF

Abbildung 21: VaR eines AA-gerateten Kredits

Der Kreditnehmer verfügt zunächst in der Ausgangssituation über ein «AA»-Rating. Mit einer Wahrscheinlichkeit von 90,65% wird er auch am Ende der Beobachtungsperiode dieses Rating aufweisen. Es besteht jedoch die Möglichkeit, dass er aufgrund von Bonitätsveränderungen im Rating herauf- oder herabgestuft wird. Beispielsweise erfolgt mit einer Wahrscheinlichkeit von 7,79% eine Herabstufung in die Rating-Klasse A. Diese Wahrscheinlichkeit wird als Migrationswahrscheinlichkeit bezeichnet.

Zunächst unabhängig von den Migrationswahrscheinlichkeiten werden die Zinsstrukturkurven für unterschiedliche Rating-Klassen bestimmt. Die Zinssätze für gleiche Laufzeiten, aber unterschiedliche Rating-Klassen unterscheiden sich dabei hinsichtlich der Risikoprämie. Die Zinsstrukturkurven bestimmter Ratingklassen werden zur Diskontierung des Cash flows aus dem Kreditgeschäft verwendet. Daraus ergeben sich die als Migrationswerte bezeichneten Marktwerte unterschiedlicher Ratingklassen am Ende der Betrachtungsperiode. Danach werden die Migrationswahrscheinlichkeiten mit den Migrationswerten multipliziert und anschliessend Erwartungswert und Standardabweichung der wahrscheinlichkeitsgewichteten Migrationswerte berechnet.

Im Gegensatz zu den sonst im RiskMaster verwendeten prozentualen Veränderungsraten stellt diese Standardabweichung bereits einen CHF-Wert dar, der nur noch mit dem Z-Wert multipliziert werden muss, um den mit einer bestimmten Wahrscheinlichkeit verbundenen VaR zu bestimmen. Demnach ergibt sich für dieses Beispiel, dass mit einer Wahrscheinlichkeit von 84% der bonitätsbedingte Verlust 6058 CHF nicht übersteigt.

Einzelgeschäftsbezogene Schwankungen des Diskriminanzfunktionswertes

CreditMetrics™ basiert auf den Migrationswahrscheinlichkeiten für Ratingänderungen. Problematisch ist dabei, dass Ratings tendenziell nur für grössere Unternehmungen veröffentlicht werden. Deshalb bietet es sich an, eine Alternative zu den Rating-Klassen zu suchen. Eine Möglichkeit besteht darin, anstelle der Ratingklassen den in der Praxis schon seit Jahren bewährten Trennfunktionswert für das VaR-Kalkül heranzuziehen. Dieser Trennfunktionswert wird aus bestimmten, unternehmensspezifischen - in der Regel jahresabschlussorientierten - Daten ermittelt. Letztere werden im Rahmen der Diskriminanzanalyse oder der Neuronalen Netzanalyse gewichtet und so miteinander verknüpft, dass sich ein Trennfunktionswert ergibt. Dieser Wert stellt ein Mass für die Bonität des Kreditnehmers dar. Selbstverständlich führen auch hier Bonitätsveränderungen zu Veränderungen des Funktionswertes. Sofern für den Trennfunktionswert Intervalle formuliert werden, können diese Intervalle den Rating-Klassen gleichgesetzt werden. Damit wäre eine Basis parallel zum CreditMetrics™ Konzept gegeben. Darauf aufbauend führt das mehrstufige, in Abbildung 21 (CreditMetrics) dargestellte Verfahren wiederum zum VaR der Ausfallrisiken.[10]

Gesamtgeschäftsbezogene Risikoergebnisschwankungen

Für das bilanzwirksame Kreditgeschäft sind nicht zuletzt angesichts der besonderen Bedeutung dieses Geschäftsbereichs bereits in der Vergangenheit zahlreiche Konzepte entwickelt worden, mit denen sich die Risikokosten des Kreditgeschäftes quantifizieren und in Risikoprämien transformieren lassen. Diese Risikoprämien werden zumindest im Standardgeschäft nach dem Versicherungsprinzip den Kreditnehmern in Rechnung gestellt. Aus der Summe der vereinnahmten Risikoprämien sind anschliessend die tatsächlich anfallenden Risikokosten abzudecken.

Die vereinnahmten Risikoprämien und die tatsächlichen Risikokosten werden im Konzept der einzelgeschäftsbezogenen Ergebnissystematik im Risikoergebnis zusammengefasst.[11] Wenn dieses Risikoergebnis einen Saldo von Null aufweist, sind die Risikoprämien ex ante in der richtigen Höhe kalkuliert worden. Allerdings lassen sich positive oder negative Salden des Risikoergebnisses nicht von vornherein ausschliessen. Vielmehr ist damit zu rechnen, dass sich aufgrund von Kalkulationsunsicherheiten ein ständig schwankendes Risikoergebnis ergibt.

Im Falle eines negativen Risikoergebnisses müssen ausreichend Reserven aus positiven Risikoergebnissen der Vorjahre vorhanden sein, um den Verlust abzudecken. Ansonsten ist eine Bank gezwungen, positive Ergebnisbeiträge aus ertragbringenden Geschäftssparten zur Verlustabdeckung heranzuziehen. Gleichwohl ist nicht darauf hinzuarbeiten, ein positives Risikoergebnis zu erzielen. Positive Salden zeigen, dass den Kunden tendenziell zu hohe Risikoprämien abverlangt wurden. Eine Bank läuft dann Gefahr, durch gegebenenfalls zu hohe und nicht mehr marktgerechte Konditionen Marktanteile zu verlieren. Insofern kann auch ein positives Risikoergebnis indirekt zu Verlusten in Form entgangener Gewinne führen. Eine unmittelbare Verlustgefahr besteht jedoch nur bei einem negativen Risikoergebnis. Diese Verlustgefahr ist im Rahmen des Risikomodells zu messen.

Im Zusammenhang mit den Marktrisiken konnte das Datenmaterial stets anhand externer Marktinformationen gewonnen werden. Derartige Marktdaten lassen sich bzgl. der Risikoergebnisinformationen kaum gewinnen. Insofern ist hier jede Bank grundsätzlich auf internes Datenmaterial angewiesen.

Die statistische Analyse des Risikoergebnisses wird in Abbildung 22 anhand eines Beispiels demonstriert. Dabei ist zu überlegen, welche Veränderungsrate überhaupt zu berechnen ist. Eine Veränderungsrate der Risikoprämien oder der Risikokosten ist unsinnig, da diese Parameter von dem sich verändernden Geschäftsvolumen und der sich verändernden Geschäftsstruktur abhängig sind. Die absoluten Schwankungen des Risikoergebnisses müssen vor dem Hintergrund eines sich verändernden und in der Regel ansteigenden Geschäftswachstums ebenfalls grösser werden. Insofern kann auch die Veränderungsrate der absoluten Risikoergebnisse nicht zu einer sachlich korrekt interpretierbaren Aussage führen. Auch die Relativierung des absoluten Risikoergebnisses durch den Bezug zum Geschäftsvolumen führt zu keinem brauchbaren Ergebnis. Da das Risikoergebnis negative Werte annehmen kann, müsste gegebenenfalls der natürliche Logarithmus negativer Relativzahlen berechnet werden, den es jedoch per Definition nicht gibt.

Aus einer ergebnisorientierten Sichtweise heraus ist für die Planung des Bankergebnisses entscheidend, inwieweit die sich in den kalkulierten Risikoprämien ausdrückenden geplanten Risikokosten von den tatsächlichen Risikokosten abweichen. In eben dieser Abweichung besteht die Gefahr, dass die daraus resultierenden Verluste über Ergebnisbeiträge anderer Geschäftsbereiche abgedeckt werden müssen. Für die Risikomessung ist deshalb die Abweichungsrate zwischen geplanten Risikoprämien und tatsächlichen Risikokosten entscheidend. Diese Abweichungsrate bzw. deren Standardabweichung ist im Rahmen des standardisierten Risikomodells auf das geplante Risikovolumen zu beziehen, woraus der VaR des Gegenparteienrisikos resultiert.

Zeit-punkt t	(geplante) Risiko prämie	(tatsächliche) Risikokosten	(Ist-) Risikoergebnis	kumuliertes Risikoergebnis	stetige Abweichungsrate Risikokosten zu Risikoprämien
	(in 1000 CHF)	(in 1000 CHF)	(in 1000 CHF)	(in 1000 CHF)	
	(1)	(2)	(3)	(4)	(5)
			$= (1)_t - (2)_t$	$= (3)_{t-1} + (3)_t$	$= LN[(2)/(1)]$
0	5250	6600	-1350	-1350	0,22884157
1	6600	4400	2200	850	-0,4054651
2	6100	6500	-400	450	0,06351341
3	6300	4500	1800	2250	-0,3364722
4	5150	6700	-1550	700	0,26311081
5	6500	6800	-300	400	0,04512044
6	6400	6750	-350	50	0,05324451
7	4400	5750	-1350	-1300	0,26759531
8	6500	6200	300	-1000	-0,0472529
9	7000	6950	50	-950	-0,0071685
10	5750	4900	850	-100	-0,1599646
EW					0,00
STD					0,21479071

Abbildung 22: Statistische Analyse des Risikoergebnisses

Aus den Werten in Abbildung 22 zeigt sich, dass die stetige Abweichungsrate der Risikokosten zu den Risikoprämien einer Standardabweichung von 0,2147 oder 21,47 % unterliegt. Für die Folgeperiode sei eine Gesamtmenge geplanter Risikoprämien von 6 Mio. CHF unterstellt.
Die standardisierte Vorgehensweise führt zu folgenden Gleichungen:[12]

(2.1) RP_{GPR} = Abweichungsrate der Ist-Risikokosten zu den geplanten Risikoprämien

(2.2) RMZ_{GPR} = + STD x Z-Wert

(2.3) $RF_{GPR} = e^{RMZ} - 1$

(2.4) RV_{GPR} = geplante Risikoprämien

(2.5) $VaR_{GPR} = RV_{GPR} \times RF_{GPR}$

Mit den Zahlen des Beispiels zeigt sich dementsprechend:

(2.6) RMZ_{GPR} = + 21,47 % x 1 = + 21,47 %

(2.7) $RF_{GPR} = e^{21,47\%} - 1 = 23,96\,\%$

(2.8) RV_{GPR} = 6 Mio. CHF

(2.9) VaR_{GPR} = 6 Mio. x 23,96 % = 1.437.615 CHF

Modifikationen der Value at Risk-Messung

Problemfelder der Value at Risk-Messung

Bei dem vorgestellten Stufenschema zur VaR-Messung handelt es sich zweifellos um einen eher praxisorientierten Ansatz. Tatsächlich sind mit dem VaR-Konzept zahlreiche Probleme verbunden, für die nur zum Teil Lösungsvorschläge existieren:[13]

- Bei der Messung der Standardabweichung bestimmter Positionen über vorgegebene Haltedauern ergeben sich durch Überlegungen der untersuchten Halteperioden ungewünschte Autokorrelationseffekte. Zudem entstehen durch fehlende Handelstage sogenannte Renditelücken. Beide Probleme lassen sich nicht ausschalten.

- Der Vergleich alternativer Geschäfte erfordert eine einheitliche Zeitbasis für die Standardabweichung. Diese wird üblicherweise mit Hilfe der Periodisierung über die Anwendung des Wurzelgesetzes hergestellt. Das Wurzelgesetz führt aber nur zu ungenauen Ergebnissen.
- Die «naive» graphische Überprüfung der Verteilung muss aus wissenschaftlicher Sicht selbstverständlich abgelehnt werden. Eine theoretisch fundiertere, statistische Untersuchung wird statt dessen zu der Erkenntnis führen, dass viele Risikoparameter eben nicht normalverteilt sind. Dies führt letztendlich zu einer Inkompatibilität bei beliebigen Verteilungen, so dass der VaR die theoretische Anforderungen an ein Risikomass nicht vollständig erfüllen kann. Für einzelgeschäftsgeschäftsbezogene Analysen stellt dies kein Problem dar, denn einzelgeschäftsbezogen kann auch mit speziellen Verteilungen gearbeitet werden. Für eine gesamtrisikobezogene Analyse bleibt nur der Rückgriff auf die näherungsweisen Aussagen der Normalverteilungen, wenn man nicht komplexe, gesamtbankbezogene historische Simulationen anwenden will.
- Die VaR-Messung unterstellt prinzipiell Erwartungswerte von Null. Damit wird das (normalverteilte) Risiko stets zu hoch bewertet. Positive Erwartungswerte als Ausdruck positiver Entwicklungen werden vernachlässigt. Hier könnte die Integration des Lower Partial Moments Abhilfe schaffen.
- Zudem gelten die Ergebnisse des Grundmodells nur für solche Positionen, bezüglich derer ein lineares Verhältnis zwischen der Rendite, Veränderungs- oder Abweichungsrate auf der einen und der Wertentwicklung der Position auf der anderen Seite besteht. Beispielsweise gilt im Falle einer Aktienoptionsposition diese Aussage nicht mehr. Je nachdem, ob die Option in, at oder out of the money ist, führen Veränderungen des Aktienkurses zu einer über- oder unterproportionalen Veränderung des Optionspreises. Derartige nicht-lineare Beziehungen können im Grundmodell nur mit unzureichender Genauigkeit erfasst werden.[14]

Das zuletzgenannte Phänomen nicht-linearer Relationen ergibt sich insbesondere im Zusammenhang mit Finanzderivaten und erhält durch das hier gehandelte Volumen für Banken eine besondere Bedeutung. Finanzderivate sind aus originären Finanzgeschäften abgeleitete Finanzinstrumente. Die Wertentwicklung der Finanzderivate ist von der Wertentwicklung des sogenannten underlyings abhängig. Die damit verbundene Problematik soll anhand des in Abbildung 23 dargestellten Beispiels einer Calloption dargestellt werden.

Abbildung 23 skizziert den fiktiven, aber typischen konvexen Verlauf des Preises einer Calloption, deren Basiswert eine beliebige Aktie ist. Dabei steigt der Calloptionspreis mit zunehmendem Aktienkurs überproportional stark an. Ausgehend von einem Aktienkurs in Höhe von 120,- CHF ist ein (stetiger) Kursverfall um - 18,2 % [= LN (120 / 100)] auf 100,- CHF bzw. um - 36,4 % [= 2 • - 18,2322 % = LN (120 / 83,33)] auf 83,33,- CHF zu beobachten. Für diese drei Aktienkurse zeigen sich Optionspreise von 20,41 CHF bei einem Aktienkurs von 120,- CHF, 2,29 CHF bei 100,- CHF und 0,00 bei 83,33 CHF. Parallel zur Berechnung der Aktienkursschwankung lässt sich nun die Schwankung des Optionspreises bestimmen. Diese beträgt bei einem Optionspreisverfall von 20,410371 CHF auf 2,292240 CHF - 218,65 % und bei einem Verfall von 20,410371 CHF auf 0,000397 CHF - 1084,76 %.

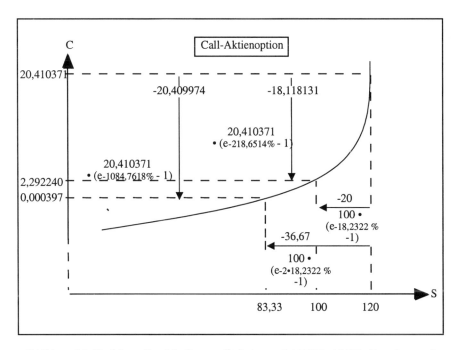

Abbildung 23: Problematik nicht-linearer Relationen (LISTER 1997) (Berechnung des Calloptionspreises mit Hilfe der Black&Scholes-Aktienoptionspreisformel mit STD = 18,2322 %, Basispreis X = 100, risikofreier Zins = 5 % für 30 Tage, Laufzeit = 30/365)

Zeitpunkt	Optionspreis	r_{OP}	Faktor	S	r_S	Faktor
	(in CHF)	(in %)		(in CHF)	(in %)	
(1)	(2)	(3)	(4)	(5)	(6)	(7)
		$=LN[(2)_t/(2)_{t0}]$	$=(3)_{t1,2}/(3)_{t1,1}$		$=LN[(5)_t/(5)_{t0}]$	$=(6)_{t1,2}/(6)_{t1,1}$
t_0	20,410371			120		
$t_{1,1}$	2,292240	-218,65		100	-18,2322	
$t_{1,2}$	0,000397	-1.084,76	4,96	83,33	-36,2644	2

Abbildung 24: Analyse der Call-Optionswerte

Der in Abbildung 24 durchgeführte Vergleich der Veränderungsraten zeigt, dass die Veränderungsrate des Optionspreises bei einer Verdoppelung der (negativen) Aktienkursrendite im vorliegenden Beispiel das 4,96-fache beträgt. Aus diesem Vergleich wird deutlich, dass zwischen dem aus der Option resultierenden Risikowert und dem Risikoparameter Aktienkursrendite keine auch nur annähernd lineare Beziehung hergestellt werden kann.

Optionen können aber grundsätzlich nicht losgelöst vom underlying bewertet werden. Vielmehr ist in der Preistheorie der Finanzinstrumente verankert, dass der Preis des Derivats massgeblich von der Preisentwicklung des underlyings determiniert wird. Daher muss für das Risiko des Finanzinstrumentes unbedingt ein Bezug zur Wertänderung des underlyings hergestellt werden. Wenn zwischen beiden eine lineare Beziehung besteht, ist diese Relation völlig unproblematisch. Wenn aber, wie im Beispiel, keine lineare Beziehung hergestellt werden kann, steht man insbesondere bei der Risikomessung vor einem Bewertungsdilemma.

Mit Hilfe des vorgestellten Grundmodells, können an dieser Stelle nicht einmal mehr approximative Lösungen berechnet werden. Würde man die Standardabweichung der Veränderungsrate des Optionspreises in diese Formel einsetzen, ergäben sich aufgrund der erörterten Relationen ebenso falsche Risikowerte wie beim Einsetzen der Standard-abweichung des underlyings. Trotzdem besteht eine relativ einfache Möglichkeit, das Risiko aus Optionen auch im Grundmodell zu messen.

Das Risiko der in Abbildung 24 beschriebenen (long) Callposition besteht darin, dass Aktienkurs und damit auch Calloptionspreis sinken. Zwischen Optionspreis- und Aktienkursentwicklung kann zwar keine lineare Beziehung hergestellt werden. Eine derartige Beziehung ist aber auch nicht unbedingt erforderlich. Solange von einer normalverteilten Aktienkursrendite ausgegangen wird, lässt sich das Risiko aus der Optionsposition dadurch quantifizieren, dass, ausgehend vom aktuellen Aktienkurs, dessen Schwankungsintervall für eine negative Optionspreisentwicklung festgestellt wird. Dazu wird der Aktienkurs S_0 in $t = 0$ unter Berücksichtigung des gewünschten Konfidenzintervalls mit dem Term $e^{-STD \cdot Z\text{-Wert}}$ multipliziert. Der sich daraus ergebende zukünftige Aktienkurs S_1 in $t = 1$ wird ebenso wie der Aktienkurs S_0 in $t = 0$ in die Optionspreisformel eingesetzt. Die Differenz beider Optionspreise stellt das mit der gewünschten Wahrscheinlichkeit zutreffende Risiko dar. Allgemein lässt sich diese Vorgehensweise mit folgender Formel erfassen:

$$VaR_C = C(S_1) - C(S_0) = \left[S_0 \bullet e^{-STD(r_{RP(AKT)}) \bullet Z-Wert} \right] - C(S_0)$$

Mit Hilfe dieser Gleichung lassen sich grundsätzlich alle Preiseffekte quantifizieren, die in bezug auf Optionen unterschieden werden. Dazu müssen lediglich die jeweiligen Effekte vor dem Hintergrund der Preisbewegung des underlyings erkannt und in die Optionspreisformel eingesetzt werden, woraus sich eine entsprechende Optionspreisdifferenz als VaR ergibt.

Alternative Risikoszenarien

Vor dem Hintergrund der mit dem VaR-Konzept grundsätzlich verbundenen Probleme sind, wie bereits erwähnt, eine Reihe von Instrumenten und Modellen entwickelt worden, mit denen die Erkenntnisse des Grundmodells erweitert werden oder aber sich exaktere Risikoaussagen treffen lassen.[15] Auch wenn in unterschiedlichen Kategorisierungen teilweise das Grundmodell als Marktszenario neben weiterentwickelte Konzepte gestellt wird, bilden die bislang beschriebenen statistischen Aussagen stets die Basis der Modellvarianten. Insofern erscheint es gerechtfertigt, das Grundmodell als Basis zu betrachten und die übrigen Modelle als Variationen zu bezeichnen.

Abbildung 25 zeigt eine Übersicht über die verschiedenen Instrumentarien, die das Grundmodell des bankinternen Risikomodells RiskMaster ergänzen können. Dabei sind insbesondere Benchmark-Szenarien, Simulationen und Indikatormodelle voneinander abzugrenzen.

		Grundmodell variable Risikofaktoren in Abhängigkeit von den Marktbewegungen		
Variationen des Grundmodells				
Benchmark-Szenarien fixierte Risikofaktoren		**Simulationen** direkte Simulation der Portfoliowertschwankungen		
Standard- Szenario durchschnittliche Risikofaktoren	**Crash- Szenario** ausser- ordentliche Risiko- faktoren	**historische Simulationen** Vorgabe historischer Zeitreihen	**Monte-Carlo- Simulationen** Vorgabe der Verteilung von Marktpreisen (bzw. Renditen, Veränderungs-/ Abweichungsraten)	**Indikatormodelle** Extraktion massgeblicher Faktoren zur Beschreibung der Wertänderung

Abbildung 25: Übersicht über die Variationen der Risikomessung im Risikomodell RiskMaster [16]

Benchmark-Szenarien

Im Rahmen von Benchmark-Szenarien bleiben die Risikofaktoren (vgl. hierzu S. 13 ff.) über einen längeren Zeitraum unverändert. Während im Grundmodell aufgrund der zu befürchtenden Veränderungen eine permanente Überpüfung und Korrektur dieser Kennziffern vorgenommen wird, führen Benchmark-Szenarien zu einer dauerhaften Fixierung. Für Benchmark-Szenarien müssen demnach grössere Konfidenzintervalle und Analysezeiträume bei der Festlegung der Risikofaktoren gewählt werden, um den möglichen aktuellen Schwankungen, die bei diesem Konzept unberücksichtigt bleiben, gerecht zu werden.

Es lassen sich grundsätzlich zwei Varianten von Benchmark-Szenarien unterscheiden. Den Standard-Szenarien liegen durchschnittliche Veränderungsraten zugrunde. Die vorsichtige Auswahl der Risikomesszahlen im Standard-Szenario drückt sich dabei zum einen in einem möglichst langen Analysezeitraum und zum anderen in einem möglichst grossen Konfidenzintervall aus. Gleichzeitig sind die Standard-Szenarien durch Crash-Szenarien zu ergänzen. Mit Hilfe derartiger Crash-Szenarien werden die in der Vergangenheit beobachteten Extremwerte bei der Risikomessung berücksichtigt.[17]

Die deutsche Bank Trinkaus & Burkhardt verwendet im Rahmen ihrer Standard-Szenarien zur Bewertung des Tagesgeschäftes beispielsweise Konfidenzintervalle von 99,5 %, die einen Z-Wert von 2,6 erfordern. Die Bank begründet diese konservative Fixierung mit der grossen Bedeutung des Eigenhandels für die Gesamtbank. Ausserdem habe sich in der Praxis gezeigt, dass sich das System der Benchmark-Szenarien durch eine hohe Akzeptanz und eine gegenüber dem Grundmodell bessere Interpretierbarkeit auszeichnet. Crash-Szenarien bilden hier die Grundlage für die über das Tagesgeschäft hinausgehende Absicherung von Positionen.[18]

Simulationen

Dem Grundmodell liegen bekanntlich die Annahmen zugrunde, dass
- die Veränderungen der nächsten Tage den innerhalb des Analysezeitraumes beobachteten Veränderungen entsprechen,
- die Renditen, Veränderungs- oder Abweichungsraten normalverteilt sind und dass
- die Bewertungsfunktionen linear sind.

Um sich von diesen teilweise sehr restriktiven Prämissen zu lösen, wurden Simulationsverfahren entwickelt, wobei sich historische Simulationen von den Monte-Carlo-Simulationen abgrenzen lassen.

(1)   Historische Simulation

Bei historischen Simulationen werden aus den Daten der Vergangenheit Portefeuilleveränderungen ohne Verwendung statistischer Parameter generiert. Diese Vorgehensweise wird in Abbildung 26 dargestellt. Untersucht wird das Portefeuille einer deutschen Bank, das sich aus 5.000 Stück Aktien der Fa. Mannesmann zu einem aktuellen Kurswert von 414,- CHF und aus 10.000 Stück Aktien der Fa. Thyssen zu einem aktuellen Kurs von 268,50 CHF zusammensetzt. In den letzten 100 Tagen konnten die in den Spalten (2) und (3) aufgelisteten stetigen Renditen beobachtet werden. Mit Hilfe dieser historisch realen stetigen Renditen lassen sich alternative Kurswertentwicklungen der beiden Aktienpakete simulieren, indem der jeweilige Kurswert in t = 0 mit der jeweiligen Veränderungsrate in t = n über die Eulersche Zahl potenziert wird. Aus der Summe der beiden Kurswerte ergibt sich der Portefeuillewert in t = n. Aus dem Vergleich des Portefeuillewertes in t = n mit dem Portefeuillewert in t = 0 ergibt sich schliesslich entweder ein Gewinn oder ein Verlust.

Zeit-punkt t	MAN r_t	THY r_t	MAN KW_t (in CHF)	THY KW_t (in CHF)	PFW_t (in CHF)	Gewinn/ Verlust (in CHF)	Rang
(1)	(2)	(3)	(4) $=KW_0 \cdot e^{(2)}$ (in CHF)	(5) $=KW_0 \cdot e^{(3)}$ (in CHF)	(6) $= (4) + (5)$ (in CHF)	(7) $= (6) - PFW_0$ (in CHF)	(8)
0			2.070.000	2.685.000	$PFW_0=$ 4.755.000		
1	6,21%	5,70%	2.202.668	2.842.613	5.045.281	290.281	204
2	5,01%	6,93%	2.176.314	2.877.791	5.054.105	299.105	194
3	5,61%	6,57%	2.189.544	2.867.272	5.056.816	301.816	192
4	2,58%	5,35%	2.124.055	2.832.605	4.956.660	201.660	315
5	4,38%	10,54%	2.162.687	2.983.333	5.146.020	391.020	115
6	7,00%	11,72%	2.220.159	3.018.849	5.239.008	484.008	62
7	7,32%	11,04%	2.227.256	2.998.369	5.225.625	470.625	73
8	4,72%	9,72%	2.170.060	2.959.123	5.129.183	374.183	130
9	7,08%	11,01%	2.221.927	2.997.472	5.219.399	464.399	75
10	6,83%	12,22%	2.216.415	3.033.883	5.250.297	495.297	58
...							
991	-4,12%	2,47%	1.986.364	2.752.283	4.738.646	-16.354	593
992	-2,60%	2,20%	2.016.923	2.744.760	4.761.683	6.683	566
993	-3,21%	-0,19%	2.004.605	2.679.895	4.684.501	-70.499	645
994	-3,86%	-1,52%	1.991.526	2.644.624	4.636.150	-118.850	700
995	-2,32%	-0,87%	2.022.584	2.661.679	4.684.262	-70.738	646
996	-1,37%	-0,95%	2.041.924	2.659.670	4.701.593	-53.407	629
997	-0,42%	-0,91%	2.061.240	2.660.674	4.721.914	-33.086	611
998	-3,08%	-2,07%	2.007.273	2.629.897	4.637.170	-117.830	698
999	-3,46%	-3,12%	1.999.660	2.602.461	4.602.121	-152.879	732
1000	-6,49%	-2,99%	1.940.000	2.606.000	4.546.000	-209.000	790

Abbildung 26: Beispiel zur historischen Simulation

Gewinn/Verlust (1)	Rang (2)	Gewinn/Verlust (1)	Rang (2)	Gewinn/Verlust (1)	Rang (2)
-922.505	1.000	...	...	...	...
-840.437	999	-597.500	954	747.152	10
-840.298	998	-595.794	953	750.919	9
-797.079	997	-593.187	952	781.084	8
-795.245	996	-584.374	951	795.983	7
-790.812	995	-583.890	950	818.822	6
-781.313	994	-582.951	949	822.761	5
-766.947	993	-571.487	948	847.171	4
-765.654	992	-570.225	947	861.927	3
-762.109	991	-568.381	946	877.777	2
...	...	...	...	890.785	1

Abbildung 27: Rangfolge der Gewinne/Verluste in der historischen Simulation

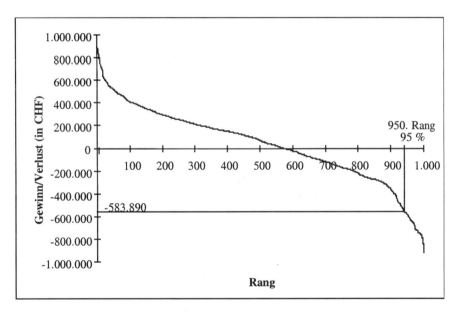

Abbildung 28: Graphische Darstellung der Rangfolge in der historischen Simulation

Für die Gesamtmenge der festgestellten Gewinne bzw. Verluste wird die in Spalte (8) der Abbildung 26 aufgelistete Rangfolge festgelegt. Diese Rangfolge führt zu der in Abbildung 27 und 28 dargestellten Reihe der Gewinne und Verluste. Die Rangfolge kann schliesslich zur Risikobestimmung herangezogen werden. Wenn, wie im Beispiel, an 950. Stelle ein Verlust von 583.890,- CHF registriert wurde, so bedeutet dies bei insgesamt 1.000 beobachteten Fällen, dass mit einer Wahrscheinlichkeit von 95 % der zukünftige Verlust nicht höher bzw. dass mit einer Wahrscheinlichkeit von 5 % der Verlust grösser sein wird als 583.890,- CHF.

Das Modell historischer Simulationen berücksichtigt indirekt die zwischen den Positionen bestehenden Korrelationen, da sich der Portefeuillewert aus den gegen- oder gleichläufigen Wertentwicklungen der einzelnen Positionen ergibt. Die mathematischen Schwierigkeiten bezüglich der Risikoverknüpfung sind bei diesem Modell nicht relevant. Das Modell ist zudem besonders geeignet, nicht-lineare Risiken zu erfassen. Allerdings wird schon an dem Beispiel mit lediglich zwei Positionen deutlich, mit welchem Aufwand ein Risikostatus für die Gesamtbank, in den sämtliche Risikopositionen eingehen, verbunden wäre. Insofern wird sich die Anwendung des Modells historischer Simulationen auf diejenigen Positionen beschränken, bezüglich derer das Grundmodell angesichts der dort zugrundeliegenden Annahmen nur noch sehr ungenaue Risikowerte liefern kann.

(2) Monte-Carlo-Simulation

Im Gegensatz zu den historischen Simulationen wird bei der Monte-Carlo-Simulation versucht, ein von den Daten der Vergangenheit weniger stark beeinflusstes Risikobild zu erzeugen. Monte-Carlo-Simulationen basieren auf der Überlegung, dass die in der Vergangenheit beobachteten Risikoparameter normalverteilt sind. Der Verlauf einer Normalverteilung kann mit statistischen Formeln unter Kenntnis der Standardabweichung und des Erwartungswertes des Risikoparameters exakt beschrieben werden. Für eine progressive Risikomessung wird wiederum durch Zufallszahlen ein zukünftiges Risikobild erzeugt, indem Daten generiert werden, die zwar dem Verlauf der Normalverteilung, nicht jedoch tatsächlich in der Vergangenheit beobachteten Veränderungsraten entsprechen. Hierzu ist das in Abbildung 29 dargestellte mehrstufige Vorgehen erforderlich.[19]

In einem ersten Schritt wird mit Hilfe eines Computers eine Menge von Zufallszahlen erzeugt. Je grösser diese in Spalte (2) abgebildete Menge ist, desto genauer ist die spätere Wahrscheinlichkeitsaussage. Die Zufallswerte, die üblicherweise zwischen 0 und 1 liegen, sind als Wahrscheinlichkeitswerte der Verteilungsfunktion der Standard-Normalverteilung zu betrachten. Aus diesen Werten lässt sich der zugehörige standardisierte Z-Wert ableiten, indem derjenige Z-Wert gesucht wird, der der per Zufallszahl generierten Wahrscheinlichkeit zuzuordnen ist. So führt eine Zufallszahl von 0,50000, die einer Wahrscheinlichkeit von 50 % entspricht, zu einem Z-Wert von 0. Die aus den Zufallszahlen abgeleiteten Z-Werte sind in Spalte (3) abzulesen. Die Z-Werte können allerdings nicht mathematisch, sondern nur mit Hilfe von statistischen Tabellen oder entsprechenden Computerprogrammen festgestellt werden.

Bekanntlich stellt der Z-Wert die lineare Transformation einer normalverteilten Zufallsvariable X dar und berechnet sich nach der Formel:

$$Z = \frac{X - EW}{STD}$$

Um zu den stetigen normalverteilten Renditen r zu gelangen, ist diese Formel nach X aufzulösen und X durch r zu ersetzen:

$$r = Z \bullet STD + EW$$

Auf diese Weise lässt sich in der Spalte (4) der Abbildung 29 aus dem über einen Zufallsgenerator abgeleiteten Z-Wert der entsprechende Wert für die stetige Rendite bestimmen.

In Abbildung 29 wird erneut das Beispiel eines Portefeuilles, bestehend aus 5.000 Mannesmann-Aktien und 10.000 Thyssen-Aktien, betrachtet. Die aktuellen Kurswerte betragen für Mannesmann-Aktien 414,- CHF und für Thyssen-Aktien wiederum 268,50 CHF. Zur Transformation des Z-Wertes in eine stetige Rendite ist es erforderlich, die Parameter Erwartungswert und Standardabweichung zu kennen. An dieser Stelle ist trotz aller Zukunftsbezogenheit des Konzeptes eine Rückschau in die Vergangenheit erforderlich. Aus den historischen Kursentwicklungen sind gemäss der Vorgehensweise im Grundmodell entweder Standardabweichung und Erwartungswert der beiden Aktien einzeln zu ermitteln und durch Kombination zu Portefeuillewerten zu transformieren.

Index i	Zufallszahl ZFZ_i	Z-Wert mit $F_N(Z_i)=ZFZ_i$	stetige Rendite r_i $r_i = Z_i \cdot STD + EW$	Rang
(1)	(2)	(3)	(4)	(5)
1	0,511999	0,030082	0,011922	482
2	0,555599	0,139821	0,019609	438
3	0,750173	0,675034	0,057100	244
4	0,662301	0,418752	0,039147	328
5	0,669222	0,437767	0,040479	322
6	0,645080	0,372071	0,035877	347
7	0,540416	0,101481	0,016923	458
8	0,638786	0,355215	0,034697	363
9	0,725478	0,599193	0,051787	269
10	0,128924	-1,131493	-0,069445	843
...	...	...	...	...
991	0,689380	0,494093	0,044425	303
992	0,611258	0,282598	0,029610	387
993	0,371824	-0,327026	-0,013093	608
994	0,896247	1,260455	0,098107	98
995	0,255685	-0,656705	-0,036187	713
996	0,295021	-0,538773	-0,027926	669
997	0,616672	0,296753	0,030602	383
998	0,551330	0,129023	0,018852	447
999	0,826637	0,940956	0,075727	164
1000	0,259373	-0,645280	-0,035386	709

Abbildung 29: Beispiel zur Monte-Carlo-Simulation

Alternativ dazu können diese statistischen Grössen unmittelbar durch Simulation der Veränderungsraten eines Portefeuilles mit gleicher Zusammensetzung bestimmt werden. Aus dieser Vorgehensweise resultieren für das Portefeuille eine Standardabweichung von 7,004843 % und ein Erwartungswert von 0,981447 % bei einer Haltedauer von 30 Tagen. Setzt man diese Werte in die vorstehende Gleichung ein, so ergeben sich für das Beispiel die in Spalte (4) genannten Renditewerte.

stetige Rendite r_i	Rang	Gewinn/ Verlust	stetige Rendite r_i	Rang	Gewinn/ Verlust	stetige Rendite r_i	Rang	Gewinn/ Verlust
(1)	(2)	(3)	(1)	(2)	(3)	(1)	(2)	(3)
		= 4.755.000 • $(e^{r_i}-1)$			= 4.755.000 • $(e^{r_i}-1)$			= 4.755.000 • $(e^{r_i}-1)$
-0,208895	1.000	-896.410	...	...	...	...	...	...
-0,201056	999	-866.045	-0,115569	954	-518.964	0,184297	10	962.284
-0,187407	998	-812.601	-0,115539	953	-518.837	0,185199	9	967.444
-0,187377	997	-812.480	-0,113882	952	-511.814	0,185796	8	970.858
-0,178753	996	-778.334	-0,113711	951	-511.085	0,190604	7	998.458
-0,177469	995	-773.224	-0,112419	950	-505.600	0,196945	6	1.035.053
-0,169457	994	-741.193	-0,111758	949	-502.789	0,200900	5	1.057.998
-0,166154	993	-727.915	-0,111147	948	-500.190	0,201053	4	1.058.887
-0,152962	992	-674.440	-0,110653	947	-498.088	0,204911	3	1.081.361
-0,152473	991	-672.443	-0,109897	946	-494.869	0,230889	2	1.234.964
...	...	...	...	...	...	0,236882	1	1.270.974

Abbildung 30: Rangfolge der Gewinne/Verluste in der Monte-Carlo-Simulation

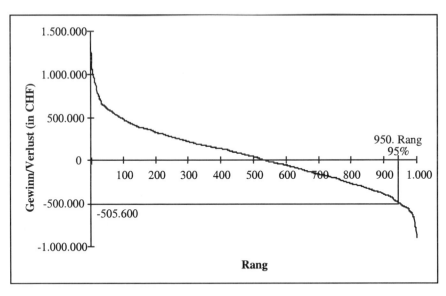

Abbildung 31: Graphische Darstellung der Rangfolge in einer Monte-Carlo-Simulation

Wie schon bei der historischen Simulation lässt sich auch für diese Renditen ebenfalls eine Gewinn/Verlust-Rangfolge von 1 bis 1.000 bestimmen. Mit dieser, in Abbildung 30 ausschnittsweise skizzierten Rangfolge lassen sich dann die gewünschten Wahrscheinlichkeitsaussagen formulieren. Bspw. wird mit einer Wahrscheinlichkeit von 95 % derjenige Wert, der den 950. Rang belegt und im Beispiel - 505.600,- CHF beträgt, nicht überschritten. In Abbildung 31 werden diese Ergebnisse abschliessend graphisch dargestellt.

Da die historische Simulation und die Monte-Carlo-Simulation auf den gleichen Grunddaten basieren, können die Ergebnisse unmittelbar miteinander verglichen werden. Es zeigt sich, dass die historische Simulation im Beispiel bei gleichem Konfidenzintervall von jeweils 95 % zu einem mit 583.890 CHF höheren Risikowert führt als die Monte-Carlo-Simulation, für die der Risikowert lediglich 505.600 CHF beträgt. Ursache dieser Abweichung ist zum einen die bei der Monte-Carlo-Simulation durchgeführte Linearkombination der Renditen beider Aktien, auf die vor dem Hintergrund der Portefeuilleentwicklung bei der historischen Simlation verzichtet wurde. Zum anderen könnte es sein, dass die zugrundegelegte Normalverteilung der Veränderungsraten mit der tatsächlichen Verteilung nicht völlig übereinstimmt, so dass sich aus diesen Abweichungen nicht vollständig vergleichbare Risikowerte ergeben.

Beide Ergebnisse lassen sich des weiteren mit den Resultaten aus der Anwendung des Grundmodells vergleichen. Hieraus ergibt sich für das Portefeuille bei Standardabweichungen von 7,556652 % für die Mannesmann-Aktie und 7,492372 % für die Thyssen-Aktie, einem Korrelationskoeffizienten von 0,733333 sowie einem Z-Wert von 1,65, der einem Konfidenzintervall von 90 % bzw. einem Wert der Verteilungsfunktion von 95 % entspricht, ein Risiko von 517.192 CHF. Damit liegt der Risikowert des Grundmodells zwischen den Risikowerten der Monte-Carlo-Simulation und der historischen Simulation, kommt aber dem Resultat der Monte Carlo-Simulation deutlich näher.

Indikatormodelle

Mit Hilfe sogenannter Indikatormodelle [20] lassen sich die diskutierten Instrumentarien zwar ergänzen, grundsätzlich aber nicht ersetzen. Aus einer Grundgesamtheit wertbestimmender Faktoren werden diejenigen Grössen extrahiert, die das Risiko wesentlich beeinflussen. Mit diesen Indikatoren soll anschliessend das Risiko eines Portefeuilles erklärt werden.

Insbesondere für den Bereich der Aktiengeschäfte existieren mit den Ein- und Mehr-Faktor-Modellen zahlreiche Konzepte, mit denen die zukünftige Wertentwicklung prognostiziert wird. Zu den bekanntesten dieser Modelle zählt das CAPM, welches ein Ein-Faktor-Modell darstellt. Hierbei wird die Wertentwicklung eines Aktienportefeuilles aus der Schwankung eines Indizes abgeleitet. Dazu ist der BETA-Faktor zu bestimmen, der die Kursbewegung einer Aktie im Verhältnis zu einem Index beschreibt.

Der BETA-Faktor stellt ein Sensitivitätsmass für die Relation zwischen der Rendite der einzelnen Aktie i und des Indexes M dar. Ein BETA-Faktor von 2 würde somit bedeuten, dass im Falle einer Veränderung der Rendite des Indexes um 1 % eine Wertänderung der Aktienrendite um 2 % (= 2 • 1 %) der Rendite des Indexes erfolgt. Mit Hilfe des BETA-Faktors wird demnach die Höhe der absoluten Renditeveränderung einer Aktienrendite als Vielfaches der erwarteten Rendite des Marktportefeuilles erklärt.

Somit lässt sich über den BETA-Faktor aus den Bewegungen eines Indexes heraus auf die Bewegung einer Aktie schliessen und auf unterstellten Indexbewegungen aufbauend das Risiko einer Aktie bestimmen. Allerdings sind die Indexveränderungen nicht mit dem BETA-Faktor erklärbar. Deshalb bleibt der BETA-Faktor für die Risikomessung nur ein ergänzendes, aber kein ersetzendes Instrumentarium.

Vor dem Hintergrund der Definiton von Indikatormodellen, die über massgebende Faktoren die Wertänderung eines Portefeuilles zu erklären versuchen, ist nicht nur das CAPM als Indikatormodell zu betrachten. Vielmehr können z. B. auch die im Zusammenhang mit dem Zinsänderungsrisiko zu nennenden Konzepte der Basispoint Value-Methode sowie der Key Rate Duration zu den Indikatormodellen gezählt werden. Beispielsweise zeigt die Key Rate Duration die Sensitivität von Barwerten in Abhängigkeit ausgewählter Zinssätze auf, die als Indikatoren interpretiert werden können.[21]

Erfassung des Gesamtbankrisikos

Das Risikomodell RiskMaster ist nicht nur dazu geeignet, die Verlustgefahren einzelner Risikokategorien oder Geschäftsbereiche zu quantifizieren. Vielmehr lassen sich auch verschiedene Risiken über eine entsprechend formulierte Korrelationsmatrix zusammenführen. Während mit Hilfe traditioneller Instrumente die Risiken unterschiedlicher Kategorien zwar einzeln gemessen, aber nicht zusammengeführt werden konnten, ist nunmehr mit Hilfe des Grundmodells dieses Aggregationsproblem zu lösen. Selbstverständlich sind die daraus resultierenden aussagen immer vor dem Hintergrund der zuvor erörterten Probleme des VaR-Konzepts zu beurteilen.

Problematisch in diesem Zusammenhang ist die Ausgestaltung der Vektoren, die zur Risikoquantifizierung miteinander zu verknüpfen sind. Für ein vollständiges Modell ist es grundsätzlich erforderlich, die Risiken sämtlicher Einzelgeschäfte einer Bank zu erfassen und miteinander zu verknüpfen. Allerdings entsteht dabei eine selbst von leistungsfähigen Grossrechnern nicht mehr zu bewältigende Datenflut, so dass unbedingt standardisierte Zusammenfassungen bestimmter Geschäfte erforderlich sind.[22] Es ist daher sinnvoll, sich von der Einzelgeschäftsbetrachtung zu lösen, innerhalb verschiedener Risikokategorien Risikovolumina zusammenzufassen und die für diese Risikokategorien gesamthaft relevanten Risikoparameter zu Bausteinen der Risikomatrix zu erheben. Deren Standardabweichungen führen unter Berücksichtigung des gewünschten Konfidenzintervalls zum jeweiligen VaR. Die einzelnen Risikowerte fliessen schliesslich in den Risikovektor und dessen Transponente ein. Die Korrelationsmatrix entsteht, indem die Korrelationen der fixierten Risikoparameter ermittelt werden.

Durch die multiplikative Verknüpfung der drei Vektoren ergibt sich aus der Quadratwurzel des Ergebnisses der Matrizenrechnung das Gesamtrisiko, gegebenenfalls unter Addition von Standardrisiken. Diese allgemeine Vorgehensweise beschreibt die bereits aus der Stufe 6 des Risikomodells bekannte Gleichung:

$$VaR_{Gesamt} = \sqrt{[VaR(RP_1) \quad VaR(RP_2) \quad ... \quad VaR(RP_n)] \cdot \begin{vmatrix} 1 & KOR(r_{RP1},r_{RP2}) & ... & KOR(r_{RP1},r_{RPn}) \\ KOR(r_{RP2},r_{RP1}) & 1 & ... & KOR(r_{RP2},r_{RPn}) \\ ... & ... & 1 & ... \\ KOR(r_{RPn},r_{RP1}) & KOR(r_{RPn},r_{RP2}) & ... & 1 \end{vmatrix} \cdot \begin{vmatrix} VaR(RP_1) \\ VaR(RP_2) \\ ... \\ VaR(RP_n) \end{vmatrix}} \quad (+VaR_{Standard})$$

Wesentliche Voraussetzung für eine effiziente Auswahl der Risikoparameter ist die Möglichkeit, die Risikovolumina einer möglichst grossen Menge einzelner Geschäfte einem einzelnen Risikoparameter direkt zuordnen zu können. Grundsätzlich kann und muss diesbezüglich jede Bank eine eigene Korrelationsmatrix vor dem Hintergrund der eigenen Geschäftsstruktur aufstellen, da beispielsweise unterschiedliche Fremdwährungs- oder Aktiengeschäfte betrieben werden.

J.P.Morgan bietet zur Unterstützung dieser Berechnungen in seinem Konzept RiskMetrics[TM] drei Datensätze mit jeweils 450 Volatilitäten und über 100.000 Korrelationen an, die täglich erneuert werden und via Internet abrufbar sind.[23] Dabei werden dreidimensionale Risikoparameter aufgebaut. Vor dem Hintergrund einer festgelegten Haltedauer von einem, zehn oder 25 Tagen werden beispielsweise Angaben zum Swapzins für fünfjährige Laufzeiten am Schweizer Markt gemacht. Abbildung 32 skizziert die daraus resultierenden Matrizen.

Bankers Trust bietet im Zusammenhang mit dem Konzept RAROC[TM] 2020 ebenfalls einen Datenpool zur Risikomessung an, der allerdings mit insgesamt 500 Volatilitäten und 125.000 Korrelationen kleiner ausfällt als derjenige von J.P.Morgan. Für die den Bankgeschäften zugrundeliegenden

Risikoparameter werden auch hier Volatiliäten und Korrelationen zum allerdings nicht mehr unentgeltlichen Gebrauch zur Verfügung gestellt. Mit Aktien, Zinsen, Währungen sowie Edelmetallen und Waren werden grundsätzlich vier Risikokategorien unterschieden. Innerhalb dieser vier Kategorien differenziert Bankers Trust zudem zwischen verschiedenen Produkten mit verschiedenen Laufzeiten, so dass sich im Vergleich zum RiskMetrics^{TM}-Konzept letztlich ein fast deckungsgleiches Bild der Volatilitäten und Korrelationen ergibt.[24]

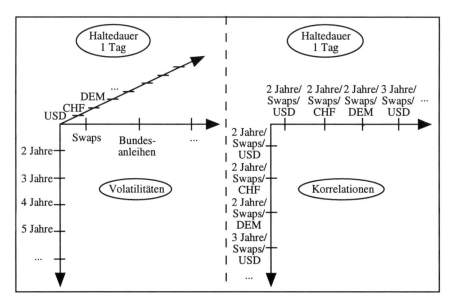

Abbildung 32: Formaler Aufbau der Datensätze in RiskMetrics^{TM} von J.P. Morgan [25]

Konzeption der Risikokapitalallokation

Prozeß zur Abstimmung der Risikotragfähigkeit

Zur Integration des Risikotragfähigkeitskalküls in das Konzept einer ertragsorientierten Risikopolitik ist neben Verknüpfung von Risikodeckungsmassen und Risikopotentialen auch der Aufbau von Limitsystemen zu erörtern.

Stufenweise Abgrenzung der Risikodeckungsmassen

Für eine bankbetriebliche Fixierung der Deckungsmassen, die im Sinne des Risikotragfähigkeitskalküls einzusetzen sind, ist auf die tatsächlich vorhandenen Kapitalbestandteile abzustellen, wobei sich eine stufenweise Abgrenzung der Deckungsmassen anbietet. Des weiteren sind die den einzelnen Stufen zuzuordnenden Deckungspotentiale nach der Wahrscheinlichkeit der Inanspruchnahme einzuteilen. Abbildung 33 zeigt eine mögliche stufenweise Abgrenzung der Deckungsmassen.[26] In dieser, auf betriebswirtschaftliche Bedürfnisse abgestellten, beispielhaften Abstufung, werden sowohl die Gesamtheit stiller Reserven als auch das bankenaufsichtsrechtlich anerkannte Nachrangkapital mit erfasst, wobei die verwendeten Kategorien materiell nicht mit den bankenaufsichtsrechtlichen übereinstimmen.

Primäres Risikodeckungspotential	Übergewinn
Sekundäres Risikodeckungspotential	Stille Reserven
Tertiäres Risikodeckungspotential	Mindestgewinn
Quartäres Risikodeckungspotential	Sonderposten für allgemeine Bankrisiken
	Offene Reserven
	Gezeichnetes Kapital
Quintäres Risikodeckungspotential	Ergänzungskapital Klasse I und II
	Nachrangkapital

Abbildung 33: Stufenweise Abgrenzung der Risikodeckungsmassen in Banken

Mit obiger Abstufung der Deckungsmassen wird dem Umstand Rechnung getragen, dass mit einer unterschiedlichen Wahrscheinlichkeit Risiken schlagend werden. Zur Abdeckung der daraus resultierenden Verluste werden im Rahmen des primären und sekundären Deckungspotentials zunächst diejenigen Bestandteile des Eigenkapitals verbraucht, die grundsätzlich ohne Publizitätswirkung verwendbar sind. Der Verbrauch tertiärer Risikodeckungsmassen führt zu einer gegebenenfalls verminderten Gewinnausschüttung, auf die unter Umständen sogar ganz verzichtet werden muss.

Die Auflösung quartären Risikodeckungspotentials ist bilanztechnisch offenzulegen, belastet jedoch nur die Eigenkapitalgeber. Darüber hinaus beinhaltet die Auflösung quintären Risikodeckungskapitals unter Umständen sogar die Inanspruchnahme bestimmter Fremdkapitalpositionen.

In diesem Zusammenhang ist zu beachten, dass für die im Kreditgeschäft eintretenden Verluste ex ante Risikoprämien kalkuliert und im Kreditgeschäft vereinnahmt werden. Die vereinnahmten Risikoprämien reichen im Idealfall aus, um diese Verluste abzudecken. Üblicherweise verlangen die bankenaufsichtsrechtlichen Bestimmungen unabhängig hiervon eine Unterlegung der vergebenen Kredite mit Eigenkapital. Im vorgestellten Konzept werden jedoch lediglich die im Falle negativer Risikoergebnisse zu deckenden Verluste quantifiziert und zusätzlich mit Risikokapital unterlegt. Dabei wird die Funktionsfähigkeit des Systems der Standard-Risikokostenrechnung unterstellt. Ergänzendes Risikokapital wird im Kreditgeschäft somit nur im Falle negativer Risikoergebnisse benötigt.

In den wahrscheinlichsten Verlustfällen sollte der über den Mindestgewinn hinaus erwirtschaftete Übergewinn ausreichen, um auftretende Verluste abzudecken. Sofern der Übergewinn nicht ausreicht, sind danach stille Reserven aufzulösen oder die Mindestgewinnbestandteile anzugreifen. Diese Vorgehensweise kann schliesslich dazu führen, dass kein Jahresüberschuss mehr auszuweisen ist. Im nächsten Schritt sind bilanzierte Positionen anzugreifen. Im Vordergrund der bankenaufsichtsrechtlichen Bestimmungen stehen diesbezüglich als quartäres Risikodeckungspotential neben den Sonderposten für allgemeine Bankrisiken die offenen Reserven sowie das gezeichnete Kapital zur Verfügung. Dieses Risikodeckungspotential wird schliesslich um eine, aus dem Ergänzungs- und Nachrangkapital bestehende quintäre Risikodeckungspotentialkomponente ergänzt, auf die nur im äussersten Notfall zurückgegriffen werden sollte.

Abstufung des Risikopotentials

Parallel zur Abstufung der Risikodeckungspotentiale zeigt sich gemäss der in Abbildung 34 erfolgten Spezifizierung der Gleichgewichtsbedingung für Erfolgsrisiken, dass auch die Risikopotentiale von unterschiedlicher Qualität sind. Als Abgrenzungskriterium dient diesbezüglich die Wahrscheinlichkeit, mit der ein bestimmter Risikobelastungsfall eintritt.

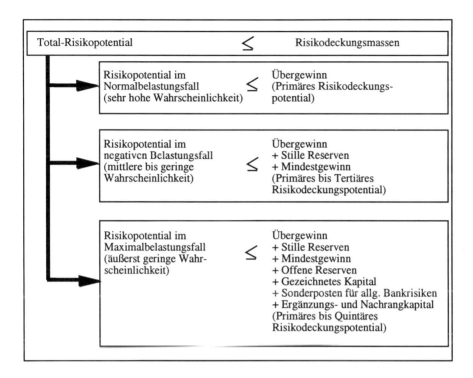

Abbildung 34: Spezifizierung der Gleichgewichtsbedingung für Erfolgsrisiken im Risikotragfähigkeitskalkül

Der erste Fall tritt mit einer sehr hohen Wahrscheinlichkeit, also nahezu mit Sicherheit ein und wird deshalb auch als Normalbelastungsfall bezeichnet. Bei dem Risikopotential im Normalbelastungsfall handelt es sich um die Verluste aus kleineren Ausfällen, die eine Bank ständig hinnehmen muss und die sich über die bei der Kalkulation von Standard-Risikoprämien getroffenen Annahmen hinaus ergeben. Zudem werden Verluste erfasst, die aus nicht exakt prognostizierbaren Veränderungen, z. B. von Zinsen oder Devisenkursen, resultieren. Das Risikopotential im Normalbelastungsfall darf den für diese Risiken verwendbaren Teil des erwirtschafteten Betriebsergebnisses nicht übersteigen. Hierbei gilt die Maxime, dass die Existenz sowie die zielorientierte Fortentwicklung der Bank nicht durch die Verfügung über den zur Erhaltung des finanziellen Gleichgewichts erforderlichen Mindestgewinn gefährdet werden darf.

Als negativer Belastungsfall wird der zweite Fall bezeichnet, der mit einer mittleren bis geringen Wahrscheinlichkeit eintritt. Beispiele hierfür sind auftretende Konkurse grösserer Unternehmen, für die keine hohe Ausfallwahrscheinlichkeit vorlag, bei denen ein Ausfall aber auch nie völlig auszuschliessen war. Im negativen Belastungsfall übersteigt das Risikopotential den Übergewinn. Folglich müssen die entstandenen Verluste durch zusätzliche Deckungsmassen aufgefangen werden. In Frage kommen hierfür neben dem sich aus Über- und Mindestgewinn zusammensetzenden Betriebsergebnis bzw. dem Cash Flow auch die Auflösung der stillen Reserven, die beispielsweise durch die Überdotierung von Rückstellungen oder Wertberichtigungen sowie von Wertpapier-Kursreserven gebildet wurden.

Im dritten Fall, der auch als Maximalbelastungsfall bezeichnet wird, liegt ein sehr grosses Risikopotential vor, das allerdings nur mit äusserst geringer Wahrscheinlichkeit schlagend wird. Dieses Risikopotential kann nur durch die Mobilisierung sämtlicher Deckungsmassen aufgefangen werden. Selbstverständlich darf das Risikopotential nicht die gesamte zur Verfügung stehende Deckungsmasse übersteigen, da in diesem Falle eine Überschuldung eintreten würde.

Diese lediglich verbalisierten Wahrscheinlichkeitsaussagen können nun mit Hilfe des vorgestellten Instrumentariums mit Zahlen unterlegt werden. Im Risikomodell RiskMaster wird die (Verlust-) Wahrscheinlichkeit bekanntlich durch die Höhe des Z-Wertes determiniert. Je grösser der gewählte Z-Wert ist, desto höher ist die Wahrscheinlichkeit, dass der tatsächliche Verlust innerhalb der durch den Z-Wert vorgegebenen Grenzen des VaR liegen wird. Umgekehrt lässt sich für eine bestimmte Wahrscheinlichkeit der Z-Wert bestimmen, der der VaR-Berechnung zugrunde zu legen ist. Dabei folgt der Z-Wert der in folgender Abbildung 35 skizzierten Funktion vorgegebener Wahrscheinlichkeiten der Verteilungsfunktion.

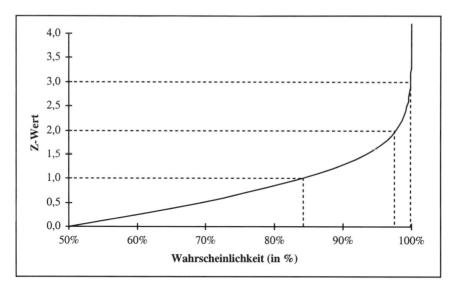

Abbildung 35: Z-Wert in Abhängigkeit von Wahrscheinlichkeitswerten der Verteilungsfunktion der Standard-Normalverteilung

Im nachfolgenden Beispiel wird der gesamtbankbezogene VaR als Funktion variierender Wahrscheinlichkeitswerte dargestellt. Der Messung des VaR liegt ein normiertes Risikovolumen von 1 CHF zugrunde. Die Berechnung selbst erfolgt nach der aus dem RiskMaster bekannten Gleichung:
VaR = RV x RF

Für alternative, in die Risikomesszahl einfliessende und damit den VaR determinierende Standardabweichungen von 5 %, 10 % und 15 % ergeben sich die in Abbildung 36 dargestellten Funktionsverläufe. Aus diesen wird ersichtlich, dass der VaR mit grösser werdender Wahrscheinlichkeit überproportional zunimmt.

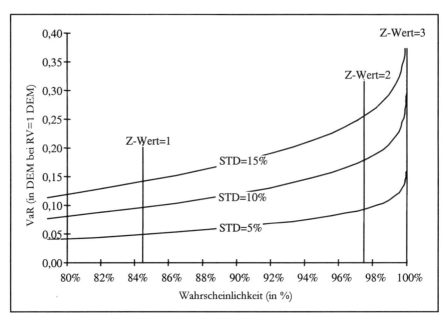

Abbildung 36: Auf 1 CHF Risikovolumen normierter VaR in Abhängigkeit von der Eintrittswahrscheinlichkeit

Stufe i	Z-Wert	$Wk_i^{kumuliert}$ (Verteilungsfunktion) (in %)	VaR_i = Risikokapital$_i$ (in Mio. CHF)	ΔVaR_i = Δ Risikokapital$_i$ (in Mio. CHF)	$Wk_i^{einzeln}$ (Dichtefunktion) (in %)
(1)	(2)	(3) $=F_n(Z\text{-Wert})$	(4) $=2\text{ Mrd. CHF}$ $\cdot[e^{-2\%\cdot(2)}-1]$	(5) $=(4)_i-(4)_{i-1}$	(6) $=f_n(Z\text{-Wert})$
1	1	84,14	39,6	39,6	24,2
2	2	97,72	78,4	38,8	5,40
3	3	99,87	116,5	38,1	0,44
4	3,5	99,98	135,2	18,7	0,09
5	4	99,99	153,8	18,6	0,01

Abbildung 37: Z-Wert und VaR im Verbund einheitlicher Wahrscheinlichkeitsaussagen

Für eine Abstufung des Risikopotentials bietet es sich an, bestimmte Wahrscheinlichkeiten als Intervallgrenzen zu formulieren und die zwischen diesen Intervallgrenzen liegenden Bestandteile als Risikopotential des Intervalls zu definieren. Legt man die Intervallgrenzen bspw. über den Z-Wert fest, so ergibt sich bei einem gesamtbankbezogenen Risikovolumen von 2 Mrd. CHF und einer Standardabweichung von 2 % das in Abbildung 37 dargestellte Bild.

Die Z-Werte lassen sich dabei beliebig erhöhen, ohne dass eine Gesamtwahrscheinlichkeit von 100 % zu erreichen wäre, wie beispielsweise bereits aus der Veränderung des Z-Wertes von 3,5 auf 4 zu ersehen ist. Damit würde eine Erhöhung der Z-Werte nur zu einer marginalen Verbesserung der Wahrscheinlichkeit führen, gleichzeitig aber einen permanenten Zuwachs von Risikokapital mit sich bringen. Aus Abbildung 37 lässt sich demnach schliessen, dass mit einer Wahrscheinlichkeit von 84,14 % der Verlust kleiner als 39,6 Mio. CHF ausfallen wird. Wäre die Geschäftsleitung einer Bank mit dieser Wahrscheinlichkeit zufrieden, so müsste sie gerade 39,6 Mio. CHF Risikokapital bereitstellen. Bei einer Wahrscheinlichkeit von 97,72 % erhöht sich der maximale Verlustbetrag um 38,8 Mio. CHF auf 78,4 Mio. CHF. Die übrigen Zahlen sind Abbildung 37 zu entnehmen.

Zusammenführung von Risikodeckungsmassen und Risikopotential

Grundsätzlich bildet die Dichtefunktion der (Standard-)Normalverteilung die Basis der Philosophie der Gleichgewichtsbedingung im Risikotragfähigkeitskalkül, da die Dichtefunktion die Wahrscheinlichkeiten für das Eintreffen einzelner Verlustwerte angibt. Demgegenüber basieren die Aussagen der VaR-Konzeption auf der aus dem Integral der Dichtefunktion gebildeten - und damit nicht im Widerspruch hierzu stehenden - Verteilungsfunktion. Um die Gleichgewichtsbedingung des Risikotragfähigkeitskalküls und das VaR-Konzept in Einklang zu bringen, sind daher zumindest mathematische Modifikationen erforderlich.

Die Zusammenhänge zwischen Verteilungsfunktion, Dichtefunktion und VaR bzw. Risikokapital werden in Abbildung 37 verdeutlicht. Bei einem Z-Wert von 1 wird eine aus diesem Z-Wert errechneter VaR-Ziffer mit einer Wahrscheinlichkeit von 84,13 % unterschritten. Der einzelne VaR wird gemäss der Dichtefunktion mit einer Wahrscheinlichkeit von 24,20 % eintreten. Demgegenüber führt ein Z-Wert von 2 zu einer Wahrscheinlichkeit der Verlustunterschreitung von 97,72 % bei einer einzelnen Eintrittswahrscheinlichkeit des Verlustes von lediglich 5,40 %.

Die Darstellung des Abstimmungsprozesses von Risikodeckungsmassen und Risikopotential soll anhand des in folgender Abbildung skizzierten Beispiels erfolgen. Danach werden die Risikodeckungsmassen einer Bank in fünf Stufen als Übergewinn, Stille Reserven, Mindestgewinn, offene Reserven und gezeichnetes Kapital sowie Ergänzungs- und Nachrangkapital unterschieden. Für das Risikopotential sei ein Risikovolumen in Höhe von 2 Mrd. CHF bei einer Standardabweichung von 2 % angenommen.

▶ Die Bank verfügt über nachfolgende **Risikodeckungsmassen:**

	Eigenkapitalbestandteile	
	einzeln	kumuliert
Übergewinn	4.000.000 DEM	4.000.000 DEM
Stille Reserven	100.000.000 DEM	104.000.000 DEM
Mindestgewinn	10.000.000 DEM	114.000.000 DEM
Offene Reserven / Gezeichnetes Eigenkapital	100.000.000 DEM	214.000.000 DEM
Ergänzungs- / Nachrangkapital	50.000.000 DEM	264.000.000 DEM
Gesamt	**264.000.000 DEM**	**264.000.000 DEM**

▶ **Risikopotential**
Das Risikopotential soll sich aus einem unterstellten Risikovolumen RV in Höhe von 2 Mrd. DEM bei einer Standardabweichung STD von 2% ergeben (aus Vereinfachungsgründen wird auf die Aggregation mehrerer Risiken zum Gesamt-VaR an dieser Stelle verzichtet)

Abbildung 38: Beispiel zur Abstimmung von Risikodeckungsmassen und Risikopotential

Durch Umstellung der in der sechsten Stufe des standardisierten Grundmodells genannten VaR-Gleichung und durch Einsetzen der Parameter des in Abbildung 38 genannten Beispiels lassen sich die Z-Werte berechnen, wie Abildung 39 verdeutlicht. Mit Hilfe dieser Z-Werte können die jeweiligen Wahrscheinlichkeiten für die Inanspruchnahme der Risikodeckungsmassen abgeleitet werden. Dabei zeigt sich im Beispiel der Abbildung 39, dass lediglich mit einer Wahrscheinlichkeit von 53,98 % der maximale Verlust den Übergewinn in Höhe von 4 Mio. CHF nicht übersteigt, bzw. mit einer Wahrscheinlichkeit von 46,02 % der Verlust grösser als der Übergewinn sein wird. Dementsprechend ist die Wahrscheinlichkeit, über den Übergewinn hinausgehende Deckungsmassen zum Verlustausgleich heranziehen zu müssen, im zugrundeliegenden (fiktiven) Beispiel relativ gross.

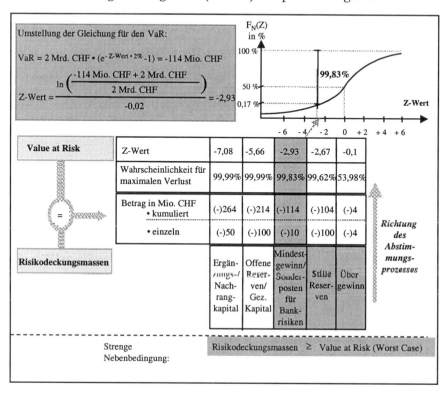

Abbildung 39: Quantifizierung von Wahrscheinlichkeiten für die Inanspruchnahme

Umgekehrt lässt sich über die Vorgabe von Z-Werten aufzeigen, mit welcher Wahrscheinlichkeit bestimmte Verluste eintreten werden. Letzteren sind dann die vorhandenen Risikodeckungsmassen gegenüberzustellen. Diese Variante ist insbesondere deshalb bedeutend, weil sich aus der Analyse historischer Risikoszenarien bestimmte Belastungsszenarien ergeben können. Da in der Zukunft immer damit zu rechnen ist, dass sich die Vergangenheit wiederholt, müssen zumindest für die mögliche Wiederholung historischer Belastungsszenarien auch in der Zukunft entsprechende Deckungspotentiale vorhanden sein.

In folgender Abbildung 40 wird die vom Risikopotential auf die Risikodeckungsmassen ausgerichtete Zuordnungsbeziehung dargestellt.

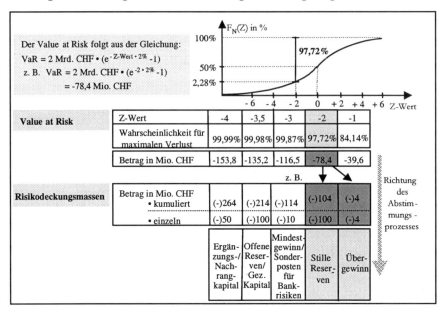

Abbildung 40: Ableitung der notwendigen Risikodeckungsmassen bei Vorgabe eines angestrebten Sicherheits-niveaus (Vorgabe des Z-Wertes)

Dabei zeigt sich beispielsweise, dass bei einem Z-Wert von 2 das dem VaR entsprechende Risikopotential 78,4 Mio. CHF mit einer Wahrscheinlichkeit von 99,87 % nicht übersteigen wird. Im Falle einer Maximalbelastung von 116,5 Mio. CHF wären dann neben dem Übergewinn, den stillen Reserven und dem Mindestgewinn auch offene Reserven bzw. gezeichnetes Kapital in Höhe von 2,5 Mio. CHF zum Verlustausgleich heranzuziehen.

Aus der Abstimmung von Risikodeckungsmassen und Risikopotential resultiert schliesslich ein Risikotragfähigkeitsprofil der Gesamtbank. Die Geschäftsleitung der Bank muss entscheiden, ob dieses Profil ihren Sicherheitsbedürfnissen entspricht oder ob ihr die Risikoübernahmen gegenüber den Deckungsmassen zu hoch oder zu niedrig erscheinen.

Falls ausschliesslich die Normalverteilung als Berechnungsbasis herangezogen wird, besteht hinsichtlich der letzten, den unwahrscheinlichsten

Fall betreffenden Vergleichsstufe das Problem, dass eine Erhöhung der Z-Werte zwar zu einer Erhöhung der Risikopotentiale, nicht jedoch zu einer entscheidenden Erhöhung der Wahrscheinlichkeiten führt. Gleichwohl sind für die Zukunft Konstellationen denkbar, die zwar statistisch mit erfasst würden, deren Wirkung die Bank jedoch in die Involvenz führen können. Insbesondere bei der Analyse der Aktienrenditen zeigt sich, dass die grosse Masse der Beobachtungswerte um den Erwartungswert schwankt. Gleichzeitig könnten jedoch einzelne extreme Ausschläge mit sehr grossen Abweichungen vom Erwartungswert beobachtet werden. Bspw. wäre es denkbar, dass von 10.000 untersuchten Renditen 9.999 um einen Erwartungswert von Null zwischen - 8 % und + 8 % schwanken, ein einziger Extremwert aber in Höhe von - 20 % aufgetreten ist. Dieser Wert beeinflusst die statistischen Parameter Erwartungswert und Standardabweichung nur unwesentlich. Im Falle seines erneuten Eintretens entstünde aber für die Bank ein Desaster. Im Beispiel würde dies zu einem Verlust von 362,5 Mio. CHF führen, der sämtliche Risikodeckungsmassen durch den Verlust überkompensiert und grundsätzlich den Konkurs der Bank bedeutet

Dementsprechend muss die Entscheidung, wieviel Risikopotential sich eine Bank leisten kann, immer vor dem Hintergrund derartiger Stressszenarien gefällt werden. Die Deckungsmassen müssen auch im Falle eines worst case ausreichen, um die Insolvenz zu verhindern. Aus dieser Forderung leitet sich für den Abstimmungsprozess die einzuhaltende (strenge) Nebenbedingung

Risikodeckungsmassen $\geq$ VaR (Worst Case)

ab.

Um aus dieser Nebenbedingung auf den maximalen VaR für ein vorgebenes Konfidenzintervall zu schliessen, sind die möglichen Parameteränderungen zu untersuchen. Der VaR setzt sich dabei aus Risikovolumen und Risikofaktor zusammen. Da das Risikovolumen im Standard- und im Crash-Szenario konstant bleibt ergibt sich nach einigen Gleichungsumformungen:

$$VaR_{Standardszenario} = VaR_{Crashszenario} \cdot \frac{Risikofaktor_{Standardszenario}}{Risikofaktor_{Crashszenario}}$$

Dabei entspricht der VaR im Crashszenario grundsätzlich dem maximal zur Verfügung stehenden Eigenkapital, so dass die letztgenannte Gleichung gleichzeitig die Basis für die Kapitalzuteilung im Standardszenario bildet.

Zusammenfassend bleibt festzustellen, dass Risikodeckungsmassen und Risikopotential über Wahrscheinlichkeitsaussagen miteinander zu verknüpfen sind. Dabei obliegt es der Geschäftsleitung zu entscheiden, welches Risikopotential sie übernehmen will. Grundsätzlich sind bei der Fixierung der zulässigen Risikopotentiale mit Hilfe der Instrumentarien des RiskMaster-Konzepts Stressszenarien zu beachten.

Risikoadjustierte Ergebnisoptimierung

Integrierte Risiko-/Renditesteuerung mit RORAC- bzw. RAROC-Kennziffern

Die Einhaltung der Risikotragfähigkeit ist Bestandteil des passiven Risikomanagements. Im Gegensatz dazu ist im Sinne eines aktiven Risikomanagements die bewusste Übernahme von Risiken vor dem Hintergrund eines mindestens ausgeglichenen Risiko-Chancen-Profils zu betreiben. Insbesondere zur Unterstützung des aktiven Risikomanagements sind unter dem Begriff Risk Adjusted Profitability Measurement (RAPM) Kennzahlen entwickelt worden, mit deren Hilfe eine risikoadjustierte Ergebnismessung und -steuerung durchgeführt werden kann. Zentrale Grössen des RAPM-Instrumentariums stellen dabei die Kennziffern RORAC und RAROC dar.

Die Abkürzung RORAC steht für den Ausdruck return on risk adjusted capital. Im Kern geht es dabei um die Berechnung des Verhältnisses der Erträge eines Bankgeschäftes zum zugeordneten Risikokapital. Dabei ist das Risikokapital dem VaR gleichzusetzen. Demnach resultiert die Kennziffer RORAC aus der Gleichung:

RORAC = Nettoergebnis / Risikokapital

Zur Demonstration der Einsetzbarkeit des RORAC werden in Abbildung 41 vier Geschäfte miteinander verglichen. Eine ausschliesslich renditeorientierte Betrachtung führt gemäss Zeile (4) zur Rangfolge (3), (2) gleichauf mit (1), (4). Dabei wird vergleichsweise undifferenziert ermittelt, wieviel Ertrag pro Einheit Geschäftsvolumen erwirtschaftet werden konnte.

Mit Hilfe der Kennziffer RORAC wird darüber hinausgehend eine Beziehung zwischen dem Risiko und der Rendite hergestellt. Dazu wird in einem ersten Schritt das Risiko in Zeile (2) quantifiziert. Dieses Risiko entspricht der erforderlichen Kapitalunterlegung. Es zeigt sich bspw., dass das Geschäft (2) gegenüber dem Geschäft (1) bei gleichem Geschäftsvolumen mit 60 % mehr Risikokapital unterlegt werden muss.

Da auch die Nettoergebnisse gleich hoch ausfallen, resultiert aus der erforderlichen Kapitalunterlegung für das Geschäft (1) ein RORAC von 80 % gegenüber 50 % bei Geschäft (2). Bezüglich der Geschäfte (3) und (4) führen die jeweiligen Kapitalunterlegungen zu Ist-RORAC-Kennziffern von 40 % für Geschäft (3) und -50 % für Geschäft (4). Insgesamt ergibt sich ein gegenüber der Netto-Rendite verändertes Ranking mit (1), (2), (3) und (4).

Die Kennziffer RAROC (= risk adjusted return on capital) ergibt sich aus dem Verhältnis der Abweichung des tatsächlichen Erfolges einer Investition von dem für die Kapitalbereitstellung geforderten Ergebnisbeitrag zum jeweiligen Risikokapital. Die Ergebnisanforderung resultiert dabei aus der Multiplikation des bereitgestellten Risikokapitals mit der Ziel-RORAC:

RAROC = [Nettoergebnis - (Ziel-)RORAC x Risikokapital] / Risikokapital

Geschäft			1	2	3	4
Volumen	(in Mio. CHF)	(1)	10.000	10.000	4.000	20.000
Maximaler Verlust mit einer Wahrscheinlichkeit von 97,7 % = Risikokapital = VaR	(in Mio. CHF)	(2)	250	400	250	100
Netto-Ertrag	(in Mio. CHF)	(3)	200	200	100	-50
Netto-Ertrag		(4) = (3)/(1)	2 %	2 %	2,5 %	-0,25%
RORAC		(5)	80 %	50 %	40 %	-50 %
Ziel-RORAC		(6)	40 %			
(Mindest-)Ergebnis	(in Mio. CHF)	(7) = (6)x(2)	100	160	100	40
Risk adjusted Return	(in Mio. CHF)	(8) = (3)-(7)	100	40	0	-90
RAROC		(8) = (7)/(2)	40 %	10 %	0 %	-90 %

Abbildung 41: Beispiel zur Berechnung der Kennziffer RAROC

RAROC und RORAC sind somit nur berechenbar, wenn das Riskokapital grösser als Null ist. Es lässt sich jedoch zeigen, dass insbesondere durch den Einsatz von Optionen der dem Risikokapital entsprechende VaR bis auf Null reduziert werden könnte, obwohl aufgrund der speziellen Risikostrukturen ein Risiko besteht. Insofern erscheint die Verwendung von RAROC und RORAC als Performance-Kennzahlen problematisch, wenn nicht gar ungeeignet.

Es besteht jedoch die Möglichkeit, die Erkenntnisse der Portefeuille- bzw. Kapitalmarkttheorie auf die Anwendung der RAPM-Kennziffern zu übertragen. Dies soll an einem einfachen Beispiel demonstriert werden.

Für eine Bank ergibt sich ein Eigenkapital-Marktwert von 1.000 GE. Hierfür würde nach dem CAPM eine Eigenkapitalkostenrendite von 8 % von den Investoren verlangt werden. Diese Renditeforderung setzt sich aus einer risikofreien Verzinsung von 6 % und einem Risikozuschlag von 2 % zusammen. Wäre die Bank kein Risiko eingegangen, so hätte sie zumindest die risikofreie Verzinsung (RFZ) von 6 % erwirtschaften müssen. Da sie jedoch Risiken eingegangen ist, erhöht sich die Renditeforderung um eben diese 2 %.

Als Ausdruck für das eingegangene Risiko kann der VaR herangezogen werden. Dieser entspricht dem eingesetzten Risikokapital. Im Beispiel soll dieses Risikokapital 500 GE betragen.

Demgemäss kann die Renditeforderung des Marktes in zwei Bestandteile zerlegt werden: Zum einen wird auf das eingesetzte Eigenkapital zu Marktwerten eine risikofreie Verzinsung als Mindestrendite in Höhe von 60 GE (= 1.000 GE • 6 %) gefordert. Zum anderen muss der Risikozuschlag von 20 GE (= 1.000 GE • 2 %) erwirtschaftet werden.

Dabei ist allerdings eine Doppelbelegung des Eigenkapitals zu vermeiden. Wenn also 500 GE Risikokapital eingesetzt werden, dann müssen:
- 500 GE risikofreies Eigenkapital zu 6 % verzinst werden und damit einen Ertrag von 30 GE erbringen und
- 500 GE Risikokapital einerseits 6 % risikofreie Verzinsung garantieren, indem 30 GE risikofreier Gewinn realisiert werden, und darüber hinaus den Risikozuschlag von 20 GE verdienen, woraus eine Prämie auf das Risikokapital von 4 % (= 20 GE/500 GE) folgt.

In diesem Zusammenhang wird das Verhältnis aus Risikokapital und Eigenkapital im folgenden stets als Risiko-/Eigenkapital-Koeffizient bezeichnet.
Für das Risikokapital ergibt sich damit ein Ergebnisanspruch von insgesamt 50 GE (=30 GE + 20 GE). Daraus resultiert schliesslich ein (Ziel-) RORAC von 10 % (=50 GE/500 GE).
Diese gesamtbankbezogene Betrachtung kann weitergehend auf einzelne Geschäftsbereiche heruntergebrochen werden. Dazu werden im nachfolgenden Beispiel die Geschäftsbereiche A, B und C unterschieden.
Diesen drei Geschäftsbereichen A, B, und C, deren Risiken vereinfachend eine Korrelation in Höhe von 1 aufweisen, werden unterschiedliche Volumina an Eigenkapital zu Marktwerten zugewiesen. Geschäftsbereich A wurde ausschließlich Risikokapital in Höhe von 230 GE zugeteilt, so daß sein REK gerade 1,0 beträgt. Geschäftsbereich B wurden hingegen insgesamt 360 GE Eigenkapital zu Marktwerten (EK_{MW}) zugewiesen, von denen jedoch nur 270 GE als Risikokapital (RK) eingesetzt werden dürfen. Der REK des Geschätsbereiches B beläuft sich demnach auf nur 0,75. Geschäftsbereich C wurde mit 410 GE zwar das meiste Eigenkapital zu Marktwerten zugeteilt, welches indes gänzlich risikolos anzulegen ist. Aufgrunddessen weist Geschäftsbereich C einen REK von 0 auf. In Spalte (4) ist nun der Soll-Ergebnisbeitrag angeführt, den die drei Geschäftsbereiche durch den Einsatz ihres Risikokapitals zu erwirtschaften haben. Da das zugewiesene Volumen Risikokapital zwischen den Geschäftsbereichen differiert, unterscheiden sich auch die absoluten Ergebnisansprüche trotz bankeinheitlichem Ziel-RORAC. Die Summe der drei Ergebnisvorgaben muß jedoch exakt dem risikoabhängigen Ergebnisanspruch der Gesamtbank von 50 GE (= 10 % • 500 GE) entsprechen.

| | EKMW | davon: Risikokapital auf Limitbasis | REKMW | Risikoadjustierte Eigenkapitalkosten | | | Soll-Marktwertrendite des Eigenkapitals |
				Soll-Ergebnis aus Risikokapital Ziel-RORAC	zusätzliche risikofreie Verzinsung	Summe	
	(1)	(2)	$(3) = \frac{(2)}{(1)}$	$(4) = 10\% \cdot (2)$	$(5) = 6\% \cdot [(1)-(2)]$	$(6)=(4)+(5)$	$(7) = (6) : (1)$
Geschäftsbereich A	230	230	1,0	10 % · 230 = 23	6 % · 0 = 0	23	10 %
Geschäftsbereich B	360	270	0,75	10 % · 270 = 27	6 % · 90 = 5,4	32,4	9 %
Geschäftsbereich C	410	0	0	10 % · 0 = 0	6 % · 410 = 24,6	24,6	6 %
Summe bzw. Durchschnitt	1.000	500	0,5	50	30	80	8 %

Abbildung 42: Soll-Marktwertrenditen des Eigenkapitals bei differierenden Risiko-/Eigenkapital-Koeffizienten

Die zweite Komponente der risikoadjustierten Eigenkapitalkosten, die risikounabhänge Ergebnisvorgabe, ergibt sich nun als Residualgröße. Die drei Geschäftsbereiche müssen die risikofreie Verzinsung auf den Teil des ihnen zugewiesenen Eigenkapitals zu Marktwerten erwirtschaften, der das Risikokapital übersteigt. Für die Musterbank bedeutet dies, daß nur Geschäftsbereich B und C eine zusätzliche risikounabhängige Verzinsung zu erbringen haben. Diese beläuft sich für B auf 5,4 GE und für C auf 24,6 GE. Auch hier gilt, daß die Summe dieser beiden dem risikounabhängigen Gesamtbankverzinsungsanspruch von 30 GE entsprechen muß. Die in Spalte (6) angeführten Ergebnisse zeigen anschaulich, daß die risikoadjustierten Eigenkapitalkosten der drei Geschäftsbereiche verschieden sind. Dies ist jedoch noch kein Beleg dafür, daß sich auch die im letzten Schritt zu ermittelnden Soll-Marktwertrenditen des Eigenkapitals unterscheiden müssen. Denn bei identischem REK für alle Geschäftsbereiche von 0,5 aber differierenden Eigenkapitalvolumina (z. B. A = 200, B = 300 und C = 500) würden sich zwar die Eigenkapitalkosten (A = 16, B = 24 und C = 40) unterscheiden, nicht indes die Soll-Marktwertrenditen, die sämtlich 8 % betragen. Da die Geschäftsbereiche der Musterbank jedoch voneinander abweichende REK aufweisen, differieren auch die in Spalte (7) angegebenen Soll-Marktwertrenditen des Eigenkapitals.

Reinformal lassen sich solchermassen gewonnene, die RORAC-Kennziffer integrierende (Soll-)Marktwertrenditen mit der Gleichung

Soll-MWR = (Ziel-RORAC • RK – RFZ • (EK_{MW} – RK)) / EK_{MW}, berechnen.

Ableitung geschäftsfeldspezifischer Renditeforderungen auf Basis des CAPM

Im vorherigen Abschnitt wurde beschrieben, wie mit Hilfe der Kennziffer RORAC geschäftsfeldspezifische Ergebnisanforderungen fixiert werden können. Geschäftsfeldspezifische Renditeforderungen lassen sich jedoch auch auf der Grundgleichung des CAPM aufbauend entwickeln.

Die kapitalmarkttheoretische Ableitung geschäftsfeldspezifischer Eigenkapitalkosten baut auf der Grundgleichung des CAPM auf. Danach wird die erwartete Rendite eines Wertpapiers innerhalb eines Portefeuilles mit Hilfe

$$ER_{WP} = RFZ + BETA_{WP} \cdot RP$$

der Gleichung

bestimmt. Sofern nur die Bank mit dem Portefeuille und die Geschäftsfelder mit den Wertpapieren gleichgesetzt werden, lässt sich mit Hilfe der o. g. Gleichung die erwartete Rendite und damit der Eigenkapitalkostensatz für Geschäftsfelder quantifizieren.

Voraussetzung ist allerdings neben der Kenntnis der Risikoprämie bzw. des risikofreien Zinses insbesondere die Ableitung des geschäftsfeldspezifischen Betas.

Hierfür wurden verschiedene Ansätze konzipiert, die entweder der Kategorie der Analogieansätze oder der Kategorie der Analyseansätze zuzuordnen sind. Analogieansätze setzen das geschäftsspezifische Beta dem gesamtbankbezogenen Beta solcher Banken gleich, deren Geschäftsbereich dem zu analysierenden Geschäftsfeldes möglichst genau entspricht. Im Rahmen der Analyseansätze werden geschäftsfeldspezifische Beta-Faktoren mit Hilfe von Regressionsfunktionen aus den Daten der Finanzbuchhaltung abgeleitet.

Das zentrale Problem aller Ansätze besteht jedoch in der Bestimmung der absoluten Eigenkapitalkosten. Dazu müsste nämlich die zuvor bestimmte Renditeforderung mit einer zuvor definierten Eigenmittelunterlegung multipliziert werden.

Hier wäre entweder eine konstante Eigenkapitalquote über alle Geschäftsfelder hinweg zu definieren. Dabei ergibt sich das Problem der Fixierung des Geschäftsvolumens solcher Geschäftsbereiche wie bspw. Kommissionsgeschäft oder Derivate-Handel. Erst aus der Multiplikation des Geschäftsvolumens und der konstanten Eigenkapitalquote würde sich das geschäftsfeldspezifische Eigenkapital ergeben. Insofern ist die Anwendbarkeit der in diesem Abschnitt vorgestellten Instrumentarien in Frage zu stellen.

Alternativ dazu müsste der Marktwert des Eigenkapitals einzelner Geschäftsbereiche bestimmt werden können. Diesbezüglich wurden bereits diverse Ansätze vorgestellt. Trotzdem ist auch deren Anwendung nicht für alle Geschäftsbereiche einer Bank unproblematisch.

Unabhängig von der gewählten Variante der Bestimmung geschäftsfeldspezifischer Renditeforderungen bilden diese die Basis einer Ergebnisoptimierung. Hier ist die Forderung aufzustellen, dass die Geschäftsbereiche mindestens diese Renditeforderungen erfüllen müssen. Ansonsten hätte es sich im Sinne des Risiko-Chancen-Kalküls[35] nicht gelohnt, dass die Geschäftsbereiche überhaupt Risiken eingegangen sind. Wünschenswert wäre es sogar, dass diese Renditeforderungen übererfüllt werden. Dann wäre die Bank gegebenenfalls in der Lage, den Eigentümern Überrenditen zu generieren, wie sie bspw. im EVA-Konzept bzw. im Shareholder Value-Konzept gefordert werden.

Verfahren zur Optimierung der Risikokapitalallokation

Zusammen mit dem VaR-Konzept wurde der Begriff des Risikokapitals eingeführt. Neben der Risikomessung im VaR-Konzept sollte dadurch gleichzeitig eine optimale Risikoalokation bewirkt werden. Wie jedoch die Ausführungen zu den RAPM-Kennziffern und der Berechnung geschäftsfeldspezifischer Renditeforderungen gezeigt haben, können Risikokapital und Eigenkapital nicht getrennt voneinander betrachtet werden.. Das Risikokapital kann lediglich dazu genutzt werden, Renditeforderungen auf den Marktwert des Eigenkapitals zu ermitteln. Insofern kann die Optimierung des Risikokapitaleinsatzes immer nur das Ergebnis der Optimierung des Eigenkapitaleisatzes sein.

Da der Eigenkapitaleinsatz dem investierten Kapital eines Anlegers entspricht, lassen sich die Erkenntnisse der Portefeuilletheorie zu dessen Optimierung verwenden.

In der Portefeuilletheorie wurden insbesondere für die Bestimmung optimal diversifizierter Aktienportefeuilles mathematische Verfahren entwickelt. Danach resultiert die optimale Zusammensetzung eines Aktienportefeuilles aus der Multiplikation der Inversen der Kovarianzmatrix mit den über die «risikofreie Verzinsung» hinaus erzielbaren Überrenditen. Daraus erhält man nach entsprechenden Umrechnungen die Anteilswerte einer optimalen Portefeuille-Zusammensetzung, aus denen das bereitzustellende Risikokapital abzuleiten ist.

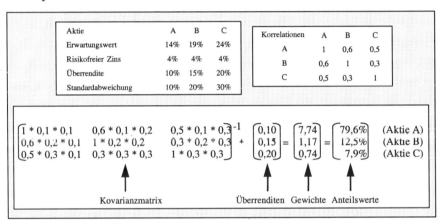

Abbildung 43: Berechnung des optimal diversifizierten Portefeuilles

Das einfache, in Abbildung 43 dargestellte Beispiel soll diese Zusammenhänge verdeutlichen. Aus den Renditeerwartungswertes der Aktien A, B und C von 14 %, 19 % und 24 % resultieren bei einem unterstellten risikofreien Zins von 4 % Überrenditen von 10 %, 15 % und 20 %. Bei Standardabweichungen von 10 %, 20 % und 30 % lässt sich die formal dem Aufbau der Korrelationskoeffizientenmatrix entsprechende Kovarianzmatrix aufstellen, indem die jeweilige Korrelation mit dem dazugehörigen Standardabweichungs-Paar multipliziert wird. Durch Bildung der Inversen und Multiplikation mit dem Vektor der Überrenditen ergeben sich Gewichte, die sich nicht zu 100 % ergänzen. Deshalb ist abschliessend eine Normierung dieser Gewichte auf 100 % durchzuführen, woraus optimale Anteilswerte von 79,6 % für Aktie A, 12,5 % für Aktie B und 7,9 % für Aktie C folgen. Sofern dann für Aktie A 79.600 CHF Kapital bereitgestellt werden, wäre im Sinne einer optimalen Diversifikation Aktie B mit Kapital von 12.500 CHF und Aktie C mit 7.900 CHF zu unterlegen.

Grundsätzlich liesse sich diese für Aktiengeschäfte entwickelte Vorgehensweise zumindest in der Theorie auch auf Portefeuilles übertragen, die nicht nur aus Aktien, sondern auch aus anderen Investitionen bestehen. Dazu müssten lediglich die jeweiligen Standardabweichungen, Korrelationen und Überrenditen gemessen werden. Der Übertragungsversuch scheitert jedoch u.a. aus folgenden Gründen:

- Es existiert grundsätzlich keine risikofreie Verzinsung am Geld- und Kapitalmarkt. Auch wenn für bestimmte Titel das Ausfallrisiko nahezu auszuschliessen ist, sind die mit Wertpapieren verbundenen Cash Flows immer auch einem Zinsänderungsrisiko ausgesetzt. Diese Kritik gilt im übrigen für viele finanzmarkttheoretische Aussagen und Modelle. Insbesondere ist davon auch die Aussagefähigkeit des CAPM betroffen.
- Refinanzierungen bzw. Wiederanlagen können in dem Modell nicht berücksichtigt werden.
- Das Modell ist auf eine Periode ausgerichtet.
- Bankgeschäfte sind nicht in beliebigen Stückzahlen bzw. Volumina frei verfügbar.
- Da die verschiedenen Bankgeschäfte kaum miteinander vergleichbar sind, bleibt die Anwendung dieses Modells auf die Kapitalallokation innerhalb einzelner Geschäftsbereiche beschränkt.

Die Bestimmung optimal diversifizierter Portefeuilles führt somit für die Risikokapitalallokation nur zu unbefriedigenden Ergebnissen. Letztlich erfordert deshalb eine effiziente Risikokapitalallokation den Einsatz linearer Programmierungsansätze (LP-Modelle). Lediglich die mathematisch sehr komplexen und aufwendigen LP-Ansätze sind in der Lage, die Lösung der

- Hauptbedingung: Maximierung des gesamtbankbezogenen RORAC
- unter Berücksichtigung aller
- Nebenbedingungen: wie z. B.
    - Einhaltung bankenaufsichtsrechtlicher Vorschriften

- Berücksichtigung von Korrelationseffekten
- Geschäftsvolumensrestriktionen
- Risikolimite (incl. Limitüberschreitungen/-unterauslastungen)
- etc.

zu generieren. Damit ist die optimale Risikokapitalallokation schlussendlich immer von der vollständigen, und alle Problemkreise erfassenden Formulierung derartiger LP-Ansätze abhängig.

Anmerkungen

1   O.V. (1995); Basle Committee on Banking Supervision (1995.).
2   Basle Committee on Banking Supervision (1996).
3   Spremann, K. (1996).
4   Smithson, C./Minton, L. (1996) und o.V. (1996).
5   J.P. Morgan (1995a) und (1995b). Sämtliche im Zusammenhang mit dem von J.P.Morgan entwickelten Konzept RiskMetricsTM erschienenen Publikationen sowie täglich aktualisierte Risikodaten sind unter http://www.jpmorgan.com/ RiskMetrics/RiskMetrics.html via Internet frei erhältlich.
6   J.P. Morgan (1997).
7   Matten, C. (1995).
8   Wee, L.S. (1995). Eine ausführliche Beschreibung von RAROCTM2020 kann via Internet bestellt werden unter http://www.bankerstrust.com/RAROC 2020.
9   Schierenbeck (1999b), Schmid (1997).
10 Baetge (1998), Baetge/Hüls/Uthoff (1994), Baetge/Kruse/Uthoff (1996).
11 Schierenbeck, H. (1999a).
12 Mit: e = Eulersche Zahl; GPR = Gegenparteienrisiko; RF = Risikofaktor; RMZ = Risikomesszahl; RP = Risikoprämie; RV = Risikovolumen; STD = Standardabweichung; VaR = Value at Risk.
13 Ausführlich in Johanning (1998), Arnsfeld (1998), Guthoff/Pfingsten/Wolf (1997a) und (1997b).
14 Lister (1997); Groß/Knippschild (1995); J.P.Morgan (1995b).
15 Johanning (1998), Fiebach/Dachtler/von Bothmer (1997), Döhring (1997).
16 Lister (1997).
17 Groß/Knippschild (1995).
18 Hagen/Jakobs (1995).
19 Sobol 1971; Press et al. (1986).
20 Groß/Knippschild (1995).
21 Schierenbeck, H. (1999a).
22 Brammertz (1992).
23 J.P.Morgan (1995a).
24 Bankers Trust (1995).
25 Lister (1997).
26 Schierenbeck, H. (1999a).
27 Schierenbeck, H. (1999a).

28 Lister (1997).
29 Johanning (1998).
30 Schierenbeck (1999b).
31 Schierenbeck (1999b).
32 Mit ERWP = erwartete Rendite des Wertpapiers, RFZ = Risikofreier Zins, BETAWP = Systematisches Risiko des Wertpapiers, RP = Markt- bzw. Portefeuillerisikoprämie.
33 Bower/Jenks (1975), Freygang (1993), Harris/O`Brian/Wakeman (1989), Myers (1992).
34 Schierenbeck/Wiedemann (1996).
35 Schierenbeck (1999b).
36 Stewart (1991).
37 Rappaport (1999).
38 Zimmermann, (1993).

Literaturverzeichnis

Arnsfeld, T.: Deduktion einer grenzkodtenorientierten Eigenkapitalkostenkalkulation für Banken, Frankfurt 1998.
Baetge, J.: Stabilität des Bilanzbonitätsindikators bei internationalen Abschlüssen und Möglichkeiten zur Bepreisung von Bonitätsrisiken auf der Basis von A-posteriori.Wahrscheinlichkeiten, in: Andreas Oehler (Hrsg.): CreditRisk und Value at Risk-Alternativen, Herausforderungen für das Management, Stuttgart 1998, S. 1 ff..
Baetge, J./Hüls, D./Uthoff, C.: Bilanzbonitätsanalyse mit Hilfe der Diskriminanzanalyse nach neuem Bilanzrecht, in: Controlling (1994), S. 320 ff..
Baetge, J./Kruse, A./Uthoff, C.: Bonitätsklassifikationen von Unternehmen mit Neuronalen Netzen, in: Wirtschaftsinformatik (1996), S. 273ff..
Bankers Trust: A Comprehensive Risk Measurement Service, erhältlich via Internet an raroc2020@BankersTrust. com, 1995.
Basler Ausschuss für Bankenaufsicht: Eigenkapitalunterlegung des Marktrisikos auf der Basis interner Modelle, Basel 1995.1995.
Basler Ausschuss für Bankenaufsicht: Änderungen der Eigenkapitalvereinbarungen zur Einbeziehung der Marktrisiken, Basel 1996.
Bower, R./Jenks, J.: Divisional Screening Rates, in: Financial Management, Vol. 4 (1975), S. 42ff..
Brammertz, W: Ganzheitliches Denken zur Risiko-Kontrolle, in: Die Schweizer Bank, Nr. 9 (1992).
Döhring, J.: Gesamtrisiko-Management von Banken, München 1996.
Fiebach, G./Dachtler, C./ von Bothmer, H.-C.: Basiskonzept zur Durchführung von Krisentests, in: ZfgK 50.Jg., Heft 20 (1997).
Freygang, W.: Kapitalallokation in diversifizierten Unternehmen: Ermittlung divisionaler Eigenkapitalkosten, Wiesbaden 1993.
Groß, H./Knippschild, M.: Risikocontrolling in der Deutsche Bank AG, in: Risikomanagement in Kreditinstituten, Hrsg.: Rolfes, B./Schierenbeck. H/Schüller. S, Frankfurt a. M. 1995.
Guthoff, A./Pfingsten, A./ Wolf, J.: On the Compatibilty of the Value at Risk, Other Risk Concepts and Expected Utility Maximization, Diskussionsbeitrag 97-01, Münster 1997a.

Guthoff, A./Pfingsten, A./ Wolf, J.: Effects on Risk Taking Resulting from Limiting the Value at Risk or the Lower Partial Moment, Diskussionsbeitrag 97-03, Münster 1997b.

Hagen, P./Jakobs, W.: Risikosteuerung im Eigenhandel, in: Die Bank (1995), S. 664 ff..

Harris, R./O`Brian/Wakeman, D.: Divisional Cost of Capital Estimation for Multi-Industry Firms, in: Financial Management, Vol. 25 (1996), S. 74ff..

Johanning, L.: Value at Risk zur Marktrisikosteuerung und Eigenkapitalallokation, Bad Soden 1998.

J.P. Morgan: Introduction to RiskMetrics, 4. Auflage, New York 1995, siehe auch Internet http: //jpmorgan.com/pub/RiskMetrics/rmintro4.pdf.

J.P. Morgan: RiskMetrics-Technical Document, 3. Auflage, New York 1995, siehe auch Internet http: //jpmorgan.com/pub/RiskMetrics/RMFrame.pdf.

J.P. Morgan: Introduction to CreditMetrics™, New York 1997, siehe auch Internet: http: // www. riskmetrics.com/cm/index.html.

Lister, M.: Risikoadjustierte Ergebnismessung und Risikokapitalallokation, Münster, Frankfurt a. M 1997.

Matten, C.: The capital allocation challenge for the banks, in: SBC (ed.):Prospects 4-5 (1995), S. 2 ff.

Matten, C.: Earnings Volatility as an alternative risk capital measure, in: SBC (ed.):Prospects 6 (1995), S. 2 ff.

Myers, S.: Procedures for Capital Budgeting Under Uncertainty, in: Industrial Management Review, (1968), S. 1ff..

Rappaport, A.: Sharcholder Value – Wertsteigerung als Mass für die Unternehmensführung, 2. Auflage, Stuttgart 1999.

Schierenbeck, H.: Ertragsorientiertes Bankmanagement, Band 1: Grundlagen, Marktzinsmethode und Rentabilitäts-Controlling, 6. vollständig überarbeitete und erweiterte Auflage, Wiesbaden 1999a.

Schierenbeck, H.: Ertragsorientiertes Bankmanagement, Band 2: Risiko-Controlling und Bilanzstruktur-Management, 6. vollständig überarbeitete und erweiterte Auflage, Wiesbaden 1999b.

Schmid, B.: CreditMetrics, in: Solutions, Vol. 1, Ausgabe 3-4, (1997), S. 35ff..

Smithson, C./Minton, L.: Value at Risk, in: Risk Nr. 1 (1996), S. 25 ff..

Sobol, I.M.: Die Monte-Carlo-Methode, in: Karl, H. (Hrsg.): Kleine Ergänzungsreihe zu den Hochschulbüchern für Mathematik, XXII, Berlin 1971.

Spremann, K.: Wirtschaft, Investition und Finanzierung, 5.Auflage, München/Wien 1996.

Stewart, G.B.: The Quest for Value, New York 1991.

Wee, L.S.: RAROC™Risk Management, in: Bankers TrustNew York Corporation (ed.), Quantifying the Risks of Business, 1995.

Zimmermann, H.: Editorial: Über kapitale Ideen, Modelle und Daten, in: Finanzmarkt und Portfolio Management, 7 Jg., Nr. 1 (1993), S. 1ff..

Matthias Nolte

Betriebliche und technische Aspekte des unternehmensweiten Risikomanagements in Finanzinstituten

Unternehmensweites Risikomanagement – zentrale Aufgabe in Finanzinstituten

Risikomanagement wird in der Finanzwirtschaft seit jeher mit besonderer Sorgfalt betrieben. Im kontrollierten Eingehen von Risiken liegt eine der Kernkompetenzen von Banken und Finanzdienstleistern. Trotz langjähriger Erfahrungen mit der Gestaltung von Managementprozessen und der Entwicklung von Messmethoden hat sich in den letzten Jahren die Art und Weise, wie in Finanzinstituten Risikomanagement betrieben wird, drastisch verändert. Für das veränderte Risikobewusstsein der gesamten Finanzindustrie waren letztendlich vier Schlüsselfaktoren verantwortlich: gestiegene Handelsvolumina, erhöhte Verlustrisiken, Quantensprünge im technischen Umfeld sowie ein breiteres und vollständigeres theoretisches Verständnis der Finanzmarktrisiken.

In den vergangenen 20 Jahre verzeichneten die weltweiten Handelsvolumina exponentielle Zuwachsraten. So lag z.B. 1970 der tägliche Devisenhandelsumsatz bei wenigen Mrd. USD. Heute liegt er bei mehr als 1.000 Mrd. USD. Die Konsequenzen hieraus waren erheblich. Mit steigender Effizienz der Märkte weiteten sich weltweit auch die Arbitragetätigkeiten aus, was seinerseits wieder einen nicht unerheblichen Einfluss auf den immer noch anhaltenden Deregulierungsprozess hatte. Gleichzeitig wurde aufgrund sinkender Margen und erhöhtem Konkurrenzdruck vielen Instituten – teilweise schmerzlich – deutlich, dass der Engpassfaktor Eigenkapital effizienter disponiert werden muss, um den Rentabilitätsansprüchen der Anteilseignern besser gerecht werden zu können.

Nicht weniger bedeutsam ist der Effekt, den die Ausweitung der Handelsaktivitäten auf die generelle Philosophie bei der Bewirtschaftung von Vermögenswerten gehabt hat. Die Handelsbereiche von Banken besitzen heute eher kurz- und mittelfristige Planungshorizonte. Statt Aktiva bis zur Fälligkeit in den Büchern zu halten, finden schnelle Portfolioumschichtungen statt. Finanzmanager orientieren sich mehr und mehr an Wertentwicklungen statt an Margen bis zum Endverfall. Statt der periodenorientierten Erfolgskalkulation geht seit einiger Zeit die (kalkulatorische) Wertperformance in die Bemessung der variablen Vergütungsanteile der Händler ein.

Insbesondere im Handel mit Finanzderivativen ist seit geraumer Zeit zu beobachten, dass sich die Zeitspannen stetig verkürzen, innerhalb derer sich massgeschneiderte Einzeltransaktionen zu «Standardprodukten» mit entsprechenden Handelsvolumina entwickeln. Für aktive Marktteilnehmer ist es dabei unerlässlich, dass bereits vor Abschluss entsprechender Finanzinnovationen adäquate Verfahren zur Bewertung und Risikoquantifizierung vorhanden sind. Derartige Verfahren sind heute kein proprietäres Gut einzelner Institute mehr, sondern kommen bei allen Marktteilnehmern in annähernd ähnlicher Ausprägung zur Anwendung. Durch die Fortschritte bei der Modellierung von banktypischen Risiken – und damit auch beim systematischen Verständnis der einzelnen Risikoquellen – sind die meisten Banken heute in der Lage, wesentlich grössere und komplexere Portfolios zu bewirtschaften als noch vor zehn Jahren.

Die Schnelligkeit, mit der im Investment-Banking eine Vielzahl von Transaktionen mit vergleichsweise hohen Volumina von einzelnen Entscheidungsträgern getätigt werden sowie die stetig steigenden Volatilitäten der Finanzmärkte erfordern es, dass auch die Risikodisposition innerhalb dieser Geschäftsbereiche als ein dynamischer Managementprozess begriffen wird.

Trotz der methodischen und technischen Fortschritte häuften sich in jüngster Vergangenheit die spektakulären Fälle, bei denen Finanzinstitute substanzielle Verluste erlitten haben. Diese wurden ihrerseits durch unvorhergesehene Marktparameterschwankungen, organisatorische Schwachstellen, Betrug oder ineffiziente Managementinformationssysteme verursacht.

Der Handel mit Finanzinstrumenten, insbesondere der Derivativenhandel, ist seit jeher sehr technologielastig. Um mit der Komplexität und der Dynamik dieser Geschäftsbereiche Schritt halten bzw. entscheidende Entwicklungen antizipieren zu können, haben Finanzinstitute stets dahin tendiert, neueste Technologien sofort zu adaptieren. Erst durch die stetige Zunahme der Systemperformance sowie durch den rapiden Preisverfall für

Handelssysteme konnte letztlich auch das Handelsvolumen wie oben erwähnt gesteigert werden. So verdoppelte sich in der Vergangenheit die Prozessorgeschwindigkeit alle 1,5 Jahre. Anwendungen, wie zum Beispiel taggenaue Monte-Carlo-Simulationen über den gesamten Datenbestand einer Bank wären noch vor einigen Jahren jenseits der Kapazität millionenschwerer EDV-Systeme gewesen. Heute lassen sich derartige Simulationen auf mittelgrossen Workstations mit akzeptablem Zeit- und Finanzaufwand durchführen. Mit durchschnittlichen jährlichen Wachstumsraten von mehr als 100% bei den Speicherkapazitäten ist es heute möglich, Frontofficeapplikationen für den Handel auf PC-basierten Systemen zu betreiben. Durch die Fortschritte in der Netzwerk- und Internet-Technologie können Rechner mit beliebigen anderen Rechnern unabhängig von deren Standort verbunden werden und so ein automatischer Datenaustausch ermöglicht werden.

Parallel zu der rapiden Leistungsverbesserung unterlagen sämtliche Hardwarekomponenten im Zeitablauf einem signifikanten Preisverfall. So kostete 1965 ein Megabyte RAM noch ca. 250.000,- DEM. Dieselbe Speicherkapazität ist derzeit für weniger als 5,- DEM zu haben. In 10 Jahren werden diese Speicherbausteine wahrscheinlich weniger als ein Zehntel des heutigen Preises kosten. Ähnlich dramatisch verlief die Entwicklung der Datenübertragungskosten innerhalb der vergangenen 20 Jahre. 1975 beliefen sich die Kosten für die Übertragung eines Megabytes von Tokyo nach Frankfurt auf ca. 10.000,- DEM. 1997 ist hierfür lediglich ein durchschnittlicher Preis von 2,- DEM anzusetzen. 2005 dürften die Megabytekosten nur noch bei einem Hundertstel des heutigen Betrages liegen. Die Kosten für einen Prozessor mit einem Leistungsvermögen von einer Million Rechenoperationen in der Sekunde lagen 1965 bei über einer Million DEM. Derzeit kosten vergleichbare Prozessoren wenige DEM, in zehn Jahren sind hierfür nur noch marginale Beträge zu entrichten.

Erst die jüngsten Entwicklungen in der Informationstechnologie haben eine zentralisierte und automatisierte Verarbeitung grosser, geographisch verteilter und durch unterschiedliche Betriebssysteme verwalteter Datenbestände machbar erscheinen lassen. Mit der zunehmenden Komplexität der Grundgeschäfte sowie der interdependenten Risikostruktur im Investment-Banking stiegt auch das Bedürfnis nach unternehmensweiten Risikomanagementsystemen. Die Empfehlungen und Vorgaben der internationalen

Aufsichtsbehörden taten ein übriges, um diesen internen Wechsel auch extern zu forcieren

Schon 1993 wurde in der von der Group of Thirty veröffentlichten Studie «Derivatives: Practices and Principles» die Empfehlung ausgesprochen, dass Finanzunternehmen Managementinformationssysteme betreiben sollten, mit denen sie die Risiken, die mit dem Handel von Finanzinstrumenten verbunden sind, mit ausreichender Genauigkeit und Schnelligkeit messen und steuern können.

Traditionelles, handelsbezogenes Risikomanagement ist gekennzeichnet durch die ausschliessliche Risikodisposition direkt im Handel, welcher in seinem Handlungsspielraum durch zentral festgelegte Handelslimits begrenzt wurde. In den seltensten Fällen wurden Nettorisikopositionen über alle Handelsportfolios und Instrumentengattungen hinweg bestimmt. Dabei war es den Entscheidungsträgern sehr wohl bewusst, dass eine derart disaggregierte Sicht auf die Risikostruktur ineffizient war.

Aufgrund historisch gewachsener Organisationsstrukturen und technisch bedingter Restriktionen ist es auch heute noch in den meisten Handelsräumen möglich, dass Händler exakt gegengleiche Marktpositionen eingehen, ohne dass dies durch ein entsprechendes Inhouse-Clearing-System verhindert würde. Mit diesem Phänomen sind nicht nur international diversifizierte Häuser konfrontiert. Derartiges ereignet sich auch täglich in Banken, in denen die Händler zwar räumlich nur durch wenige Meter, organisatorisch/technisch aber Lichtjahre entfernt sind.

Bis vor kurzem bestanden unternehmensweite Risikomanagement-Analysen vielfach aus einfachen Zusammenfassungen von Risikoanalysen, die von spezialisierten, handelsnahen Reporting-Teams erstellt wurden. Obwohl dies sicherlich einen adäquater erster Schritt hin zu einer kompletten Risikoübersicht darstellt, besitzt diese Vorgehensweise schwerwiegende Mängel. Vielfach sind die Risikoinformationen, die direkt aus den Frontofficesystemen angeliefert werden, inkonsistent und basieren auf inkompatiblen Risikomodellen. Des weiteren bleiben Portfolioeffekte völlig unberücksichtigt.

Auch hinsichtlich des Eigenkapitalmanagements bestand bei den meisten Instituten in der Vergangenheit Optimierungspotential. Nur wenige Institute besassen die Möglichkeit, ihre Geschäftsportfolios in einer Gesamtanalyse zusammenzuführen und auch heute besteht nur in weniger Instituten das analytische Umfeld, innerhalb dessen eine professionelle Optimierung des eigenen Kapitalverbrauchs erfolgen kann.

Ausdruck des veränderten Risikobewusstseins der Finanzindustrie ist, dass die meisten Banken Risikomanagement heute nicht mehr aus einem defensiv/reagierenden Blickwinkel betrachten, bei dem Risikocontrolling primär mit dem Ziel einer fristgerechten Meldung an die Aufsichtsbehörden betrieben wird. Viel häufiger findet man heute die Bekenntnis zu einem offensiv/proaktiven Risikomanagement, bei dem Risiken aktiv aus einer Gesamtsicht heraus disponiert werden, mit dem Ziel, eine effizientere Eigenmittelallokation zu gewährleisten.

Zu Beginn dieses Sinneswandels gab es allerdings nur wenige Finanzinstitute, die die nötigen betrieblichen und technischen Voraussetzungen für ein unternehmensweites Risikomanagement moderner Prägung mit sich brachten. Nur vereinzelt lagen bereits alle relevanten internen und externen Daten vor, um ein aktives Risikomanagement auf Gesamtinstitutsebene aufzubauen.

Die Ausgangssituation vieler Unternehmen war vielmehr geprägt durch:

- starke Fragmentierung der Geschäftsaktivitäten;
- ungenaue, nicht schriftlich fixierte Risikopolitik;
- periodenorientierte Gewinn- und Verlustrechnung;
- volumenorientierte Risikolimitierung einzelner Risikokategorien und einzelner Geschäftsbereiche;
- Risikomanagement wurde weniger als zentrale Managementaufgabe sonder eher als Kostenfaktor betrachtet;
- schlechte Datenqualität in den Basissystemen;
- fehlende Konsistenz bei der Spezifikation von Datenbanken und Verarbeitungsroutinen;
- zu kurze Zeitvorgaben bei der Systementwicklung;
- zu viele Systeme, die unterhalten werden müssen;
- fehlendes Personal mit entsprechendem Fachwissen im Bereich Risikomanagement;
- fehlende Bereitschaft in zukunftsorientierte Hardware zu investieren.

Abhilfe kann in den meisten Fällen nur durch ein grundsätzlich neu konzipiertes «unternehmensweites Risikomanagement» geschaffen werden. Doch was versteht man nun unter diesem Begriff? Welche Technologie muss zur Anwendung kommen? Was muss gemessen und gemeldet werden? Wie sieht der Transformationsprozess von einem passiv/reagierenden zu einem offensiv/proaktiven Risikomanagement aus? Welche organisatorischen Konsequenzen sind letztlich zu ziehen?

Das Risk-Data-Warehouse – die betrieblich/technische Herausforderung im moderen Risikomanagement

Der Begriff «Unternehmensweites Risikomanagement» soll im folgenden stellvertretend Verwendung finden für die gedankliche Zusammenfassung sämtlicher Methoden, Betriebsabläufe und EDV-Systeme, die mit dem Ziel betrieben werden, ein effizientes Management sämtlicher relevanter Risikoklassen über Produkte, Strategien und Standorte hinweg zu ermöglichen.

Unternehmensweites Risikomanagement hat die Balance herzustellen zwischen der Notwendigkeit, dem traditionellen Eigenmittelschutz genüge zu tun und dem Bedürfnis, den Eigenmitteleinsatz zu optimieren. Unternehmensweites Risikomanagement muss somit einerseits Hilfestellungen liefern, um unerwünschte Risikokonzentrationen schnell und effizient vermeiden zu können. Andererseits muss es zur Wahrnehmung von Marktchancen die richtigen Steuerungsimpulse generieren. Nur eine zeitgerechte und vollständige Anlieferung von Risikoinformationen führt letztlich zu fundierten Managemententscheidungen.

Historisch gesehen lassen sich hinsichtlich des Flusses von risikorelevanten Informationen vier Ausprägungen des Risikomanagementprozesses innerhalb von Finanzinstituten identifizieren:

- Risikomanagement wird als reiner Linienprozess begriffen, innerhalb dessen die Positionsverantwortlichen den Ergebnis- und Risikostatus an ihre direkten Führungsvorgesetzten melden. Detaillierte Positionsinformationen werden nicht weitervermittelt.
- Risikomanagement ist ebenfalls ein Linienprozess. Die risikorelevanten Informationen werden aber zusätzlich dezidierten Controllingeinheiten

gemeldet, die sämtliche Meldungen aggregieren und in einem einheitlichen Format darstellen.
- Jeder Geschäftsbereich besitzt spezialisierte Risikomanagementeinheiten. Die Risikoverantwortung liegt bei den jeweiligen Geschäftsbereichsleitern. Die zentralen Einheiten sind verantwortlich für die Entwicklung von Risikomanagementtechniken und -systemen sowie für die Erstellung von zentralen Risikoprofilanalysen.
- Die Verantwortung für das Risikomanagement der gesamten Organisation liegt an zentraler Stelle. Die Geschäftsverantwortung liegt in den einzelnen Fachbereichen, Risikoverantwortung wird zentral von einem Gremium oder einem Chief Risk Officer wahrgenommen.

Die Implementierung eines unternehmensweiten Risikomanagementsystems wird aufgrund unternehmensspezifischer Systemarchitekturen in den operativen Erfassungs- und Verarbeitungssystemen bei jedem Institut individuell ausfallen. Im einführungsprozess sollten jedoch folgende Punkte zentrale Bedeutung besitzen:

- Richtlinien:
Einführung organisationsweit gültiger Vorgaben, wie Risiken zu messen und zu überwachen sind;
- Schaffung einer Unternehmenskultur, die den Einsatz moderner Analyse- und Managementverfahren begünstigt:
Systematische Einführung einer Performancemessung auf der Basis risiko-adjustierter Rentabiliäten bei vorgegebener Risikokapitalallokation der Eigenmittel;
- Verbesserung des Eigenmittelmanagements:
Zuammenfassung der Ressourcen für die Entwicklung und Durchsetzung von Strategien zur Eigenmitteldisposition bzw. zur Optimierung des Rendite/ Risikoprofils;
- Systemintegration:
Eine Standardisierung geografisch entfernter und/oder unterschiedlichen Zielsetzungen entsprechenden Systeme ist entscheidend. Erst standardisierte Systemlandschaften schaffen die nötige Flexibilität, die benötigt wird, um innerhalb akzeptabler Reaktionszeiten auf neue interne und externe Anforderungen reagieren zu können. Durch interak-

tive Systemlandschaften lassen sich risikorelevante Daten aus den Zuliefersystemen extrahieren, durch Risikomanagementapplikationen weiterverarbeiten und anschliessend Managementinformationssystemen zur Verfügung stellen. Mangelnde technische Vorraussetzungen dürfen heutzutage nicht mehr der Grund für die Unterlassung betriebswirtschaftlich sinnvoller Abläufe und Verfahren sein.

Bei der praktischen Umsetzung von Managementkonzepten zur unternehmensweiten Steuerung des Risikoprofils wird schnell deutlich, dass die grösste Managementherausforderung nicht in der Entwicklung von neuen, exakteren Methoden zur Risikoquantifizierung liegt – obwohl man dies aus der intensiven akademischen Diskussion zu diesem Thema entnehmen könnte. Die grösste Herausforderung liegt vielmehr in der Bewältigung der technischen und organisatorischen Problemstellungen, die mit der Integration sämtlicher risikorelevanter Informationen in einen gemeinsamen Analyserahmen verbunden sind.

Bis konsolidierte Risikoanalysen den Entscheidungsträgern vorliegen, durchlaufen die benötigten Daten unabhängig von der individuellen betrieblichen und technischen Situation eines Finanzinstitutes folgende generelle Verarbeitungsstufen:

- Transaktionserfassung;
- Transaktionspooling;
- Normalisierung;
- Data-Warehousing;
- Analyse und Reporting.

Am Anfang des Prozesses zur Generierung von aggregierten Risikomanagementanalysen steht die Transaktionserfassung in operativen Frontoffice- oder Backofficeapplikationen. Die verwendeten Eingabesysteme dienen in den meisten Finanzinstituten auch heute noch primär der operativen Positionsführung bzw. der Geschäftsabwicklung und Rechnungslegung. Risikomanagementsysteme nutzen diese vorgelagerten Systeme lediglich als Datenquelle für den Zusammenzug der risikorelevanten Geschäftsdaten.

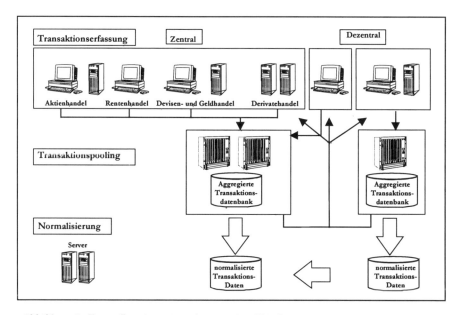

Abbildung 1: Datenfluss im unternehmensweiten Risikomanagement

Weit bevor die Implementation zentraler Risikomanagmentsysteme die Zusammenführung von Transaktionsdaten erforderte, entstand im Zuge fortschreitender Globalisierung und internationaler Diversifizierung bei vielen Finanzinstituten das Bedürfnis, Eigenhandelspositionen und Kundenorders mit allen relevanten Zusatzinformationen über die Zeitzonen hinweg von einem Handelssystem zum nächsten zu übergeben, um dadurch einen 24-Stunden-Handel zu ermöglichen.

Zu diesem Zweck müssen die Daten aus den originären Handelssystemen in ein einheitliches Format transformiert und in einer aggregierten Transaktionsdatenbank zwischengespeichert werden. Detailinformationen, wie z.B. Instrumentspezifika, Gegenparteiinformationen etc., bleiben dabei erhalten. Ausgehend von dieser aggregierten Transaktionsdatenbank kann dann die Datenübertragung an beliebige Handels- oder Risikomanagementsysteme erfolgen.

Bei der aggregierten Transaktionsdatenbank wird es sich bei vielen Finanzinstituten um eine eigenständige Datenbank handeln müssen. Die Verwendung von Handelssystemen zur Aggregation von sämtlichen Positionsdaten muss gerade bei grossen Häusern scheitern, da Frontendsysteme hinsichtlich des schnellen Pricings und der Transaktionserfassung in einzelnen Finanzinstrumenten(-gruppen) optimiert sind. Kein Frontofficesystem kann dabei befriedigend die komplette Produktpalette im Handel abdecken. Somit kommt im Handel mit Finanzinstrumenten in der Regel eine Vielzahl von Frontendsystemen zum Einsatz. 20 bis 30 unterschiedliche Systeme sind dabei keine Seltenheit.

Die Positionsübertragung über mehrere Handelssysteme hinweg stellt vielfach völlig neue Anforderungen an die Systemarchitektur vor Ort. Einerseits bewirkt ein 24-Stunden-Handel, dass die involvierten Standorte die gesamte Netzlast bewältigen müssen – nicht nur die lokalen Positionen befinden sich bei diesem Ansatz in den Handelsdatenbanken, sondern sämtliche Geschäfte der u.U. weltweiten Organisation. Andererseits sind die meisten Frontofficesysteme ursprünglich nicht dafür konzipiert worden, mit anderen Systemen zu kommunizieren – ein einfacher Schnittstellenabgleich wird also nur in den seltensten Fällen ausreichend sein, um die Systeme miteinander zu vernetzen.

Die Computerindustrie hat auf die Vernetzungsbedürfnisse ihrer Kunden mit sogenannten «offenen Systemen» reagiert. Vollkommene Kompatibilität und Flexibilität ist jedoch auch weiterhin noch ausser Sicht. Auch heute lassen sich vielfach nur Handelssysteme desselben Herstellers zeitzonenübergreifend vernetzen. Eine Standardisierung der verwendeten Hardware gestaltet sich derzeit noch sehr schwierig, da die benutzten Frontendapplikationen meist nur auf bestimmten Rechnerkonfigurationen lauffähig sind. Nur wenige EDV-Dienstleister bieten heute Produkte an, die auf allen gängigen Hardwareplattformen lauffähig sind.

Die Bezeichnung «Unternehmensweites Risikomanagement» impliziert, dass sämtliche Bereiche eines Finanzinstitutes – konsolidiert über alle Standorte, Organisationseinheiten, Produkt- und Kundengruppen etc. – in das zentrale Risikokalkül zu integrieren sind. Dies wiederum bedingt, dass risikorelevante Informationen aus sämtlichen in Frage kommenden Verarbeitungs- und Informationssystemen zusammengeführt werden müssen. Die Basisdaten sind dabei nicht notwendigerweise an einer physischen Stelle zu zentralisieren. Es muss vielmehr ein einheitliches Datenmodell existieren, mit dessen Hilfe transaktionsbezogene Daten in ein standardisiertes Format transformiert werden können.

Die Systemlandschaft der meisten Finanzinstitute präsentiert sich als ein heterogener Mix aus Hardwarekomponenten, Betriebssystemen, Programmiersprachen, Datenbanksystemen und Endbenutzerapplikationen. Sie beinhaltet nur in den seltensten Fällen bereits in den Zuliefersystemen die relevanten Risikoinformationen. Die Zuliefersysteme bestehen ihrerseits im ungünstigsten Fall aus einer Vielzahl von Eigenlösungen und sind durch die berüchtigten «quick fixed long-term-solutions» geprägt. Derartige Systeme sowie die zuständigen IT-Departments, die für Unterhalt und Weiterentwicklung zuständig sind, stossen dabei vielfach an ihre Leistungsgrenzen. Derartige Rahmenbedingungen lassen die Extrahierung von Transaktionsdaten aus den Handels- und Abwicklungssystemen für viele Institute zu einem zeitaufwendigen und kostspieligen Vorhaben werden.

Grundsätzlich ist für jedes Zuliefersystem eine entsprechende Schnittstelle zu konzipieren und zu unterhalten, die ausserdem noch den jeweiligen Produktspezifika und Handelsusancen entsprechend Rechnung tragen muss. Neben der rein technischen Verknüpfung der Systeme müssen die Daten aus den Frontofficesystemen in ein einheitliches Datenformat überführt werden. Vielfach müssen diese Grunddaten in einem weiteren Verarbeitungsschritt mit Zusatzinformationen angereichert werden. Dieser sogenannte «Abbildungs-» oder «Mapping-» Prozess kann sich als sehr komplex und fehleranfällig erweisen. Hilfreich können dabei spezielle Programme sein, mit denen sich das Mapping graphisch orientiert vollziehen lässt, wobei jedes Datenfeld und jeder nötige Zwischenverarbeitungsschritt spezifiziert und dokumentiert werden kann.

Wie zuvor bereits erläutert, dient die aggregierte Transaktionsdatenbank primär dazu, unterschiedlichen Systemen den Zugriff auf einheitlich formatierte Positionsdaten zu ermöglichen. Die in den Abwicklungs- und Verbuchungssystemen gehaltenen Datenbestände beinhalten in den meisten Fällen zu wenig Informationen, um ausschliesslich diese für die Berechnung von Markt-, Gegenpartei- oder sonstigen Risiken zu verwenden. Es ist daher notwendig, neue und unternehmensweit akzeptierte Standards zu definieren, die die Rahmenbedingungen für ein zentrales Risikomanagement klar festlegen (Datenmodelle, Datenbankkonventionen, Verarbeitungsvorgaben etc.). Dies wird ebenfalls die Überarbeitung und Veränderung existierender Datenflüsse nach sich ziehen. Mit anderen Worten: Es wird ein neuer Programmiersprachen- und Plattform-unabhängiger Standard zur Beschreibung von Finanzinstrumenten, Transaktionen und Positionen zu definieren sein.

Im sogenannten Normalisierungsprozess findet zur Erleichterung der Risikoquantifizierung für jedes Einzelgeschäft eine Transformation der Basisinformationen wie z.B. Zinssatz, Usance, Gegenparteirating etc. in die zur Risikomessung notwendigen Inputgrössen wie Cashflow, Ratingflags etc. statt. Des weiteren kann zur Erhöhung der Kalkulationsgeschwindigkeit eine Vorverdichtung der Inputgrössen erfolgen. Hierbei sollte allerdings genau abgewägt werden, ob der durch die Aggregation verursachte Detailverlust bei der später stattfindenden Risikoquantifizierung noch akzeptabel ist.

Der nächste Schritte bei der Kalkulation unternehmensweiter Risikostati ist die Speicherung der normalisierte Geschäftsdaten in einer zentralen Datenbank, dem Risk-Data-Warehouse.

Das Risk-Data-Warehouse stellt das Herzstück des unternehmensweiten Risikomanagements dar. Vereinfacht ausgedrückt handelt es sich bei einem Data-Warehouse um eine Datensammelstelle, die Informationen aus operativen Systemen aggregiert und die Daten zur Entscheidungsfindung in einem geeigneten Format bereitstellt. Der Begriff des «Data-Warehousings» sollte allerdings nicht allein auf technische Dimensionen beschränkt bleiben. Data-Warehousing ist vielmehr als ein Informations- bzw. Managementprozess aufzufassen. Bei dem Entwurf eines Risk-Data-Warehouses muss z.B. bedacht werden, dass ein derartiges System zwei diametrale Sichtweisen auf den Datenbestand zulassen muss: Einerseits werden sehr detaillierte, einzelgeschäftsbezogene Informationen benötigt, um Detailanalysen zu ermöglichen und die Vergleichbarkeit mit Frontofficedatenbeständen zu gewährleisten, andererseits müssen die Transaktionen in einem hohen Aggregationsgrad vorliegen, um schnelle Risikosimulationen durchführen zu können.

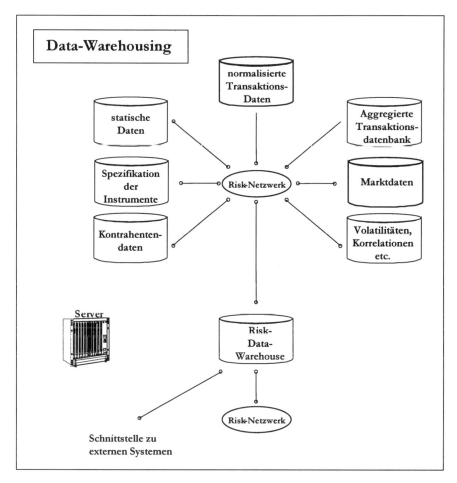

Abbildung 2: Datenfluss im unternehmensweiten Risikomanagement

Mit Hilfe benutzerfreundlicher Oberflächen müssen die Einzeltransaktionen frei definierten Hierarchieebenen zugewiesen werden können, so dass z.B. die Abbildung der unternehmensinternen Organisationsstruktur oder die Zusammenfassung von Transaktionen nach Produktklassen, regionalen Kriterien, Währungen usw. leicht und ohne vertiefte Programmierungskenntnisse möglich ist. Da fast täglich neue Instrumente an den internationalen Finanzmärkten angeboten werden und auch die Risikomodellierung ständig vorangetrieben wird, müssen sowohl die Datenbanken als auch die

Kalkulationsalgorithmen mit geringem Aufwand änder- und erweiterbar sein. Des weiteren sind Funktionalitäten vorzusehen, mit denen eine einfache Pflege von statischen Informationen wie z.B. Daycountmethodik, Futuresfälligkeiten, Bankfeiertagskalendern etc. möglich ist. Bei der Erfüllung dieser Flexibilitätsansprüche kann der Einsatz von objektorientierten Programmstrukturen hilfreich sein. Objektorientierte Finanzsoftware befindet sich allerdings noch in einer frühen Entwicklungs- resp. Realisierungsphase mit allen Anlaufproblemen, die üblicherweise auftreten. Aus diesem Grund wird in vielen Finanzinstituten derzeit der parallele Einsatz von objektorientierter Software und relationellen Datenbanktechnologien getestet. Erstere für Applikationen, letztere zum Datenmanagement.

Da unternehmensweite Risikoanalysen tendenziell sehr rechenintensiv sind, sollte des weiteren geprüft werden, ob geeignete Programme entwickelt bzw. gekauft werden, die auf Parallelrechnern lauffähig sind. Das Parallelprocessing kann dabei einerseits durch ein sog. «load balancing» geschehen, bei dem das auszuführende Programm auf mehrere Rechner verteilt wird, andererseits durch das sog. «multithreading», bei dem die unterschiedlichen Programmteile parallel auf verschiedenen Prozessoren im selben Rechner laufen.

Zur letztendlichen Risikokalkulation sowie für weitere Aufgaben im Risikomanagement wie z.B. dem Backtesting sind neben den transaktionsbezogenen Daten noch eine Reihe von externen Daten wie z.B. aktuelle Zinssätze, Devisenkurse, Volatilitäten, Korrelationen etc. im Risk-Data-Warehouse abzulegen.

Da das Chancen-Risiko-Profil eines Portfolios oder eines gesamten Unternehmens sehr sensibel auf sehr kleine Schwankungen in den Eingangs-Variablen reagieren kann, kommt der Herstellung resp. Erhaltung einer hohen Datenqualität eine ausserordentlich grosse Bedeutung zu. Dies gilt sowohl für interne als auch für externe Daten.

Obwohl externe Daten i.d.R. bei professionellen Informationsanbietern eingekauft werden, dürfen diese nicht ungeprüft in operative Banksysteme übernommen werden. Aufgrund der Tatsache, dass täglich von den Finanzmärkten eine unüberschaubare Anzahl von Marktpreisen und anderen finanzwirtschaftlich relevanten Informationen mit stetig wachsenden Geschwindigkeit produziert werden, sind Fehler bei deren Bereitstellung unvermeidbar.

Sämtliche Finanzmarktaktivitäten ziehen entsprechende Datenflüsse nach sich: Market-Maker veröffentlichen Angebots-Nachfrage-Preise, Geschäftsabschlüsse verursachen Transaktionspreise. Volatilitäten und Korrelationen resultieren letztlich aus den Aktivitäten der Marktteilnehmer. Futures- und Optionspreise können sowohl abgeleitete als auch Angebot- und Nachfrage-basierte Preise sein. Auf der Seite der Informationslieferanten wird extremer Wert gelegt auf Richtigkeit und Aktualität dieser Daten. Obwohl die Datenlieferanten über ausgefeilte Filtermechanismen und Plausibilitätskontrollen verfügen, gelangen dennoch regelmässig fehlerhafte Daten bis zu den Endbenutzern.

Oftmals ist der Datenübermittlungsprozess selbst der Grund für fehlerhafte Daten. Menschliches Versagen ist ebenfalls einer Hauptgründe für falsche Marktdaten. So kann z.B. ein Market-Maker einen falschen Marktpreis in sein Informationssystem eingeben oder einen richtigen Preis im falschen Datenformat.

Einige Fehler entstehen auch durch Programmfehler oder durch Ausfälle der Aufbereitungs- und Kommunikationshardware. Sämtliche heute am Markt genutzten Informationssysteme fallen mehr oder weniger häufig aus. Diese temporären Ausfälle können dann zu Datenfehlern führen, wenn die in der Zwischenzeit angefallenen Marktdaten nicht übermittelt wurden oder der Endbenutzer den Zusammenhang zwischen den letzten erhaltenen Daten und den neuen Daten fehlinterpretiert.

Die Datenqualität, also die durchschnittlichen Ausfallquoten sowie die Richtigkeit und Vollständigkeit der Daten, variiert von Markt zu Markt. Selbst bei ausschliesslich computerbasierten Märkten treten Fehler auf. So besitzen viele Börsen Programme, die automatisch eine neue Kalkulation von Optionspreisen auslösen, sobald sich die Preise des Underlyings verändern. Wenn sich z.B. der Wert einer bestimmten Aktie um 2% erhöht, werden die abhängigen Optionspreise ebenfalls angepasst und automatisch über die Informationskanäle breit gestreut. Sollten nun Datenfehler bei der Bereitstellung der Basisinformation auftreten, so schlägt dies durchaus auch auf das Pricing bzw. die Bid/Offer-Quotes von Derivativen durch. Die Anbieter von Finanzinformationen, wie z.B. Dow Jones, Telerate oder Reuters sind sich dieser Problematik durchaus bewusst und verwenden deshalb sowohl die Informationen die durch die Börsen bereitgestellt werden, als auch andere Datenquellen wie z.B. Brokerinformationen bzw. Informationen von Market-Makern und unterziehen sie diversen Qualitätssicherungsmassnahmen.

Viele Banken beziehen ihre Information von verschiedenen Datenanbietern und unterziehen die Gesamtheit der erhaltenen Daten detaillierten Quervergleichen. Für Backofficesysteme werden die benötigten externen Informationen von anderen externen Datenlieferanten bezogen als für die zugehörigen Frontofficesysteme. Eine andere Möglichkeit besteht darin, sämtliche externen Datenquellen in einer zentralen Datenbank abzuspeichern und den gesamten Datenbestand zu kontrollieren und zu bereinigen, um auf diese Art und Weise eine einzige konsistente Quelle von qualitativ hochwertigen Daten bereitzustellen. Die zentrale Datenbank steht dann für sämtliche operativen Handels-, Abwicklungs- und Risikomanagementsysteme des Unternehmens zur Verfügung.

Probleme, die sich aus anderen technischen Fehlern ergeben, können durch das bewusste Einbauen von Redundanzen in Hardwaresystemen vermieden werden. Auch softwareseitig können Vorkehrungen getroffen werden, so dass bei Systemausfällen der verursachte Schaden begrenzt bzw. eindeutig abgegrenzt werden kann. So lassen sich z.B. für jede Transaktion bestimmte Statuscodes mitführen, die im Falle eines Systemaustausches anzeigen, welche Transaktionen nicht vollständig verarbeitet wurden. Es ist allerdings darauf hinzuweisen, dass derartige Sicherheitsvorkehrungen unter Umständen sehr kostspielig werden können, da sie vielfach zu einer Verdoppelung der Hard- und Softwareinstallationen führen.

Durch die vermehrte Nutzung des Internets ergeben sich noch weitere Risikofaktoren, die innerhalb eines zentralen Risikomanagementsystems Berücksichtigung finden müssen. Viele Finanzorganisationen verbreiten ihre Daten über das Internet. Diese Daten sind meist zeitverzögert und werden kostenlos zur Verfügung gestellt. Auch Börsen beginnen damit, ihre Marktpreise zeitverzögert im Worldwide Web zu präsentieren, die Zeitverzögerung wird meistens eingebaut um die Realtime-Preissysteme nicht unnötig zu konkurrenzieren.

Da Risikoinformationen eine zentrale Rolle im innerbetrieblichen Entscheidungsprozess spielen, ist es von entscheidender Wichtigkeit, dass diese Informationen schnell den relevanten Personen und Gremien zugänglich gemacht werden. Unglücklicherweise verändert jede einzelne Transaktion das Risikoprofil des gesamten Unternehmens. Aufgrund der Vielzahl der täglichen Neuabschlüsse und der Verarbeitungszeiten, die selbst mit höchster Rechnerperformance für eine Neukalkulation des Gesamtrisikos benötigt werden, ist es nahezu unmöglich, zentrale Risikoinformationen online für alle Produkt- und Managementbereiche zur Verfügung zu stellen.

Aufgrund der unbestrittenen Vorteile einer schnellen Informationsversorgung, sollte beim Systemdesign versucht werden, dem Ziel eines «realtime-risks» relativ nahe zu kommen. Echte Real-time-Verarbeitung lässt sich auf den heute verfügbaren EDV-Systemen allerdings nur für lokale Handelsorganisationen realisieren.

Je mehr ein Risikomanagementsystem auf Real-time-Informationen basiert, desto schwieriger gestaltet sich die Datenbereitstellung. Vielfach sind die Frontoffice- und Backofficesysteme allerdings nicht auf die besonderen Bedürfnisse einer Realtime-Kalkulation des unternehmensweiten Risikoprofils ausgelegt. Zentrale Risiko-managementsysteme lassen sich daher kaum durchgängig als Real-time-Systeme betreiben. Es ist vielmehr nötig, zeitnahe Systeme zu implementieren, d.h. im Entscheidungszeitpunkt sollten dem Entscheidungsträger möglichst aktuelle Informationen vorliegen. Statt einer kontinuierlichen Aktualisierung findet eine punktuelle Weiterverarbeitung der neu angefallenen Geschäftsvorfälle statt. Die Aktualisierung kann dabei nach verschiedenen Vorgaben erfolgen:

- gemäss starrer Zeitvorgaben;
- ergebnisgesteuert, d.h. eine Aktualisierung findet zwingend statt, sofern bestimmte vorher definierte Bedingungen erfüllt sind;
- direkt auf Anfrage bestimmter Interessenten(-gruppen).

Basierend auf dem Datenmaterial im Risk-Data-Warehouse, müssen die Entscheidungsträger durch eine Vielzahl von Analysen über das aktuelle und potentielle Risiko der Bank informiert werden. Bereits während der Konzeptionsphase des Risk-Data-Warehouses muss berücksichtigt werden, dass das Risikomanagementsystem diverse Informationsbedürfnisse befriedigen können muss. Das Spektrum reicht von hochaggregierten, unternehmensleitungsspezifischen Risikoanalysen über Geschäftsfeldinformationen bis hin zu Trading-Desk-Reports und Umsatzstatistiken. Während die Geschäftsleitung aggregierte, das gesamte Unternehmen abbildende Informationen zur Unterstützung der Risikokapitalallokation benötigt, sind einzelne

Managementbereiche z.B. lediglich an Zinsswap-basierten Daten interessiert, um ein einzelnes Portfolio zu bewerten (vgl. Abbildung 3).

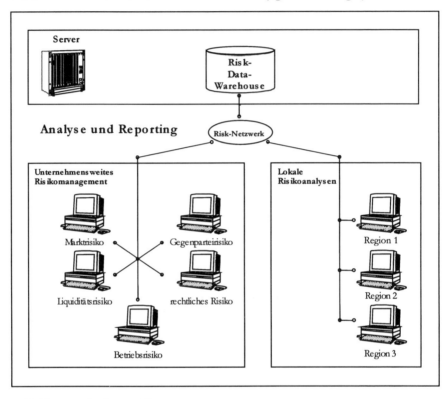

Abbildung 3: Analyse und Reporting

Die letztendliche Ausgestaltung des Reportings hängt von der individuellen Managementstruktur jedes Unternehmens ab. Hinsichtlich der Verantwortlichkeitsstruktur kann unternehmensweites Risikomanagement auf vier verschiedene Weisen betrieben werden:

- Das virtuell-zentraliserte Modell. Risikorelevante Informationen sind allen Geschäftseinheiten bekannt, die Risikobewirtschaftung erfolgt dezentral allerdings zentral koordiniert und reglementiert.

- Zentralisiertes Modell. Dieser Ansatz eignet sich am besten für regional orientierte Unternehmen. Die Trennung von kontrahierendem Geschäftsbereich und Risikomanagementbereich ist dabei sowohl ein Vorteil aus auch ein Nachteil. Einerseits wird durch diese Organisationsform eine neutrale Beurteilung der Risikosituation des Unternehmens ermöglicht, andererseits fehlen oftmals Informationen über die konkreten Hintergründe des Geschäftsabschlusses (Langfriststrategien, Cross-Selling-Überlegungen etc.).
- Zentralisierte Modelle haben sich für Investment-Banken mit multinationaler Präsenz vielfach als nicht praktikabel erwiesen. Für diese Unternehmen empfiehlt sich ein «quasi-dezentrales» Modell, innerhalb dessen das Risikomanagement lokal betrieben wird und zusätzlich eine zentrale Übersicht über den Gesamtrisikostatus mit eventueller Nachsteuerungsoption vorgesehen wird.
- Das vierte «liberale» Modell verursacht die geringsten Eingriffe in implementierte Managementprozesse. Die Geschäftsleitung wird lediglich mit hochaggregierten Risikoanalysen versorgt. Dieser Ansatz wird derzeit von vielen Banken und Finanzdienstleistern verfolgt, prominentestes Beispiel für ein derartiges Reporting ist sicherlich der «Four-Fifteen»-Report von JP Morgan.

Allen Modellen muss letztlich eine zentrale Datenbasis zugrunde liegen.

Diese Datenbasis muss gewährleisten, dass sowohl Grunddaten als auch Analyseresultate über Profit-Center- und Systemgrenzen hinweg zur Verfügung stehen. Eine Analyse eines lokalen Risikomanagers über die Auswirkung lokaler Marktpreisveränderungen auf spezifische Portfolios kann dabei auch für das zentrale Risikomanagement von grossem Interesse sein. Auf der anderen Seite ist die Information, dass eine Gegenpartei noch freie Kreditlinien besitzt, für das lokale Management von Bedeutung. Unternehmensweites Risikomanagement lässt sich nur effizient betreiben, wenn das verwendete Informationssystem der Multidimensionalität dieses Managementbereiches entsprechend Rechnung trägt (vgl. Abbildung 4).

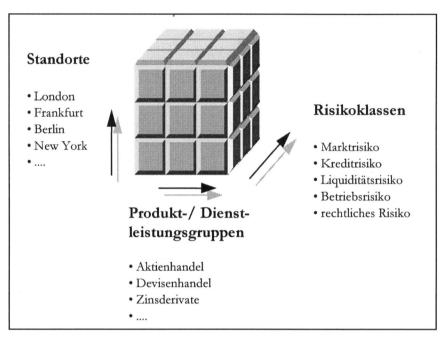

Abbildung 4: Der Risikowürfel

Mindestens drei Auswertungsdimensionen müssen möglich sein:

1) Risikoklassen;
2) Produkt- resp. Dienstleistungsgruppe;
3) Standort.

Für die kategoriespezifischen Risikoanalysen sowie für differenziertere Detailanalysen sollten die Analysesysteme stets auf dieselben Datenbestände im Risk-Data-Warehouse zugreifen. Dabei müssen sehr grosse Datenmengen manipuliert werden. Die Fähigkeit, aus der Vielzahl von Informationen die entscheidungsrelevanten Zahlen entsprechend aufbereitet und zeitnah den Entscheidungsträgern zu präsentieren, ist ein wesentlicher Erfolgsfaktor bei der Einführung und dem Fortbestand derartiger Systeme.

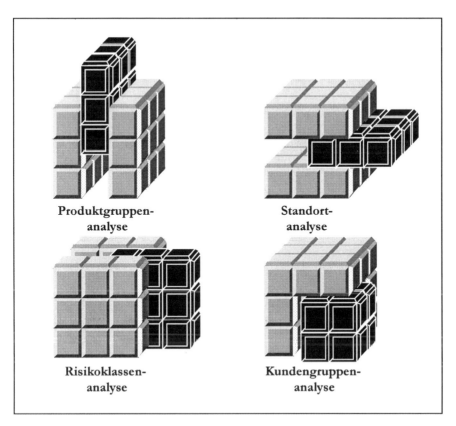

Abbildung 5: Slice and Dice

Je leichter es dem Endbenutzer fällt, aus dem oben dargestellten Risikowürfel bedarfsgerechte Stücke «herauszuschneiden», z.B. für spezifische Produktgruppen- Standort-, Risikoklassen- oder Kundengruppenanalysen (vgl. Abbildung 5), desto höher wird die Akzeptanz des Risikomanagementsystems sein.

Ein unternehmensweites Risikomanagementsystem muss flexible Möglichkeiten bieten, den vorhandenen Datenbestand zu organisieren und zu analysieren. Die Software, die für ein zentrales Risikomanagement benötigt wird, muss die unterschiedlichsten Datenformate verarbeiten können, eine Vielzahl von Analysetools beinhalten, und es muss in der Lage sein, sämtliche Bankpositionen zu bewerten und deren zukünftige Wert- und Risikoentwicklung innerhalb arbiträrer Szenarien zu simulieren.

Auch hinsichtlich der Präsentation der Managementinformationen sollten daher neue Wege beschritten werden. Die Auswahl der Darstellungsform der relevanten Daten ist dabei durchaus nicht als trivial einzustufen. Ein Risikomanagementsystem wird erst dann eine breite Akzeptanz erreichen, wenn die relevanten Daten benutzerorientiert vorliegen. Es müssen Visualisierungstechniken zur Anwendung kommen, mit denen sich zunächst hochaggregierte Volumen-, Erfolgs- und Risikogrössen (als Bestands- und Bewegungsgrössen) aussagefähig darstellen lassen.

Des weiteren sollten flexible Möglichkeiten eines «drill-downs» vorgesehen werden, d.h. dem Endbenutzer muss es möglich sein, an beliebiger Stelle des Grundreportings von hochaggregierten Grössen auf disaggregierte Informationen «herunterzuzoomen». Erhalten die Adressaten lediglich Papierreports, so ist die Flexibilität natürlich eingeschränkt. Es kann nicht sofort auf spezifische Benutzerwünsche eingegangen werden. Ist das Reporting jedoch als Onlinesystem ausgelegt, so kann durch entsprechende Programmierung dafür gesorgt werden, dass autorisierte Systembenutzer die vorhandenen Datenbestände mit höchstmöglicher Flexibilität eigenständig analysieren können.

Der Einführungsprozess

Der Implementationsprozess eines unternehmensweiten Risikomanagements wäre nur unvollständig beschrieben, würde man sich auf die Abbildung risikorelevanter Informationen in eine Datenbankarchitektur beschränken. Ein wesentlicher Teil der Einführungsaktivitäten besteht darin, eine organisationsweite Vereinheitlichung von Managementprozessen, Methoden und Technologieplattformen zu erreichen, um letztlich dem Ziel einer effizienteren Eigenmitteldisposition näher zu kommen. Hierzu sind unter Umständen tiefgreifende Änderungen der Betriebsabläufe und Berichtslinien nötig. Die nötigen Veränderungen müssen dabei durch entsprechend professionelle Change-Management-Aktivitäten aktiv begleitet werden. Alle Anpassungen sollten dabei von allen Beteiligten als bewusste und planvolle Veränderungen wahrgenommen werden, um von vornherein die nötige Akzeptanz zu besitzen.

Bezüglich der organisatorischen Fragen und der Firmenkultur können Implementationsprojekte nur dann erfolgreich durchgeführt werden, wenn folgende Grundvoraussetzungen erfüllt sind:

- Integration von Führungskräften mit der Kompetenz und konkreten Visionen zur Unterstützung des Change-Management-Prozesses;
- synergetisches Bewusstsein für betriebliche und technische Problemstellungen;
- weitreichende Entscheidungsfreiheit innerhalb des Implementationsprojektes;
- klare und realistische Zielsetzung sowohl kurz- als auch langfristig;
- ausreichende Unterstützung durch den Vorstand sowohl in der Konzeptions- als auch in der Durchführungsphase.

Allen grundlegenden Veränderungen liegt letztlich eine Vision zugrunde. Muss also im Rahmen des Implementationsprojektes ein radikaler Wandel in den betrieblichen und technischen Abläufen sowie in der verwendeten Methodik vollzogen werden, so ist dies nur möglich, wenn der gewünschte zukünftige Zustand in einer klaren und überzeugenden Vision beschrieben wird. Es muss in eine kaum absehbare Zukunft hineingeplant werden. Die Projektziele können dabei vielfach den derzeitigen Kenntnisstand und die derzeitigen Fähigkeiten des Unternehmens insgesamt übersteigen.

Personen, die in der Vergangenheit mehrheitlich an schrittweisen Veränderungen teilgenommen haben, fällt es meist schwer, die Komplexität weitreichender Veränderungsprojekte zu verstehen. Zwangsläufig ist deshalb die Fähigkeit zur visionären Führerschaft wesentlicher Bestandteil eines erfolgreichen Projektes zur Einführung eines unternehmensweiten Risikomanagements.

Die erfolgreiche Veränderung von Managementprozessen verschlingt enorme Mengen an Energie. Zur Erzeugung und Erhaltung dieser Energie müssen durch die Projektleitung gezielt Change-Management-Katalysatoren eingesetzt werden. So sollte zu Beginn des Implementationsprojektes durch eine vorläufige Analyse bestimmt werden, inwieweit die vorhandenen Fähigkeiten und Kompetenzen sowie die Kultur angepasst werden müssen.

Der erste Schritt in der Planung eines Implementationsprojektes besteht darin, den Ausgangszustand des Unternehmens kritisch zu bewerten. Hierbei ist auch zu beurteilen, inwieweit die Mitarbeiter die Notwendigkeit eines Wandels erkennen. Des weiteren muss erhoben werden, inwieweit dem Unternehmen die notwendigen Ressourcen zur Durchführung des Projektes zur Verfügung stehen. Ohne ausreichende Ressourcen und die grundsätzliche Bereitschaft zum Wandel kann es in komplexen Organisationen keine substantiellen Veränderungen geben. Je schneller einzelne Schwachstellen entdeckt werden, desto früher können die betroffenen Bereiche/ Mitarbeiter sich mit der Notwendigkeit von Veränderungen anfreunden. Optimalerweise sind die Zustandsanalysen so zu gestalten, dass die Beteiligten die Notwendigkeit von Veränderungen selbst erkennen und sie danach auch selbst herbeiführen. So sollte die Untersuchung der aktuellen Organisationsstruktur auf Effizienz, die Beseitigung von Managementstrukturen, die sich aufgrund überholter regulatorischer Anforderungen gebildet haben sowie die Analyse aktueller Risikomanagementstrategien lediglich «geführt» durch die Projektleitung stattfinden.

Die mit der Projektinitialisierung verbundene Ressourcenbeschaffung und -umverteilung dient nicht nur dazu, die für eine Risikomanagementprojekt notwendige Prozessarchitektur einzurichten, sondern sie macht den Mitarbeitern auch eindrücklich bewusst, dass die notwendigen Massnahmen umgesetzt werden.

Die Implementation eines zentralen Risikomanagementsystems ist realistischerweise nur über ein mehrjähriges Projekt darzustellen, welches bei grösseren Instituten – je nach Zielsetzung – zwischen 20 und 100 Mio. DEM kosten kann. Nicht zuletzt wegen dieser finanziellen Dimension ist darauf zu achten, dass die zu schaffenden Strukturen skalierbar sind.

Implementationsprojekte, die von vornherein darauf ausgerichtet sind, Data-Warehouses mit einem Datenvolumen von mehreren Tera-Byte zu schaffen, sind tendenziell kritisch zu beurteilen. Data-Warehouse-Projekte sind derzeit sowohl von der technischen als auch von der projektseitigen Sicht her Neuland für viele Finanzinstitute. Man kann nur auf einen kurzen, begrenzten Erfahrungsschatz zurückgreifen. Ratsamer ist es daher, die Vorteile des Einsatzes eines Data-Warehouses mit Hilfe von relativ günstigen Serversystemen zu testen, die sich dann erweitern lassen zur letztendlich gewünschten Dimension.

Unternehmensweite Risikomanagmentsysteme lassen sich dabei auch nicht abseits des operativen Betriebs entwickeln und einführen. Vielmehr muss die benötigte Informationsinfrastruktur parallel zum laufenden Geschäftsbetrieb bereitgestellt werden. Projekte zur Einführung von zentralen Risikomanagementsystemen dürfen dabei nicht als reine EDV-Projekte mit lediglich sporadischer Mitwirkung von Handels- und Controllingverantwortlichen missinterpretiert werden. Diese Unternehmensbereiche sind von Beginn an massgeblich in die Projektarbeit mit einzubeziehen, damit schon in der Konzeptionsphase das zu errichtende System endbenutzergerecht entworfen werden kann. Nur so lässt sich letztlich gewährleisten, dass später die benötigten Risikoinformationen termingerecht den relevanten Entscheidungsträgern zur Verfügung gestellt werden können. Innerhalb des Projektes sind Technologieentscheidungen zu fällen, die weitreichende Konsequenzen für das gesamte technische Umfeld eines Finanzinstitutes besitzen können.

Analog zur allgemeinen Marktphasentheorie für Investitions- und Konsumgüter lassen sich auch für die Nutzung von Informationstechnologien gewisse Lebenszyklen konzedieren. Bei Erstnutzung – unabhängig, ob es sich dabei um Eigenentwicklungen oder Entwicklungen Dritter handelt – werden hohe Investitionen getätigt. Eine Steigerung der Marktnachfrage ist stets begleitet von einem stetigen Rückgang der Investitionskosten bis auf ein Niveau, wo die nachgefragte Technologie (Hard- oder Software) zum Gebrauchsgut geworden ist.

Für die Disposition von EDV-Kosten allgemein und für das Management von Einführungsprojekten im speziellen ist es von strategischer Wichtigkeit, dass den EDV-Verantwortlichen hinreichend bekannt ist, welche Technologien auf der Schwelle zum «Gebrauchsgut» sind. Entsprechende Marktkenntnis vereinfacht und beschleunigt die make-or-buy-Entscheidung.

Abbildung 6 verdeutlicht die Trends, denen der Einsatz von Informationstechnologien in der Finanzindustrie folgt. In den frühen 60er Jahren wurden fast sämtliche EDV-Lösungen betriebsintern entwickelt und betrieben. Lediglich die extrem hardwarenahen Prozesse wurden schon damals durch Drittfirmensoftware – einige wurden später dann zu Industriestandards – gesteuert. Im weiteren Zeitablauf wurden auch für systemferne Endbenutzer-Bedürfnisse immer mehr Eigenentwicklungen durch Hybrid- oder Standardlösungen ersetzt.

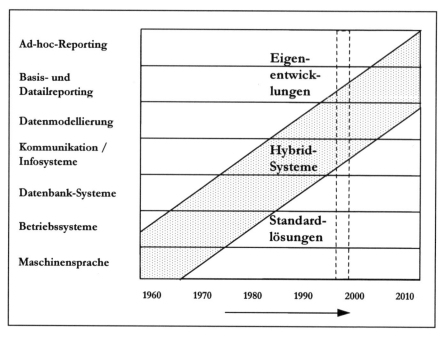

Abbildung 6: Technologietrends

Noch vor zehn Jahre konnte die make-or-buy-Entscheidung für Frontofficeapplikationen im Derivativhandel schnell getroffen werden, da keine kommerziellen Software-Pakete verfügbar waren. Mit dem weltweiten Wachstum der Handelsvolumina in diesem Bereich ging eine steigende Nachfrage nach geeigneten Hard- und Softwarelösungen einher. Heute ist der Markt für Frontofficesysteme im Handel mit Finanzinstrumenten derart entwickelt, dass hundertprozentige Eigenentwicklungen nur noch für extrem spezialisierte Finanzinstitute wirtschaftlich und prozessual sinnvoll sind. Es gilt heute als selbstverständlich, Betriebssysteme wie UNIX oder Windows einzusetzen. Kein bankinternes IT-Department würde auf die Idee kommen, eine Datenbank- oder Textverarbeitungssoftware für PC-Anwender zu entwickeln.

Derzeit bilden sich Marktstandards für Internet browser und Software im Bereich Kommunikation und Informationsübermittlung heraus. Es ist absehbar, dass als nächstes die Software zur Unterstützung der Datenmodellierung sowie des Standard- und ad-hoc-Reportings folgen wird.

Viele Banken entwickeln derzeit ihr unternehmensweites Risikomanagement von Grund auf neu. Die damit verbundenen Kosten können ungewohnt grosse Dimensionen annehmen. Die Entwicklung einer entsprechenden Data-Warehouse-Struktur kann leicht Kapazitäten in Höhe von 100 Personenjahren binden und zwei- bis dreijährige Projektlaufzeiten verursachen. Es sollte deshalb innerhalb derartiger Implementationsprojekte eingehend geprüft werden, in wieweit die Projektziele nicht durch die von Drittfirmen angebotenen Lösungen schneller und kostengünstiger erreicht werden können.

Viele umfangreiche EDV-Implementationen sind nicht von dem ursprünglich beabsichtigten Erfolg gekrönt, da während der Projektlaufzeit unvorhergesehene Probleme aufgetreten sind, und hierauf nicht mit den entsprechenden Konsequenzen reagiert wurde oder reagiert werden konnte. EDV-Grossprojekte gelangen regelmässig an Punkte, an denen zwischenzeitige Kurskorrekturen nötig werden. Es ist deshalb durchaus gerechtfertigt, den Prozess der internen Softwareentwicklung bzw. der Einführung von neuen EDV-Strukturen als ein relevantes Betriebsrisiko in den betriebsinternen Risikokalkül mit einzubeziehen.

Bereits während der Projektlaufzeit sind entsprechende Prozesse zu installieren, mit denen mittels wohldefinierter Vorgaben adäquat auf Projektrisiken reagiert werden kann. Obwohl derartige Realisierungsrisiken stets bei Projekten mit strategischer Tragweite auftreten können, ist insbesondere die Finanzwirtschaft, die in immer höher werdendem Masse von einem effizienten Informationsmanagement abhängig ist, darauf angewiesen, dass derartige Realisierungsprojekte erfolgreich und termingerecht abgeschlossen werden.

Neben der Auswahl einer entsprechend qualifizierten Projektleitung und dem Kernteam des Projektes besitzt die Wahl externer Partner entscheidenden Einfluss auf den Erfolg des Einführungsprojektes.
Ein externer Partner muss dabei eine Reihe von wichtigen Fähigkeiten in das Projekt einbringen, so z.B.:

- Kenntnisse über Risikomanagementtheorie und deren praktische Anwendung;
- Kenntnis der Abwicklungsprozesse, Organisations- und Systemarchitekturen;

- Expertise in der Technologieentwicklung;
- langjährige Erfahrung in Implementationsprojekten;
- Entwicklung von Applikationen und deren Pflege;
- Datenmodellierung, Datenbeschaffung, Aggregation und Distribution;
- Fähigkeit zur Systemintegration.

Als verlässlicher Indikator für die Kompetenz und Verlässlichkeit eines potentiellen externen Projektpartners können auch die Zeitspannen herangezogen werden, die die Produkte des Unternehmens von der Konzeption bis zur Serienreife benötigen. War es vor wenigen Jahren noch üblich, dass Software in Jahreszyklen entwickelt wurden, so sind die Herstellungszeiten heute auf wenige Monate geschrumpft. Sollte ein Unternehmen hier in der Vergangenheit vergleichsweise lange Entwicklungszeiten benötigt haben, so ist Vorsicht geboten.

Bei EDV-lastigen Projekten lässt sich häufig beobachten, dass die zukünftigen Endbenutzer unrealistische Vorstellungen darüber besitzen, wie schnell die Systeme implementiert werden können und wie hoch die zu erwartende Leistungsverbesserung sein wird. Dies trifft insbesondere zu, wenn Drittfirmenlösungen implementiert werden sollen. Meist wird fälschlicherweise angenommen wird, dass man vollständig ausgetestete Systeme einführt, die nur noch einen marginalen Parametrisierungsaufwand verursachen. Derartige «Kommunikationsmissstände» führen vielfach zu Fehlausrichtungen des Projektes. Im Extremfall scheitern Projekte sogar an mangelnder Deckungsgleichheit von Leistungsanforderungen der Endabnehmer und der Leistungsfähigkeit der Supporteinheiten und Systeme. Erfahrungsgemäss benötigen Endbenutzer sowie die Applikations- und Supportverantwortlichen ca. 18 Monate, bis sie gemeinsam zu realistischen Anforderungen und Leistungseinschätzungen gelangen. Bei der Startphase eines Risikomananagementprojektes ist deshalb ein grösstes Augenmerk darauf zu richten, dass die erwähnten Kommunikationsmissstände von vornherein vermieden werden und es nicht zu kostspieligen und zeitintensiven Projektverzögerungen kommt.

Selbst wenn Implementationsprojekte gut geführt werden, kann es trotzdem zu Misserfolgen kommen. Aufgrund ihrer dynamischen Struktur können neue Softwarelösungen auf spektakuläre Art und Weise und unvorhersehbar ausfallen.

Unabhängig von den konkreten Gefahrenquellen für ein Implementationsprojekt liegt die grösste Herausforderung für die Projektleitung aber im adäquaten Umgang mit der Vielschichtigkeit und Komplexität der Gesamtheit aller zu berücksichtigenden Teilprojekte und Teilaktivitäten. Die Projektleitung selbst übernimmt die Verantwortung für den gesamten Veränderungsprozess und sorgt gleichzeitig dafür, dass die verschiedenen Teilprojekte in der richtigen Abfolge durchgeführt und koordiniert werden. Sämtliche Projektverantwortlichen sollten hierbei die Rolle eines «Change-Managers» übernehmen, der die erforderlichen Verhaltensweisen persönlich vorlebt. Wenn Manager von ihren Mitarbeitern verlangen, etwas völlig Neues und anderes als bisher zu tun, müssen sie mit gutem, wenn auch nicht perfektem Beispiel vorangehen.

Rainer Häberle, Per-Göran Persson

Risikokontrolle bei der UBS AG

Einführung

Im folgenden werden die Grundzüge der Risikokontrolle bei der UBS AG beschrieben. Die Prozesse und Strukturen der UBS orientieren sich an den von den Regulatoren und Aufsichtsbehörden vorgegebenen Richtlinien und haben zum Ziel, «best market practice» nicht nur umzusetzen, sondern durch innovative und pragmatische Ansätze zu deren Weiterentwicklung beizutragen. Im Text werden keine bibliographischen Referenzen aufgeführt. Verweise auf die wichtigste Literatur befinden sich am Schluss des Textes.

Organisatorische Verantwortlichkeit

Hintergrund

Die Organisationsstruktur der UBS Gruppe ist in die fünf Unternehmensbereiche Private Banking, Privat- und Firmenkunden, UBS Brinson, Warburg Dillon Read und UBS Capital sowie das Corporate Center aufgegliedert. Im Corporate Center werden konzernweit kritische Funktionen wie zum Beispiel die Kapital- und Finanzbewirtschaftung sowie auch die Risikokontrolle wahrgenommen. Letztere wird durch den Chief Credit Officer (CCO) und den Chief Risk Officer (CRO) ausgeübt. Beide unterstehen direkt dem Chief Financial Officer (CFO), welcher Mitglied der Konzernleitung ist. Die Konzernleitung wiederum untersteht dem Verwaltungsrat.

Die Erkennung, Bewirtschaftung und Kontrolle aller Risiken ist entlang dieser funktionellen und hierarchischen Ebenen von Verwaltungsrat, Konzernleitung und den einzelnen Unternehmens-bereichen organisiert.

Verwaltungsrat

Der Verwaltungsrat legt aufgrund seiner Einschätzung von Risikoneigung und Risikofähigkeit die Risikolimiten für die Bank fest. Er begutachtet vierteljährlich das Risikoprofil der Bank anhand des Risikoberichtes der Gruppe (group risk report) und legt die Grund-sätze der Risikopolitik fest. Einmal pro Jahr werden vom Verwaltungsrat die Risikolimiten pro Risikokategorie für die gesamte Gruppe festgelegt.

Konzernleitung

Die Konzernleitung ist für die Implementierung der Risikopolitik verantwortlich. Sie teilt die Risikolimiten innerhalb der Divisionen zu, legt die Limiten für potentielle Stressverluste fest, überwacht laufend das Risikoprofil und leitet gegebenenfalls Massnahmen zu dessen Anpassung ein.

Risikomanagementkomitees der Unternehmensbereiche

Jeder der fünf Unternehmensbereiche hat sein eigenes Risikomanagementkomitee, welches die primäre Verantwortung für das Risikomanagment innerhalb des Unternehmensbereichs trägt. Die Risikomanagementkomitees setzen sich mit der Marktsituation, den eingegangenen Positionen sowie mit Spezialsituationen auseinander. Neben der eigentlichen Risikobewirtschaftung sind sie zudem für die Zuweisung der Limiten, deren Einhaltung, sowie für die Umsetzung der Risikopolitik verantwortlich.

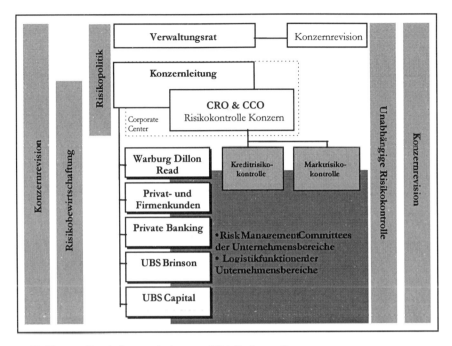

Abbildung 1: Risikobewirtschaftung und Risikokontrolle

Grundsätze der Risikopolitik

Die im «Risk Policy Framework» definierten Grundsätze der Risikopolitik legen die Grundlagen, Strukturen, Prozesse und Verantwortlichkeiten fest anhand welcher, Risiken erkannt, bewirtschaftet und kontrolliert werden. Es wird dabei zwischen Risikobewirtschaftung, Logistik und Risikokontrolle unterschieden.

Risikobewirtschaftung beinhaltet die laufende und aktive Bewirtschaftung von Risiken durch das verantwortliche Management der einzelnen Geschäftsbereiche. Sie hat einerseits zum Ziel, gewisse Risiken zu minimieren, beinhaltet aber auch das bewusste Eingehen von Risiken, um Erträge zu erwirtschaften. Diese Funktion als Risikoträger findet im Rahmen von festgelegten Limiten statt, innerhalb welcher die erwarteten Erträge unter Berücksichtigung der dafür einzugehenden Risiken optimiert werden. Bei der Risikobewirtschaftung geht es deshalb primär um Risikooptimierung.

Die Logistik beinhaltet die Bereiche Financial Control, Operations und Informatik und stellt eine entscheidende Kontrollfunktion bei der Abwicklung der Bankgeschäfte dar. Sie schafft die Basis für eine korrekte Risikoerfassung und -bemessung und trägt durch entsprechende Abläufe massgeblich zur Minimierung von Risiken bei.

Die Risikokontrolle schliesslich beinhaltet die von den Unternehmensbereichen unabhängige Überprüfung der Rahmenbedingungen, überwacht die Einhaltung der Richtlinien und Limiten und ist für die zur Erfassung, Einschätzung und Überwachung von Risiken verwendeten Methodologien verantwortlich. Diese Risikokontroll-funktionen sind dem Chief Risk Officer und dem Chief Credit Officer unterstellt. Bei der Risikokontrolle geht es vor allem um das Erarbeiten und um die Sicherstellung der Grundlagen für das Risikomanagement im weitesten Sinne, sowie um die Risikobegrenzung.

Die Grundsätze der Risikopolitik enthalten zudem eine Aufstellung der wichtigsten zu überwachenden Risiken. Diese beinhalten (1) das Kreditrisiko (inklusive Ländertransferrisiko und Erfüllungsrisiko, (2) das Marktrisiko (inklusive Marktliquiditätsrisiko), (3) das Finanzierungsrisiko, (4) das Operationelle Risiko, (5) das Informatikrisiko, (6) das Verlustrisiko von Schlüsselpersonen, (7) Rechtliche und Prozessrisiken, (8) das Haftungsrisiko, (9) das Compliance Risk, (10) das Steuerrisiko, (11) das Sicherheitsrisiko sowie (12) das Reputationsrisiko.

Für jede dieser Risikokategorien werden eingetretene und zukünftig erwartete Verluste, sowie statistische Verluste und Stress-Szenario-Verluste gemessen, geschätzt und überwacht.

Ablaufgestaltung der Risikokontrolle

Vier Verteidigungwälle

Die von der UBS definierten Grundsätze der Risikopolitik erkennen vier Verteidigungswälle um potentielle Verluste, denen die Bank ausgesetzt ist, zu minimieren. Diese Verteidigungswälle bestehen aus (1) dem Management der Geschäftsbereiche (2) der Logistik Funktion (3) dem Chief Risk Officer und dem Chief Credit Officer sowie (4) der Internen Revision.

Management der Geschäftsbereiche

Die Grundsätze der UBS Risikopolitik gehen davon aus, dass eine angemessene Bewirtschaftung jener Risiken, denen die Bank ausgesetzt ist, in erster Linie vom Management der Bankgeschäfte abhängt. Selbst beste Kontrollabläufe können eine fehlende Kultur der Risikobewirtschaftung und Kontrolle im Management der Bankgeschäfte nicht kompensieren. Die Geschäftstätigkeiten müssen deshalb so strukturiert werden, dass keine Anreize für das Eingehen von unangemessenen Risiken oder für nicht sachgemässes Handeln bestehen.

Transparenz in der Art und Weise wie Geschäfte getätigt werden und innerhalb der Bereiche, in denen die Bank tätig ist, sind wichtige Elemente, um das Risikobewusstsein zu ermöglichen und zu fördern. Dies beinhaltet unter anderem das sofortige und genaue Erfassen und Melden aller relevanten Transaktionsdaten sowie die laufende Abgleichung von Gewinnen und Verlusten mit dem ex-ante erwarteten Risikoprofil. Dies bedeutet auch, dass Transaktionen soweit wie möglich im Stammhaus oder in den Niederlassungen gebucht werden sollten und dass die Gründung von neuen juristischen Einheiten der Genehmigung der Geschäftsleitung des Unternehmensbereiches bedarf.

Konsequente Aufgabentrennung ist ein sehr wirksames Mittel, um Interessenkonflikte zu vermeiden und eine Kultur der Risikokontrolle zu verstärken. Jene Bereiche, welche Technologien und Modelle zur Bewertung und zur Risikomessung entwickeln, müssen deshalb unab-hängig vom im Geschäft tätigen Management sein.

Salärmodelle können einen grossen Einfluss auf das Geschäftsgebaren von Mitarbeitern haben. Sie sind deshalb so zu gestalten, dass sie die Interessen von Arbeitnehmern und Arbeitgebern in Einklang bringen, zum Beispiel dadurch, dass Risikomasse in die Kompensation einfliessen und Boni in der Auszahlung zeitlich stark verzögert werden.

Logistik Funktionen

Die Logistik Funktionen Financial Control, Operations Management und IT sind für ein effektives Kontroll-Umfeld unabdinglich und stellen ein entscheidendes Instrument gegen unlauteres Handeln dar. Sie haben sicherzustellen, dass Kontrollzielen die gleiche Priorität eingeräumt wird wie jenen von geschäftsunterstützenden Tätigkeiten.

Alle neuen Geschäfte, neuen Produkte und Tätigkeiten in neuen Regionen müssen vor Abschluss von den Logistik Funktionen und der Risikokontrolle genehmigt werden. So wird sichergestellt, dass adäquate Abläufe für das Melden und die Überwachung von Gewinnen und Verlusten von Anfang an sichergestellt sind.

Zwischen den Bereichen Front Office und Logistik besteht eine klare Aufgabentrennung. Transaktionen können von Angestellten des Front Offices weder bestätigt noch ausgeführt werden. Die strikte Aufgabentrennung besteht nicht nur zwischen Front und Back Office sondern auch betreffend der Messung von Gewinnen und Verlusten. Alle für die Evaluierung massgebenden Managementinformationen werden von der unabhängigen Financial Control Abteilung erstellt. Die Abgleichung der vom Front Office erfassten Operationen erfolgt täglich.

Corporate Risk Control

Unabhängige, auf die Risikokontrolle spezialisierte Einheiten stellen eine effiziente, vollständige und vor Manipulationen geschützte Erfassung und Messung aller Risiken sicher. Der Chief Risk Officer und der Chief Credit Officer erarbeiten ein umfassendes Risikoprofil der Gruppenaktivitäten. Sie stellen sicher, dass die internen Richt-linien laufend an die Bedürfnisse von Risikokontrolle und Geschäfts-tätigkeit angepasst werden und «best practice» entspricht oder übertrifft. Die laufende Kommunikation neuer Richtlinien an die Geschäftsbereiche und die Logistik Funktionen tragen zudem zur Ver-stärkung des Risikobewusstseins der Organisation bei.

Corporate Risk Control ist auch für die Entwicklung der Rahmenbedingungen für die Risikomessung zuständig und genehmigt und überwacht die Bewertungsmethodologien, welche für die Gewinn- und Verlustrechnung verwendet werden. Sie sorgt für eine genaue, vollständige und schnelle Erstellung von Risikoberichten für die Unternehmensleitung der Bereiche und des Konzerns. Sie hat zudem eine Überwachungsfunktion und stellt sicher, dass Risikolimiten und Risikorichtlinien eingehalten werden. Zusammen mit der Logistik Funktion genehmigt Corporate Risk Control Abschlüsse in neuen Geschäftsfeldern, Produkten, Regionen sowie aussergewöhnliche Transaktionen.

Stress-Szenario Simulationen sowie die qualitative Einschätzung des Risikobewusstseins in verschiedenen Geschäftsbereichen gehören ebenfalls zum Zuständigkeitsbereich von Corporate Risk Control.

Konzernrevision

Die Unabhängigkeit der Konzernrevision ist durch deren direkte Unterstellung unter den Verwaltungsratspräsidenten sichergestellt. Die Konzernrevision kontrolliert und begutachtet die Wirksamkeit der Risikokontrolle. Sie verifiziert die Einhaltung der Abläufe und Richtlinien und kontrolliert die Unabhängigkeit und Korrektheit von Inhalt und Abläufen des Reporting.

Zusammenarbeit von Risikokontrolle und Logistik

Obwohl die Logistik und die Risikokontrolle getrennte und unterschiedlich definierte Verantwortlichkeiten haben, besteht eine Anzahl von Tätigkeiten, bei denen sie eng zusammenarbeiten. Diese Zusammenarbeit wird in den folgenden Abschnitten beschrieben.

Operations / Marktrisikokontrolle

Die Sicherstellung der Integrität aller Daten im Zusammenhang mit der Risikoerfassung und Risikomessung ist eine gemeinsame Verantwortung von Operations und Marktrisikokontrolle. Diese gemeinsame Verantwortung gründet im Umstand, dass alle erfassten Daten in den Zuständigkeitsbereich von Operations fallen, während die Abteilung Marktrisiko die Instrumente und Kapazitäten besitzen, diese Daten für die Risikobemessung zu bearbeiten, zu analysieren und ihre Plausibilität zu testen.

Ein anderer Bereich, welcher die Zusammenarbeit von Financial Control und Marktrisikokontrolle erfordert, ist das Backtesting und die Erklärung von Gewinnen und Verlusten. Das Backtesting hat zum Ziel, die Qualität der ex-ante geschätzten Risiken ex-post anhand der effektiv realisierten Gewinne und Verluste zu überprüfen. Die Aufschlüsselung von Gewinnen und Verlusten verwendet das ex-ante geschätzte Risikoprofil und die realisierten Marktbewegungen,um die Gewinne und Verluste zu erklären.

Eine risikoadjustierte Erfolgsmessung wie auch die Berechnung des regulatorisch notwendigen Eigenkapitals für das Marktrisiko sind weitere Bereiche, welche auf Daten von Financial Control sowie von Corporate Risk Control angewiesen sind.

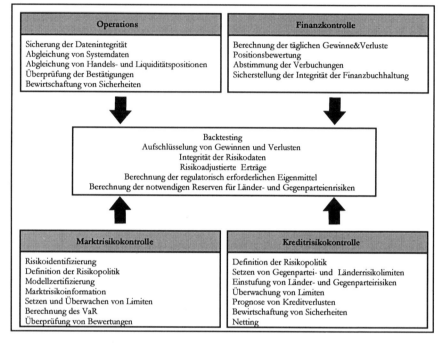

Abbildung 2: Interaktion von Risikokontroll- und Logistik Funktionen

Operations / Credit Risk Control

Die Berechnung der regulatorischen Kapitalvorschriften für das Kreditrisiko auf Positionen von OTC Derivaten und auf in den Anlagebeständen gehaltene Obligationen wird von Financial Control und Credit Risk Control gemeinsam berechnet. Dies betrifft ebenfalls die Rückstellungen für zu erwartende Kreditverluste.

Abläufe für neue Geschäftsaktivitäten

Ein neues Geschäftsfeld, ein neues Produkt oder eine wesentliche Veränderung einer Geschäftsaktivität werden nach einer ausführlichen Überprüfung und Kontrolle durch die Logistik Funktionen genehmigt. Erst dann können die entsprechenden Aktivitäten aufgenommen oder neue Produkte lanciert werden.

Marktrisikokontrolle

Die Abläufe der Marktrisikokontrolle umfassen die Risikoidentifi-kation, die Risikomessung, die Definition von Risikolimiten und die Festlegung der Risikopolitik sowie die Berichterstattung der Risiken. Im folgenden werden diese Abläufe sowie die Rolle des Market Risk Officers kurz beschrieben.

Die Rolle des Market Risk Officers

Der Market Risk Officer überwacht die Handelsaktivitäten und kontrolliert die Einhaltung der Risikolimiten und -richtlinien. Ein wichtiger Teil seiner Tätigkeit besteht im täglichen Kontakt mit dem Handel, um so laufend über die dort verfolgten Strategien informiert zu sein. Der Market Risk Officer stellt sicher, dass alle Ausnahmen und allfällige temporäre Limitüberschreitungen gemäss den Richtlinien gehandhabt werden. Exposures, welche von den Richtlinien nicht erfasst werden, werden direkt vom Market Risk Officer bewirtschaftet, um so die Sicherstellung der langfristigen Interessen der Bank zu gewährleisten. Die entsprechenden Massnahmen werden in Absprache mit der Leitung des Geschäftsbereiches getroffen.

Identifizierung von Marktrisiken

Die Marktrisiken von eingegangenen Positionen können durch Back-testing und die Aufschlüsselung von Gewinnen und Verlusten identifi-ziert werden. Das Backtesting wird täglich ausgeführt und die Ergebnisse vierteljährlich an die Eidgenössische Bankenkommission (EBK) gemeldet.

Die Erklärung von Gewinnen und Verlusten ist Teil des täglichen Prozesses für die Berichterstattung der Risiken und des Geschäfts-erfolges. Hier werden die Herkunft der Gewinne und Verluste aufgrund von Exposures und Marktbewegungen in den verschiedenen Geschäftseinheiten aufgeschlüsselt.

Bei neuen Aktivitäten oder Spezialtransaktionen erfolgt die Risikoidentifizierung nach den speziell dafür erstellten Richtlinien.

Messung der Marktrisiken

Marktrisiken werden anhand von erwarteten Verlusten, statistischen Verlusten sowie Stress-Szenario-Verlusten gemessen. Die erwarteten Verluste sind keine Risiken im eigentlichen Sinne sondern eher Kosten und Reserven für Verluste, welche zum Zeitpunkt der Transaktion absehbar sind und auch in der Finanzbuchhaltung berücksichtigt werden.

Der statistische Verlust wird als Perzentil der erwarteten Verteilung von Gewinnen und Verlusten definiert. Dieser als Value at Risk (VaR) bezeichnete statistische Verlust wird auf Basis der historischen Daten mit einem Konfidenzintervall von 99% und einer hypothetischen Halteperiode von 10 Tagen sowohl für einzelne Positionen als auch für ganze Portfolios geschätzt. Das VaR-Modell basiert einerseits auf historischen Daten aber auch auf Risikofaktoren für das Marktrisiko, für Spreadrisiken sowie auf spezifischen Risikofaktoren. Durch die VaR-Berechnung werden Risiken über verschiedene Risikodimensionen und Produktkategorien vergleichbar.

Stress-Szenario Verluste werden anhand von Stress-Szenarios geschätzt. Sie haben zum Ziel, mögliche Verluste wie sie aus extremen Marktsituationen entstehen können, zu quantifizieren. Auf Basis dieser Stress-Verluste wird die Risikotoleranz der Bank bestimmt. Stress-Szenarien tragen somit dazu bei, die Bank vor übermässigen Verlusten zu schützen, welche ihre Fähigkeit, Dividenden zu zahlen oder Gewinne zu generieren einschränken könnte. Die Berechnung von Stress-Verlusten ist wohl technisch einfacher, in der Ausgestaltung aber anspruchsvoller als VaR-Berechnungen, da sie auf kohärenten und nachvollziehbaren Szenarien aufbauen.

Limiten für Marktrisiken

Limiten für Marktrisiken werden sowohl für die gesamte Handelsposition wie auch für einzelne Geschäftsaktivitäten und Portfolios in Form von VaR- und Stress-Verlusten gesetzt. Zusätzlich werden Limiten für einzelne

Risikofaktoren festgelegt. Diese Limiten stellen einen zusätzlichen Schutz gegen unerwünschte Risikokonzen-trationen in einem Portfolio dar.

Berichterstattung von Marktrisiken

Die Berechnungen für VaR- und Stress-Verluste werden auf Basis der lokal erfassten Handelspositionen berechnet. Diese Positionen werden von unabhängig operierenden Logistikfunktionen täglich erstellt, abgestimmt und vom verantwortlichen Management visiert, um so ihre Vollständigkeit zu sichern und eine laufende Kontrolle zu ermöglichen. Die VaR-Werte werden täglich an die Geschäftsleitung der Unternehmensbereiche und an den Chief Risk Officer gemeldet. Über Stress-Verluste wird wöchentlich Bericht erstattet. Die Risikokomitees der einzelnen Unternehmensbereiche setzen sich mit grossen und komplexen Transaktionen sowie Limitenüberschreitungen auseinander. Die Konzernleitung erhält alle 14 Tage Zusammenfassungen der Markt- und Kreditrisiko-Berichte.

Marktrisiken vs. Kreditrisiken

Die Abgrenzung von Markt- und Kreditrisiken ist nicht immer offensichtlich. So ist zum Beispiel das Risiko einer Obligation nicht nur dem Zinsrisiko, sondern auch dem Kreditrisiko ausgesetzt. Eine Veränderung der Kreditqualität des Schuldners kann in diesem Fall sowohl als Kreditrisiko wie auch als Marktrisiko angesehen werden. Wenn sich im konkreten Fall die Obligation in den Handelsbeständen befindet, wird sie als Marktrisiko behandelt. Ist sie jedoch als Finanzanlage verbucht, so wird sie als Kreditrisiko betrachtet.

Zwischen Markt- und Kreditrisiken bestehen qualitative Unterschiede. Jene Aktiva, welche als Marktrisiko behandelt werden, sind im Gegensatz zu Kreditrisiken zumeist sehr liquide. Ihr Risiko wird auf Basis der historischen Volatilität geschätzt, während man sich für die Schätzung von Kreditrisiken auf die Fundamentaldaten des Schuldners abstützt, um so die Verlustwahrscheinlichkeit abzuschätzen.

Während Marktrisiken auf dem Niveau von Portfolios und Risikofaktoren definiert und nur einzelne besonders grosse oder komplexe Transaktionen separat genehmigt werden, so werden Kreditrisiken pro Gegenpartei immer als Einzelfälle betrachtet und individuell genehmigt.

Bei der Messung von Marktrisiken wird davon ausgegangen, dass eine Position innerhalb von 10 Tagen liquidiert werden kann, während man bei der Berechnung der erwarteten statistischen Verluste für Kreditrisiken davon ausgeht, dass ein vergebener Kredit nicht an eine andere Partei abgegeben werden kann, sondern bis Fälligkeit oder darüber hinaus gehalten werden muss.

Die Abläufe im Bereich Kreditrisikokontrolle

Wie auch beim Marktrisiko beinhaltet die Funktion Kreditrisikokontrolle die Stufen Risikoidentifizierung, Risikomessung, Risikobegrenzung und Definition der Risikopolitik sowie das Erstellen von Risikoberichten.

Die Rolle des Credit Officers

Der Credit Officer ist für die Finanzanalyse und das Rating der Kreditkunden zuständig. Er begutachtet laufend die Kreditwürdigkeit der verschiedenen juristischen Einheiten des Kunden und erstellt periodisch Berichte über das Exposure. Zu seinen Verantwortlichkeits-bereichen gehören die Zuverlässigkeit der Kundendaten sowie die Überwachung der Limiten.

Identifikation von Kreditrisiken

Die Identifikation von Kreditrisiken besteht aus zwei Teilbereichen, nämlich (1) der detaillierten Kundenanalyse und (2) der Analyse des Kreditrisikos. Kundeninformationen sind notwendig um sicherstellen zu können, dass die Gegenpartei klar definiert ist, dass sie in keine illegalen Aktivitäten verwickelt ist, dass sie das Recht hat die vorliegenden Geschäfte abzuschliessen und dass sie sich der damit verbundenen Risiken bewusst ist.

Die interne Bewertung von Kreditrisiken ist für die Festlegung von Kreditlimiten sowie Kreditmodalitäten und -konditionen bestimmend. Das Kreditmanagement legt diese so fest, dass sie dem Geschäftspotential der Kundenbeziehung, dem erwarteten Risiko-/Ertragspotential sowie dem Risikoappetit der Bank entsprechen.

Messung der Kreditrisiken

Es werden die drei schon erwähnten Dimensionen des Kreditrisikos gemessen: erwartete Kreditverluste, statistische Kreditverluste sowie Stress-Szenario-Kreditverluste.

Die erwarteten aufgrund vom Ausfall der Gegenpartei oder durch nur teilweise Rückzahlung verursachten Verluste, werden als Kosten betrachtet. Entsprechende Reserven werden bei der Vergabe des Kredites gebildet. Diese Reserven werden über die Laufzeit des Kredites angepasst.

Die statistischen Verluste werden für die gesamten Kredite geschätzt. Diese Schätzung basiert auf historischen Ausfallraten sowie auf Annahmen über Portfolioeffekte. Die Berechnungen werden für einen definierten Konfidenzintervall und Zeithorizont durchgeführt. Sie sind mit VaR-Berechnungen für das Marktrisiko vergleichbar und führen zu einer als «ökonomisches Kapital» bezeichneten Grösse.

Stress-Szenario-Verluste werden anhand von vordefinierten Szenarien berechnet. Diese Szenarien werden mit den für die Marktrisiken verwendeten Szenarien koordiniert, um marktbedingte Veränderungen auf Kredit-Exposures von OTC Derivaten zu berücksichtigen.

Richtlinien und Limiten für Kreditrisiken

Das Kreditrisikomanagement zeichnet sich im Gegensatz zur Kontrolle von Marktrisiken dadurch aus, dass es über eine grosse Anzahl von Credit Officers verfügt, die vor und während des Abschlusses in die Geschäfte involviert sind. Die Credit Officers besitzen substantielle Befugnisse, um Geschäfte zu genehmigen oder abzulehnen.

Berichterstattung von Kreditrisiken

Die Berichterstattung von Kreditrisiken ist ein wichtiger Bestandteil des Kontrollprozesses und findet innerhalb eines strukturierten Systems statt.

Die Berichterstattung beinhaltet unter anderem Risiken im Zusammenhang mit aussergewöhnlichen Transaktionen, Erfüllungsrisiken, Länderrisiken oder auch Syndizierungsrisiken. Sie findet je nach Kategorie und Adressat vierzehntägig, monatlich oder vierteljährlich statt.

Abschliessende Bemerkungen

Die Risikokontroll-Funktion ist notwendigerweise den gleichen Veränderungen ausgesetzt wie jene Bankfunktionen, die direkt am Markt tätig sind. Da das Eingehen bzw. Vermitteln von Risiken das Hauptgeschäft einer Bank darstellen, umfasst die Bewirtschaftung von Risiken alle Organisationsbereiche der Bank. Die Geschäftstätigkeit an sich und die damit mehr oder weniger eng verbundenen Funktionen von Risikomanagement und Risikokontrolle, sind deshalb als Teil-funktionen einer im Markt als Risikoträger bzw. Risikovermittler auftretenden Tätigkeit zu verstehen.

Dieses Kapitel setzte sich vor allem mit der aktuellen Risikokontroll-Funktion innerhalb der UBS AG auseinander. Wie die Geschäftstätigkeit selbst, wird auch diese Risikokontroll-Funktion in Zukunft einem laufenden Wandel unterliegen.

Die Notwendigkeit einer von den Geschäftsaktivitäten unabhängigen Risikokontrolle kann jedoch durch raschen Wandel und komplexere Produkte und Märkte nur noch verstärkt werden.

Literaturverzeichnis

Basle Committee on Banking Supervision: Risk Management Guidelines for Derivatives, Basle 1994.
Basle Committee on Banking Supervision: Framework for Internal Control Systems in Banking Organisations, Basle 1998.
Derivatives Policy Group: Framework for Voluntary Oversight, New York 1995.
Group of Thirty (G30): Derivatives: Practices and Principles, Washington D.C. 1993.
Hayman-Loa, D., Shephard-Walwyn, T.: The Practice of Risk Management, London 1998.
Odier, P.: Financial Risk Management for Top Executives, International Finance and Commodities Institute (IFCI), Geneva 1997.
Swiss Bankers Association: Risk Management Guidelines for Trading and for the Use of Derivatives, Basle 1995.

Reinhold Hölscher, Henner Schierenbeck

Aufsichtsrechtliche Grundlagen des Risikomanagements in Versicherungsunternehmen

Aufbau und Durchführung der Aufsicht

Versicherungsgeschäfte und Versicherungsaufsicht

Das «Gesetz über die Beaufsichtigung der Versicherungsunternehmen» (VAG) bildet die aufsichtsrechtliche Grundlage des Versicherungswesens in der Bundesrepublik Deutschland. Es definiert im § 1 Versicherungsunternehmen als Unternehmen, die den Betrieb von Versicherungsgeschäften zum Gegenstand haben und nicht Träger der Sozialversicherung sind. Somit wird zwischen der Individual- und der Sozialversicherung unterschieden.

Das Versicherungsgeschäft ist der Gegenstand der unternehmerischen Tätigkeit eines Versicherungsunternehmens. Eine Erläuterung des Wesens von Versicherungsgeschäften wird im Versicherungsaufsichtsgesetz nicht gegeben, was dazu geführt hat, dass dieser Begriff umstritten ist.[1]

Einen Hinweis auf die Tätigkeit der Versicherungsunternehmen liefert allerdings die Anlage A zum Versicherungsaufsichtsgesetz, in der diejenigen Versicherungssparten aufgelistet werden, für die nach § 5 VAG eine gesonderte Erlaubnis erforderlich ist. Daneben enthält der Abschnitt C der Anlage 1 der «Verordnung über die Berichterstattung von Versicherungsunternehmen gegenüber dem Bundesaufsichtsamt für das Versicherungswesen» (BerVersV) eine aus der Praxis entwickelte Gliederung der Versicherungszweige. Beide Systematisierungsansätze zeigt Abbildung 1.

Um die Versicherten bereits durch die juristische Konstruktion der Unternehmen vor Verlusten zu schützen, dürfen bestimmte Versicherungszweige nur von rechtlich selbständigen Unternehmen angeboten werden. Dieser Grundsatz der Spartentrennung betrifft

- die Lebensversicherung zum Schutz der eingezahlten Sparbeiträge der Versicherten,

- die substitutive Krankenversicherung mit Rücksicht auf die in jüngeren Jahren im Vergleich zum Krankheitsrisiko zu viel gezahlten und in der Altersrückstellung gesammelten Beiträge.

Versicherungssparten nach der Anlage A des VAG	Versicherungszweige nach Abschnitt C der Anlage I der BerVersV
- Unfall - Krankheit - Landfahrzeug-Kasko - Schienenfahrzeug-Kasko - Luftfahrzeug-Kasko - See-, Binnensee- und Flussschiffahrtskasko - Transportgüter - Feuer- und Elementarschäden - Hagel-, Frost- und sonstige Sachschäden - Haftpflicht für Landfahrzeuge mit eigenem Antrieb - Luftfahrzeughaftpflicht - See-, Binnensee- und Flussschiffahrtshaftpflicht - Allgemeine Haftpflicht - Kredit - Kaution - Verschiedene finanzielle Verluste - Rechtsschutz - Beistandsleistungen zugunsten von Personen, die sich in Schwierigkeiten befinden - Leben - Heirats- und Geburtenversicherung - Fondsgebundene Lebensversicherung - Tontinengeschäfte - Kapitalisierungsgeschäfte - Geschäfte der Verwaltung von Versorgungseinrichtungen	- Lebensversicherung - Krankenversicherung - Allgemeine Unfallversicherung - Haftpflichtversicherung - Kraftfahrzeugversicherung - Luftfahrtversicherung - Rechtsschutzversicherung - Feuerversicherung - Einbruchdiebstahl- und Raub-Versicherung - Leitungswasserversicherung - Glasversicherung - Sturmversicherung - Verbundene Hausratversicherung - Verbundene Wohngebäudeversicherung - Hagelversicherung - Tierversicherung - Technische Versicherungen - Einheitsversicherung - Transportversicherung - Kredit- und Kautionsversicherung - Versicherung zusätzlicher Gefahren zur Feuer- bzw. Feuer-Betriebsunterbrechungsversicherung (Extended Coverage-Versicherung) - Betriebsunterbrechungsversicherung - Beistandsleistungsversicherung - Luft- und Raumfahrzeug-Haftpflichtversicherung - Sonstige Schaden- und Unfallversicherung

Abbildung 1: System der Versicherungszweige

Als substitutive Krankenversicherung gilt die private Krankenversicherung, sofern sie die gesetzliche Krankenversicherung vollständig oder teilweise ersetzt, d.h. Leistungen erbringt, die sonst in den Bereich der Sozialversicherung fallen. Eine Krankheitskostenzusatzversicherung, die keine Teile der gesetzlichen Krankenversicherung ersetzt, fällt nicht unter das Gebot der Spartentrennung.

Die verbleibenden Versicherungszweige werden als Schaden- und Unfallversicherungen im weiteren Sinne bezeichnet. Sie können von einem Unternehmen zusammen betrieben werden. Für die Rechtsschutzversicherung gilt aber hinsichtlich der Spartentrennung eine Sonderregelung. Ein Rechtsschutzversicherer, der auch andere Sparten betreibt, muss die Leistungsbearbeitung einem selbständigen Schadenabwicklungsunternehmen übertragen (§ 8a VAG). Zu den Schaden- und Unfallversicherungen im engeren Sinne werden nicht die Kredit- und die Rechtsschutzversicherung gezählt.[2]

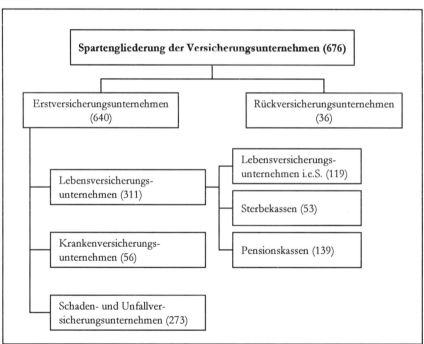

Abbildung 2: Spartengliederung der Versicherungsunternehmen unter Bundesaufsicht, Stand 1997[3]

Unternehmen, die mehrere Sparten der Schaden- und Unfallversicherung betreiben, werden als Komposit-Versicherer bezeichnet. Ihnen stehen die Spezialversicherer gegenüber, die ihr Geschäft ohne aufsichtsrechtliche Notwendigkeit auf einen Zweig beschränken (z.B. Transport-, Unfall-, Kraftfahrtversicherung).

Versicherungsunternehmen können sowohl in privatwirtschaftlicher als auch in öffentlich-rechtlicher Form organisiert sein. Bei den auf privatwirtschaftlicher Basis arbeitenden Versicherungsunternehmen muss es sich um juristische Personen handeln, wobei als Rechtsformen nur Aktiengesellschaften oder Versicherungsvereine auf Gegenseitigkeit zum Versicherungsgeschäft zugelassen werden (§ 7 Abs. 1 VAG). Der Grund für diese einschränkende Sonderregelung liegt insbesondere in der häufig erheblichen Länge der Versicherungsverträge und der im Versicherungsfall u.U. notwendigen hohen Zahlungen.

Das Aufsichtssystem

Rechtliche Rahmenbedingungen

Die Versicherungswirtschaft nimmt in einer Volkswirtschaft ebenso wie das Kreditwesen eine herausragende Stellung ein. Zum einen betreiben die Versicherungsunternehmen Liquiditätstransformation, d.h. ihnen fliessen erhebliche Kapitalbeträge zu, die erst nach Ablauf einer längeren Zeitspanne an die Versicherungsnehmer auszuzahlen sind und in der Zwischenzeit angelegt werden müssen. Zum anderen transformieren die Versicherer Risiken, d.h. sie verteilen Schäden durch die Kalkulation einer Risikoprämie auf eine grosse Zahl von prinzipiell gefährdeten Personen. Für die Versicherten ist in diesem Zusammenhang von Bedeutung, dass ihre Ersparnisse sicher und rentabel angelegt werden und die kalkulierte Risikoprämie zum Ausgleich der Schäden ausreicht; für Banken, Industrie, den Staat und private Haushalte stellen die von den Versicherungsunternehmen bereitgestellten Mittel eine wichtige Quelle dar, um Investitionsprojekte zu finanzieren.

Da somit das Versicherungswesen als Kapitalsammelstelle und Risikoträger wichtige gesamtwirtschaftliche Aufgaben zu erfüllen hat und zudem die Versicherungsnehmer i.d.R. nicht in der Lage sind, die finanzielle Leistungsfähigkeit eines Versicherers zu überprüfen, unterstehen die Versicherungsunternehmen einer staatlichen Aufsicht. Die Rechtsgrundlage der

Versicherungsaufsicht bildet das Gesetz über die Beaufsichtigung der Versicherungsunternehmen (Versicherungsaufsichtsgesetz, VAG). Es schreibt für die Versicherungswirtschaft das System der materiellen Staatsaufsicht vor, das im Gegensatz zu einem auf die Zulassung beschränkten Aufsichtssystem die Überwachung der Tätigkeit eines Versicherungsunternehmens in rechtlicher, wirtschaftlicher und finanzieller Hinsicht vom Anfang bis zum Ende des Geschäftsbetriebes vorsieht, d.h. die Aufsichtsbehörde hat die Möglichkeit, materielle Eingriffe in den laufenden Geschäftsbetrieb des Versicherungsunternehmens vorzunehmen.[4]

Der Versicherungsaufsicht unterliegen nach § 1 Abs. 1 VAG zunächst alle Unternehmen, die den Betrieb von Versicherungsgeschäften zum Gegenstand haben und nicht Träger der Sozialversicherung sind. Über diese Grundsatznorm hinausgehend sind jedoch einige Besonderheiten zu beachten, die sich auf

- die Rechtsform der Versicherungsunternehmen,
- die betriebenen Versicherungszweige und
- die Herkunft der Versicherungsunternehmen

beziehen. So trifft die Aufsicht grundsätzlich alle Versicherungsvereine auf Gegenseitigkeit (VVaG) und alle Erstversicherer, die ihren Sitz nicht im EU-Ausland haben. Erleichterungen gelten daher quasi nur für Rückversicherungsunternehmen, die nicht in der Rechtsform eines Versicherungsvereins arbeiten. Sofern es sich um ein inländisches Rückversicherungsunternehmen handelt, unterliegt es einer auf die Rechnungslegung beschränkten Aufsicht, ausländische Rückversicherer können völlig aufsichtsfrei arbeiten. Die Gründe für diese weitgehende Freistellung von der Aufsicht liegen in der Internationalität des Geschäftes, die nicht eingeschränkt werden soll, und in der Professionalität der Geschäftspartner, die keines besonderen Schutzes bedürfen.[5]

Getragen wird die Versicherungsaufsicht vom Bundesaufsichtsamt für das Versicherungswesen (BAV) und von Landesbehörden. Das BAV wurde am 31. Juli 1951 eingerichtet. Es fungiert als eine dem Bundesministerium der Finanzen nachgeordnete selbständige Bundesoberbehörde und hat seinen Sitz in Berlin. Auf Landesebene wird die Versicherungsaufsicht von den Ministerien für Wirtschaft bzw. Finanzen ausgeübt. Um ein effektives

Aufsichtssystem sicherzustellen, sind das Bundesaufsichtsamt und die aufsichtsführenden Landesbehörden verpflichtet, sich gegenseitig ihre Rechts- und Verwaltungsgrundsätze mitzuteilen (§ 152 VAG). Dabei stehen dem BAV gegenüber den Landesaufsichtsbehörden keine Weisungsbefugnisse zu. Vielmehr gehört die Landesaufsicht zu den eigenständigen Aufgaben der Länder.[6]

Hinsichtlich der Zuständigkeit der Aufsichtsbehörden muss zwischen einer ursprünglichen und einer abgeleiteten Zuständigkeit unterschieden werden. Das Bundesaufsichtsamt ist ursprünglich für die Aufsicht über die privaten Versicherungsunternehmen und diejenigen öffentlich-rechtlichen Versicherer, die über den Bereich eines Landes hinaus tätig sind, zuständig. Die ursprüngliche Verantwortung der Länder erstreckt sich auf diejenigen öffentlich-rechtlichen Versicherer, deren Tätigkeitsgebiet sich auf ein Bundesland beschränkt. Mit Ausnahme der privaten Versicherungsunternehmen mit grösserer wirtschaftlicher Bedeutung, deren Beaufsichtigung grundsätzlich dem BAV obliegt, kann die Aufsichtstätigkeit von den Landesbehörden auf das Bundesaufsichtsamt und umgekehrt übertragen werden. Erforderlich ist dazu ein Antrag derjenigen Behörde, die ihre Aufsichtsbefugnis abgeben möchte. Als Folge dieser abgeleiteten Zuständigkeit ist das Versicherungswesen durch eine komplexe und unübersichtliche Zuständigkeitsverteilung gekennzeichnet. Den Landesbehörden wurde beispielsweise weitgehend die Aufsicht über die privaten Versicherungsunternehmen mit geringer wirtschaftlicher Bedeutung übertragen. Eine geringe wirtschaftliche Bedeutung liegt dabei immer dann vor, wenn die Geschäftstätigkeit auf ein Land beschränkt ist, die Versicherungsunternehmen das Versicherungswesen wirtschaftlich nicht entscheidend beeinflussen und keine Wagnisse decken, die einer besonderen oder einheitlichen Überwachung durch eine zentrale Behörde bedürfen.[7] Als Massstab zieht das Bundesaufsichtsamt die Prämieneinnahmen heran. Um von einer geringen wirtschaftlichen Bedeutung sprechen zu können, dürfen diese beispielsweise in Kranken-, Schaden- oder Unfallversicherungsunternehmen 1.000.000 DM nicht überschreiten.

Die Durchführung der Versicherungsaufsicht

Die Versicherungsaufsicht umfasst – wie in nachstehender Abbildung 3 dargestellt – die Erteilung der Erlaubnis zur Aufnahme des Geschäfts, die laufende Überwachung des Geschäftsbetriebes und den Widerruf der Erlaubnis bei schweren Missständen.

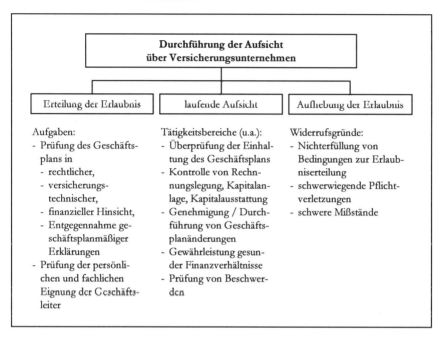

Abbildung 3: Durchführung der Aufsicht über Versicherungsunternehmen

Damit ein Versicherungsunternehmen Versicherungsgeschäfte betreiben darf, muss das Bundesaufsichtsamt für das Versicherungswesen eine Zulassung zum Geschäftsbetrieb erteilen. Der Erlaubniszwang soll dafür sorgen, dass Unternehmen,

- die von persönlich oder fachlich nicht geeigneten Personen geleitet werden oder
- bei denen die Belange der Versicherten nicht ausreichend gewahrt erscheinen bzw. die dauernde Erfüllbarkeit der Versicherungsverträge nicht mit ausreichender Sicherheit gewährleistet ist,

von vornherein am Versicherungsmarkt nicht aktiv werden können, und es insofern zu Beeinträchtigungen der Versicherteninteressen erst gar nicht kommt. Sofern die in § 8 VAG genannten Voraussetzungen für eine Zulassung zum Geschäftsbetrieb jedoch erfüllt sind, hat das beantragende Unternehmen einen Rechtsanspruch auf die Zulassung. Beabsichtigt ein Versicherungsunternehmen, in mehreren Versicherungssparten tätig zu werde, muss für jede Sparte eine gesonderte Erlaubnis erteilt werden.[8]

Ob die wirtschaftlichen Verhältnisse eine Zulassung zum Geschäftsbetrieb erlauben, entscheidet die Aufsichtsbehörde anhand des Geschäftsplans, der ihr mit der Antragstellung einzureichen ist. Unter einem Geschäftsplan werden diejenigen Unterlagen verstanden, die über die rechtlichen, finanziellen und versicherungstechnischen Grundlagen des Versicherungsunternehmens Auskunft geben. Sowohl der erste Geschäftsplan als auch jede spätere Änderung bedürfen der Genehmigung durch die Aufsichtsbehörde.[9]

Die Satzung des Unternehmens ist einer der wesentlichen Bestandteile des Geschäftsplans. Sie enthält beispielsweise Angaben über Firma und Sitz der Gesellschaft, die betriebenen Versicherungszweige, über die Bildung, Zusammensetzung, Amtsdauer und Befugnisse der Organe sowie über die Höhe des Grundkapitals bzw. des Gründungsstocks. Die Versicherungsunternehmen dürfen nur die im Geschäftsplan angegebenen Versicherungsgeschäfte betreiben. Insbesondere ist ihnen der Betrieb versicherungsfremder Geschäfte untersagt.

Bis zur VAG-Novelle von 1994 waren auch die Allgemeinen Geschäftsbedingungen Bestandteil des Geschäftsplans. Seit der Abschaffung der Produktkontrolle müssen die Allgemeinen Versicherungsbedingungen aber nicht mehr vorgelegt werden. Dies gilt allerdings nur bedingt für die substitutive Krankenversicherung, da sie Teile der Sozialversicherung ersetzen kann, und für Pflichtversicherungen. An beide Versicherungszweige werden höhere Ansprüche gestellt. Daher unterliegen die Versicherungsunternehmen, die diese Zweige betreiben, einer Anzeigepflicht für die Versicherungsbedingungen und die Grundsätze der Prämienkalkulation. Das Bundesaufsichtsamt prüft diese Angaben und kann Nachbesserungen verlangen.[10] Bei allen anderen Versicherungsunternehmen hat das Bundesaufsichtsamt nur noch die Möglichkeit einer nachträglichen Produktkontrolle in Form einer finanziellen Missbrauchsaufsicht.

Durch die Abschaffung der vereinheitlichten Allgemeinen Versicherungsbedingungen sind die Versicherungsprodukte auf der einen Seite für den Verbraucher schwerer vergleichbar geworden. Auf der anderen Seite haben die Versicherungsunternehmen nunmehr jedoch grössere Freiräume bei der Produktgestaltung. Dies hat dazu geführt, dass seit der Deregulierung einige innovative Versicherungslösungen auf dem Markt erschienen sind (z.B. die private Arbeitslosenversicherung).

Auch die Versicherungsprämien sind nicht mehr genehmigungspflichtig. Von seiten der EU wird darauf vertraut, dass der Wettbewerb zwangsläufig zu angemessenen Prämien führt. Dem ist insoweit zuzustimmen, als es eine so grosse Anzahl von Versicherungsunternehmen gibt, dass Preisabsprachen mit daraus resultierenden überhöhten Prämien nicht zu erwarten sind. Die neuen Freiheiten bei der Tarifierung von Versicherungsprodukten werden verstärkt zur Prämiendifferenzierung genutzt,[11] was im Grundsatz nicht zu beanstanden ist. Es besteht aber das Risiko eines intensiven Preiswettbewerbs, der dazu führen kann, dass die Versicherer ihre Prämien zu knapp kalkulieren. Die Verschärfung des Preiswettbewerbs kann beispielsweise in der Kraftfahrtversicherung schon beobachtet werden. Dieser Wettbewerb könnte für den Versicherer im Falle einer unerwarteten Häufung von Versicherungsfällen zu Ertrags- und Liquiditätsproblemen führen. Aus diesem Grund gelten für die sozialrelevanten Versicherungszweige (Kranken und Lebensversicherung) bestimmte Grundsätze der Prämienkalkulation.[12]

Zu den rechtlichen Elementen des Geschäftsplans gehören des weiteren auch Unternehmensverträge im Sinne der §§ 291, 292 AktG, also beispielsweise Beherrschungs- und Gewinnabführungsverträge. Derartige Vertragswerke sind nur dann genehmigungsfähig, wenn sie mit den Zielen des Versicherungsaufsichtsgesetzes vereinbar sind, d.h. insbesondere das Verbot versicherungsfremder Geschäfte und das Gebot der Spartentrennung nicht unterlaufen.

Die Geschäftsplanbestandteile werden schliesslich vervollständigt durch finanzielle Nachweise, die Auskunft darüber geben sollen, ob die dauernde Erfüllbarkeit der Verpflichtungen gesichert erscheint. Dazu müssen Eigenmittel in Höhe des sog. Mindestgarantiefonds vorhanden sein (§ 53c VAG). Dieser beträgt

- 1.400.000 ECU für die Kreditversicherung,
- 800.000 ECU für die Lebensversicherung, wobei dieser Betrag für Gegenseitigkeitsunternehmen und für Tontinengesellschaften ermässigt

werden darf,
- 400.000 ECU für die Haftpflicht- und die Kautionsversicherung,
- 300.000 ECU für die Unfall-, Kranken-, Feuer-, Elementarschäden- und Transportversicherung sowie für die Versicherung von Beistandsleistungen sowie
- 200.000 ECU für die Sachschäden- und die Rechtsschutzversicherung.

Sofern mehrere Sparten gleichzeitig betrieben werden, ist der Höchstbetrag massgebend. Zusätzlich zum Mindestgarantiefonds hat das Versicherungsunternehmen für die ersten drei Geschäftsjahre Schätzungen über die Provisionsaufwendungen und die sonstigen laufenden Ausgaben für den Versicherungsbetrieb, über die voraussichtlichen Beiträge und Leistungen für Versicherungsfälle und die zukünftige Liquiditätslage vorzulegen. Darüber hinaus ist darzulegen, welche finanziellen Mittel voraussichtlich zur Verfügung stehen werden, um die Verpflichtungen aus den Verträgen zu erfüllen (§ 5 Abs. 4 VAG).

Der Inhalt des Geschäftsplans wird ergänzt durch sogenannte geschäftsplanmässige Erklärungen, die das Versicherungsunternehmen der Aufsichtsbehörde gegenüber abzugeben hat und die ein planmässiges, auf Dauer angelegtes Verhalten sicherstellen sollen. Die geschäftsplanmässigen Erklärungen beziehen sich beispielsweise auf die Bildung von Rückstellungen und Rücklagen, soweit dies nicht anderweitig geregelt ist, die Gestaltung bestimmter Vordrucke und allgemein das Verhalten in Wettbewerb und Werbung.[13]

Die Erlaubnis zum Betrieb von Versicherungsgeschäften setzt ferner die Eignung der Geschäftsleiter, d.h. also der Vorstandsmitglieder bei Aktiengesellschaften und Versicherungsvereinen auf Gegenseitigkeit sowie der Leiter öffentlich-rechtlicher Versicherungsunternehmen, voraus. Die Geschäftsleiter müssen ehrbar sein, was beispielsweise bei bestimmten Vorstrafen, etwa wegen eines Konkursvergehens, bei Bestechung, Betrug oder Untreue, nicht gegeben ist. Ferner ist eine fachliche Vorbildung notwendig, die durch eine praktische Tätigkeit im Versicherungswesen nachgewiesen werden kann. Schliesslich müssen die Geschäftsleiter die für den Betrieb eines Versicherungsunternehmens sonst noch erforderlichen Eigenschaften und Erfahrungen besitzen, also etwa eine allgemeine Zuverlässigkeit und ein gewisses Mass an Lebenserfahrung. Die Zulassung zum Geschäftsbetrieb stellt die erste Kontaktaufnahme zwischen Aufsichtsbehörde und Versicherungsunternehmen dar. Nach der Erteilung der Erlaubnis überwacht das Aufsichtsamt auch den laufenden Geschäftsbetrieb. Dieser Bereich der Versicherungsaufsicht ist für das Risikomanagement eines Versicherungsunternehmens besonders relevant.

Im Rahmen des laufenden Geschäftsbetriebs eines Versicherungsunternehmens prüft die Aufsichtsbehörde die Einhaltung des Geschäftsplans, die Rechnungslegung, die Vermögensanlage, die Kapitalausstattung und das Verhalten des Unternehmens am Markt. Sofern die Interessen der Versicherten es verlangen, kann die Aufsichtsbehörde auch den Geschäftsplan bei bestehenden Versicherungsverhältnissen ändern (§ 81a VAG). Genügt die Kapitalausstattung nicht mehr den gesetzlichen Anforderungen, verlangt das Aufsichtsamt einen Plan zur Wiederherstellung gesunder Finanzverhältnisse bzw. zur kurzfristigen Beschaffung von Eigenmitteln.[14]

Die Unternehmen der Lebens- und der substitutiven Krankenversicherung müssen einen verantwortlichen Aktuar einsetzen, dessen Aufgabe es ist, die Kalkulation der Prämien und der mathematischen Rückstellungen zu überwachen. Er hat darüber hinaus die Finanzlage des Unternehmens, insbesondere die Höhe der Eigenmittel, zu kontrollieren und die Aufsichtsbehörde über Missstände zu informieren. Der Aktuar muss nicht vom Versicherungsunternehmen unabhängig sein, allerdings darf es nicht zu Kompetenzkonflikten mit seiner sonstigen Tätigkeit für das Unternehmen kommen. Die Aufsichtsbehörde kann massgeblichen Einfluss auf die Bestellung des verantwortlichen Aktuars nehmen.[15]

Erfüllt ein Versicherungsunternehmen nicht mehr die Voraussetzungen, die zur Erteilung der Erlaubnis erforderlich waren, hat das Unternehmen in schwerwiegender Weise ihm obliegende Verpflichtungen verletzt oder haben sich so schwere Missstände ergeben, dass eine Fortsetzung des Geschäftsbetriebes die Belange der Versicherten gefährdet, kann die Aufsichtsbehörde den Geschäftsbetrieb untersagen (§ 87 VAG). Der Widerruf der Erlaubnis ist jedoch das härteste aufsichtsrechtliche Mittel. Betroffen hiervon sind nicht nur die Geschäftsleiter und Unternehmensinhaber, sondern auch die Arbeitnehmer und die Versicherten. Die Aufsichtsbehörde greift daher zu diesem Mittel nur dann, wenn keine anderen Massnahmen mehr geeignet erscheinen, um die aufgetretenen Mängel zu beheben.

Beaufsichtigung ausländischer Versicherungsunternehmen

Durch die Umsetzung der Dritten EU-Versicherungsrichtlinien in deutsches Recht sind die Regelungen für die Beaufsichtigung ausländischer Versicherungsunternehmen komplizierter geworden. Es werden nunmehr hinsichtlich der Herkunft fünf Gruppen von Versicherungsunternehmen unterschieden. Diese Unterscheidung wird nachfolgend aus der Sicht der deutschen Aufsichtsbehörde dargestellt, sie gilt aber analog auch für alle anderen EU-Mitgliedstaaten:

- Versicherungsunternehmen mit Sitz in Deutschland,
- Versicherungsunternehmen mit Sitz in einem anderen Mitgliedstaat der EU,
- Versicherungsunternehmen mit Sitz in der Schweiz,
- Versicherungsunternehmen mit Sitz in einem EFTA-Staat ausser der Schweiz und
- Versicherungsunternehmen mit Sitz in Drittstaaten, die weder der EFTA noch der Europäischen Union angehören.

Generell gilt innerhalb der Europäischen Union das Sitzlandprinzip. Dies bedeutet, dass Versicherungsunternehmen mit Sitz in einem EU-Mitgliedstaat in Deutschland tätig werden können und dabei nur der Aufsicht in ihrem Herkunftsland unterliegen. Das BAV beaufsichtigt demzufolge die Geschäftstätigkeit der deutschen Versicherungsunternehmen in der gesamten Europäischen Union. Diese Regelung baut auf den Grundgedanken der Dienstleistungsfreiheit und der Niederlassungsfreiheit auf, die für alle Unternehmen der EU gelten. Keine nationale Aufsichtsbehörde darf einem Versicherungsunternehmen, das in einem anderen EU-Staat eine Zulassung hat, die Geschäftstätigkeit verweigern. Die Einrichtung einer Niederlassung im Tätigkeitsland ist dabei nicht erforderlich. Ein Versicherungsunternehmen, das in einem Land der EU tätig werden will, muss lediglich der Aufsichtsbehörde seines Sitzlandes mitteilen, in welchen EU-Ländern der Geschäftsbetrieb aufgenommen werden soll.

Die Harmonisierung der Versicherungsaufsicht durch die Dritten Versicherungsrichtlinien hat zu einer gewissen Vereinheitlichung innerhalb der

EU geführt. Dennoch ist die Beaufsichtigung der Versicherungsunternehmen im Detail nach wie vor unterschiedlich geregelt. Daher gelten in den EU-Staaten für nationale Versicherer u.U. andere Aufsichtsregeln als für Versicherungsunternehmen aus anderen Mitgliedstaaten. Dies kann in den Fällen, in denen die Aufsicht im eigenen Land restriktiver geregelt ist als in den Herkunftsländern der Wettbewerber, zur Inländerdiskriminierung führen. Hiervon sind besonders die deutschen Versicherungsunternehmen betroffen, da das deutsche Aufsichtsrecht im europäischen Vergleich nach wie vor höhere Ansprüche stellt. Beispielsweise unterliegen Versicherungsunternehmen aus anderen EU-Staaten in Deutschland nur dann der Spartentrennung, wenn diese auch in ihrem Sitzland vorgesehen ist.[16] Diese Wettbewerbsnachteile hat das betroffene Unternehmen wegen des Sitzlandprinzips nicht nur in Deutschland, sondern in der gesamten Europäischen Union.

Für Unternehmen aus Drittländern, die nicht aus EU-Staaten stammen, gilt weiterhin das Tätigkeitslandprinzip, d.h. sie unterliegen den Aufsichtsgesetzen der Länder, in denen sie Versicherungsgeschäfte betreiben. Für den Bereich der Europäischen Union bedeutet dies, dass Versicherungsunternehmen aus Drittstaaten in jedem EU-Mitgliedstaat, in dem sie tätig werden wollen, eine Niederlassung einrichten und eine Zulassung beantragen müssen. Dabei werden an sie die gleichen Anforderungen wie an nationale Versicherungsunternehmen gestellt. Der laufende Geschäftsbetrieb der Niederlassung wird dann von der nationalen Aufsichtsbehörde überwacht.

Sonderregelungen gelten für Versicherungsunternehmen, die ihren Hauptsitz in EFTA-Staaten haben.[17] Mit dem EWR-Abkommen vom 1.1.1994 wurden die EFTA-Staaten mit Ausnahme der Schweiz den EU-Staaten in Belangen der Versicherungsaufsicht fast vollständig gleichgestellt. Dies hat folgende Auswirkungen:

- Versicherungsunternehmen aus EFTA-Staaten geniessen in allen Mitgliedstaaten der EU uneingeschränkte Niederlassungs- und Dienstleistungsfreiheit, wenn sie die jeweiligen nationalen Anforderungen an eine Zulassung erfüllen. In Deutschland liegt die Entscheidung darüber beim Bundesaufsichtsamt für das Versicherungswesen.
- Die Versicherungsunternehmen aus EFTA-Staaten müssen nachweisen, dass sie über Eigenmittel in ausreichender Höhe verfügen. Hierfür

ist eine diesbezügliche Bescheinigung der Aufsichtsbehörde des Sitzlandes vorzulegen.
- Die Versicherungsunternehmen aus EFTA-Staaten unterliegen nach wie vor der Versicherungsaufsicht in den Tätigkeitsländern. Hier liegt der wesentliche Unterschied zu den Versicherern aus EU-Staaten, für die nur die Sitzlandaufsicht gilt.
- Für Versicherer aus EFTA-Staaten entfällt der Grundsatz der Spartentrennung.

Für Versicherungsunternehmen aus der Schweiz gelten andere Bestimmungen. Hier ist das Abkommen vom 20.6.1991 zwischen der EU und der Schweiz massgebend. Schweizer Nichtlebensversicherer sind demnach den Versicherungsunternehmen aus der EU hinsichtlich der Dienstleistungs- und Niederlassungsfreiheit gleichgestellt. Für Lebensversicherer gelten jedoch die Regelungen für Versicherer aus Drittstaaten. Demzufolge besteht für diese eine Niederlassungspflicht im Tätigkeitsland. Alle Schweizer Versicherungsunternehmen unterliegen im Bereich der EU der Aufsicht durch die zuständige nationale Behörde des Tätigkeitslandes, in Deutschland der des BAV.

Die Aufsicht über die Kapitalanlagen der Versicherungsunternehmen

Allgemeine Anlagegrundsätze

Den Versicherungsunternehmen fliessen in erheblichem Umfang Prämien zu, die erst nach einer längeren Zeitspanne an Versicherungsnehmer auszuzahlen sind. Die Umwandlung dieser zur Zeit noch nicht benötigten Prämienbeträge in verzinsliche Vermögenswerte wird ebenso wie das erworbene Aktivum selbst als Kapitalanlage bezeichnet. Die Kapitalanlagen erstrecken sich von Bankentermingeldern über Wertpapiere bis hin zu Hypotheken. Sie können kurzfristiger, insbesondere in der Lebensversicherung jedoch auch sehr langfristiger Natur sein.

Das Versicherungsunternehmen muss bei der Kapitalanlage zwischen den Kriterien Rendite und Risiko einen geeigneten Kompromiss finden. Der Ausfall von Kapitalanlagen würde die Erfüllbarkeit der Verpflichtungen gegenüber den Versicherungsnehmern gefährden. Insofern ist die Kapitalanlage ein wesentliches Betätigungsfeld im Rahmen des Risikomanagements eines Versicherungsunternehmens.

Für Versicherungsunternehmen stellt die Kapitalanlage keinen Selbstzweck dar. Sie ist vielmehr ein Bestandteil des Produktes «Versicherungsschutz». Der Anlagebestand eines Versicherers bildet die finanzielle Grundlage für die Erfüllung seiner Leistungsversprechen.[18] Aus diesem Grund bestehen für die Kapitalanlagen strenge gesetzliche Vorschriften, die in den §§ 54 bis 54d VAG sowie konkretisierend im Rundschreiben 4/95 des Bundesaufsichtsamtes für das Versicherungswesen (R 4/95) niedergelegt sind und sowohl allgemeine Anlagepostulate als auch spezielle Anlagearten und Anlagegrenzen enthalten.

Nach den allgemeinen Anlagegrundsätzen ist das gebundene Vermögen eines Versicherungsunternehmens so anzulegen, dass

- eine möglichst grosse Sicherheit und
- eine möglichst grosse Rentabilität
- bei jederzeitiger Liquidität
- unter Wahrung angemessener Mischung und Streuung

erreicht wird (§ 54 Abs. 1 VAG). Diese gesetzlich definierten Eckpfeiler jeder Anlagepolitik gelten für die versicherungstechnischen Rückstellungen (das sogenannte gebundene Vermögen). Bei der Anlage ihres sonstigen Vermögens unterliegen die Versicherungsunternehmen praktisch keinen Beschränkungen. Die Aufsichtsbehörde darf einerseits einschreiten, wenn ein Versicherungsunternehmen risikoreiche Investitionen tätigt, die seine Zahlungsfähigkeit beeinträchtigen könnten.[19] Andererseits ist es den nationalen Gesetzgebern und den Aufsichtsbehörden aber ausdrücklich untersagt, den Versicherungsunternehmen die Anlage in bestimmten Vermögenswerten vorzuschreiben.[20]

Die Aufzählung der Anlagegrundsätze beginnt bewusst mit dem Postulat der Sicherheit, denn der mit erheblichen Unsicherheitsmomenten behafteten Verpflichtungsstruktur eines Versicherungsunternehmens sollen zumindest vergleichsweise sichere Aktivwerte gegenüberstehen. Daher muss jede Anlageart so ausgewählt werden, dass gegenwärtige und erkennbare zukünftige Risiken so weit wie möglich ausgeschlossen sind, und das erworbene Aktivum später fristgerecht und vollständig realisiert werden kann. Eine absolute Sicherheit kann es im wirtschaftlichen Leben jedoch nicht geben. Gefordert wird aus diesem Grund auch keine absolute, sondern nur eine den Umständen nach grösstmögliche Sicherheit.[21] Investitionen mit hohen Verlustrisiken sind den Versicherungsunternehmen daher grundsätzlich untersagt, bestimmte Kredite und Wertpapieranlagen sind jedoch unter gewissen Bedingungen und Einschränkungen erlaubt.

Trotz sorgfältiger Auswahl einzelner Anlageobjekte lassen sich aufgrund verbleibender (Rest-) Unsicherheit Verluste nicht völlig vermeiden. Um in diesem Zusammenhang negativen strukturellen Effekten, d.h. spezifischen Problemen einzelner Branchen oder Regionen, aus dem Wege zu gehen, verlangen die Anlagegrundsätze die Mischung und Streuung der Kapitalanlagen, d.h. die Risiken der Kapitalanlagen müssen diversifiziert werden. Neben der relativen Risikolosigkeit des einzelnen Aktivums muss also auch die Sicherheit der Kapitalanlagen in ihrer Gesamtheit gewährleistet sein.

Die Forderung nach einer angemessenen Mischung bezieht sich auf die einzelnen Kapitalanlagearten. Sie soll verhindern, dass sich Versicherungsunternehmen einseitig auf bestimmte Anlageformen wie z.B. Aktien, Industriedarlehen oder Hypothekarkredite konzentrieren. Der Gedanke der Streuung wird demgegenüber unter räumlichen und schuldnerorientierten Aspekten gesehen. Eine regionale Schwerpunktbildung und eine Anlagenhäufung bei einem einzelnen Schuldner, beispielsweise durch den Erwerb von Aktien und die Gewährung von Darlehen, soll vermieden werden.[22]

Das Postulat der Rentabilität gilt dann als erfüllt, wenn die Kapitalanlagen einen nachhaltig guten Ertrag abwerfen. Die Renditeuntergrenze ergibt sich bei Versicherungs-Aktiengesellschaften aus der Notwendigkeit, die Rücklagen erhöhen und den Anteilseignern eine angemessene Dividende ausschütten zu müssen. In der Lebensversicherung ist zudem der sog. Rechnungszins in Höhe von 3 % bis 4 % zu erwirtschaften, da dieser die zugesagte Mindestverzinsung des angesparten Kapitals darstellt. Übersteigt die erzielte Rendite den notwendigen Mindestgewinn, fliesst neben der garantierten Verzinsung ein Teil des Überschusses den Versicherungsnehmern über die Überschussbeteiligung zu. Häufig können bei Anlageformen, die mit grösseren Risiken verknüpft sind, überdurchschnittliche Renditen erzielt werden, so dass das Renditestreben mit dem Ziel grösstmöglicher Sicherheit kollidiert. In einem solchen Fall haben die Sicherheitserwägungen den Vorrang, d.h. das Streben nach Rentabilität darf keinesfalls zu Lasten der angestrebten Sicherheit gehen.

Die Forderung nach einer angemessenen Liquidität soll sicherstellen, dass den Versicherungsunternehmen zu jeder Zeit ein notwendiger Mindestbetrag an liquiden oder ohne Schwierigkeiten liquidierbaren Anlagen zur Verfügung steht. Der Begriff Liquidität bezieht sich in diesem Zusammenhang also nicht auf eine einzelne Anlageart, denn dies würde bedeuten, dass das Vermögen eines Versicherungsunternehmens weitgehend nur in flüssigen oder zumindest sehr kurzfristigen Mitteln angelegt werden könnte. Angesprochen wird hier vielmehr die Zahlungsbereitschaft des Versicherungsunternehmens, die ständig gewährleistet sein muss. Der Umfang der hierfür erforderlichen Mittel hängt dabei insbesondere von der Art der betriebenen Versicherungsgeschäfte ab. Während der Liquiditätsbedarf in der Lebensversicherung aufgrund von versicherungsmathematischen Sterblichkeitstabellen und innerbetrieblichen Ablaufplanungen relativ genau errechenbar ist und die Zahlungsmittelreserve folglich gering gehalten werden kann, unterliegen die Ein- und Auszahlungen in der Schaden- und Unfallversicherung wesentlich stärkeren Schwankungen, so dass ein grösserer Teil der zufliessenden Mittel zum Liquiditätsausgleich bereitgehalten werden muss.

Das gebundene Vermögen

Die beschriebenen Anlagegrundsätze gelten nur für das gebundene Vermögen eines Versicherungsunternehmens, das sich aus dem Deckungsstock und dem übrigen gebundenen Vermögen zusammensetzt. Ihm steht das freie oder restliche Vermögen gegenüber. Gebundenes und freies Vermögen ergeben zusammen die Bilanzsumme eines Versicherungsunternehmens.

Die Bestände des Deckungsstocks bilden ein vom übrigen Vermögen intern getrenntes Sondervermögen, auf das selbst im Konkursfall nur die Versicherungsnehmer Anspruch haben. Die Mindesthöhe des Deckungsstocks ergibt sich zunächst aus der Deckungsrückstellung. Bereits im Laufe des Geschäftsjahres hat der Vorstand eines Versicherungsunternehmens Beträge in solcher Höhe dem Deckungsstock zuzuführen, wie es dem voraussichtlichen Anwachsen der Deckungsrückstellung entspricht (§ 66 Abs. 1 VAG). Da sich die Ansprüche der Versicherten jedoch nicht allein in der Deckungsrückstellung widerspiegeln, kann die Aufsichtsbehörde anordnen, dass dem Deckungsstock weitere Beträge zuzuführen sind. Nach der derzeitigen Praxis des Bundesaufsichtsamtes für das Versicherungswesen werden in den relevanten Versicherungszweigen zum Deckungsstocksoll die in der nachstehenden Abbildung 4 wiedergegebenen Positionen gerechnet.

Lebensversicherung	Krankenversicherung	Unfallversicherung
Deckungsrückstellung Beitragsüberträge Rückstellung für noch nicht abgewickelte Versicherungsfälle und Rückkäufe Gutgeschriebene Überschussanteile der Versicherungsnehmer Geschäftsplanmässige Verwaltungskostenrückstellung für beitragsfreie Versicherungsjahre Geschäftsplanmässige Wiederinkraftsetzungsrückstellung Stornorückstellung	- Deckungsrückstellung - Rückstellungen für fällige Zusatzleistungen im Todesfall, wenn für diese eine Deckungsrückstellung zu bilden war	- Deckungsrückstellung für lebenslängliche Unfallversicherungen und Unfallversicherungen mit Beitragsrückgewähr - Rückstellung für fällige Rentenleistungen und Beitragsrückgewähr

Abbildung 4: Elemente des Deckungsstocksolls

Die dem Deckungsstock zugewiesenen Vermögensbestandteile müssen in ein Deckungsstockverzeichnis eingetragen werden. Erst mit der Eintragung gehört ein Gegenstand zum Deckungsstock. Darüber hinaus ist ein Treuhänder zu bestellen, der die Bestände des Deckungsstocks unter Mitarbeit des Versicherungsunternehmens zu verwahren hat.[23] Eine Verfügung über den Deckungsstock ist nur mit schriftlicher Zustimmung des Treuhänders erlaubt. Unter der Bilanz muss der Treuhänder bestätigen, dass die Mittel vorschriftsmässig angelegt und aufbewahrt sind. Im Gegensatz zum Deckungsstock handelt es sich beim übrigen gebundenen Vermögen nicht um ein abgegrenztes Sondervermögen, sondern lediglich um eine rechnerische Gegenüberstellung von bestimmten Aktiva und Passiva. Zum übrigen gebundenen Vermögen rechnen dabei die versicherungstechnischen Rückstellungen sowie die aus Versicherungsverhältnissen entstandenen Verbindlichkeiten und Rechnungsabgrenzungsposten, die zur Ermittlung des Dekkungsstocks nicht erfasst wurden (§ 54 Abs. 1 VAG).

Zu den im übrigen gebundenen Vermögen zu erfassenden versicherungstechnischen Rückstellungen gehören beispielsweise die Schadenrückstellung, die Rückstellung für Beitragsrückerstattung und die Schwankungsrückstellung. Ausschlaggebend für die anzusetzenden Werte ist der Eigenbehalt. Der rückversicherte Teil bleibt also ausser Ansatz. Dies gilt nicht für die Deckungsrückstellung, die brutto, d.h. einschliesslich des in Rückversicherung gegebenen Teils, zu erfassen ist. Bestimmte Positionen können bei der Berechnung des übrigen gebundenen Vermögens abgezogen werden (§54a Abs. 1 Sätze 3 bis 5). Hierzu rechnen beispielsweise die in der Lebensversicherung in der Rückstellung für Beitragsrückerstattung enthaltenen Überschussanteile, sofern sie nicht im nächsten Geschäftsjahr ausgeschüttet werden sowie 50 % der in den letzten drei Monaten fällig gewordenen, aber noch nicht eingegangenen Beitragsforderungen.

Die Kürzungsbeträge im übrigen gebundenen Vermögen fliessen in das freie Vermögen, das keinen speziellen Anlagevorschriften unterliegt. Darüber hinaus rechnen zum restlichen Vermögen insbesondere die Gegenwerte des Eigenkapitals und derjenigen Rückstellungen, die keine unmittelbare Beziehung zu Versicherungsverhältnissen aufweisen, also z.B. die Pensionsrückstellung. Die Zusammenhänge zwischen den Vermögenswerten und den jeweiligen Passivpositionen veranschaulicht die Abbildung 5.

Anlagekatalog und Anlagegrenzen

Gemäss § 54a Abs. 1 und 6 VAG kann das gebundene Vermögen eines Versicherungsunternehmens in der gesamten Europäischen Union und in allen EFTA-Staaten (ausser der Schweiz) investiert werden (Prinzip der Belegenheit). 5 % des Deckungsstockvermögens und 20 % des übrigen gebundenen Vermögens dürfen in beliebigen anderen Staaten angelegt sein. Es gilt aber das Prinzip der Kongruenz, d.h. die Währung der Vermögensanlage muss mit der Währung der Versicherungsansprüche übereinstimmen. Wenn ein Versicherungsunternehmen beispielsweise eine Verpflichtung aus Versicherungsverträgen in DM eingeht, dann muss auch die Kapitalanlage, mit der diese Verpflichtung abgesichert werden soll, auf DM lauten. Diese Vorschrift wird dadurch gemildert, dass 20 % des gebundenen Vermögens inkongruent angelegt werden dürfen.[24]

AKTIVA		PASSIVA
Gebundenes Vermögen	Deckungs-stock	- Deckungsrückstellung nach aufsichtsrechtlicher Praxis zudem u.a. Beitragsüberträge - Rückstellung für noch nicht abgewickelte Versicherungsfälle und Rückkäufe - Gutgeschriebene Überschussanteile
	Übriges gebundenes Vermögen	- weitere versicherungstechnische Rückstellungen - Verbindlichkeiten aus Versicherungsverhältnissen - Rechnungsabgrenzungsposten aus Versicherungsverhältnissen

Freies Vermögen		- Kürzungsbeiträge u.a.
		  - 50% der wertberichtigten Beitragsaussenstände der letzten drei Monate
		  - im nächsten Geschäftsjahr nicht ausgeschütteter Teil der Rückstellung für Beitragsrückerstattung
		- Grundkapital, Gründungsstock, Rücklagen, Gewinnvortrag
		- nicht versicherungstechnische Passiva

Abbildung 5: Aufsichtsrechtliche Strukturierung von Aktiva und Passiva in der Lebensversicherung

Die für die Anlage des gebundenen Vermögens zugelassenen Anlagearten werden im § 54a Abs. 2 VAG aufgezählt (vgl. Abbildung 6). Nach der Lokkerung der Anlagevorschriften zum 1.1.1991 kann das gebundene Vermögen darüber hinaus in Werten, die im Anlagekatalog nicht enthalten sind oder die die im Gesetz genannten Grenzen übersteigen, bis zu einer Höhe von jeweils 5 % des Deckungsstockvermögens und des übrigen gebundenen Vermögens angelegt werden (Öffnungsklausel). Dadurch ist es den Versicherungsunternehmen nunmehr möglich, z.B. auch nachrangige Realkredite zu vergeben und sich schneller auf neuartige Finanzierungstechniken und Finanzierungsinstrumente einzustellen. Ausdrücklich untersagt ist jedoch die Anlage in Konsumentenkrediten, Betriebsmittelkrediten, beweglichen Sachen oder Ansprüchen auf bewegliche Sachen sowie in immateriellen Werten (§ 54a Abs. 2 Nr. 14 VAG). Darüber hinaus dürfen auch solche Anlagen nicht getätigt werden, die nach den Dritten EU-Versicherungsrichtlinien unzulässig sind.

1. **Darlehen**
   - gesichert durch Grund-, Schiffspfandrechte oder eine öffentlich-rechtliche Bürgschaft (Nr. 1, 2);
   - eingetragen in das Schuldbuch des Bundes oder in ein entsprechendes Verzeichnis eines anderen Mitgliedstaates der Europäischen Union (Nr. 4);
   - gesichert durch die Abnahme der vollen Gewährleistung von Kreditinstituten (Nr. 8c);
   - gesichert durch die Verpfändung oder Sicherheitsübertragung bestimmter Grundpfandrechte, bestimmter Wertpapiere, bestimmter Namensschuldverschreibungen oder bestimmter Guthaben oder Wertpapiere im Rahmen eines Wertpapierdarlehens (Nr. 7);
   - an die öffentliche Hand (Nr. 8a, b);
   - an Unternehmen (Nr. 8d);
   - an die Deutsche Bundesbank, die Zentralbank eines anderen Mitgliedstaates der EU, Kreditinstitute mit Sitz in einem Mitgliedstaat der EU oder nicht beaufsichtigte öffentlich-rechtliche Kreditinstitute (Nr. 9);
   - an eigene Versicherungsnehmer (Nr. 12);
2. **Wertpapiermässig verbriefte Forderungen**
   - Inhaberschuldverschreibungen, Orderschuldverschreibungen als Teil einer Gesamtemission, Namensschuldverschreibungen mit besonderer Deckungsmasse (Nr. 3);
   - Liquiditätspapiere (Nr. 4);
3. **Anteile und Beteiligungen**
   - Aktien (Nr. 5, 5a);
   - GmbH-Geschäftsanteile (Nr. 5a);
   - Kommanditanteile (Nr. 5a);
   - Beteiligung als stiller Gesellschafter (Nr. 5a);
   - Anteile an Wertpapierfonds (Nr. 6);
   - Anteile an (offenen) Immobilienfonds (Nr. 11);
   - Anteile an Beteiligungsfonds (Nr. 13);
4. **Grundstücke, grundstücksgleiche Rechte, Anteile an Grundstücksverwaltungsgesellschaften (Nr. 10)**
5. **Genussrechte (Nr. 5a)**

Abbildung 6: Anlagekatalog gemäss § 54a Abs. 2 VAG

Die einzelnen Positionen des Anlagekatalogs (§ 54a Abs. 2 Nr. 1 bis 13 VAG) müssen – ausserhalb der Öffnungsklausel der Nr. 14 – strengen Anforderungen genügen. So setzt die Gewährung von Darlehen, die durch Hypotheken oder Grundschulden besichert sind, voraus, dass Zinsen und Tilgung aus dem Grundstück erbracht werden können. Die Beleihungsgrenze des Grundstückes darf 60 % des Wertes nicht übersteigen.[25] Darlehen an Unternehmen mit Sitz innerhalb der EU oder dem EWR müssen durch erststellige Grundpfandrechte, durch verpfändete oder sicherungsübertragene Forderungen, durch notierte Wertpapiere oder mit Genehmigung der Aufsichtsbehörde durch eine Negativerklärung gesichert sein. Die Verzinsung und Rückzahlung des Darlehens darf nicht gefährdet erscheinen, wovon nach Ansicht der Aufsichtsbehörde ausgegangen werden kann, wenn

- während der Laufzeit des Darlehens bestimmte Finanzrelationen eingehalten werden und
- eine jährliche Bestätigung eines Wirtschaftsprüfers beigebracht wird.[26]

Anlagen bei Kreditinstituten sind nur dann erlaubt, sofern das Kreditinstitut «geeignet» ist. Dazu muss es sich um ein Kreditinstitut im aufsichtsrechtlichen Sinn handeln. Darüber hinaus muss das Kreditinstitut schriftlich bestätigen, dass es die geltenden Eigenkapital- und Liquiditätsvorschriften einhält.[27]

Beim Erwerb von bebauten oder in Bebauung befindlichen Grundstücken ist die Angemessenheit des Kaufpreises in der Regel durch das Gutachten eines vereidigten Sachverständigen nachzuweisen.

Nicht börsennotierte Aktien, GmbH-Geschäftsanteile, Kommanditanteile, stille Beteiligungen und Genussrechte dürfen von den Versicherungsunternehmen seit Anfang 1987 erworben werden. Das Beteiligungsunternehmen muss seinen Sitz innerhalb der EU haben. Nicht notierte Aktien müssen voll eingezahlt sein. Bei den sonstigen Beteiligungen muss das Beteiligungsunternehmen dem Versicherungsunternehmen einen Jahresabschluss zur Verfügung stellen, der in entsprechender Anwendung der für Kapitalgesellschaften geltenden Vorschriften aufgestellt und geprüft worden sein muss. Das Unternehmen muss sich verpflichten, auch künftig zu jedem Bilanzstichtag einen derartigen Jahresabschluss vorzulegen. Die Beteiligungsunternehmen dürfen nicht in unmittelbarem Zusammenhang mit dem Betrieb von Versicherungsgeschäften stehen.[28]

Seit 1987 ist ferner der Kauf von Anteilen an Beteiligungs-Sondervermögen erlaubt. Diese können Aktien erwerben sowie typische stille Beteiligungen aufnehmen und sich damit auch bei mittelständischen, nicht emissionsfähigen Unternehmen engagieren. Um den Versicherungsunternehmen ein professionelles Portefeuillemanagement zu ermöglichen, zählen schliesslich seit Anfang 1991 auch Termingeschäfte und Geschäfte mit Optionen und ähnlichen derivativen Finanzinstrumenten zu den zulässigen Versicherungsgeschäften. Beim Einsatz solcher derivativer Finanzinstrumente unterliegt das Versicherungsunternehmen allerdings besonderen Berichts- und Informationspflichten gegenüber der Aufsichtsbehörde. So sind innerbetriebliche Richtlinien für die Handhabung der Finanzinstrumente zu erarbeiten und der Aufsichtsbehörde vorzulegen. Derivative Instrumente dürfen lediglich zur

- Absicherung,
- Erwerbsvorbereitung und
  Ertragsvermehrung

eingesetzt werden. Für jeden dieser Bereiche ist der Aufsichtsbehörde quartalsweise eine Aufstellung über das Handelsvolumen und eine Ergebnisrechnung vorzulegen.[29]

Bei der Anlage des gebundenen Vermögens müssen die Versicherungsunternehmen nicht allein den Katalog zugelassener Anlagearten beachten. Darüber hinaus bestehen vielmehr für einzelne Positionen konkrete *Anlagegrenzen*, deren Überschreitung nicht erlaubt ist. So darf der Anteil der im Ausland ausgestellten Schuldverschreibungen 5 % des gebunden Vermögens nicht übersteigen. Der Höchstbetrag für Grundstücke und Anteile an Grundstückssondervermögen liegt bei jeweils 25 % des Deckungsstockvermögens und des übrigen gebundenen Vermögens.

Die differenziertesten Grenzen gelten jedoch für Anteilswerte. So dürfen Aktien, GmbH-Anteile, Kommanditanteile, stille Beteiligungen oder Genussrechte derselben Gesellschaft nur bis zu 10 % des Grundkapitals dieser Gesellschaft erworben werden. Die Obergrenze für Anteilswerte liegt im Deckungsstock und im übrigen gebundenen Vermögen bei jeweils 30 %, wobei hiervon jeweils maximal ein Drittel die nicht börsennotierten Aktien, GmbH- und Kommanditanteile, Genussrechte und stillen Beteiligungen einerseits und Anteile an Beteiligungs-Sondervermögen andererseits ausmachen dürfen.

Anteile an Gesellschaften mit Sitz ausserhalb der EU können in grösserem Umfang im übrigen gebundenen Vermögen gehalten werden. Dem Deckungsstock dürfen diese Werte nur dann zugeführt werden, wenn die entsprechenden Papiere in einem Mitgliedstaat der EU oder des EWR die Zulassung zum amtlichen Börsenhandel besitzen. Dabei dürfen die Aktien von Gesellschaften aus Nicht-EU-Staaten und Anteile an Beteiligungs- sowie Wertpapier-Sondervermögen, die überwiegend Aktien von Gesellschaften aus Nicht-EU-Staaten enthalten, ein Fünftel der jeweils für Anteilswerte im Deckungsstock und im übrigen gebundenen Vermögen zugelassenen Beträge nicht überschreiten. Eine weitere Erhöhung der ausländischen Anlagen insgesamt ist darüber hinaus seit Anfang 1991 auf der Basis des § 54a Abs. 6 VAG möglich, nach dem in Abweichung von den speziellen Höchstgrenzen 5 % der Bestände des Deckungsstocks und 20 % des übrigen gebundenen Vermögens ausserhalb der Bundesrepublik Deutschland angelegt werden können.[30]

Die für Anteilswerte geltenden Anlagegrenzen sind damit insgesamt komplex und unübersichtlich aufgebaut. Sie überschneiden sich gegenseitig und erschweren die Kapitalanlage in Versicherungsunternehmen in einem nicht unerheblichen Umfang. Über das Zusammenspiel der einzelnen Grenzwerte für Anteilswerte informiert die nachstehende Abbildung 7, in dem die allgemeine Öffnungsklausel (§ 54a Abs. 2 Nr. 14 VAG) und die erweiterten Möglichkeiten zur Kapitalanlage im Ausland (§ 54a Abs. 6 VAG) jedoch nicht enthalten sind.

	Nennbetrag ≦ 10 % des Grundkapitals der Beteiligungsgesellschaft						Anteilsbesitz an Wertpapier-Sondervermögen		Anteilsbesitz an Beteiligungs-Sondervermögen	
	Börsennotierte Aktien				Nicht börsennotierte Aktien, GmbH, Kommanditanteile, stille Beteiligungen, Genußrechte					
	EU-Börse		Nicht-EU-Börse							
	EU-Gesellschaft	Nicht-EU-Gesellschaft	EU-Gesellschaft	Nicht-EU-Gesellschaft	EU-Gesellschaft	Nicht-EU-Gesellschaft	überwiegend EU-Gesellschaften	überwiegend Nicht-EU-Gesellschaften	überwiegend EU-Gesellschaften	überwiegend Nicht-EU-Gesellschaften
Deckungsstock Anlage § 30 % des Deckungsstockvermögens	Anlage erlaubt	Anlage § 6 % des Deckungsstockvermögens	Anlage nicht erlaubt	Anlage nicht erlaubt	Anlage § 10 % des Deckungsstockvermögens	Anlage nicht erlaubt	Anlage erlaubt	Anlage incl. Aktien und Genußrechte, nachrangige Verb. § 6 % des Deckungsstockvermögens	Anlage erlaubt	Anlage incl. Aktien von Gesell. aus Nicht-EU-Staaten § 6 % des Deckungsstockvermögens
übriges gebundenes Vermögen Anlage § 30 % des gebundenen Vermögens		Anlage erlaubt	Anlage erlaubt	Anlage § 6 % des übrigen gebundenen Vermögens	Anlage § 10 % des übrigen gebundenen Vermögens	Anlage nicht erlaubt	Anlage erlaubt	Anlage incl. Aktien und Genußrechte, nachrangige Verb. § 6 % des übrigen gebundenen Vermögens	Anlage erlaubt	Anlage incl. Aktien von Gesell. aus Nicht-EU-Staaten § 10 % des übrigen gebundenen Vermögens

Abbildung 7: Anlagegrenzen von Anteilswerten (ohne § 54a Abs. 2 Nr. 14 und Abs. 6 VAG)

Um seine Überwachungspflichten wahrnehmen zu können, benötigt das Aufsichtsamt umfangreiche Informationen. Aus diesem Grund sind die Versicherungsunternehmen verpflichtet, dem Bundesaufsichtsamt vierteljährlich über die Neuanlagen und jährlich über den Vermögensbestand zu berichten, wobei nach Anlagearten und Vermögensblöcken sowie Erträgen und Aufwendungen aus den Kapitalanlagen zu differenzieren ist.[31] Darüber hinaus sind der Aufsichtsbehörde der Erwerb von Grundstücken und grundstücksgleichen Rechten, von Beteiligungen, sofern der Nennbetrag der Beteiligung 10 % des Nennkapitals der fremden Gesellschaft übersteigt, sowie die Anlage bei verbundenen Unternehmen (§ 15 AktG) anzuzeigen. Schliesslich verlangt das KWG auch von den Versicherungsunternehmen die vierteljährliche Meldung der sogenannten Millionenkredite (§§ 2, 14 KWG).

Solvabilitätsvorschriften zur Sicherstellung der Erfüllbarkeit von Verpflichtungen aus Versicherungsverträgen

Der Begriff der Solvabilität

Die bisherigen Ausführungen zu den aufsichtsrechtlichen Normen im Rahmen des laufenden Geschäftsbetriebs von Versicherungsunternehmen bezogen sich auf die Kapitalanlagen. Gegenstand des Risikomanagements von Versicherungsunternehmen sind aber nicht nur die Kapitalanlagen, denn die Versicherungsunternehmen unterliegen während ihrer Tätigkeit zahlreichen weiteren Risiken. Neben dem Kapitalanlagerisiko und dem allgemeinen, in sich ändernden Marktverhältnissen begründeten Unternehmensrisiko sind hier das Betriebskostenrisiko und vor allem auch das versicherungstechnische Risiko zu nennen. Das versicherungstechnische Risiko beinhaltet die Gefahr, dass die Versicherungsfälle häufiger als erwartet auftreten und die kalkulierten Risikoprämien nicht mehr ausreichen. Das Betriebskostenrisiko bezeichnet die Gefahr einer unzureichenden Deckung der Betriebskosten durch die kalkulierten und vereinnahmten Kostenzuschläge.

Sofern die Risiken auftreten, muss ein Versicherungsunternehmen in ausreichender Höhe über Eigenmittel verfügen, um die entstehenden Ertragseinbussen ausgleichen zu können. Ziel der Solvabilitätsvorschriften ist es aus diesem Grund, bei einem bestimmten Risikogehalt des Versicherungsgeschäftes die dazu erforderliche Höhe der Eigenmittel zu definieren bzw. bei einem feststehenden Eigenmittelbestand die maximal akzeptable Risikohöhe festzulegen. Dazu müssen die berücksichtigungsfähigen Eigenmittel und der anzuwendende Berechnungsvorgang bestimmt werden.[32] Hieraus ergibt sich der direkte Bezug der Solvabilitätsvorschriften zum Risikomanagement eines Versicherungsunternehmens, denn bei der Übernahme von Risiken ist zu berücksichtigen, welche Auswirkungen dies auf die vorzuhaltenden Eigenmittel hat.

Unter dem Begriff «Solvabilität» wird allgemein die Fähigkeit eines Versicherungsunternehmens, die durch den Abschluss von Versicherungsverträgen eingegangenen Verpflichtungen erfüllen zu können, verstanden. Auch bei vorsichtiger Kalkulation kann der effektive Gesamtschaden eines Versichertenkollektivs erheblich grösser als der Schadenerwartungswert sein. Die Solvabilität ist das Sicherheitskapital, das in der Lage sein muss, solche Überschreitungen zu kompensieren.[33] Konkret handelt es sich bei der Solvabilität um die Eigenmittelausstattung eines Versicherungsunternehmens, also um die Differenz zwischen den Vermögenswerten und den Verbindlichkeiten.

Unter aufsichtsrechtlicher Sichtweise gewährleistet die Einhaltung einer zu definierenden Solvabilität also eine bestimmte Mindest-Unternehmenssicherheit. Hierzu wird den Versicherungsunternehmen eine einzuhaltende Solvabilitätsspanne vorgegeben, deren Höhe sich aus dem Geschäftsumfang ergibt. Die Solvabilitätsspanne ist ein Indikator für das individuelle Gesamtrisiko des Versicherungsunternehmens. In Höhe der Solvabilitätsspanne muss ein Versicherungsunternehmen über freie unbelastete Eigenmittel verfügen. Aus welchen Komponenten sich diese Eigenmittel zusammensetzen, wird im nächsten Abschnitt erläutert.

Die anrechnungsfähigen Eigenmittel

Die anrechnungsfähigen Eigenmittel eines Versicherungsunternehmens werden im § 53c Abs. 3 VAG definiert und durch das Bundesaufsichtsamt im Rundschreiben 2/88 für die Lebensversicherung sowie 3/88 für die Schadendirekt- und Krankenversicherung präzisiert und erläutert. Dem gesetzlichen Katalog der Eigenmittel kommt aber kein abschliessender Charakter zu. Vielmehr kann die Aufsichtsbehörde auch weitere, für einen Verlustausgleich geeignete Passiva als Eigenmittel anerkennen. Über die derzeit generell vom Bundesaufsichtsamt bei einer Versicherungs-Aktiengesellschaft akzeptierten Positionen gibt die nachstehende Abb. 8 Auskunft. Zu unterscheiden sind explizite und implizite Mittel. Während die expliziten Mittel in der Bilanz offen ausgewiesen und generell als Sicherungsmittel anerkannt werden, sind die impliziten Mittel aus der Bilanz nicht ersichtlich. Sie müssen bei der zuständigen Aufsichtsbehörde beantragt und nachgewiesen werden.

I. **Explizite Eigenmittel**
   Grundkapital
   - 50 % der ausstehenden Einlagen auf das Grundkapital
   - Besitz an eigenen Aktien (nur Versicherungs-AG)
   + Kapital- und Gewinnrücklagen
   + Gewinnvortrag
   + Genussrechtskapital
   + nachrangige Verbindlichkeiten
   + Sonderposten mit Rücklageanteil nach Versteuerung
   + freie Teile der Rückstellung für Beitragsrückerstattung (nur Lebensversicherung)
   - immaterielle Vermögenswerte (aktivierte Kosten der Ingangsetzung, aktivierter Geschäfts- oder Firmenwert, Bilanzverlust, Beteiligungen)

II. **Implizite Eigenmittel**
   stille Reserven
   + künftige Überschüsse (nur Lebensversicherung)
   + Unterschiedsbetrag aus Abschlusskosten (nur Lebensversicherung)

III. **Gesamtbetrag der Eigenmittel**

Abbildung 8: Eigenmittel von Versicherungs-Aktiengesellschaften nach § 53c VAG

Den Ausgangspunkt zur Berechnung der expliziten Mittel bildet das Grundkapital, das zunächst in seiner nominellen Höhe zu erfassen ist. Der nicht eingezahlte Teil des Grundkapitals steht zum Verlustausgleich nicht zur Verfügung und müsste von daher vollständig in Abzug gebracht werden. Allerdings besitzt das Versicherungsunternehmen in entsprechender Höhe eine einklagbare Forderung, der sich die Aktionäre zwar prinzipiell nicht entziehen können, deren Durchsetzung jedoch nicht endgültig gesichert ist. Um dem Unsicherheitsmoment Rechnung zu tragen, müssen 50 % der ausstehenden Einlagen vom nominellen Grundkapital abgezogen werden.[34] Darüber hinaus ist vom Grundkapital der Betrag eigener Aktien abzusetzen. Dadurch soll verhindert werden, dass ein der Aktivierung eigener Aktien entsprechender Wert an die Aktionäre ausgeschüttet wird. Die Rücklage für eigene Anteile darf nicht zur Verlustdeckung verwendet werden und scheidet daher als Eigenmittelbestandteil aus.

In Analogie zum Grundkapital einer Aktiengesellschaft ist der Gründungsstock eines Versicherungsvereins auf Gegenseitigkeit das von den Mitgliedern zur Vereinsgründung bereitgestellte Kapital. Demzufolge beginnt bei einem VVaG die Berechnung der Eigenmittel mit dem eingezahlten Teil des Gründungsstocks. Bei öffentlich-rechtlichen Versicherungsunternehmen ist vom eingezahlten Betrag des dem Grundkapital einer Aktiengesellschaft entsprechenden Postens auszugehen. Sofern sich die Einzahlung auf mindestens 25 % beläuft, kann entsprechend dem Vorgehen bei einer Versicherungs-Aktiengesellschaft die Hälfte des nicht eingezahlten Teils zusätzlich berücksichtigt werden.

Bei den Rücklagen darf der sog. Organisationsfonds, der den Aufbau eines Versicherungsunternehmens finanzieren soll, nicht erfasst werden. Als Gewinnvortrag ist der Teil des Bilanzgewinns zu erfassen, der auf das folgende Geschäftsjahr vorgetragen oder durch Beschluss des obersten Organs eines Versicherungsunternehmens den Gewinnrücklagen zugewiesen worden ist.

Seit dem Beginn des Jahres 1987 gilt auch Genussrechtskapital als Eigenkapitalbestandteil. Kapital, das gegen die Gewährung von Genussrechten eingezahlt ist, ist jedoch nur dann den Eigenmitteln zuzurechnen,

- wenn es bis zur vollen Höhe am Verlust teilnimmt,
- wenn es erst nach Befriedigung der Gläubiger eines Versicherungsunternehmens zurückgefordert werden kann,
- wenn die Ursprungslaufzeit mindestens 5 Jahre und die Restlaufzeit mindestens 2 Jahre beträgt,

- wenn das Versicherungsunternehmen auf die Rechtsfolgen ausdrücklich und schriftlich hingewiesen hat und,
- das Genussrechtskapital 25 % der eingezahlten Eigenmittel nicht überschreitet. Die Aufsichtsbehörde kann aber in Ausnahmefällen und vorübergehend, insbesondere für die Realisierung von Solvabilitäts- oder Finanzierungsplänen, einen Anteil des Genussrechtskapitals an den Eigenmitteln von bis zu 50 % genehmigen.

Unter ähnlichen Voraussetzungen können seit 1994 auch nachrangige Verbindlichkeiten den Eigenmitteln zugerechnet werden.

Der Sonderposten mit Rücklageanteil enthält Gewinnanteile, die erst nach einer mehr oder weniger langen Zeit zu versteuern sind. Sie ergeben sich häufig aus der Realisierung stiller, auf andere Wirtschaftsgüter übertragbarer Reserven. Sofern eine Übertragung nicht stattfindet, sind die jeweiligen Bestandteile des Sonderpostens mit Rücklageanteil ertragswirksam aufzulösen und zu versteuern. Werden die Sonderposten dagegen innerhalb einer bestimmten Frist übertragen, erfolgt die Versteuerung durch eine Minderung der zukünftigen Abschreibungen. Generell beinhaltet damit der Sonderposten mit Rücklageanteil sowohl Fremd- als auch Eigenkapitalkomponenten. In Höhe des Steueranteils ist er als Rückstellung, in Höhe des nach Versteuerung verbleibenden Betrages als Rücklage zu interpretieren. Da als Eigenmittel nur Eigenkapital- und niemals Fremdkapitalpositionen erfasst werden können, rechnet nach Ansicht des BAV nur der um den Steueranteil verminderte Sonderposten zu den expliziten Mitteln.[35] Der Sinn der Verminderung der Sonderposten um den Steueranteil ist aber umstritten, da es der Zweck der Eigenmittel ist, Verluste auszugleichen. Wird aber im Falle eines Verlustes der Sonderposten zwecks Verlustausgleich aufgelöst, so fallen keine Ertragsteuern an, da das Versicherungsunternehmen keinen Gewinn erwirtschaftet hat, d.h. der Sonderposten steht in voller Höhe zur Verfügung. Folglich könnte auch eine Ansetzung des Sonderpostens in voller Höhe begründet werden.[36] Dennoch besteht das BAV auf seiner oben dargestellten Ansicht.

Die Berücksichtigung der freien Teile der Rückstellung für Beitragsrückerstattung geht auf die hohen Überschüsse der Lebensversicherungsunternehmen zurück. Diese werden zwar im Rahmen der Überschussbeteiligung zu grossen Teilen an die Versicherten zurückgezahlt, allerdings liegt i.d.R.

zwischen Entstehung und Auszahlung eine mehrjährige Zeitspanne, in der die in der Rückstellung für Beitragsrückerstattung angesammelten Gewinne noch zur Deckung von Verlusten herangezogen werden können. Über die Höhe der Rückerstattung beschliessen die zuständigen Organe eines Lebensversicherungsunternehmens in der Regel allerdings bereits ein bis zwei Jahre vor der Ausschüttung. Diese Beträge können zwar noch im Krisenfall eingesetzt werden, dies hätte aber einen erheblichen Vertrauensverlust zur Konsequenz. Als Eigenmittel gelten daher nur die freien Teile der Rückstellung für Beitragsrückerstattung, d.h. also diejenigen Beträge, die noch nicht für die Überschussbeteiligung der Versicherten deklariert sind.[37]

In der von Versicherungsvereinen oder von öffentlich-rechtlichen Versicherungsunternehmen betriebenen Schadenversicherung werden als weitere Eigenkapitalkomponente 50 % der gegebenenfalls zu leistenden Nachschüsse anerkannt, wobei dieser Betrag jedoch maximal die Hälfte der expliziten Mittel ausmachen darf. Unabhängig von der Rechtsform und den Versicherungszweigen müssen die immateriellen Werte in Abzug gebracht werden, da diese im Falle eines Verlustes als nicht realisierbar erscheinen. Im einzelnen handelt es sich hierbei um die aktivierten Kosten der Ingangsetzung, einen aktivierten Geschäfts- oder Firmenwert oder aktivierte EDV-Software. Auch ein Bilanzverlust wird in diesem Zusammenhang als immaterieller Wert interpretiert.

Begründet in dem Prinzip der Spartentrennung muss ein Versicherungsunternehmen, das beabsichtigt, in einer neuen Sparte tätig zu werden, ein neues Versicherungsunternehmen gründen oder sich bei einem anderen Unternehmen beteiligen. Als Folge daraus bestehen zwischen den Versicherungsunternehmen erhebliche kapitalmässige Verflechtungen. Dadurch steht das Eigenkapital jedoch nicht mehr ausschliesslich zur Deckung von Risiken eines Versicherungsunternehmens zur Verfügung, so dass ebenso wie im Bankwesen eine aufsichtsrechtliche Konsolidierung erforderlich wäre.[38] Das Bundesaufsichtsamt hält es auch prinzipiell für notwendig, an dieser Stelle der Eigenmittelberechnung den Buchwert der Beteiligungen in Abzug zu bringen und damit Eigenmittel in entsprechender Höhe vollständig für die Tochterunternehmen zu reservieren (Abzugsverfahren). Als Konsolidierungsschwelle wird dabei teilweise bereits eine Beteiligungsquote von 10 % gefordert. Allerdings hat sich die aufsichtsrechtliche Konsolidierung von Versicherungsunternehmen bisher noch nicht durchgesetzt. Das Bundesaufsichtsamt duldet es bis auf weiteres, dass Beteiligungen an Versicherungsunternehmen nicht von den Eigenmitteln abgesetzt werden. Die Versicherungsunternehmen müssen dem Aufsichtsamt jedoch die Beträge der Beteiligungen mitteilen.

Das erste Element der impliziten, nicht aus der Bilanz ersichtlichen Eigenmittel stellen die stillen Reserven dar. Stille Reserven resultieren bei Versicherungsunternehmen insbesondere aus einer Unterbewertung der Aktiva, indem Vermögenswerte bewusst niedriger als es dem Zeitwert entspricht bewertet werden oder weil aufgrund des Anschaffungskostenprinzips der höhere Tageswert nicht angesetzt werden darf. Daneben können stille Reserven prinzipiell ebenfalls durch eine Überbewertung der Passiva entstehen. Eine Erfassung der in den vorsichtig bemessenen versicherungstechnischen Rückstellungen enthaltenen Unsicherheitsaufschläge ist allerdings ausgeschlossen, da es sich hierbei um notwendige Schätzungsreserven und nicht um stille Reserven handelt.[39] Als problematisch erweist sich die Ermittlung der in den Aktiva enthaltenen stillen Reserven, denn teilweise handelt es sich um schwer erfassbare Werte (z.B. Grundstücke), teilweise unterliegen die Vermögenspositionen starken Wertschwankungen (z.B. Wertpapiere). Stille Reserven werden vom Bundesaufsichtsamt daher nur in besonderen Ausnahmesituationen, d.h. wenn die übrigen Positionen nicht ausreichen, und auf Antrag als Eigenmittel anerkannt. Abzuziehen sind von den nachgewiesenen Beträgen generell die Steuern und die Verkaufskosten.

Neben den stillen Reserven zählen bei Lebensversicherungsunternehmen auch die künftigen Überschüsse und der Unterschiedsbetrag aus Abschlusskosten zu den impliziten Mitteln. Ausschlaggebend für die Möglichkeit, künftige Überschüsse (Ü) als Eigenmittel erfassen zu können, sind die äusserst vorsichtigen Kalkulationsgrundlagen einer Lebensversicherungsprämie sowie die vergleichsweise lange Laufzeit der Verträge, denn dadurch kann von einer langfristigen Konstanz der Überschüsse und damit des zufliessenden neuen Verlustausgleichspotentials ausgegangen werden. Der anrechnungsfähige Betrag wird folgendermassen berechnet:[40]

$$\ddot{U} = \frac{1}{2} \cdot \frac{1}{5} \cdot \sum_{t=n-4}^{n} \left(J\ddot{U} + AfB_t \right) \cdot \min\{D;10\}$$

Der geschätzte jährliche Überschuss ergibt sich zunächst aus dem arithmetischen Mittel der Jahresüberschüsse ($J\ddot{U}_t$) und der Aufwendungen für die

Überschussbeteiligung (AfB$_t$) der letzten fünf Jahre. Massgebend sind ausschliesslich die Überschüsse aus dem selbst abgeschlossenen Geschäft. Aufwendungen und Erträge aus dem in Rückdeckung übernommenen Geschäft und aus dem Vermittlungsgeschäft bleiben unberücksichtigt. Der durchschnittliche Überschuss ist anschliessend mit der durchschnittlichen Restlaufzeit (D) der Versicherungsverträge, maximal jedoch mit dem Faktor 10 zu multiplizieren. Als durchschnittliche Restlaufzeit gilt dabei nach dem Rundschreiben 2/88 des BAV «das mit den jährlichen Beiträgen gewichtete Mittel der Restlaufzeiten unter Berücksichtigung der im Durchschnitt der vergangenen fünf Jahre vorzeitig erloschenen Verträge». Die künftigen Überschüsse werden schliesslich zur Hälfte als implizite Eigenmittel anerkannt. Die Reduzierung um 50 % stellt einen Sicherheitsabschlag dar.

Die Abschlusskosten eines Versicherungsvertrags werden kalkulatorisch vom Versicherungsnehmer während der gesamten Versicherungsdauer gezahlt, bilanziell jedoch in der Regel bereits in den ersten Vertragsjahren von der Deckungsrückstellung abgezogen (Zillmerung). Sofern ein Lebensversicherungsunternehmen auf die sofortige Kürzung der Deckungsrückstellung verzichtet und somit Erträge in die Zukunft verlagert, kann es den Unterschiedsbetrag zwischen der ungezillmerten und der gezillmerten Deckungsrückstellung bei der Errechnung der impliziten Eigenmittel berücksichtigen. Von dieser Differenzgrösse ist allerdings ein eventuell auf der Aktivseite ausgewiesener Betrag abzuziehen, der die entsprechenden Forderungen des Versicherungsunternehmens an die Versicherten zum Ausdruck bringt («noch nicht fällige Ansprüche an Versicherungsnehmer»). Der Unterschiedsbetrag aus Abschlusskosten hat allerdings für deutsche Versicherungsunternehmen nur eine geringe Bedeutung, da die Deckungsrückstellung in den meisten Fällen unter Abzug der Abschlusskosten ausgewiesen wird.

Die Ermittlung der Solvabilitätsspanne

Die Solvabilitätsspanne ergibt sich aus mehreren Rechenschritten, wobei keine Differenz zweier Zahlen gebildet wird, so dass der Ausdruck «Spanne» strenggenommen unzutreffend ist. Der grundsätzliche Berechnungsvorgang der Solvabilitätsspanne ist in der Kapitalausstattungsverordnung niedergelegt. Zu unterscheiden sind die Vorschriften für die Lebensversicherung und die Vorschriften für alle anderen Versicherungssparten. Entsprechend wird die Kapitalausstattungsverordnung im Rundschreiben R 2/88 des BAV für die Lebensversicherung und R 3/88 für die Schadendirekt- und Krankenversicherung erläutert.

Die Solvabilitätsspanne in der Lebensversicherung

Zur Berechnung der Solvabilitätsspanne sind in der Lebensversicherung drei Bereiche zu differenzieren:[41]

- Lebensversicherungen ohne fondsgebundene Lebensversicherungen und ohne Zusatzversicherungen,
- Zusatzversicherungen,
- fondsgebundene Lebensversicherungen.

Das Mindesteigenkapital für die Gesamtheit der Lebensversicherungen mit Ausnahme der Zusatzversicherungen und fondsgebundenen Lebensversicherungen ergibt sich aus der Addition des sog. ersten und zweiten Ergebnisses. Das erste Ergebnis erfasst das Kapitalanlagerisiko und errechnet sich folgendermassen:

$$S_1^{LV} = 0{,}04 \cdot MR_B^{LV} \cdot \max\left\{\frac{MR_N^{LV}}{MR_B^{LV}}; 0{,}85\right\}$$

S = Solvabilitätsspanne
LV = Lebensversicherungen
MR = mathematische Reserven
B = Brutto
N = Netto

Als mathematische Reserven (MR) gelten diejenigen Teile der versicherungstechnischen Rückstellungen, die mathematisch berechnet werden. Dies trifft für die Deckungsrückstellung und die um die Kostenanteile verminderten Beitragsüberträge zu. Beide Beträge zusammengenommen repräsentieren die dem Versicherungsunternehmen für eine gewisse Zeit überlassenen Gelder. Die Anlage dieser Mittel kann zu Verlusten führen, die nicht auf die Versicherungsnehmer durchschlagen dürfen und insoweit durch ausreichende Eigenmittel aufzufangen sind.

Durch Rückversicherungsnahme werden Teile des Kapitalanlagerisikos auf andere Versicherungsunternehmen übertragen, so dass der zur Abdeckung von Verlusten notwendige Betrag sinkt. Die Höhe des verbleibenden Risikos lässt sich ermitteln, indem die brutto, d.h. ohne Beachtung der Rückversicherung berechneten mathematischen Reserven mit dem Verhältnis der mathematischen Reserven nach und vor Abzug der Rückversicherung multipliziert werden. Der Quotient darf dabei nicht niedriger als 85 % sein, so dass die Rückversicherung maximal in Höhe von 15 % Berücksichtigung findet.

Die notwendigen Eigenmittel belaufen sich schliesslich auf 4 % der anrechnungspflichtigen mathematischen Reserven eines Versicherungsunternehmens.

Das zweite Ergebnis berücksichtigt das versicherungstechnische Risiko, also die Gefahr, dass Versicherungsleistungen aus Eigenmitteln bestritten werden müssen, weil die kalkulierten Risikoprämien nicht ausreichen. Die notwendige (Teil-)Solvabilitätsspanne berechnet sich nach folgender Vorschrift:

$$S_2^{LV} = \sum_{i=1}^{3} k_i \cdot \left(VS_B^{LV} - MR_B^{LV}\right) \cdot \max\left\{\frac{RK_N^{LV}}{RK_B^{LV}}; 0{,}5\right\}$$

k = Mindesteigenmittel
i = Laufzeit
VS = Versicherungssumme
RK = riskiertes Kapital

Das dem versicherungstechnischen Risiko unterliegende riskierte Kapital (RK) ergibt sich für einen Lebensversicherungsvertrag aus der Differenz zwischen der Versicherungssumme (VS) und der mathematischen Reserve. Das versicherungstechnischen Risiko im Sinne einer tatsächlich geringeren Lebensdauer der Versicherungsnehmer gilt für alle selbst abgeschlossenen oder in Rückdeckung übernommenen Todesfallversicherungen, so dass Versicherungen auf den Erlebensfall (Rentenversicherungen) nicht zu erfassen sind. In einer gemischten Lebensversicherung baut sich die Versicherungssumme unter Berücksichtigung einer Verzinsung von 3,5 % bzw. 4 % bei neueren Verträgen kontinuierlich während der Vertragslaufzeit auf. Bei diesen Versicherungen wird das riskierte Kapital folglich im Zeitablauf immer geringer.

Die Höhe des versicherungstechnischen Risikos sinkt durch Rückversicherungsnahme. Dies wird ebenso wie beim ersten Ergebnis bei der Berechnung der notwendigen Eigenmittel berücksichtigt, indem das ohne Beachtung der Rückversicherungsnahme errechnete Risikokapital mit dem Verhältnis von Eigenbehalt und Brutto-Risikokapital multipliziert wird. Der Multiplikator errechnet sich folgendermassen:[42]

$$\frac{RK_N^{LV}}{RK_B^{LV}} = \frac{VS_N^{LV} - MR_N^{LV}}{VS_B^{LV} - MR_B^{LV}}$$

Durch die Rückversicherung kann das riskierte Kapital maximal um 50 % sinken, d.h. der anzusetzende Faktor muss mindestens 0,5 betragen. Das versicherungstechnische Risiko hängt letztlich auch von der Laufzeit der Verträge ab. Daher stimmt das notwendige Mindesteigenkapital nicht bei allen Verträgen überein, sondern steigt mit zunehmender Vertragslaufzeit an. Es beträgt bei einer Laufzeit von

- bis zu 3 Jahren: 1 ‰,
- über 3 Jahren bis 5 Jahren: 1,5 ‰,
- über 5 Jahren: 3 ‰ des anrechnungspflichtigen Risikokapitals.

Häufig werden Lebensversicherungen mit bestimmten Zusatzversicherungen wie der Berufsunfähigkeits-, Unfall- oder Invaliditätszusatzversicherung gekoppelt. Bei den Zusatzversicherungen entsteht kein zu schützendes Anlagekapital, es tritt jedoch die Gefahr der Fehlschätzung der Prämie auf. Dieses versicherungstechnische Risiko wird bei der Berechnung der Solvabilitätsspanne in folgender Weise erfasst:

$$S^Z = \left(0{,}18 \cdot \min\left\{10\,\text{Mio. ECU}; BB^Z\right\} + 0{,}16 \cdot \max\left\{0; BB^Z - 10\,\text{Mio. ECU}\right\} \right)$$
$$\cdot \max\left\{\frac{AV_N^Z}{AV_B^Z}; 0{,}5\right\}$$

BB = Bruttobeiträge
AV = Aufwendungen für Versicherungsfälle
Z   = Zusatzversicherungen

Als Massstab für die Höhe des versicherungstechnischen Risikos fungieren die Brutto-Beitragseinnahmen aus dem selbst abgeschlossenen und in Rückdeckung übernommenen Zusatzversicherungsgeschäft des letzten Geschäftsjahres abzüglich der stornierten Beiträge. Die Höhe der erforderlichen Eigenmittel hängt vom Umfang des Zusatzversicherungsgeschäftes ab, wobei zwei Gruppen gebildet werden. In der ersten Gruppe werden die Beitragseinnahmen bis zu 10 Mio. ECU, in der zweiten Gruppe die 10 Mio. ECU übersteigenden Beitragseinnahmen erfasst. In der Gruppe bis 10 Mio. ECU sind Eigenmittel in Höhe von 18 %, darüber hinaus von 16 % der anrechnungspflichtigen Beitragseinnahmen zu bilden.

Den Umrechnungskurs für den ECU gibt nach § 53c Abs. 2 VAG der Bundesminister der Finanzen bekannt. Er entspricht dem Kurs am letzten Tag des Monats Oktober des jeweils abgelaufenen Geschäftsjahres. Der anzusetzende Wechselkurs beträgt aber mindestens 3,66 DM für 1 ECU, so dass die Grenze der Bruttobeiträge in Deutschland mindestens bei 36,6 Mio. DM liegt. Bislang hat der tatsächliche Gegenwert des ECU die Grenze von 3,66 DM noch nie überschritten, so dass sich der anzusetzende Wechselkurs in der Praxis nicht am realen Wechselkurs orientiert. Der an den realen Wechselkursen gemessene Gegenwert von 10 Mio. ECU würde weitaus kleiner als 36,6 Mio. DM sein. Die Untergrenze für den Wechselkurs wurde festgesetzt, weil die Solvabilitätsspanne sonst im Zuge der Einführung des ECU als Rechnungseinheit geringer geworden wäre.[43]

Die Rückversicherungsnahme geht über die Aufwendungen für Versicherungsfälle in die Berechnungsvorschrift ein. Dabei werden die ohne Beachtung der Rückversicherung notwendigen Eigenmittel mit dem Verhältnis der Aufwendungen für eigene Rechnung und den Bruttoaufwendungen für Zusatzversicherungen, mindestens jedoch mit 0,5, multipliziert.

In der fondsgebundenen Lebensversicherung (FL) erhält der Versicherungsnehmer im Erlebensfall keine garantierte Versicherungssumme, sondern eine bestimmte Anzahl von Anteilen an einem Investmentfonds. Die Berechnung dieser (Teil-)Solvabilitätsspanne entspricht im Prinzip den sonstigen Lebensversicherungen. Zu unterscheiden sind wiederum ein erstes und ein zweites Ergebnis, wobei das erste Ergebnis in folgender Weise berechnet wird:

$$S_1^{FL} = 0{,}01 \cdot MR_N^{FL} \cdot \max\left\{\frac{MR_N^{FL}}{MR_B^{FL}}; 0{,}85\right\}$$

Das erste Ergebnis basiert auf den mathematischen Reserven, also auf der Deckungsrückstellung und auf den um die Kostenanteile verminderten Beitragsüberträgen. Die mathematischen Reserven sind um die Rückversicherungsnahme zu korrigieren, maximal wird jedoch eine Kürzung um 15 % berücksichtigt. Übernimmt das Versicherungsunternehmen dabei kein Anlagerisiko, belaufen sich die notwendigen Eigenmittel nur auf 1 % und nicht – wie bei den übrigen Lebensversicherungen – auf 4 % der anrechnungspflichtigen mathematischen Reserven. Die Kürzung des Mindestbetrages resultiert daraus, dass der Versicherungsnehmer bei solchen Versicherungen das Kapitalanlagerisiko trägt und der Versicherer nur noch das Betriebskostenrisiko abdecken muss, das sich zudem bei kurzfristigen Versicherungen sehr sicher kalkulieren lässt. Daher ist eine (Teil-)Solvabilitätsspanne nur bei fondsgebundenen Lebensversicherungen mit einer Laufzeit von mehr als 5 Jahren zu bilden. In den Fällen, in denen der Versicherer einen Teil des Anlagerisikos übernimmt, bleibt es jedoch bei der Bildung von Eigenmitteln in Höhe von 4 % der mathematischen Reserven.[44]

Das zweite Ergebnis dient ebenso wie bei den anderen Lebensversicherungen der Abdeckung des versicherungstechnischen Risikos. Folgender Berechnungsweg ist vorgeschrieben:

$$S_2^{FL} = 0{,}003 \cdot \left(VS_B^{FL} - VS_N^{FL}\right) \cdot \max\left\{\frac{RK_N^{FL}}{RK_B^{FL}}; 0{,}5\right\}$$

Die Ermittlung des zweiten Ergebnisses stimmt formal vollständig mit der Vorgehensweise bei den übrigen Lebensversicherungen überein. Lediglich der Mindestbetrag an Eigenmitteln steigt hier nicht mit der Laufzeit der Verträge an, sondern beträgt einheitlich 3 ‰ des anrechnungspflichtigen Risikokapitals.

Die von einem Lebensversicherungsunternehmen mit Eigenmitteln zu bedeckende Solvabilitätsspanne ergibt sich insgesamt aus der Addition der Sollgrössen für die verschiedenen Versicherungszweige:

$$S = S_1^{LV} + S_2^{LV} + S^Z + S_1^{FL} + S_2^{FL}$$

Für die 1994 in den Kreis der Versicherungsgeschäfte aufgenommenen Tontinengeschäfte gilt eine einfachere Regelung. Ein Tontinengeschäft läuft folgendermassen ab: Eine Gruppe von Personen zahlt einen bestimmten Betrag ein. Dieser Geldbetrag wird zu einem bei Beginn des Geschäfts festzusetzenden Termin zu gleichen Teilen an die überlebenden Mitglieder der Gruppe ausbezahlt. Die geforderte Solvabilität von Unternehmen, die solche Geschäfte betreiben, liegt bei 1 % des verwalteten Vermögens der Gemeinschaft.

Unterschreiten die verfügbaren Eigenmittel die notwendige Solvabilitätsspanne, so hat das Versicherungsunternehmen auf Verlangen der Aufsichtsbehörde einen Plan zur Wiederherstellung gesunder Finanzverhältnisse zur Genehmigung vorzulegen (§ 81b Abs. 1 VAG). Dieser sogenannte Solvabilitätsplan kann sowohl die Aufstockung der Eigenmittel als auch eine Änderung der Geschäftspolitik und damit einhergehend eine Verringerung der Solvabilitätsspanne zum Inhalt haben. Dabei existiert keine Vorgabe, in welcher Frist die Sanierung durchzuführen ist, d.h. die Aufsichtsbehörde hat einen Ermessensspielraum. Sie wird also auch erst längerfristig wirkende Massnahmen genehmigen, wenn sie von deren Wirksamkeit überzeugt ist.[45]

Die Solvabilitätsspanne in der Schadendirekt- und der Krankenversicherung

Während sich die Solvabilitätsspanne in der Lebensversicherung aus fünf Rechenschritten ergibt, sind in der Schaden- und Krankenversicherung nur zwei Berechnungen durchzuführen. Im Unterschied zur Lebensversicherung führt dabei nicht die Addition, sondern der Vergleich der beiden Ergebnisse zur Solvabilitätsspanne, denn ausschliesslich der jeweils höhere Betrag gibt die Mindestausstattung an Eigenmitteln an.

Das erste Ergebnis wird als Beitragsindex (B) bezeichnet. Die Berechnung des Beitragsindexes stimmt prinzipiell mit der (Teil-)Solvabilitätsspanne für Zusatzversicherungen in der Lebensversicherung überein. Der Beitragsindex ist folgendermassen zu ermitteln:

$$S^B = \left(0{,}18 \cdot \min\{10\,\text{Mio. ECU}; BB\} + 0{,}16 \cdot \max\{0; BB - 10\,\text{Mio. ECU}\}\right) \cdot \max\left\{\frac{AV_N}{AV_B}; 0{,}5\right\}$$

Massgebend sind die gesamten Bruttobeiträge aus dem selbst abgeschlossenen und dem in Rückdeckung übernommenen Versicherungsgeschäft abzüglich der stornierten Beiträge. Die Bruttobeiträge werden unterteilt in solche bis zu 10 Mio. ECU und in solche, die 10 Mio. ECU überschreiten. Die notwendigen Eigenmittel betragen für die ersten 10 Mio. ECU an Bruttobeiträgen 18 %. Sofern die Bruttobeiträge über diesen Wert hinausgehen, gilt für den übersteigenden Betrag ein Mindestsatz von 16 %. Eine Besonderheit ist bei Krankenversicherungsunternehmen zu beachten, die nur 1/3 der sich aus diesen Rechenschritten ergebenden Beträge an Eigenmitteln besitzen müssen.

Die Rückversicherungsnahme fliesst durch das Verhältnis der Aufwendungen für Versicherungsfälle für eigene Rechnung und den Bruttoaufwendungen in die Rechnung ein. Der Multiplikator muss jedoch mindestens 0,5 betragen.

Das zweite Ergebnis greift auf die Zahlungen für Versicherungsfälle zurück und gilt daher als Schadenindex (S). Die Mindesthöhe der Eigenmittel wird folgendermassen berechnet:

$$S^{Sch} = \left(0{,}26 \cdot \min\{7\,\text{Mio. ECU}; ZV_D\} + 0{,}23 \cdot \max\{0; ZV_D - 10\,\text{Mio. ECU}\}\right)$$
$$\cdot \max\left\{\frac{AV_N}{AV_B}; 0{,}5\right\}$$

Die Höhe der Solvabilitätsspanne wird grundsätzlich bestimmt durch die Zahlungen für Versicherungsfälle (ZV) aus dem selbst abgeschlossenen und aus dem in Rückdeckung übernommenen Versicherungsgeschäft. Heranzuziehen ist dabei das arithmetische Mittel der Zahlungen in den letzten drei bzw. in Unternehmen, die im wesentliche nur Sturm-, Hagel- und Frostrisiken übernehmen, in den letzten sieben Geschäftsjahren. Ebenso wie beim ersten Ergebnis erfolgt wiederum eine Differenzierung nach der Höhe der Zahlungen. In der ersten Gruppe werden die Zahlungen für Versicherungsfälle bis zu 7 Mio. ECU (25,62 Mio. DM), in der zweiten Gruppe die darüber hinausgehenden Zahlungen erfasst. Betragen die Zahlungen für Versicherungsfälle maximal 7 Mio. ECU, so sind 26 % der Versicherungsleistungen an Eigenmitteln vorzuhalten, darüber hinausgehende Zahlungen sind mit 23 % Eigenmitteln zu bedecken. Krankenversicherungsunternehmen müssen nur 1/3 des für Schadenversicherer geltenden Mindestbetrages an Eigenmitteln besitzen.

Die Inanspruchnahme von Rückversicherungsschutz reduziert über die brutto- und nettoberechneten Aufwendungen für Versicherungsfälle die Solvabilitätsspanne um maximal 50 %. Je nachdem, welcher Wert höher ausfällt, ist die Solvabilitätsspanne nach dem Beitrags- oder dem Schadenindex zu bilden.

$$S = \max\{S^B; S^{Sch}\}$$

Als Faustregel kommt bis zu einer Schadenquote von etwa 70 % der Beitragsindex, bei höheren Schadenquoten der Schadenindex zum Zuge. Entsprechend der Regelung bei der Lebensversicherung kann die Aufsichtsbehörde die Vorlage eines Solvabilitätsplans verlangen, sofern die notwendigen Eigenmittel nicht vorhanden sind.

Der Garantiefonds

Ebenso wie bei der Solvabilitätsspanne handelt es sich beim Garantiefonds um einen Sollbetrag. Der Garantiefonds bezeichnet zum einen eine kritische Schwelle der Solvabilität und gibt zum anderen an, in welcher Höhe ein Versicherungsunternehmen über bestimmte Eigenmittel verfügen muss (vgl. Abbildung 9).

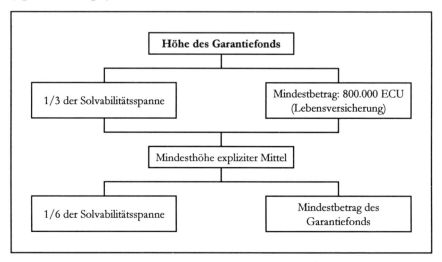

Abbildung 9: Aufbau des Garantiefonds

Nach § 53c Abs. 1 VAG beträgt der Garantiefonds 1/3 der Solvabilitätsspanne, er ist jedoch grundsätzlich nicht niedriger als der bereits bei Gründung eines Versicherungsunternehmens nachzuweisende Betrag an Eigenmitteln. Dieser Mindestgarantiefonds hat gemäss der Kapitalausstattungsverordnung in der Lebensversicherung eine Höhe von 800.000 ECU und bewegt sich in den anderen Versicherungszweigen zwischen 200.000 und 1,4 Mio. ECU.[46]

In Höhe von 50 % des Garantiefonds, mindestens jedoch in Höhe der Untergrenze des Garantiefonds muss ein Versicherungsunternehmen über explizite Eigenmittel verfügen. Da bei der Gründung eines Versicherungsunternehmens implizite Mittel nicht vorhanden sind, setzen sich die Eigenmittel bei der Zulassung zum Geschäftsbetrieb quasi automatisch nur aus expliziten Mitteln zusammen. Erreichen die Eigenmittel nicht mehr den Garantiefonds oder sind in einem zu geringen Umfang explizite Mittel vorhanden, so befindet sich das Unternehmen in einer finanziell bedenklichen Situation.[47] Daher kann die Aufsichtsbehörde einen Plan über die kurzfristige Beschaffung der erforderlichen Eigenmittel verlangen (§ 81b Abs. 2 VAG). Dieser Finanzierungsplan unterscheidet sich vom Solvabilitätsplan dadurch, dass er direkt die Beschaffung von Kapital zum Inhalt hat. Er ist auch eher kurzfristiger Natur. Die Aufsichtsbehörde wird nur Finanzierungspläne genehmigen, die die Eigenmittel möglichst schnell auf einen angemessenen Betrag erhöhen. Eine untere Grenze für die Solvabilität eines Versicherungsunternehmens ist zwar gesetzlich nicht definiert, die Aufsichtsbehörde kann jedoch die Erlaubnis für den Geschäftsbetrieb widerrufen, wenn das Unternehmen nicht in der Lage ist, innerhalb einer gesetzten Frist den Finanzierungsplan durchzuführen.[48]

Anmerkungen
1 Schmidt (1997).
2 Koch (1999).
3 Gesamtverband der Deutschen Versicherungswirtschaft (1999).
4 Farny (1995).
5 Koch (1999).
6 Sieg (1988).
7 Schmidt (1997).
8 Müler (1998).
9 Von Puskas (1988).
10 Farny (1995).
11 Hohlefeld (1996).
12 Müller (1995), PRÄVE (1994a).
13 Von Puskas (1998).
14 Koch (1999).
15 Präve (1994a).
16 Neuhaus (1994).
17 Präve (1994).
18 Schwebler (1991).
19 Müller (1995).
20 Neuhaus (1994), Köhler (1994).
21 Kalbaum/Mees (1988).
22 Schwebler (1991), KPMG (1991).
23 Müller (1995).
24 Köhler (1994).

25 Koch (1999).
26 Schmidt (1997).
27 Köhler (1994).
28 Hopp (1994).
29 KPMG (1995), Angermeyer/Dietz/Schapf (1996).
30 Hopp (1994).
31 Kalbaum/Mees (1998).
32 Hölscher (1990).
33 Müller (1996).
34 Hölscher (1990a).
35 Angerer (1980).
36 Schmidt (1997), Farny (1995).
37 Hölscher (1990a).
38 Hölscher (1990a).
39 Angerer (1980).
40 Hertel (1984).
41 Hölscher (1990).
42 Hertel (1984).
43 Müller (1995).
44 Müller (1995).
45 Müller (1995).
46 Müller (1995).
47 Angerer (1980).
48 Hölscher (1990), Müller (1996).

Literaturverzeichnis

Angerer, A.: Zur Solvabilität der Lebensversicherungsunternehmen, in: Wirtschaftsprüfung und Wirtschaftsrecht, Beiträge zum 75jährigen Bestehen der Treuhand-Vereingung AG, Stuttgart 1980, S. 12-49.

Angermeyer, B./Dietz, J./Scharpf, P.: Zulässigkeit derivativer Finanzinstrumente bei Versicherungsunternehmen, Eine systematische Betrachtung vor dem Hintergrund des BAV-Rundschreibens R 7/95, in: Versicherungswirtschaft, 51. Jg. (1996), S. 107-113 und S. 164-168.

Farny, D.: Versicherungsbetriebslehre, 2. Auflage, Karlsruhe 1995.

Gesamtverband der Deutschen Versicherungswirtschaft: Die deutsche Versicherungswirtschaft, Jahrbuch 1998, Berlin 1999.

Hertel, A.: Die Solvabilität deutscher Lebensversicherungsunternehmen, Frankfurt 1984.

Hohlefeld, K.: Erste Erfahrungen im Europäischen Binnenmarkt, in: Versicherungswirtschaft, 51. Jg. (1996), S. 680-682.

Hölscher, R.: Solvabilitätsvorschriften für Lebensversicherungsunternehmen, in: Wirtschaftswissenschaftliches Studium, 19. Jg. (1990), S. 600-604.

Hölscher, R.: Eigenkapitalnormen für Banken und Versicherungsunternehmen, in: Zeitschrift für das gesamte Kreditwesen, 43. Jg. (1990a), S. 173-178.

Hopp, F.-W.: Kapitalanlage in Wertpapieren, in: Kapitalanlagepolitik im Versicherungsbinnenmarkt, Auswirkungen des neuen Versicherungsaufsichtsrechts und des Zweiten

Finanzmarktförderungsgesetzes, in: Schriftenreihe «Aktuelle Fragen der Vermögensanlagepraxis», Band 2, Hrsg.: Schwebler, R. u.a., Karlsruhe 1994, S. 33-58

Kalbaum, G./Mees, J.: Kapitalanlagen, in: Handwörterbuch der Versicherung, Hrsg.: Farny, D. u.a., Karlsruhe 1988, S. 331-343.

Koch, P.: Versicherungswirtschaft, Ein einführender Überblick, 5. Auflage, Karlsruhe 1999.

Köhler, G.: Überblick und Einführung in die neuen Kapitalanlagevorschriften, in: Kapitalanlagepolitik im Versicherungsbinnenmarkt, Auswirkungen des neuen Versicherungsaufsichtsrechts und des Zweiten Finanzmarktförderungsgesetzes, in: Schriftenreihe «Aktuelle Fragen der Vermögensanlagepraxis», Band 2, Hrsg.: Schwebler, R. u.a., Karlsruhe 1994, S. 1-16.

KPMG: Kapitalanlagevorschriften für Versicherungsunternehmen in ausgewählten europäischen Ländern, Frankfurt/Main 1991.

KPMG: Financial Instruments, Einsatzmöglichkeiten, Risikomanagement und Risikocontrolling, Rechnungslegung, Besteuerung, Frankfurt/Main 1995.

Müller, H.: Versicherungsaufsicht, Erlaubnis zum Geschäftsbetrieb, in: Handwörterbuch der Versicherung, Hrsg.: Farny, D. u.a., Karlsruhe 1988, S. 979-987.

Müller, H.: Versicherungsbinnenmarkt, Die europäische Integration im Versicherungswesen, München 1995.

Müller, H.: Erste Überlegungen zu einer Neuordnung der europäischen Solvabilitätsanforderungen an Versicherungsunternehmen (I), in: Versicherungswirtschaft, 51. Jg. (1996), S. 358-364.

Neuhaus, G. D.: Konsolidierte Fassung des VAG, des VVG, des EGVVG und des PflVG auf der Grundlage des Dritten Durchführungsgesetzes/EWG zum VAG und des Versicherungsbilanzrichtlinie-Gesetzes, Eine Einführung, Karlsruhe 1994.

Präve, P.: Das dritte Durchführungsgesetz/EWG zum VAG, Ausgewählte Fragen des neuen Aufsichts- und Vertragsrechts, in: Zeitschrift für Versicherungswesen, 45. Jg. (1994), S. 168-176.

Präve, P.: Das dritte Durchführungsgesetz/EWG zum VAG, Ausgewählte Fragen des neuen Aufsichts- und Vertragsrechts, in: Zeitschrift für Versicherungswesen, 2. Fortsetzung, 45. Jg. (1994a), S. 168-176.

Puskas, G. VON: Versicherungsaufsicht, Geschäftsplan, in: Handwörterbuch der Versicherung, Hrsg.: Farny, D. u.a., Karlsruhe 1988, S. 971-978.

Schmidt, R.: Prölss – Versicherungsaufsichtsgesetz, 11. Auflage, München 1997.

Schwebler, R.: Vermögensanlage und Anlagevorschriften der Versicherungsunternehmen, in: Vermögensanlagepraxis in der Versicherungswirtschaft: Kommentare, Gesetze, Rundschreiben, Hrag.: Schwebler, R., Karlsruhe 1991, S. 15-90.

Sieg, K.: Versicherungsaufsicht, rechtliche Grundlagen, in: Handwörterbuch der Versicherung, Hrsg.: Farny, D. u.a., Karlsruhe 1988, S. 993-997.

Oliver Neumann

Risk Controlling im Lichte des Shareholder Value

Shareholder Value – alter Wein in neuen Schläuchen?

In der jüngsten Vergangenheit gewinnt aufgrund der rapide wachsenden Globalisierung der Märkte das der industriellen Risikosteuerung entlehnte Modell des Shareholder Value in der Versicherungswirtschaft zunehmend an Bedeutung.[1] Kommentierungen, die Versicherungswirtschaft sei eine für das Shareholder Value Denken ungeeignete Branche,[2] hatten allerdings in der Fachpresse durchaus keinen Seltenheitswert. Dies wird vom Verfasser im folgenden widerlegt werden. Shareholder Value, Value Based Management oder auch deutsch «wertorientierte Steuerung» verdienen es – frei von jeder unsachlichen Polemik – beachtet zu werden, da dieser Denkansatz die unternehmerische Strategie und Entscheidungsfindung, unter Ausnutzung der gebotenen Ressourcen, zu optimieren hilft.

Shareholder Value zielt auf eine effiziente Kapitalallokation ab und soll die Denkweise bzw. das Handeln der Entscheidungsträger in stärkerem Masse an den Interessen der Anteilseigner ausrichten. Dies ist weder verwerflich, noch entspricht diese Vorgehensweise klassenkämpferischen Denkansätzen, vielmehr scheint es dringend geboten zu sein, dem in der Praxis der Versicherungswirtschaft herrschenden «steuerungsrelevanten Notstand» durch neue Denkanstösse abzuhelfen.

Im Rahmen dieser Abhandlung wird der Versuch unternommen, aufzuzeigen, dass viele der zur Diskussion stehenden Teilzielgrössen durchaus bekannt sind und lediglich ihre Auswirkungen auf die Unternehmenssteuerung bzw. das Controlling differenzierter gesehen werden. Aufgrund der Tätigkeit des Autors besteht der Anspruch, stets den direkten Praxisbezug herzustellen – aus naheliegenden Gründen ohne weitergehende Konkretisierung.

Vorangestellt werden soll die grundlegende Erkenntnis, dass der Ansatz der wertorientierten Steuerung ebenfalls auf Gesellschaften mit der Rechtsform des VvaG bzw. öffentlich-rechtliche Versicherungsunternehmen übertragen werden kann,[3] denn auch für diese steht das Gewinnziel im Vordergrund,[4] lediglich die Regeln der Gewinnverwendung unterscheiden sich von denen der Aktiengesellschaft.

Zukünftige Anforderungen an die Versicherungsunternehmen

«Die Ineffizienzen in Versicherungsunternehmen sind jeweils zu einem Drittel auf Mängel im Management, der Informationsstruktur und der Arbeitsprozesse zurückzuführen.»[5]

So oder ähnlich lauten die Ergebnisse von Ist-Analysen im Rahmen diverser Untersuchungen zum Thema Risk Controlling innerhalb der Versicherungsbranche. Im Hinblick auf den bevorstehenden Wandel innerhalb der Versicherungswirtschaft werden die mit folgenden Themen verbundenen Fragestellungen und deren problemorientierte Bearbeitung gravierenden Einfluss auf die Wettbewerbssituation in dieser Branche haben:

- Gestaltung der Organisation und entsprechende Ausrichtung der Prozesse
- Ausbau der Informationstechnologie
- Optimierung der Personalressourcen
- Weiterentwicklung der Unternehmenssteuerung.

Prozessorganisation

Bei den organisatorischen Veränderungen spielt die Prozessorganisation die zentrale Rolle. Auf der Suche nach dem Kunden – der erfreulicherweise immer informierter und gewitzter wird – und dessen Bedürfnissen, wird zukünftig die Qualität der Geschäftsprozesse wettbewerbsentscheidend sein. Bearbeitungszeiten von mehreren Wochen für Policenanträge oder die Abwicklung von Schäden straft der aufgeklärte Kunde umgehend durch Rücktritt oder Kündigung. Insofern wird sich die Versicherungsbranche intensiv mit der Restrukturierung der Geschäftsprozesse und der Konzentration auf die eigentlichen Kernkompetenzen befassen müssen.

Das Schlüsselwort lautet «Kundenorientierung» und wer diese, in einem zugegebenermassen nicht gerade als Dienstleistungs-Mekka bekannten Land, am vortrefflichsten umsetzen kann, dem gehört der Kunde – und damit der Markt. Die zunehmende Internationalisierung wird diese Entwicklung aufgrund zusätzlicher Vergleichsmassstäbe lediglich beschleunigen.

Die Sachbearbeitung wird in Front- und Back-Office-Aktivitäten aufgeteilt, nahezu sämtliche Geschäftsvorfälle mit Ausnahme der zeitintensiven Vorgänge werden im Rahmen eines 24-Stunden-Service durch Call-Center bearbeitet werden. Der Kunde ist König, und wer sich diesem Gebot nicht hinsichtlich der erforderlichen Prozessqualität beugt, wird die Konsequenzen tragen müssen.

Diese Erkenntnisse werden die Strukturen innerhalb der Versicherungsbranche grundlegend verändern. Der Prozess des «Outsourcing» wird nicht mehr nur die heute üblichen Bereiche des IT- und des Asset-Managements betreffen, sondern einen Grossteil der typischen Versicherungsaktivitäten durch Dritte auf professionelle Art und zu besseren Konditionen bearbeiten lassen.

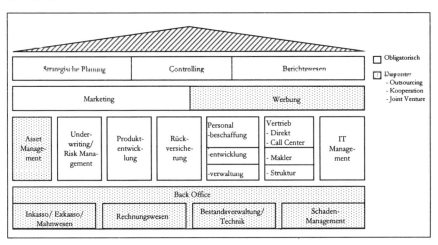

Abbildung 1

Informationstechnologie

Als wesentliche zweite Säule wird die Informationstechnologie die zukünftig global agierenden Versicherungsunternehmen prägen. Die berüchtigten Akten werden fast vollständig verschwinden, die Sachbearbeitung wird durch elektronisches Document-Management und Workflow-Systeme revolutioniert, integrative Informationssysteme werden den Nutzern jederzeit Zugriff auf aktuellste Kunden- oder Vertriebsdaten ermöglichen. Als Stichwort sei hier nur Data Warehousing genannt. Vorgänge, die sich bisher über einen Zeitraum von mehreren Monaten erstreckten, werden jetzt in Minuten abgewickelt werden können.

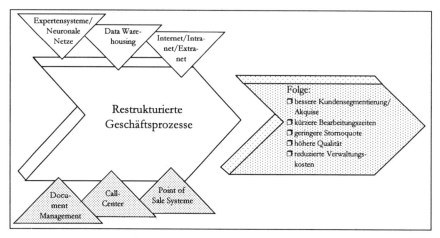

Abbildung 2

Sukzessive werden sich Point-of-Sale-Systeme und Standardsoftwarelösungen etablieren. Vor dem Hintergrund der fortschreitenden Internationalisierung, die zwangsweise zu einer Vereinheitlichung der Rechnungslegungsvorschriften führt, wird aus Kostengründen manch lieb gewonnener Zopf einer eigenentwickelten Lösung dem möglicherweise spartanisch ausgestalteten Standardsoftwarepaket weichen müssen.

Personalressourcen

Die drastische Veränderung der Organisation und inhärenten Prozesse wird ein gewandeltes Anforderungsprofil an die Mitarbeiter hervorbringen – Quantität wird durch Qualität ersetzt werden. Die oben bereits skizzierten technologischen Möglichkeiten werden zu der dringend notwendigen Mobilität und Flexibilität der Mitarbeiter und der damit verbundenen Effizienzsteigerung führen.[6]

Durch die weiter fortschreitende Trennung zwischen Front- und Back-Office-Funktionen wird ein zunehmend kundenorientiertes Verhalten gepaart mit einem versicherungsspezifischen Allgemeinwissen das zukünftige Mitarbeiterprofil im Front-Office prägen. Wenigen Spezialisten im Back-Office, die über fundiertes Fachwissen in der jeweiligen Sparte verfügen müssen, bleibt die Bearbeitung komplexer Sachfragen vorbehalten.

Ob im Rahmen der wertorientierten Steuerung oder aufgrund anderer Mitarbeiterführungskonzepte, die sich in anderen Branchen längst erfolgreich durchgesetzt haben – unstrittig ist, dass die Themenbereiche Mitarbeiterbeschaffung und -entwicklung für die Versicherungswirtschaft entscheidende Erfolgsfaktoren darstellen werden. Leistungsorientierte Anreizsysteme werden nicht nur auf den Chefetagen der Versicherungsunternehmen Einzug halten, die branchenübergreifende Fluktuation jüngerer und qualifizierter Mitarbeiter wird frischen Wind in die zum Teil angestaubten Strukturen bringen.

Unternehmenssteuerung

Die Unternehmenssteuerung – die Bezeichnung «Controlling» wird hier bewusst vermieden, da diese in der Versicherungspraxis immer noch eine starke Affinität mit dem Begriff «Kontrolle» hat – wird vor dem Hintergrund eines intensivierten Wettbewerbes und der gesteigerten Kundenorientierung der Versicherer den grössten Quantensprung zu vollführen haben.

Weit über die klassischen Elemente der Planung und Kontrolle hinaus, beginnt die Unternehmenssteuerung bereits bei der Analyse der eigenen Kernkompetenzen zur Bestimmung der strategischen Ausgangsposition und führt zu einer Ableitung von Zielsetzungen aus der Definition der zukünftigen strategischen Ausrichtung. Den Schwachpunkt zahlreicher Konzepte zur Unternehmenssteuerung stellt die mangelnde Klarheit definierter und zu operationalisierender Unternehmensziele dar, die sich ausserdem häufig überlebt haben.

Insofern besteht – neben den klassischen Controllingaktivitäten – der zukünftige Aufgabenschwerpunkt der Unternehmenssteuerung darin, Schwächen der strategischen Ausrichtung der Versicherungsunternehmung aufzudecken und adäquate Kernkompetenzen zu schaffen bzw. bestehende zu stärken.

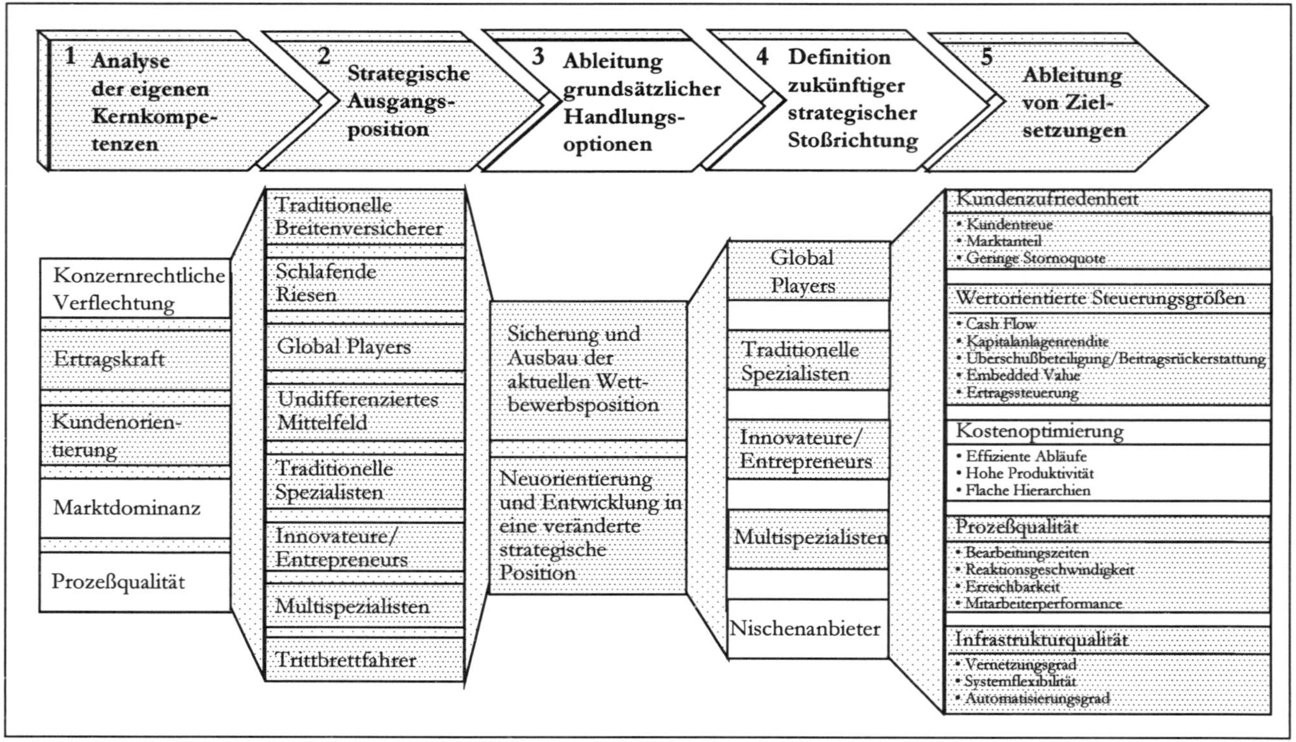

1 Analyse der eigenen Kernkompetenzen

- Konzernrechtliche Verflechtung
- Ertragskraft
- Kundenorientierung
- Marktdominanz
- Prozeßqualität

2 Strategische Ausgangsposition

- Traditionelle Breitenversicherer
- Schlafende Riesen
- Global Players
- Undifferenziertes Mittelfeld
- Traditionelle Spezialisten
- Innovateure/Entrepreneurs
- Multispezialisten
- Trittbrettfahrer

3 Ableitung grundsätzlicher Handlungsoptionen

- Sicherung und Ausbau der aktuellen Wettbewerbsposition
- Neuorientierung und Entwicklung in eine veränderte strategische Position

4 Definition zukünftiger strategischer Stoßrichtung

- Global Players
- Traditionelle Spezialisten
- Innovateure/Entrepreneurs
- Multispezialisten
- Nischenanbieter

5 Ableitung von Zielsetzungen

Kundenzufriedenheit
- Kundentreue
- Marktanteil
- Geringe Stornoquote

Wertorientierte Steuerungsgrößen
- Cash Flow
- Kapitalanlagenrendite
- Überschußbeteiligung/Beitragsrückerstattung
- Embedded Value
- Ertragssteuerung

Kostenoptimierung
- Effiziente Abläufe
- Hohe Produktivität
- Flache Hierarchien

Prozeßqualität
- Bearbeitungszeiten
- Reaktionsgeschwindigkeit
- Erreichbarkeit
- Mitarbeiterperformance

Infrastrukturqualität
- Vernetzungsgrad
- Systemflexibilität
- Automatisierungsgrad

Abbildung 3

Wie im folgenden noch dargelegt wird, reichen diese Instrumente über konsequente Teilkosten- und Prozesskostenbetrachtungen bis hin zur Umsetzung wertorientierter Steuerungskonzepte, um den gestiegenen betriebswirtschaftlichen Anforderungen gerecht zu werden. Von entscheidender Bedeutung wird die technologische Vernetzung sein, um integrierte Informationssysteme wie Data Warehouses in die Lage zu versetzen, aus Daten steuerungsrelevante Informationen zu generieren, die wiederum die Basis für Planungs- und Handlungsalternativen darstellen.

Status Quo und Grenzen des traditionellen Risiko-Controlling in Versicherungsunternehmen

Im folgenden soll dargestellt werden, dass die gängigen Instrumente der Vollkostenrechnung, wie sie in der Versicherungswirtschaft angewendet werden, aus Sicht der Unternehmenssteuerung zwar unzureichend sind, aber durchaus Ansätze bestehen, die dem Gedanken des Shareholder Value sehr nahe kommen.

Stufe I – Vollkostenrechnung

Notwendige Voraussetzung für die Einführung eines traditionellen Steuerungsinstrumentariums ist das Vorhandensein einer aussagefähigen Kostenarten- und Kostenstellenrechnung, auf die hier nicht weiter eingegangen werden soll, da sie in mehr oder weniger ausgeprägter Form bei nahezu allen inländischen Versicherungsunternehmen bereits zum Einsatz kommt.[7] Lediglich zwei Anmerkungen seien gestattet.

Die Kostenartenrechnung krankt häufig an der historisch gewachsenen Anlehnung an das betriebliche Rechnungswesen und ist einseitig an den Vorgaben des § 43 RechVersV ausgerichtet. Kalkulatorische Aufwendungen oder Erträge werden nicht oder nur unzureichend berücksichtigt – das Berichtswesen an das Bundesaufsichtsamt für das Versicherungswesen (BAV) steht zu stark im Vordergrund.

Die Kostenstellenrechnung sollte um das häufig in der Praxis zu beobachtende Defizit bereinigt werden, dass sie aus einer rein organisatorischen (d.h. abteilungsorientierten) Sicht enstanden ist, und die Kostenumlagen dem Ziel einer angemessenen bilanziellen Kostenverteilung genügen mussten – die Aussendarstellung also im Vordergrund stand. Stattdessen müssen die Kostenstellen, soweit organisatorisch möglich, funktional nach Verantwortungsbereichen ausgerichtet werden,[8] um eine verursachungsgerechte Erfassung der Kosten zu gewährleisten, und diese als Plangrössen und als Basis für eine weitergreifende Profit Center Rechnung verwenden zu können.

Stufe II – Teilkostenrechnung

Herzstück jeder betriebswirtschaftlichen Weiterentwicklung bildet die Deckungsbeitragsrechnung im Sinne einer Riebel'schen internen Erfolgsrechnung, die von einer verursachungsgerechten Erfassung der Einzelkosten und dem Verzicht auf eine Proportionalisierung der Fix- bzw. Verschlüsselung der Gemeinkosten ausgeht. Ungefähr 60% der befragten Versicherungsunternehmen geben an, so oder ähnlich, ihre periodischen Ergebnisse zu ermitteln[9] – aus heutiger Sicht dürfte es nicht übertrieben sein, von einer Zwei-Drittel-Mehrheit innerhalb der Versicherungswirtschaft auszugehen.

Der Schritt von der Voll- zur Teilkostenrechnung ist ein betriebswirtschaftlich nicht hoch genug einzustufender Fortschritt, der jedoch vor dem Hintergrund der leidigen Diskussion um die Vollkostenrechnung in der Praxis immer wieder Schwierigkeiten bereitet, da das Bewusstsein einer unternehmerischen Sicht hinsichtlich der Ergebnissteuerung eines Versicherungsunternehmens nicht in allen Fällen gleich entwickelt ist. Auch hier gelten die oben schon genannten Bedenken, da die Deckungsbeitragsrechnung lediglich Ist-Zahlen aus der Buchhaltung verarbeitet und den Ansatz von kalkulatorischen Erfolgsgrössen bzw. Cash Flows vernachlässigt.[10]

Die Deckungsbeitragsrechnung ist grundsätzlich sowohl für Komposit- als auch Personenversicherer sinnvoll einsetzbar und berücksichtigt periodenbezogen die Planungsfunktionalität.[11]

Im wesentlichen reduziert sich die Darstellung des hinlänglich bekannten dreidimensionalen Würfels der Deckungsbeitragsrechnung auf das Beitragsergebnis abzüglich Schäden und Provisionen. Alle sonstigen Ergebnisfaktoren stellen Gemeinerlöse (wie z.B. Kapitalanlageerträge, die sich aus dem Risikoanteil ergeben) dar oder haben Gemeinkostencharakter und gehen nicht in die Deckungsbeiträge mit ein.

Für Komposit-Versicherer ist es sinnvoll, das selbst abgeschlossene Versicherungsgeschäfts gesondert auszuweisen, um den Einfluss des Rückversicherungsanteils auf das Ergebnis darstellen und analysieren zu können. Um den Mindestanforderungen einer aussagefähigen mehrstufigen Deckungsbeitragsrechnung zu genügen, müssen wenigstens Bezugsgrössen, wie der Teilkonzern bzw. die Gesellschaft, Versicherungssparte, Region und Vermittler analysiert werden.

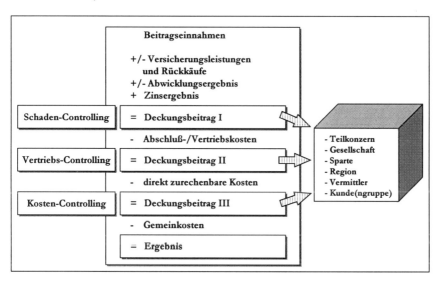

Abbildung 4

Bei Kapitallebensversicherungen sollten, soweit diese erfolgsneutrale Korrektur steuerungsrelevant ist, die Beiträge aus den Spar- und Entspargeschäften separat berücksichtigt werden, um eine bereinigte Bezugsgrösse für die Ermittlung von Kennzahlen zu erhalten. Ebenso ist die Sollzuführung zur Rückstellung für Beitragsrückerstattung in Höhe der langfristigen Gewinnbeteiligung im Rahmen des Deckungsbeitrag I einzubeziehen.[12]

Die Versicherungsleistungen umfassen die Schadenzahlungen, die Veränderung der Rückstellungen und deren Abwicklungsergebnisse sowie erwartete Spätschäden – bereinigt um die RPT-Erträge. Die aufgrund der Kostenverteilung ermittelten Aufwendungen für die Schadenregulierung werden nicht unter dieser Position erfasst, sie werden infolge ihres Betriebskostencharakters den Verwaltungskosten zugeschlagen, sofern sie nicht auf der Basis einer klar definierten Prozesskostenrechnung ermittelt wurden (siehe 3.3).

Der Vollständigkeit halber sei erwähnt, dass bei den stochastischen Schadenkosten in der Praxis häufig mit Standardkosten gearbeitet wird, die durch Bildung einfacher Durchschnittswerte oder durch die Anwendung der Grundsätze nach Bühlmann-Straub ermittelt werden, um zu einer Glättung der Schadenkosten zu gelangen.

Stufe III – Mix aus Voll- und Teilkostenrechnung

Als konsequente Ergänzung zu den bisher dargestellten Steuerungsinstrumenten greift die Prozesskostenrechnung dort ein, wo die Deckungsbeitragsrechnung mangels Zuordnung endet bzw. enden muss – bei den Gemeinkosten. Diese transparent zu machen, gilt als Ziel der Prozesskostenrechnung,[13] deren Grundidee bereits von Kilger in der Grenzplankostenrechnung manifestiert wurde.[14] Kerngedanke der Überlegungen ist, die Kostentreiber innerhalb von vordefinierten Prozessen anhand festgelegter Massgrössen zu quantifizieren und zu bewerten, um später auf dieser Grundlage Stückkosten kalkulieren zu können und die Frage zu beantworten, welche Kosten ein Vertragsabschluss oder eine Schadenbearbeitung verursacht. Ausschlaggebend für diese Betrachtungsweise ist, dass die Geschäftsprozesse als selbständige Kostenzurechnungsobjekte im Sinne von Kostenträgern verstanden werden und in Ergänzung der Ausführungen zur Vollkostenrechnung als kostenstellenübergreifende Verknüpfung (Prozess) einzelner Versicherungsaktivitäten anzusehen sind.[15] Im Klartext spiegelt diese Aussage die triviale Erkenntnis wider, dass der Geschäftsprozess nicht zwangsläufig dem organisatorischen Aufbau innerhalb des Versicherungsunternehmens entspricht.

Rund ein Fünftel der Versicherer halten diese Erkenntnisse für diskussionswürdig.[16] In Anbetracht der eingangs geschilderten künftigen Veränderungen hinsichtlich der Organisationsstruktur der Versicherer – und der damit induzierten Restrukturierungen der Geschäftsprozesse und -abläufe – stellt diese Herausforderung ein gewaltiges Entwicklungspotential für die Prozesskostenrechnung dar.

Dem berechtigten Vorwurf, es handele sich bei der Prozesskostenrechnung lediglich um eine (ungenaue) Vollkostenbetrachtung, muss man entgegnen, dass auf aggregierter Ebene die Möglichkeit einer prozessorientierten Dekkungsbeitragsrechnung besteht,[17] in der die ermittelten Prozesskosten (z.B. für Schaden- oder Antragsbearbeitung) den Deckungsbeiträgen zugeordnet werden.

Stufe IV – Zahlungsströme (Cash Flows)

In konsequenter Weiterentwicklung des oben dargestellten modifizierten Teilkostenansatzes propagiert der Verfasser für den Bereich Leben/Kranken eine Berücksichtigung der Ertragsbarwerte aus den getrennt nach den einzelnen Gewinnquellen berechneten zukünftigen jährlichen Differenzen der Kalkulationsgrundlagen 1. und 2. Ordnung, die auf den (vierteljährlichen) Betrachtungszeitpunkt abgezinst werden.[18]

Der Ertragsbarwert quantifiziert den auf den heutigen Zeitpunkt diskontierten Gewinn des jeweiligen Versicherungsvertrages. Aus pragmatischen Gründen – man denke an den verhältnismässig grossen Aufwand, der betrieben werden müsste, um beispielsweise den Aussendienst regelmässig mit aktuellen Zahlen zu versorgen – lassen sich durchaus standardisierte Barwerte verwenden, die naturgemäss bei einer Abweichung der Ist- von den Plankosten einer Überprüfung im Rahmen einer Nachkalkulation unterliegen müssen. Hiermit wäre allerdings der Schritt zur Standardkostenrechnung vollzogen.

Einen ähnlichen Ansatz, wenn auch lediglich für Zwecke der Produktentwicklung bzw. Bestandsanalyse in Anspruch genommen, verfolgt das dem angelsächsischem Markt entlehnte Steuerungsinstrument des Profit Testing, dem ebenfalls die Projektion des Barwerts der zukünftigen Gewinne zugrunde liegt.[19] Ein Profit Test ist eine Simulation aller durch eine Police ausgelösten Zahlungsvorgänge.[20] In der sich anschliessenden Kapitalbedarfsanalyse werden die anfänglichen Auszahlungsüberschüsse aufgrund der Provisionen sowie anderer Abschlusskosten und das für die Reservebildung notwendige Kapital berücksichtigt.

Während beim Profit Testing der einzelne Versicherungsvertrag im Mittelpunkt steht, betrachtet der Appraisal Value das Gesamtunternehmen, indem der Wert des existierenden und des zukünftigen Versicherungsbestandes durch Abzinsung der erwarteten Zahlungsströme mit den risikoadjustierten Kapitalkosten hochgerechnet wird.[21] Der Embedded Value lässt das Neugeschäft unberücksichtigt. Zur Bestimmung dieser Werte werden repräsentative Musterpolicen ausgewählt und deren Ergebnisse auf den

Gesamtbestand hochgerechnet, was in der Praxis zu umstrittenen Resultaten führen kann.

Ebenfalls den Märkten in USA und UK, die primär durch die Interessen der Investoren (Aktionäre) gekennzeichnet sind, entspringt die Idee des Shareholder Value. Die Notwendigkeit, den Cash Flow als Steuerungsgrösse des Shareholder Value einzusetzen, beruht auf der Erkenntnis, dass die Korrelation zwischen den künftigen Zahlungsströmen und der Entwicklung des Aktienkurses eines Unternehmens bedeutend höher ist, als die zwischen buchhalterischen vergangenheitsorientierten Zahlen und der entsprechenden Kursentwicklung.[22] Dieser Effekt wird durch die handels- bzw. aufsichtsrechtlichen Vorgaben im Inland, die wenig marktorientiert ausgerichtet sind und zum Teil die Bildung stiller Reserven vorschreiben, noch verstärkt.

Profit Testing und Appraisal Value sind für einzelne Fragestellungen der Prämienkalkulation und der Unternehmensbewertung konzipiert und beschäftigen sich weniger mit dem Thema der Unternehmenssteuerung. Der wesentliche Gedanke ist ihnen jedoch gemeinsam: Alle skizzierten Methoden befassen sich mit der zukünftigen Ertragskraft des Versicherungsunternehmen anhand der Cash Flows.

Theoretische Ansätze der wertorientierten Steuerung

Die wertorientierte Steuerung ist auf das Ziel der Eigentümer gerichtet, mit ihrer Investition in das Unternehmen eine über den Kosten für das Eigenkapital liegende Rendite zu erzielen. Zur Unternehmenswertermittlung werden deshalb nach dem Shareholder Value Ansatz zukünftige Zahlungsströme herangezogen, die das Unternehmen erbringen wird und die aus Gründen der Vergleichbarkeit mit anderen Anlagealternativen auf den Betrachtungszeitpunkt abgezinst werden.[23]

Methoden zur Verifizierung des Shareholder Value sind z.B. der Discounted Cash Flow (DCF), der Cash Flow Return on Investment (CFROI) und der Economic Value Added (EVA). Gemeinsam ist den genannten Ansätzen die Diskontierung zukünftiger Überschüsse, wesentliche Unterschiede zwischen den einzelnen Methoden bestehen hinsichtlich der Grundlagen des Wertansatzes dieser Überschüsse sowie der Diskontierungsmethoden und -zinssätze.

Discounted Cash Flow

Der Discounted Cash Flow (DCF) ist als Wert des investierten Kapitals eine Kennzahl, die den Unternehmenswert bzw. den Shareholder Value als erwarteten künftigen Cash Flow beschreibt, der mit einem risikoadjustierten Zinssatz diskontiert wird:

$$DCF = \sum_{t=1}^{T} \frac{CF_f}{(1+k)^t} + \frac{RW}{(1+k)^{T+1}},$$

mit: CF_f ...freier Cash Flow
k ...Kapitalkosten
$t=1,...,T$ ...Planungsperiode
RW ...Restwert nach Ende der Planungsperiode

Kritische Komponenten für die Bestimmung des Shareholder Value nach der DCF-Methode sind somit:

- Cash Flows während der Planungsperiode
- Restwert der Cash Flows nach Ende der Planungsperiode
- Abzinsungsfaktor.

Je nach Anwendung der Entity- oder Equity-Methode[24] wird entweder der Unternehmenswert oder der Shareholder Value (=Marktwert des Eigenkapitals) direkt bestimmt und der jeweils fehlende Wert nach folgender Beziehung abgeleitet:

Unternehmenswert = Shareholder Value + Marktwert des Fremdkapitals

Der dem Equity-Ansatz zugrunde liegende freie Cash Flow, der einem Unternehmen zur Bedienung des Eigenkapitals zur Verfügung steht, ist im Gegensatz zum Entity-Ansatz um die Ansprüche der Fremdkapitalgeber bereinigt. Damit ist auch die Steuerverlagerung des Fremdkapitals bereits im Cash Flow berücksichtigt.[25] Einflussfaktoren des freien Cash Flows und mithin des Shareholder Value sind die Wachstumsraten von Beiträgen, Gewinnen und Kapitalrenditen.[26]

Die Barwertermittlung mit Hilfe der Kapitalwertmethode berücksichtigt jeweils die Perioden, in denen die Cash Flows anfallen, sowie eine angemessene Verzinsung.

Zur Bestimmung des Restwertes nach Ende der Planungsperiode existieren verschiedene Ansätze. Aufgrund des hohen Unsicherheitsfaktors sollte nur für Unternehmen in Märkten mit einem intensiven Wettbewerb, der nicht zu Überrenditen und relativ steten Cash Flows führt, die Methode der ewigen Rente verwendet werden, die eine konstante Wachstumsrate der Cash Flows unterstellt. In allen anderen Fällen kommt die folgende Verallgemeinerung in Betracht:

$$RW = \frac{CF_f * (1 - \frac{g}{ROIC})}{k - g},$$

mit: RW   ... Restwert nach Ende der Planungsperiode
       CF_f ... freier Cash Flow
       g   ... erwartete Wachstumsrate des operativen Ergebnisses
       ROIC ... erwartete Rendite von Neuinvestitionen
       k   ... Kapitalkosten

Als Kapitalkosten werden sowohl zur Diskontierung der Cash Flows während der Planungsperiode als auch zur Abzinsung des Restwertes nach der Planungsperiode gemäss dem Equity-Ansatz die Eigenkapitalkosten angesetzt.[27]

Zur Schätzung der Opportunitätskosten des Eigenkapitals wird auf das Capital Asset Pricing Model (CAPM) oder die Arbitrage Pricing Theory (APT) zurückgegriffen. Beiden Ansätzen gemeinsam ist ihre fundierte theoretische Grundlage, die jedoch aufgrund der unterstellten Prämissen ihre praktische Anwendbarkeit in Frage stellt.

Die Verwendung des CAPM basiert auf der Erkenntnis, dass nur das systematische Risiko einer Anlage deren Gleichgewichtsrendite bestimmt, da das unternehmensindividuelle (unsystematische) Risiko durch vollständige

Diversifikation beseitigt werden kann. Im Kern besagt das CAPM somit, dass sich die Opportunitätskosten des Eigenkapitals als Summe der Rendite risikofreier Wertpapiere und der mit dem systematischen Risiko des Unternehmens gewichteten Risikoprämie ergeben. Dabei werden statt der unterstellten (homogenen) Erwartungen der Investoren, die nicht messbar sind, historische Schätzungen der entsprechenden Parameter verwendet:

$$k_{EK} = r_f + [E(R_M) - r_f] * \beta_i \quad ,$$

mit: k_{EK} ... Eigenkapitalkosten
         r_f ... risikofreier Zinssatz
         $E(R_M)$ ... erwartete Rendite des Marktportfolios
         β_i ... Risikobeitrag der Anlage i zum Marktportfolio
             (systematisches Risiko)

wobei:
$$\beta_i = \frac{\mathrm{cov}(R_i; R_M)}{\delta^2(R_M)} \quad ,$$

mit: β_i ... Risikobeitrag der Aktie i zum Marktportfolio
             (systematisches Risiko)
         R_i ... Rendite der Anlage i
         R_M ... erwartete Rendite des Marktportfolios

In der Praxis wird ß auf der Basis extern ermittelter Schätzwerte bestimmt.

Die Anwendbarkeit des CAPM ist insbesondere aufgrund der dem Modell zugrunde liegenden Prämissen, der fehlenden Validität des CAPM sowie der Nichtberücksichtigung des Insolvenzrisikos umstritten.[28] Deshalb wird häufig die Arbitrage Pricing Theorie, ebenfalls eine Gleichgewichtstheorie, die jedoch auf wesentlich schwächeren Annahmen basiert, präferiert.[29]

Die 1976 von Ross entwickelte Arbitrage Pricing Theory[30] stellt eine Erweiterung zum CAPM dar, in der nicht nur die Rendite des Marktportfolios (eines Marktindex) als einziger Marktfaktor zur Bestimmung der Unternehmensrendite herangezogen wird. Die zentrale Aussage der APT ist, dass die Rendite von mehreren unabhängigen systematischen Marktfaktoren abhängt.

$$k_{EK} = r_f + [E(R_1) - r_f]b_1 + [E(R_2) - r_f]b_2 + \cdots + [E(R_n) - r_f]b_n \quad ,$$

mit: k_{EK} ... Eigenkapitalkosten
       r_f ... risikofreier Zinssatz
       $E(R_n)$ ... vom n-ten Marktfaktor abhängige und von allen anderen Marktfaktoren unabhängige erwartete Rendite
       b_n ... Sensitivität der Aktienrendite gegenüber dem n-ten Marktfaktor

Beispiele für solche Marktfaktoren sind unter anderem Zins, Inflation, Unternehmensgrösse etc. Die APT stellt somit fest, dass die Risikoprämie eines Unternehmens einerseits von der Risikoprämie jedes Marktfaktors und andererseits von der Sensitivität des Unternehmens gegenüber jedem dieser Marktfaktoren bestimmt wird.

Trotz schwächerer Prämissen der APT betreffen einige der Kritikpunkte am CAPM auch die APT, insbesondere die Verwendung eines Gleichgewichtsmodells sowie Annahme von Arbitragefreiheit.[31] Beide Modelle werden in der Praxis der Industrieunternehmen trotz der genannten Schwachpunkte zur Bestimmung der Eigenkapitalkosten verwendet.

Cash Flow Return on Investment

Der Cash Flow Return on Investment (CFROI) von Lewis[32] ist eine Grösse, die Investitionsentscheidungen bzw. Unternehmensbewertungen basierend auf einer Rentabilitätsrechnung vornimmt. Durch den Vergleich des CFROI mit den Kapitalkosten kann eine Aussage bezüglich des Erfolges eines Unternehmens in Form überdurchschnittlicher Renditen gewonnen werden.[33] Als Erweiterung des ROI, der in seiner einfachsten Form den erwarteten Jahresüberschuss alternativer Investitionsobjekte auf das investierte Kapital bezieht, berücksichtigt der CFROI die erwarteten künftigen Cash Flows der Planungsperiode. Das als Ergebnis der internen Zinsfuss-Methode festzustellende Renditemass ist somit der Zinssatz, bei dem die

Summe der abgezinsten Cash Flows sowie des abgezinsten Endwertes genau der Höhe des eingesetzten Kapitals entspricht:

$$C \stackrel{!}{=} \frac{CF_t}{CFROI} * \frac{(1+CFROI)^t - 1}{CFROI} + \frac{EV}{(1+CFROI)^{T+1}},$$

mit: C   ... eingesetztes Kapital
      CF_t ... Cash Flow der Perioden
      EV   ... Endvermögen
      t   ... durchschnittliche Nutzungsdauer der Aktiva

Der CFROI verwendet als Datenbasis für das eingesetzte Kapital (Initialinvestition) einen mit der Inflationsrate fortgeschriebenen historischen Buchwert des Sachanlagevermögens,[34] der sich vom Barwert der zukünftig erzielbaren Cash Flows erheblich positiv oder negativ unterscheiden kann. Der Buchwert bewertet das Sachanlagevermögen immer dann zu niedrig, wenn nichtkapitalisierte immaterielle Vermögensgegenstände, wie z.B. Kundenbeziehungen oder Aussendienstorganisation existieren, die vom Buchwert nicht mit berücksichtigt werden. Ausserdem reduzieren unverzinsliche Verbindlichkeiten und Rückstellungen die Bruttoinvestitionsbasis weiter.[35] Können andererseits mit dem Sachanlagevermögen keine wettbewerbsfähigen Güter produziert werden, ist der Buchwert des Sachanlagevermögens ein zu hoher Ausweis als Wertbasis der zukünftig zu erwirtschaftenden Cash Flows.

Das CFROI-Konzept berücksichtigt im Endwert nur flüssige Mittel und Grundstücke als Wert der nichtabnutzbaren Wirtschaftsgüter. Die Cash Flows werden auf Basis des um ausserordentliche Einflüsse bereinigten Jahresüberschusses der letzten Periode ermittelt und bis zum Ende der Planungsperiode, die sich aus der durchschnittlichen Nutzungsdauer der Aktiva ergibt, als konstant vorausgesetzt.[36] Beide Prämissen sind für eine Unternehmensbewertung nicht sinnvoll, da einerseits die Rückflüsse aus einer Investition auch nach Ende der Planungsperiode berücksichtigt werden sollten, z.B. in Form einer ewigen Rente der konstanten Cash Flows. Während des Planungszeitraumes weicht die Annahme konstanter Rückflüsse der Investition immer dann von der Realität ab, wenn z.b. ein starkes Wachstum oder Veränderungen im Produkt-/Markt-Mix den künftigen Cash-Flow bestimmen. Zur Berechnung des CFROI wird auf die Methode des internen Zinsfusses zurückgegriffen, die jedoch eine (in der Realität häufig nicht mögliche) Wiederanlage der frei werdenden Mittel zum jeweiligen internen Zinsfuss unterstellt. Des weiteren ist die Methode des internen Zinsfusses bekanntermassen gekennzeichnet durch die Möglichkeit mathematischer Unlösbarkeit bzw. von Mehrfachlösungen.

Als Vergleichsmassstab zur Unternehmensbewertung wird ein interner Zinsfuss herangezogen, der sich aus aggregierten prognostizierten Cash Flows und aggregierten Marktwerten börsennotierter Unternehmen ergibt, problematisch dabei ist die Annahme identischer Kapitalkosten für alle Unternehmen, sofern sie nicht einen signifikant vom Durchschnitt abweichenden Verschuldungsgrad aufweisen.

Economic Value Added

Economic Value Added (EVA) beschreibt eine ökonomische Grösse, die mittels Kapitalwertmethode einen Unternehmenswert errechnet, der als Barwert zukünftiger Einnahmeüberschüsse unter Berücksichtigung der Kapitalkosten den Marktwert des Bewertungsobjektes widerspiegelt. Als Bewertungsobjekte werden sowohl das Unternehmen selbst als auch einzelne Bereiche oder auch Projekte betrachtet. Der eigentliche ökonomische Gewinn wiederum ergibt sich aus der Differenz des Ertragswertes zu Beginn und am Ende einer Periode.[37]

Der Economic Value Added einer Periode ergibt sich wie folgt:[38]

$$EVA = (r - k) * C$$

mit: r ... Rendite auf das eingesetzte Kapital
      k ... Kapitalkosten
      C ... eingesetztes Kapital

bzw. $$EVA = NOPAT - k * C$$

mit: NOPAT ... Net operating profit after tax (vor Zinsen)

wobei: $r = \dfrac{\text{NOPAT}}{C}$

Unter der Vorgabe der Unternehmenswertsteigerung verfolgt EVA das Ziel eines möglichst optimalen Einsatzes knapper Ressourcen, wodurch nur solche Investitionen als wertvoll eingeschätzt werden, die mindestens kostenneutral sind, d.h. einen positiven EVA aufweisen können. EVA steigt, wenn

- Ertragssteigerungen erzielt werden ohne eine Steigerung der Kapitalkosten in gleicher Höhe zu verursachen
- Neuinvestitionen mindestens ihre vollen Kapitalkosten erwirtschaften
- Kapital aus Aktivitäten, die nicht ihre Kapitalkosten erwirtschaften, umgeleitet oder die entsprechenden Aktivitäten liquidiert werden.[39]

Darüber hinaus erhebt EVA den Anspruch, die einzige Performance-Kennzahl zu sein, die den intrinsischen Wert eines Unternehmens widerspiegelt, indem sich der Marktwert des Unternehmens aus der Summe aus eingesetztem Kapital und Barwert aller zukünftigen EVAs ergibt.[40]
Der NOPAT wird definiert als:

Nettoumsatz
+ Erhöhung der Wertberichtigung
+ Erhöhung um stille Reserven der Vorräte
+ Abschreibung auf den Firmenwert
+ Erhöhung der Kapitalisierung von Forschungs- und
  Entwicklungsaufwendungen
+ sonstige Betriebserträge (ausschliesslich bestimmte Investmenterträge)
− Anpassungen bei Steuern[41]

NOPAT

Da mit Hilfe des NOPAT die Rendite auf das eingesetzte Kapital ermittelt wird, kann für Zukunftsprognosen vereinfachend auch die Rendite selbst prognostiziert werden, um in die EVA-Berechnung einzugehen.

Die gewogenen Gesamtkapitalkosten (=weighted average cost of capital) stellen sowohl die Benchmark für die zu erzielende Rendite auf das eingesetzte Kapital als auch den Diskontierungsfaktor dar. Bei der Ermittlung der Gesamtkapitalkosten dient wiederum für Fremdkapital die Rendite langfristiger Anleihen von Unternehmen mit vergleichbarem Risiko als Orientierung, während für Eigenkapital die erzielbare Rendite von Staatsanleihen zuzüglich eines Risikozuschlags verwendet wird, der auf dem Beta-Faktor und dem individuellen Risikofaktor des Unternehmens basiert. Als Gewichtungsfaktor wird die erwartete Eigenkapitalquote herangezogen:

$$WACC = k = k_{FK} * (1-s) * \frac{FK}{GK} + k_{EK} \frac{EK}{GK}\,^{42},$$

mit:
- k ... gewogene Kosten des Gesamtkapitals
- k_{FK} ... Fremdkapitalkosten (vor Steuern)
- s ... Grenzsteuersatz für Unternehmenssteuern
- FK ... Wert des Fremdkapitals
- GK ... Wert des Gesamtkapitals
- k_{EK} ... Eigenkapitalkosten
- EK ... Wert des Eigenkapitals

Das von Stern Stewart vorgeschlagene Vorgehen sieht vor, die Kapitalkosten direkt zu schätzen und den Steuerfaktor explizit zu berücksichtigen. Als Grundlage der Schätzung wird eine von Stern Stewart durchgeführte empirische Untersuchung herangezogen, die Risikofaktoren von Unternehmen mit entsprechenden Kapitalkosten in Zusammenhang bringt.[43]

Wiederholt weist Stewart in seinen Ausführungen auf die Wichtigkeit der Struktur des Gesamtkapitals hin, die die gewogenen Gesamtkapitalkosten beeinflusst. Es werden verstärkt die Vorteile des Ersetzens von Eigenkapital durch Fremdkapital bis zum Erreichen einer optimalen Zielstruktur fokussiert, in der die steuerliche Abzugsfähigkeit von zusätzlich eingesetztem Fremdkapital sich mit den Kosten der abnehmenden Unabhängigkeit und Flexibilität die Waage halten. Neben dem Steuervorteil verspricht er sich den grössten Effekt von einer Effizienzsteigerung, bedingt durch den Druck, bekannte Fremdkapitalkosten zu erwirtschaften.[44]

Stern Stewart verwendet den sogenannten ökonomischen Buchwert als Ansatz für das eingesetzte Kapital, der sämtliche Vermögenswerte ausschliesslich zinsfreier Verbindlichkeiten umfasst. Ausgehend hiervon werden drei massgebliche Anpassungen vorgenommen, börsengängige Wertpapiere und Anlagen in Bau werden abgezogen, der Barwert der nichtkapitalisierten Mieten wird zum Anlagevermögen hinzugerechnet, ebenso werden eigenkapitalähnliche Rückstellungen zugesetzt.[45]

Fazit

Die zur Operationalisierung der wertorientierten Steuerung diskutierten Ansätze lassen trotz Problemen bei der Ermittlung der Kapitalkosten die wohl bekannteste Methodik des DCF auch für die Versicherungswirtschaft am geeignetsten erscheinen. Grundlage ist der Equity-Ansatz, bei dem der Wert des Eigenkapitals durch Abzinsung der auf die Eigenkapitalgeber entfallenden Cash Flows ermittelt wird.

Aufgrund der Periodenorientierung kann EVA durchaus als sinnvolle Ergänzung zum DCF angesehen werden, die Konsistenz zwischen der Methodik der Verwendung von Cash Flows und buchhalterischen Aufwendungen bzw. Erträgen wird durch die kalkulatorischen Kapitalkosten sichergestellt. Problematisch ist bei EVA die Bestimmung der Kapitalbasis ausgehend von den Buchwerten in der Bilanz, da die für Versicherungsunternehmen typische Kapitalisierung der langfristigen Aufwendungen unzureichend berücksichtigt wird. Beiden Methoden gemeinsam ist, dass sich Diskussionsbedarf ergibt bei der:

- Abgrenzung der Investitionsauszahlungen
- Bestimmung des periodenbezogenen Wertverzehrs
- Bestimmung der (kalkulatorischen) Kapitalkosten.

Unter Investitionsauszahlungen sind Auszahlungen zu verstehen, die in späteren Perioden zu Einzahlungsüberschüssen führen. Prägnante Beispiele hierfür sind der Kunden- oder Vertragsbestand bzw. die Aussenorganisation. Der Wertverzehr ist gezeichnet durch die Abschreibungsproblematik, die sich nicht nur auf bekannte Fragestellungen im Hinblick auf das Sachanlagevermögen beschränkt, sondern in erster Linie Facetten des Goodwill diskutiert.

Der CFROI-Ansatz zeigt nicht nur Schwächen aufgrund seiner Stichtagsbetrachtung, sondern ist hinsichtlich seiner Prämisse der Verwendung inflationsbereinigter Daten und der Negierung der immateriellen Vermögensgegenstände als Bruttoinvestition wenig geeignet für Versicherungsunternehmen. Auch ist es wenig plausibel, dass die Kapitalkosten aller Unternehmen einer Volkswirtschaft nahezu identisch sind.

Kritische Auseinandersetzung mit der wertorientierten Steuerung für Versicherungsunternehmen

Shareholder Value versus Stakeholder Value?

Die in Deutschland zum Teil äusserst unglücklich verlaufene Debatte über den Shareholder Value beruht auf dem grundlegenden (gesellschaftspolitischen) Missverständnis, dass das Wahren der Aktionärsinteressen grundsätzlich etwas Bedrohliches für die Unternehmen darstelle. Das Gegenteil ist der Fall, da die wertorientierte Steuerung strategische Überlegungen wesentlich stärker berücksichtigt, als dies bei den herkömmlichen Steuerungsinstrumentarien bisher der Fall war.

Der in der Überschrift skizzierte scheinbare Zielkonflikt existiert in Wirklichkeit nicht, da die Voraussetzungen für eine 1:1 Umsetzung der aus dem angelsächsischen Einflussbereich stammenden Shareholder Value Dogmatik niemals gegeben waren – und in absehbarer Zeit auch nicht bestehen werden. Zu unterschiedlich sind Bewertungsvorschriften nach US-GAAP, die häufig keine Buchwerte berücksichtigen, das Aktionärs- gegenüber dem Gläubigerprinzip oder die unterschiedliche Struktur der Kapitalmärkte reflektieren. Hinzu kommt, dass die in diesem Lande (und in allen Versicherungsunternehmen) praktizierte Koalitionstheorie wenig Spielraum für eine konsequente Anwendung des klassischen Shareholder Value lässt.

Wertorientierte Steuerung, wie sie an dieser Stelle diskutiert wird, stellt eine Symbiose der Interessen der Shareholder und der Stakeholder dar, ohne zu einer Verwässerung des eigentlichen Ziels, einer langfristigen Unternehmenswertsteigerung, zu führen.

Besonderheiten der Versicherungsunternehmen

Die rechtlichen Rahmenbedingungen für Versicherungsunternehmen sind in Ergänzung zu den handels- und steuerrechtlichen Vorschriften durch VAG, VVG und aufsichtsrechtliche Vorgaben geprägt. Vor dem Hintergrund der volkswirtschaftlichen Bedeutung der Versicherungswirtschaft und dem damit implizierten Sicherheitsziel[46] müssen beispielsweise die Solvabilitätsvorschriften oder die angemessene Bewertung der Rückstellungen berücksichtigt bzw. unter Gesichtspunkten des Cash Flows bereinigt werden.

Für die wertorientierte Steuerung bilden die gesetzlichen Vorschriften den rechtlichen Rahmen, innerhalb dessen die Geschäftsleitung das Ziel der Optimierung des Unternehmenswertes (bzw. Eigenkapitalwertes = Shareholder Value) verfolgt.

Die Schwankungsrückstellung dient als risiko-, bilanzierungs- und finanzierungspolitisches Instrument dem Risikoausgleich über verschiedene Geschäftsperioden durch Verrechnung von Über- und Unterschäden.[47] Ihre Zuordnung wird in der Literatur kontrovers (und häufig mit schwer nachvollziehbaren Argumenten) diskutiert, in der Praxis der Unternehmensbewertung ist die Anerkennung des Rücklagecharakters dieses Postens jedoch unstrittig.[48] Insofern bleibt im Rahmen der wertorientierten Steuerung nur die Zuordnung zum Eigenkapital, die entsprechenden Zuführungen und Entnahmen müssen in einer vom Jahresüberschuss ausgehenden Ermittlung des auf die Eigentümer entfallenden Cash Flows rückgängig gemacht werden.

Das bereits erwähnte Sicherheitsziel der Geschäftsleitung eines Versicherungsunternehmens beruht auf der Tatsache, dass der Versicherungsnehmer in der Lebensversicherung Ansprüche auf eine niedrige Basisverzinsung bzw. eine Beteiligung am Rohüberschuss hat – oder mit anderen Worten – auch er ist (mit gewissen Einschränkungen) Kapitalgeber. Insofern hat das von den Versicherungsnehmern angesammelte Kapital, das aus bilanzieller Sicht eindeutig dem Fremdkapital zuzuordnen ist, teilweise Eigenkapitalcharakter. Diese Umbewertungen, die im Rahmen der wertorientierten Steuerung vorzunehmen sind, betreffen diverse versicherungstechnische Passivpositionen.

Im Rahmen dieser Ausführungen kann nicht auf die allgemeinen Besonderheiten des deutschen Handels- und Steuerrechts eingegangen werden, wie beispielsweise Fragen des Genussrechtskapitals oder die Problematik der Ertragsteuern. Es sollen an dieser Stelle lediglich die Pensionsrückstellungen aufgrund ihrer massgeblichen Finanzierungsfunktion erwähnt werden, denn sie sind ergebniswirksam, berühren jedoch nicht den Cash Flow. Die Ermittlung der Barwerte gemäss § 6a EStG berücksichtigt einen Zinssatz von 6% und lässt im Gegensatz zu den angelsächsischen Bewertungsmethoden, wie FAS 87, Fluktuation, Fehlzeiten oder Opportunitätskosten unberücksichtigt.

Die entsprechenden Kosten für Pensionen und ähnliche Verpflichtungen lassen sich in Personal- und Sachkosten trennen. Die Personalkosten werden als Zahlungsströme berücksichtigt, was dazu führt, dass die Zuführung zu den Rückstellungen nicht Eingang in die Bewertung findet. Hinsichtlich der Kapitalkosten scheiden sich die Geister, da je nach Länge der Anwartschaftsphase Zinssätze zwischen 6% und 11% diskutiert werden.[49] Entscheidend hierfür ist der Umfang möglicher Einsparungen bei den Personalkosten als Folge freiwilliger Pensionszusagen. Für diesen Fall wird als Anhaltspunkt die Höhe der Rendite einer vergleichbaren Rentenversicherung herangezogen.[50]

Ermittlung der Eigenkapitalkosten

Sowohl bei der periodischen Erfolgsermittlung als auch als Diskontierungsfaktor für die ermittelten Cash Flows bzw. Einnahmenüberschüsse spielen die Eigenkapitalkosten im Rahmen der wertorientierten Steuerung eine wesentliche Rolle. Auch in ihrer Funktion als Benchmark für die Rendite des eingesetzten Kapitals steht die Problematik ihrer Ermittlung im Mittelpunkt. Kritische Aspekte sind neben den zur Bestimmung verwendeten theoretischen Modellen insbesondere die praktische Datenbeschaffung.

Zu berücksichtigen bleibt vor allem:

- Annahme unrealistischer Prämissen der theoretischen Modelle: Sowohl beim CAPM als auch bei der APT handelt es sich um Gleichgewichtsmodelle, die auf realitätsfernen Annahmen, wie arbitragefreien Märkten ohne Steuern, Transaktionskosten, Marktzutrittsbeschränkungen und Informationsineffizienzen basieren.[51]

- Mangelnde empirische Validität der Ergebnisse: Insbesondere das CAPM ist empirisch nicht testbar und aufgrund dessen auch nicht zu bestätigen bzw. zu widerlegen.[52] Ebenso wird an der Validität der APT gezweifelt.
- Relevante Faktoren der theoretischen Modelle: Das CAPM ist ein Single-Faktor-Modell, das die Marktrendite als einzige bewertungsrelevante Grösse betrachtet. Dies ist generell und insbesondere für Versicherungsunternehmen umstritten.[53] Andererseits ist es bei der Verwendung der APT als Multi-Faktoren-Modell sehr schwierig, alle relevanten Einflussfaktoren eindeutig zu identifizieren und zu bewerten.
- Eignung der praktischen Methoden zur Ermittlung des Beta-Faktors sowie der Risikoprämie: Zur Bestimmung der Komponenten der Eigenkapitalkosten bei nicht-börsennotierten Unternehmen[54] werden analytische Ansätze und die Analogie-Methode herangezogen. Problematisch bei der Verwendung der analytischen Ansätze ist die fehlende Aussagekraft der buchhalterischen Grössen aufgrund ihrer Vergangenheitsbezogenheit und ihrer fehlenden Korrelation zum zukünftigen Ertrag.

Die Analogie-Methode stützt sich auf empirische Untersuchungen und vergleicht das Versicherungsunternehmen bzw. seine Geschäftsbereiche, für die die Eigenkapitalkosten bestimmt werden sollen, mit ähnlich strukturierten und operierenden Unternehmen am Markt. Dabei ist eine hohe Anzahl der Vergleichsunternehmen Basis für die Stabilität der Ergebnisse, andererseits verhindert sie eine ausreichende Differenzierung hinsichtlich der zu betrachtenden Unternehmensbereiche . So ist es nicht sinnvoll, sogenannte Industrie-Betas für die Bestimmung der Eigenkapitalkosten von Unternehmensbereichen zu verwenden, da in den bekannten Untersuchungen alle Unternehmen innerhalb der Versicherungsbranche herangezogen werden.[55] Die notwendigen Informationen werden von verschiedenen Analyse- und Asset Management Softwaresystemen bereitgestellt.[56]

Ermittlung des Cash Flow

Dreh- und Angelpunkt der wertorientierten Steuerung ist die Ermittlung der relevanten Cash Flows. Die Risikofaktoren und Ergebnisquellen[57] bilden gleichermassen die bekannte Triade des Versicherungsgeschäfts, die aus Sicht der Cash Flows ebenso relevant ist:

- Zeichnungsrisiko-Cash-Flows resultieren aus dem eigentlichen Kerngeschäft des Versicherungsunternehmens bei der Übernahme einzelner Risiken, die in der Summe den Versicherungsbestand ausmachen, der wiederum im Hinblick auf die mit weiteren Risikotransfers veränderte Streuung der Gesamtschadenverteilung im Kollektiv die Stellschraube darstellt. Hier fliessen Beitrags- und Schadenzahlungen (auch aus der Rückversicherung) ein.
- Investmentrisiko-Cash-Flows reflektieren die Zahlungsströme aus dem Kapitalanlagengeschäft und stehen in unmittelbarem Zusammenhang mit den Absatzanstrengungen des Aussendienstes bzw. des Vertriebs. Die Besonderheit des Versicherungsgeschäfts manifestiert sich über normale Renditebetrachtungen hinaus an den Anforderungen, die sich auf der Passivseite aufgrund der Verpflichtungen aus dem Versicherungsgeschäft ergeben.
- Dienstleistungsrisiko-Cash-Flows repräsentieren als dritte Säule die Zahlungsflüsse, die sich durch das Betreiben des Versicherungsgeschäfts oder profan ausgedrückt, die sich durch den Einsatz der Produktionsfaktoren Personal (einschliesslich Aussendienst) und Betriebsmittel ergeben.

Aufgrund der Befürwortung der Verwendung der Equity-Methode (siehe 4.4) wird im Rahmen dieser Darstellung der freie Cash Flow der Eigenkapitalgeber betrachtet. In Anlehnung an die vorangegangenen Ausführungen geht die praktische Ermittlung des Cash Flow von dem um die nicht zahlungswirksamen Aufwendungen und Erträge korrigierten Jahresüberschuss aus, berücksichtigt im zweiten Schritt die Auszahlungen für Investitionen und zahlungswirksame Veränderungen des Fremdkapitals.
Exemplarisch lässt sich dieses wie folgt darstellen:

	1998	1999	...	Restwert
Jahresüberschuss	100			
+ Abgeführte Gewinne	10			
+/- Ausserordentliches Ergebnis	20			
+ Δ Schwankungsrückstellungen	200			
+ Δ Vers.techn. Rückstellungen	50			
+ Δ Andere Rückstellungen (Pensions-/Steuerrückstellungen)	100			
= **Korrigierter Jahresüberschuss**	**480**			
- Nettoinvestitionen	600			
+ Veränderung Fremdkapital[58]	200			
Cash Flow	**80**			

Tabelle 1

Als unterstützendes Instrument zur Planung der Cash Flows, die in der obigen Ausführung noch nicht berücksichtigt wurden, bieten sich Sensitivitätsanalysen an, um den Einfluss von Parameteränderungen zu messen. Beispiele solcher Value Driver sind u.a.:[59]

- Beiträge (Neugeschäft, Bestand, Storno)
- Schäden (Neugeschäft, Bestand)
- Provisionen
- Direkte Vertriebskosten
- Kosten Schadenregulierung
- Verwaltungskosten

Fazit

Shareholder Value muss losgelöst von dogmatischen Sachzwängen betrachtet werden, da die wertorientierte Steuerung die notwendige Weiterentwicklung der bestehenden Steuerungsinstrumente darstellt, die in der Versicherungswirtschaft zur Anwendung gelangen. Die strukturellen Veränderungen innerhalb dieser Branche verlangen nach betriebswirtschaftlichen Steuerungskonzepten. Die angemessene Antwort auf dieses veränderte Anforderungsprofil bildet die Berücksichtigung von Zahlungsströmen, da diese weitestgehend die Möglichkeit bieten, den Besonderheiten des Versicherungsgeschäfts gerecht zu werden. In Anlehnung an Steuerungsmodelle aus der Industrie bieten der Discounted Cash Flow (DCF) oder Economic Value Added (EVA) dogmatische Lösungsansätze, dieser Problemstellung nachzukommen. Die kritische Frage nach der Ermittlung der relevanten Kapitalkosten lässt sich, wie dargelegt, mit Hilfe der Analogie-Methode zufriedenstellend beantworten. Die Betrachtung der Cash Flows hat in Ergänzung zu der dargestellten Teilkostenrechnung, insbesondere der mehrstufigen Deckungsbeitragsrechnung, zu erfolgen. Wie skizziert, ergeben sich aus dieser Steuerungsmethodik intensive Möglichkeiten eines Benchmarking, das internationalen Standards genügt.

Anmerkungen

1 Pellens/Rockholtz/Steinemann (1997).
2 Die Shareholder-Value-Falle (1997).
3 Bea/Thissen (1997).
4 Farny (1974).
5 Von der Schulenburg (1997).
6 Zu ähnlichen Ergebnissen kommt eine empirische Erhebung von Burr /Kreis-Engelhardt (1998).
7 Neumann (1997).
8 Farny (1992).
9 Pünsch (1996).
10 Neumann (1997).
11 Kraus (1996) und Heckel/Heller (1994) und Albrecht (1992).
12 Kropp (1997) und Lenz/Schäfferling (1997).
13 Fischer (1996).
14 Kilger (1988).
15 Im Ansatz ähnlich: Kunze/Pelizäus (1998).
16 Pünsch (1996).
17 Bischof (1997).
18 Rendenbach (1998), S. 698 ff. der ebenfalls eine Ertragsbarwertbetrachtung vorschlägt.
19 Wrede (1996).
20 Rohde (1996).
21 Franklin (1990).
22 Copeland/Koller/Murrin (1994).
23 Copeland/Weston (1988).
24 Oletzky(1998).
25 Oletzky(1998).

26 Copeland/Koller/Murrin (1998).
27 Ballwieser (1995).
28 Fama/French (1992) und Bhandari (1988).
29 Copeland/Weston (1988).
30 Ross (1976) und Copeland/Weston (1988).
31 Albrecht (1991).
32 Lewis (1994) und Lewis/Lehmann (1992).
33 Oletzky (1998).
34 Copeland/Koller/Murrin (1998).
35 Lewis (1994).
36 Copeland/Koller/Murrin (1998).
37 Oletzky (1998).
38 Stewart (1991).
39 Stewart (1991).
40 Stewart (1991).
41 Stewart (1991).
42 Oletzky (1998).
43 Stewart (1991).
44 Stewart (1991).
45 Stewart (1991).
46 Einen häufigen Diskussionspunkt und ein oft angeführtes Hauptargument gegen Shareholder Value stellen die scheinbaren Antipoden Sicherheit versus Gewinn dar.
47 Farny (1992).
48 Karten (1988).
49 Drukarczyk (1993).
50 Herter (1994).
51 Kruschwitz (1995).
52 Roll (1977).
53 Albrecht (1991).
54 Die Mehrheit der inländischen Versicherungsunternehmen sind nicht börsennotiert.
55 Dimson/Marsh (1982), S. 117 (Unterscheidung zwischen Schaden-/ Unfallversicherung und Lebensversicherung).
56 BARRA International bietet nationale und internationale Beta-Werte, darunter für 390 inländische Aktien.
57 Farny (1995).
58 Die Veränderung des Eigenkapitalbedarfes ergibt sich als Differenz zwischen den Nettoinvestitionen und der Veränderung des Fremdkapitals.
59 auch die Ausführungen zur Teilkostenrechnung (Punkt 3.2).

Literaturverzeichnis

Albrecht, P.: Gestaltung der Deckungsbeitragsrechnung in der Personen- und der Schadenversicherung, in: Handbuch der Kostenrechnung, Männel, W. (Hrsg.), Wiesbaden 1992, S. 1101 ff.

Albrecht, P.: Kapitalmarkttheoretische Fundierung der Versicherung?, in: ZversWiss (1991), S. 521 ff.

Ballwieser, W.: Aktuelle Aspekte der Unternehmensbewertung, in: WPg (1995), S. 119 ff.
Bea, F./Thissen, S.: Institutionalisierung des Shareholder-Value-Konzepts bei der GmbH, in: Der Betrieb (1997), S.787 ff.
Bhandari, L.: Debt/Equity Ratio and Expected Common Stock Returns: Empirical Evidence, in: Journal of Finance, Vol. 43, (1988) S. 507 ff.
Bischof, J.: Prozesskostenmanagement im Versicherungsunternehmen – der Einsatz der Prozesskostenrechnung im Gemeinkostenmanagement, Ulm 1997.
Burr, W./Kreis-Engelhardt, B.: Telearbeit in Versicherungsunternehmen – Stand und Perspektiven in Deutschland, in: Versicherungswirtschaft Nr. 20 (1998), S. 1415 ff.
Copeland, T. E./Weston J. F.: Financial Theory and Corporate Policy, 3. Aufl., Reading/Mass. 1988.
Copeland, T./Koller, T./Murrin, J.: Unternehmenswert: Methoden und Strategien für eine wertorientierte Unternehmensführung, 2. Aufl., Frankfurt a.M., New York 1998.
Copeland, T./Koller, T./Murrin, J.: Valuation, Measuring and Managing the Value of Companies, 2. Aufl., New York 1994, S. 79 ff.
Dimson, E./Marsh, P.: Calculating the Cost of Capital, in: Long Range Planning, Vol. 15 (1982), S. 117 ff.
Drukarczyk, J.: Finanzierung über Pensionsrückstellungen, in: Handbuch des Finanzmanagements, Gebhardt, G./Gerke, W./Steiner, M. (Hrsg.), München 1993, S. 229 ff.
Fama, E.F./French, K. R.: The Cross-Section of Expected Stock Returns, in: The Journal of Finance, Vol. 47, (1992), S. 427 ff.
Farny, D.: Buchführung und Periodenrechnung im Versicherungsunternehmen, 4. Aufl., Köln 1992.
Farny, D.: Versicherungsbetriebslehre, 2. Aufl., Karlsruhe 1995.
Farny, D.: Zielkonflikte in Entscheidungsinstanzen des Versicherungsunternehmens, in: Versicherungswirtschaft (1974), S. 1246.
Fischer, H.: Prozesskostenrechnung und Prozessoptimierung für Dienstleistungen: Das Beispiel eines Versicherungsunternehmens, in: Controlling Nr. 2 (1996), S. 90 ff.
Franklin, N.: Embedded Values of Life Insurance Companies, in: Geld, Banken und Versicherungen, Heilmann, W.-R. u.a. (Hrsg.):, Bd. II, Karlsruhe 1990.
Heckel, D./Heller, U.: Deckungsbeitragsrechnung in der Lebensversicherung, in: Blätter der Deutschen Gesellschaft für Versicherungsmathematik, Bd. 21, (1994), S. 327 ff.
Herter, R.N.: Unternehmenswertorientiertes Management: Strategische Erfolgsbeurteilung von dezentralen Organisationseinheiten auf Basis der Wertsteigerungsanalyse, München 1994.
Karten, W.: Schwankungsrückstellung, in: Farny, D./Helten, E./Koch, P. u.a. (Hrsg.), 1988, S. 763 ff.
Kilger, W.: Flexible Plankostenrechnung und Deckungsbeitragsrechnung, 9. Aufl., Wiesbaden 1988.
Kraus, F.: Der Vertrieb als Profit-Center – das Profit-Center im Vertrieb, in: Versicherungswirtschaft Nr. 2, (1996), S. 98 ff.
Kropp, D.: Die Vergleichbarkeit spartenbezogener Deckungsbeiträge im Versicherungskonzern, in: Versicherungswirtschaft Nr. 9 (1997), S. 617 ff.
Kruschwitz, L.: Finanzierung und Investition, Berlin, New York 1995.
Kunze, B./Pelizäus, R.: Eine alternative Form der Deckungsbeitragsrechnung, in: Versicherungswirtschaft Nr. 21 (1998), S. 1518 ff.

Lenz, M./Schäfferling, K.-D.: Deckungsbeitragsrechnung – ein Ansatz aus Sicht der Lebensversicherung, in: Versicherungswirtschaft Nr. 14 (1997), S. 996.

Lewis, T. G./Lehmann, S.: Überlegene Investitionsentscheidungen durch CFROI, in: BFuP Nr. 1 (1992), S. 1ff.

Lewis, T. G.: Steigerung des Unternehmenswertes – Total Value Management, Landsberg/Lech 1994.

Neumann, O.: Controllinginstrumente als Basis für ein modernes Management-Informationssystem, in: Versicherungswirtschaft Nr. 9 (1997), S. 597 ff.

o.V.: Die Shareholder-Value-Falle, in: Zeitschrift für Versicherungswesen Nr. 10, (1997), S. 261.

Pellens, B./Rockholtz, C./Steinemann, M.: Marktwertorientiertes Konzerncontrolling in Deutschland – eine empirische Untersuchung, in: Der Betrieb Nr. 39 (1997), S. 1933 ff.

Pünsch, F.: Einsatz von Controlling-Instrumenten bei Lebensversicherungsunternehmen, in: Versicherungswirtschaft Nr. 24 (1996), S. 1716 ff.

Rendenbach, H.-G.: Deckungsbeitragsrechnung für Lebensversicherungen, in: Versicherungswirtschaft Nr. 10 (1998), S. 698 ff.

Rohde, M.: Den Erfolg im voraus bestimmen – Kennzahlen gestütztes Profit Testing, in: Münchener Blätter zur Versicherungsmathematik Nr. 30 (1996), S. 9 ff.

Roll, R.: A critique of the asset pricing theory´s tests, part I: On past and potential testability of the theory, in: Journal of Financial Economics, No. 4 (1977), S. 129 ff.

Ross, S.A.: The Arbitrage Theory of Capital Asset Pricing, in: Journal of Economic Theory No. 13 (1976).

Stewart, G.B.: The Quest for Value: the EVA^{TM} Management Guide, 1991.

Von der Schulenburg, M.-J.: Die Lebensversicherung auf dem Weg in das dritte Jahrtausend, 1997.

Wrede, P.: Profit Testing auch in der Krankenversicherung, in: Versicherungswirtschaft Nr.9 (1996), S. 584 ff.

Christiane Jost

Das Risk Controlling der Kapitalanlage bei der Helvetia Patria Gruppe

Die Entwicklung des Risk Controllings der Kapitalanlagen bei der Helvetia Patria Gruppe

Der Versicherungssektor befindet sich seit einigen Jahren im Umbruch. Ein traditionell hochregulierter Markt wird zügig liberalisiert und dereguliert. Ein Meilenstein innerhalb der Europäischen Union war die sogenannte dritte Richtliniengeneration, die mit Wirkung vom 30. Juli 1994 einen einheitlichen Binnenmarkt für Versicherungsunternehmen schaffte. Innerhalb der Schweiz war die Auflösung der Lebens- und Schadenversicherungskartelle ebenfalls ein wesentlicher Schritt hin zu einer Liberalisierung des Marktes und zu einer grösseren Produktvielfalt. Die Gesellschaften haben diese Entwicklung antizipiert und versucht, sich möglichst frühzeitig auf die neuen Wettbewerbsbedingungen einzustellen. Welche Massnahmen dabei ergriffen wurden, hing von den einzelnen Gesellschaften ab. Die Helvetia Patria Gruppe ist als Antwort von zweien der ältesten Schweizerischen Versicherungsgesellschaften auf die Veränderung der Versicherungslandschaft entstanden. 1996 schlossen sich die Patria, Schweizerische Lebensversicherungsgesellschaft auf Gegenseitigkeit, und die Helvetia Schweizerische Versicherungsgesellschaft unter dem Dach der Helvetia Patria Holding als Gruppe zusammen. Beide Unternehmen hatten zunächst unterschiedliche Schwerpunkte der Versicherungstätigkeit, obwohl sie Allbranchenversicherer waren:

Der Schwerpunkt der Patria lag im Lebensversicherungsgeschäft. Anfang der neunziger Jahre begann eine Hochzinsphase, die für alle Lebensversicherungsgesellschaften stets eine Herausforderung darstellt. Der Schweizer Aktienmarkt war ebenfalls hochrentabel. Das Versicherungsprodukt wurde in seiner Rentabilität mit festverzinslichen Papieren oder Fonds verglichen. In dieser Situation zeigte sich deutlich, dass zwar alle Kunden ein Bedürfnis nach einer Absicherung im Todesfall hatten, ihre Präferenzen für die Kapitalanlage und ihre Risikoeinstellung bezüglich der Anlageerträge jedoch recht unterschiedlich waren. Circa. 90 % des Gewinns eines Lebensversicherungsunternehmens stammt aus Kapitalerträgen.[1] Kapitalanlageerträge sind ein herausragender Wettbewerbsfaktor bei Lebensversicherungsunternehmen.

Lebensversicherungen mussten auf diese Situation reagieren. Daher begann man, darüber nachzudenken, wie man eine Steigerung des Anlageertrags bei vorgegebenem Risiko erreichen könnte. Die Patria entschied, zu diesem Zweck ein modernes, theoretisch fundiertes Asset-Liability Management zu implementieren. Die Arbeiten daran begannen 1991.

Das Schadenversicherungsgeschäft kam in den letzten Jahren ebenfalls zunehmend unter Wettbewerbsdruck. In einigen Sparten mussten die Kapitalerträge in zunehmendem Masse technische Defizite ausgleichen. Die Möglichkeit, Versicherungsschutz zu verbilligen, ist daher ebenfalls von den Kapitalanlageerträgen abhängig. Neben den Kosten waren und sind die Kapitalanlagen erfolgsentscheidend. Auch die Helvetia war daher an einer möglichst effizienten Kapitalanlage interessiert, die in noch stärkerem Masse als im Lebensversicherungsgeschäft den Schwankungen der Verbindlichkeiten Rechnung zu tragen hatte. Dabei durfte das herausragende Kriterium der Liquidität nicht vernachlässigt werden. Hier war ein Asset-Liability Management Ansatz unverzichtbar.

So begannen beide Gesellschaften bereits zu einem sehr frühen Stadium ihrer Zusammenarbeit damit, ihre Kräfte zur Entwicklung und Implementation eines einheitlichen Asset-Liability Managements zu bündeln. Mittlerweile ist es gelungen, ein bedarfsgerechtes Asset-Liability Management zu entwickeln und für das gesamte Schweizer Geschäft umzusetzen. Auch die wichtigsten ausländischen Töchter und Niederlassungen sind bereits in den Prozess einbezogen.

Im folgenden wird zunächst der theoretische Ansatz vorgestellt und diskutiert. Anschliessend wird das praktische Vorgehen erläutert. Zuletzt werden Umsetzungsprobleme und ihre Lösung erörtert.

Die Konzeption des Risk Controlling der Kapitalanlagen bei der Helvetia Patria Gruppe

Zu den Risiken eines Versicherungsunternehmens

Das Geschäft von Versicherungsunternehmen (VU) ist die entgeltliche Übernahme von vertraglich festgelegten und wohldefinierten Risiken über einen ebenfalls vertraglich bestimmten Zeitraum. Die Leistung des VU besteht in einer (Schaden-) Ausgleichszahlung bei Realisation des Risikos.

Das VU übernimmt eine Vielzahl von Risiken. Diese müssen jedoch kalkulierbar sein, damit das Unternehmen eine Grundlage für die Berechnung angemessener Prämien hat und dauerhaft seinen Verpflichtungen nachkommen kann. Für die Prämienkalkulation wird der Teilausschnitt der Umwelt isoliert betrachtet, den das VU für die Ermittlung der Schadenverteilung als relevant erachtet. So werden Risikofaktoren isoliert, bei denen man davon ausgeht, dass sie voneinander unabhängig sind und die Realisationen des versicherten Ereignisses wesentlich determinieren. Sie erklären die Schadenverteilung bis auf eine Störgrösse, die als Zufallsvariable einer Verteilung folgt. Diese wird anhand von Schadendaten ermittelt. Anhand der Schadenverteilung wird die Prämie kalkuliert.

Dieser Kalkulationsprozess ist seinerseits möglicherweise mit Fehlern behaftet. Das daraus resultierende Produktionsrisiko von VU bezeichnet man als branchentypisches Risiko bzw. als versicherungstechnisches Risiko.[2] Ein weiteres Risiko besteht darin, dass das Entgelt für die Risikoübernahme, das sich am Gesamterwartungswert orientiert, systematisch Kunden anzieht, deren individuelle Schadenerwartung höher liegt. Dieses Risiko bezeichnet man als das Risiko einer adversen Selektion. Das Management dieser Risiken erfolgt grösstenteils bereits bei der Produktgestaltung und fällt daher in der Regel in den Aufgabenbereich der mathematischen Abteilung.

Um eine adverse Selektion zu verhindern, werden in der Regel Risikoklassen gebildet, die unterschiedliche Entgelte zu entrichten haben, und es wird geprüft, in welche Risikoklasse der Kunde fällt. Dabei obliegt ein erstes Screening den Versicherungsvermittlern. Diese arbeiten in der Regel auf Provisionsbasis. Damit der Versicherungsvermittler auch die Risikoprüfung nicht vernachlässigt, ist eine Provisionierungsregelung zu finden, die den Versicherungsvertreter dazu anregt, im Interesse des VU zu handeln.

Provisionierungsregelungen werden zumeist von Personalabteilungen in Zusammenarbeit mit Aussendienstverantwortlichen erarbeitet.

Das klassische Risk Management eines Erstversicherers ist seine Rückversicherungspolitik. Im Rahmen der Rückversicherungspolitik werden Risiken ganz oder teilweise nach unterschiedlichen Gesichtspunkten an ein anderes Versicherungsunternehmen, den Rückversicherer, weitergegeben. Hierfür ist eine spezielle Abteilung zuständig.

Diese technischen Risiken sind in der Regel unabhängig vom Anlagegeschäft und werden auch gesondert gesteuert. Die Helvetia Patria Gruppe hat sich entschlossen, diese «gewachsene» Aufgabenverteilung nicht zu verändern und ein Asset-Liability Management aufzubauen, das auf den gegebenen technischen Risiken aufbaut.

Die Entgelte für die Risikoübernahme werden in den meisten Versicherungszweigen vorschüssig entrichtet. Sie werden als versicherungstechnisches Fremdkapital bezeichnet.[3] Es ist Teil des Versicherungsgeschäfts, diese Gelder so anzulegen, dass die jederzeitige Erfüllung des Sicherungsversprechens über die gesamte Vertragslaufzeit gewährleistet ist. Neben den versicherungstechnischen Risiken übernimmt das VU daher bei der Geldanlage auch anlagespezifische Risiken. Der Wert der Kapitalanlagen und/oder ihr Ertrag schwanken über die Zeit in Abhängigkeit von verschiedenen Risikofaktoren. Hierzu zählen gesamtwirtschaftliche Faktoren wie Inflation, Wechselkursentwicklung und Zinsentwicklung genauso wie das Ausfallrisiko bei Darlehen oder die Entwicklung auf dem Aktienmarkt. Einen Teil der Ziele und Massnahmen des Risk Managements wird in den meisten Ländern durch den Gesetzgeber vorgeschrieben. Gesetze und Verordnungen postulieren das Primat der Sicherheit der Kapitalanlage, der Rentabilität und der Liquidität sowie die Notwendigkeit einer angemessenen Streuung der Kapitalanlage. Ferner werden die Möglichkeiten der Kapitalanlage so eingeschränkt, dass das Anlagerisiko verringert wird.[4] Ein grosser Teil des Risk Managements erfolgt in den Unternehmen über Anlagerichtlinien, die zusätzliche Auflagen für die Portfoliomanager enthalten und ihren Handlungsspielraum festlegen. Dies darf nicht unabhängig von den Risiken aus der Produktion erfolgen. Ein kleines Beispiel soll diesen Zusammenhang illustrieren:

Angenommen, das inländische Preisniveau steigt. Eine Folge dieser Inflation ist der reale Wertverlust bei Nominalanlagen für den Gläubiger.[5] Dieser Wertverlust kann unter Umständen durch die Zinsentwicklung abgemildert werden. Empirische Untersuchungen haben gezeigt, dass der Gesamteffekt von der Laufzeit der Nominalanlage abhängt. Nominalanlagen mit kürzerer Laufzeit können die Inflationsentwicklung fast vollständig kompensieren, während Nominalanlagen mit längerer Laufzeit nur gegen die Inflationsentwicklung geschützt sind, die sich bereits in der Marktentwicklung zum Begebungszeitpunkt widerspiegelt.[6] Je länger die Laufzeit, desto höher das Risiko eines inflationsbedingten Wertverlustes für den Gläubiger. Welche Bedeutung dieser Zusammenhang für das Gesamtunternehmen und damit auch für die Anlagestrategie hat, hängt von der Zusammensetzung des Versicherungsportfolios ab:

Inflationsbedingte Wertverluste der Kapitalanlagen von Versicherungsunternehmen machen sich für das Unternehmen bemerkbar, da sich der Finanzbedarf des Unternehmens mit steigendem Preisniveau erhöht. Das Ausmass ist von dem betriebenen Versicherungsgeschäft und dem Versicherungsvertragstyp abhängig.[7] Bei der Erstrisikoversicherung, bei der bis zu einer Höchstgrenze der Schaden ersetzt wird, liegt das Risiko zunächst bei dem VU. Bei der Vollwertversicherung liegt dieses Inflationsrisiko prinzipiell beim Versicherungsnehmer. Allerdings ist zu bezweifeln, ob die Ermittlung der anzurechnenden Unterversicherung bei Teil- und Kleinschäden praktikabel ist.[8]

Dieses einfache Beispiel zeigt bereits anschaulich, warum das Kapitalanlage-Risk Management den spezifischen Gegebenheiten des Versicherungsunternehmens Rechnung tragen muss.

Die Einhaltung gesetzlicher Vorschriften und unternehmensinterner Anlagerichtlinien können jedoch nur als Rudimente eines differenzierten Kapitalanlage-Risk Managements bezeichnet werden. Dennoch war es bis vor kurzem so, dass das differenzierte Kapitalanlage-Risk Management, bei dem Erträge und Risiken gegeneinander abgewogen wurden, bei Erstversicherungsunternehmen nicht üblich war. Risk Management eines Versicherungsunternehmens befasste sich ausschliesslich mit den versicherungstechnischen Risiken.[9] Veränderte Rahmenbedingungen erfordern jedoch auch in diesem Bereich Anpassungen:

Die Volatilität der Finanzmärkte wurde gegen Ende der siebziger Jahre durch den Übergang von festen zu flexiblen Wechselkursen und durch die Geldpolitik der grossen Zentralbanken entscheidend erhöht.[10] Auch der Einsatz elektronischer Datenverarbeitung und Informationsübermittlung beim Handel auf den Kapitalmärkten trägt zu dieser Entwicklung bei.

Durch die Erhöhung der Volatilität der Finanzmärkte müssen auch Versicherungsunternehmen verstärkt aktives Risk Management im Kapitalanlagebereich betreiben. Dieses Risk Management dient der Sicherung der Leistungsfähigkeit des VU und muss sich aus Sicherheits- und Kostengründen an dem Volumen und den Risikoeigenschaften der Verbindlichkeiten orientieren.

Die Wahl des geeigneten Kapitalanlage-Risk Managements

Grundsätzliches

Kapitalanlagerisiken haben für Versicherungsunternehmen eine grosse Bedeutung. Sie beeinflussen die Ertragskraft, die Wettbewerbsposition und die Produktionskapazitäten des Unternehmens.[11] Da sie nicht unabhängig von den Verbindlichkeiten beurteilt und gesteuert werden können, ist für Versicherungen ein Asset-Liability Management (ALM) unabdingbar. ALM ist ein «permanenter Führungs- und Entscheidungsprozess»,[12] bei dem die Risiken aus leistungswirtschaftlichem und finanzwirtschaftlichem Bereich unternehmenszielbezogen aufeinander abgestimmt werden.[13]

Ein ALM kann nur erfolgreich durchgeführt werden, wenn es gelingt, den Ablauf, die Funktionen und Kompetenzen klar zuzuweisen und an den Zielen zu orientieren. Die Ausgestaltung des ALM hängt von den Charakteristika des betrachteten Unternehmens ab, wie beispielsweise dem Versicherungsportefeuille, der bestehenden Unternehmensorganisation und der regionalen Ausdehnung. Der zielorientierte Ablauf des ALM muss organisatorisch gewährleistet werden. Dabei muss in einem ersten Schritt sicher auf die bestehende Organisation Rücksicht genommen werden. Hierzu gehört auch die Berücksichtigung des bestehenden Planungsprozesses. Ausserdem ist sicherzustellen, dass die für den gewählten Ablauf notwendigen Instrumente wie beispielsweise eine geeignete EDV-Ausstattung und das entsprechende Know-how zur Verfügung stehen.

Diese zunächst etwas abstrakten Überlegungen sollen am Beispiel der Helvetia Patria Gruppe konkretisiert werden:

Die Wahl des Risk Managements bei der Helvetia Patria Gruppe

Die Helvetia Patria Gruppe ist ein VU, dessen ursprünglich eigenständigen Gesellschaften über Jahrzehnte gewachsen sind und auf eine lange Tradition zurückblicken können. Die Unternehmung war zu Beginn der Implementierung eines ALM entsprechend klassisch nach Funktionsbereichen organisiert. Das Risk Management der reinen Versicherungsrisiken oblag der mathematischen Abteilung. Der Finanzbereich erhielt unternehmensintern die Informationen über das Anlagevolumen und den Auszahlungsbedarf. Angelegt wurde entsprechend den gesetzlichen Vorschriften mit dem in der Versicherungswirtschaft niedrigen Engagement in Aktien, das noch weit unter der gesetzlichen Limite lag. Entsprechend waren die Anlageerträge auf einem ausreichenden, der Zinsstruktur entsprechenden Ertragsniveau wenig schwankend. Ein aktives Risk Management der Kapitalanlagen erschien nicht prioritär.

Als sich die Finanzmärkte wandelten, als gleichzeitig Finanzinnovationen auf dem Markt erschienen, die eine gezielte Risikosteuerung möglich machten, als sich die Erkenntnisse der modernen Portfoliotheorie über den Zusammenhang zwischen Rendite und Risiko und die Bedeutung der Diversifikation auch immer mehr in der Praxis durchsetzten, hatte sich die Situation grundlegend gewandelt. Im Finanzbereich entstand die Notwendigkeit eines aktiven Risk Managements und der Finanzmarkt gab gleichzeitig auch die Instrumente hierzu an die Hand, die aber aufgrund ihrer Natur auch wieder eigene Risiken erzeugten. Man wusste natürlich um die Abhängigkeit von den Verbindlichkeiten und es war bereits abzusehen, dass diese Abhängigkeiten stärker werden würden.[14]

Man schuf also ein ALM, das man im Finanzbereich ansiedelte. Entsprechend den obigen Ausführungen sollte das ALM an mögliche Neuerungen sowohl innerhalb der Organisation als auch im Produktbereich anpassungsfähig sein. Im Anfangsstadium wurde sichergestellt, dass das ALM auf bereits vorhandene Informationen aus dem leistungswirtschaftlichen Bereich zurückgreifen konnte. Zudem war man bereit, in angemessenem Umfang sowohl in Know-how als auch in Informationstechnologie zu investieren, um ein erfolgreiches ALM implementieren zu können.

Da die Helvetia Patria Gruppe international tätig ist, war es wichtig einen Prozess zu implementieren, der auch länderspezifischen Besonderheiten Rechnung tragen konnte. Das Ziel des Risk Managements war bereits durch Gesetzgeber und die Geschäftstätigkeit vorgegeben: Sicherheit der Kapitalanlage bei attraktiver und, unter diesen Vorgaben, bestmöglicher Rendite.[15] Die Priorität, die die Sicherheit der Anlage geniesst, ist dadurch zu erklären, dass ein Versicherungsunternehmen schlussendlich Sicherheit verkauft.

Schliesslich stellte sich die Frage, welche Techniken des Risk Managements eingesetzt werden sollten. Hierbei war zu berücksichtigen, dass die Gruppe in allen Versicherungsbranchen tätig ist. Dabei sind die Produktionsbedingungen der Lebensversicherung und der Nichtlebensversicherung sehr unterschiedlich: Lebensversicherungsverträge sind meist langfristig und die Verbindlichkeiten unterliegen zumindest bei klassischen Versicherungsprodukten keinen grossen Schwankungen. Demgegenüber schwanken Verbindlichkeiten aus dem Nichtlebensversicherungsgeschäft substantiell, so dass der Liquidität grössere Bedeutung zukommt. Das schränkt die Anzahl der Techniken, die gruppenweit eingesetzt werden können, deutlich ein. Ein Beispiel hierfür ist das sogenannte Duration-Matching. Diese Technik verfeinert die Laufzeitabstimmung und wird häufig bei Banken eingesetzt.[16] Duration-Matching von Kapitalanlagen und Verbindlichkeiten kann bei einem Lebensversicherungsunternehmen mit klassischen Produkten durchaus zur Steuerung der Kapitalanlagerisiken eingesetzt werden, bei einem Nichtlebens-VU ist es dagegen nicht sinnvoll anwendbar, da die Verbindlichkeiten so gut wie keine Ähnlichkeiten mit festverzinslichen Wertpapieren haben. Für ein gruppenweit einheitliches ALM bot es sich für die Helvetia Patria Gruppe also nicht an. Stattdessen baut das strategische ALM innerhalb der Gruppe auf dem Risikofähigkeitskonzept auf und nutzt die Erkenntnisse der modernen Portfoliotheorie. Dieses ALM bildet den Kern des Risk Managements der Kapitalanlagen und wird durch weitere Massnahmen ergänzt.

Aus diesen Überlegungen heraus wurde ein Anlageprozess gestaltet, in dessen Mittelpunkt die Bestimmung einer strategischen mittelfristigen Benchmark-Allokation steht. Eine Benchmark-Allokation ist ein Portfolio, das sich aus verschiedenen Anlagekategorien und Währungen zusammensetzt, und das als Massstab für die Kapitalanlage dient. Die Benchmark-Allokation wird je Ländermarkt getrennt für Leben- und Nichtlebengeschäft bestimmt. Jede Benchmark-Allokation wird in Abhängigkeit von der Verbindlichkeitsentwicklung und von einer Vielzahl von anlagerelevanten Faktoren im Einklang mit der Gesamtunternehmensstrategie und den gesetzlichen Vorschriften bestimmt. Auf Einzelheiten zu diesem Vorgehen wird in einem eigenen Abschnitt noch eingegangen. Da das Vorgehen für jeden Ländermarkt jeweils für das Leben- und Nichtlebengeschäft gleich ist, wird im folgenden nur von der Benchmark-Allokation gesprochen.

Die Benchmark-Allokation wird durch eine taktische Allokation ergänzt. Diese wird jährlich ermittelt und trägt sowohl dem bestehenden Portfoliomix als auch neuen Entwicklungen auf den Finanzmärkten Rechnung. Die dadurch bedingten Abweichungen von der Benchmark-Allokation sind kurzfristiger Natur und werden bewusst eingegangen. Allerdings dürfen sie einen gegebenen Rahmen nicht überschreiten.

Benchmark-Allokation und taktische Allokation bilden die Basis für die Bestimmung der Anlagebudgets, die den einzelnen Anlagebereichen während eines Geschäftsjahres zur Verfügung stehen. Sie sind für die Umsetzung der Vorgaben verantwortlich. Anlagerichtlinien ergänzen die strategischen und taktischen Vorgaben für die Anlagebereiche. Die Umsetzung der Investitionspläne wird laufend kontrolliert. Das sichert zum einen die Anlagedisziplin, zum anderen gewährleistet es, dass man nicht antizipierten Marktentwicklungen zeitnah begegnen kann. Hierzu gehört auch der Einsatz von modernen Finanzinstrumenten wie Optionen, Swaps oder Futures zur Risikofeinsteuerung. Auf Umsetzung und Kontrolle der Anlagestrategie wird ebenfalls in einem eigenen Abschnitt separat einzugehen sein.

Die bei der der Umsetzung folgenden Kontrolle entstandenen Informationen gehen nun in einem Rückkoppelungsprozess in die Bestimmung der nächsten taktischen und der Benchmark-Allokation mit ein. Die folgende Abbildung illustriert diesen Anlageprozess:

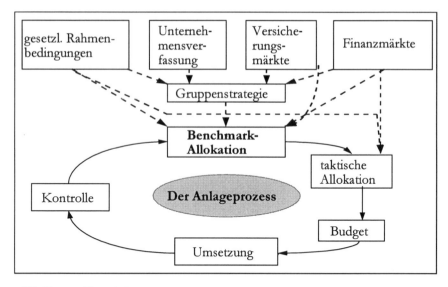

Abbildung 1: Der Anlageprozess

Anlageprozess, Risk Management der Kapitalanlagen und ALM hängen eng zusammen und sind miteinander verwoben: Im Rahmen des Anlageprozesses werden Risikoniveaus vorgegeben, Entscheidungs- und Handlungskompetenzen verteilt und kritische Grössen definiert. Der Anlageprozess ist so aufgebaut, dass das Anlagerisiko in jedem Stadium der Kapitalanlage gesteuert werden kann. Von der Gruppengeschäftsleitung bis zu den Portfoliomanagern sind alle Hierarchiestufen z.T. sogar interdisziplinär in diesen Prozess eingebunden. Dadurch ist eine sehr grosse Kontrolle des Gesamtprozesses gewährleistet. Das ALM kommt bei der Bestimmung der Benchmark-Allokation zum Einsatz. Hier werden Szenarien definiert, um Risiken abzuschätzen und es werden Risikoniveaus der Kapitalanlage als Ziele vorgegeben. Für die Entwicklung der ALM-Techniken ist ein kleines Team von Spezialisten in Zusammenarbeit mit den Fachabteilungen zuständig. Auch hier trägt die interdisziplinäre Arbeit zur Qualitätssicherung bei und reduziert das Risiko, das von jedem Planungsprozess selbst wieder ausgeht. Der endgültige Entscheid für eine Benchmark-Allokation liegt bei Geschäftsleitung und Verwaltungsrat und ist in beiden Gremien ein Konsensentscheid.[17]

Die Bestimmung der Benchmark-Allokation

Klassische Schwerpunkte der Kapitalanlage bei VU waren festverzinsliche Wertpapiere, Darlehen und Immobilien. Ende der 80er Jahre begann eine Phase zunehmender Zinsvolatilität, die schliesslich zu Beginn der 90er Jahre in eine Hochzinsphase mündete. Im Einmaleinlagengeschäft waren vergleichsweise hohe Stornos die Folge. Das Neugeschäft wurde zäher. Gewerbliche Kunden verhandelten über immer höhere Überschussbeteiligungen für ihre Pensionskassenverträge.

Gleichzeitig begann der sonst zuverlässig boomende Immobilienmarkt deutlich schwächer zu werden. Besonders im Bereich gewerblicher Immobilien hatten die Unternehmen mit Leerständen zu kämpfen und/oder mussten drastische Mietreduktionen durchführen. Trotz sorgfältiger Risikoprüfungen tauchten in der Schweiz branchenweit verstärkt Pfandverwertungen bei Hypothekarkrediten auf. Die scheinbar risikoarmen Kapitalanlagen zeigten, dass sie nicht risikolos waren. Gleichzeitig boomte der Schweizer Aktienmarkt und lockte die Kapitalanleger.

Man begann, auch im Lichte der Erkenntnisse über die systematischen Zusammenhänge zwischen Rendite und Risiko, darüber nachzudenken, ob man die Anlagerisiken anders steuern könnte. Aufgrund der Natur des Versicherungsgeschäfts und der gesetzlichen Regelungen hatte man sehr schnell festgestellt, dass die durch die Verbindlichkeiten bestimmte Risikofähigkeit den Massstab für das grundsätzlich tolerierbare Anlagerisiko darstellt.

Die Risikofähigkeit eines Unternehmens wird von seinen kurz- und langfristigen Verpflichtungen determiniert. Sie gibt das Kapitalanlagerisiko an, das das Unternehmen tragen kann, ohne dass es in finanzielle Bedrängnis gerät und seinen Verpflichtungen nicht mehr nachkommen kann. Diese Grösse wird durch die Geschäftspolitik mitbestimmt, z.B. durch die Dividendenpolitik bei Aktiengesellschaften und hängt in der Praxis zusätzlich von der subjektiven Risikoneigung des Managements ab. Bei einer Risikofähigkeitsbestimmung kann daher nur das maximal tragbare Risiko, unabhängig von Geschäftspolitik und Risikoeinschätzungen des Managements vorgegeben werden. Im Anschluss daran bestimmen die Entscheidungsträger, ob sie allfällige engere Grenzen ziehen wollen.

Auf Basis dieses maximal tragbaren Risikos werden dann effiziente Allokationen bestimmt, die den Anlagerichtlinien und den gesetzlichen Vorschriften entsprechen. Hier kommt ein Optimierungsprogramm zum Einsatz. Aus diesen Allokationen wählen Geschäftsleitung und Verwaltungsrat die Benchmark-Allokation aus, die für jeweils fünf Jahre als Zielallokation vorgegeben ist. Mit diesem Vorgehen wird auch der Tatsache Rechnung getragen, dass die Asset-Allokation eine grössere Auswirkung auf die Performance hat, als die Titelauswahl.

Das ganze Verfahren gliedert sich praktisch in drei Teilschritte, die im folgenden jeweils separat erläutert werden: Zunächst werden die gesetzlichen Mindestverpflichtungen bestimmt und für den Planungszeitraum prognostiziert. Mit Hilfe der dabei gewonnenen Erkenntnisse ermittelt man dann die Zuführung zu den Kapitalanlagen und stellt schliesslich die Verbindlichkeitenentwicklung und die Kapitalanlagenentwicklung bei alternativen Anlagestrategien gegenüber.

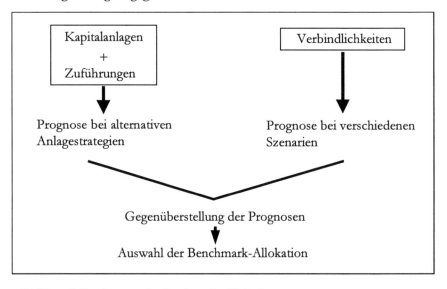

Abbildung 2: Bestimmung der Benchmark-Allokation

Die zu sichernden Verbindlichkeiten

Die Risikofähigkeit ist in hohem Masse von der Definition der Verpflichtungen abhängig. Unter Verpflichtungen sind im Zusammenhang mit der Bestimmung der Anlagestrategie sowohl die unternehmenspolitisch bestimmten als auch die rechtlich vorgegebenen Verpflichtungen gemeint. Bei der Helvetia Patria Gruppe geht man von dem Grundsatz aus, dass zunächst die maximale Risikofähigkeit über die gesetzlichen Mindestanforderungen bestimmt werden muss. Kennt die Geschäftsleitung diese Grösse, so kann sie aufgrund ihrer geschäftspolitischen Strategien oder ihrer eigenen Risikoeinschätzung das tragbare Risiko reduzieren.

Die Mindestdeckung für zukünftige Verpflichtungen wird gesetzlich mit Hilfe des gebundenen Vermögens[18] gesichert. Der Sollbetrag des gebundenen Vermögens bestimmt sich über die versicherungstechnischen Rückstellungen für eigene Rechnung, d.h. nach Abzug der Rückversicherungsanteile. Entsprechend hängt die Risikofähigkeit natürlich auch von der Rückversicherungspolitik ab. Die dem gebundenen Vermögen zugeordneten Kapitalanlagen müssen stets mindestens ausreichen, um den Sollbetrag des gebundenen Vermögens decken zu können.

Als Haftungsgarantie ist ferner die notwendige Eigenmittelausstattung zu gewährleisten, deren Höhe durch die Solvabilitätsspanne[19] bestimmt wird. Sie setzt Kenngrössen des Versicherungsgeschäfts zu den frei verfügbaren Mitteln in Relation. Die Eigenmittel bestehen im wesentlichen aus gesetzlichen, statutarischen und freien Reserven, dem Eigenkapital und allfälligen stillen Reserven. Diese Mittel dürfen durch Verluste aus Anlagetätigkeit nicht angegriffen werden. Die Eigenmittel ergeben sich bei einer Überschlagsrechnung buchhalterisch als Differenz zwischen Aktiven und Passiven. Daher kann die Solvabilitätsspanne zu den technischen Rückstellungen addiert werden, um die Untergrenze der gesetzlichen Verpflichtungen zu bestimmen.

Die so ermittelten Mindestverpflichtungen müssen für den Planungszeitraum prognostiziert werden. Neben den aus der Literatur hinreichend bekannten Problemen der Prognose tritt bei Versicherungsunternehmen das zusätzliche Problem auf, dass die Verbindlichkeiten geschäftsbedingte, aber keinem durchgängigen Muster folgende Schwankungen aufweisen. So schwankt die Deckungsrückstellung von Lebensversicherungen unter Umständen recht stark aufgrund der Wahrnehmung der Rückkaufsoption, die jeder Lebensversicherungsvertrag enthalten muss. Die Bedeutung dieses Faktors hängt stark von dem Versicherungsportfolio des VU ab. Bei Einmaleinlagen kann man beispielsweise feststellen, dass der Rückkauf stark mit der Zinsentwicklung korreliert. Bei NichtlebensVU schwankt das Schadenaufkommen zufallsbedingt und je nach Sparte unterschiedlich stark.

Daher bietet es sich an, in Zusammenarbeit mit den Entscheidungsträgern Szenarien für kritische Prognosegrössen zu definieren. Aufgrund der mit den Szenarien variierenden Prognosewerte für die Verbindlichkeiten erhält man ein Spektrum, innerhalb dessen sich die Mindestverpflichtungen bewegen. Dies zeigt die folgende Abbildung:

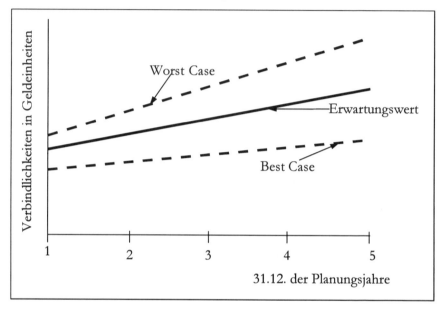

Abbildung 3: Prognose der Verbindlichkeiten

Die Verbindlichkeiten schwanken bei verschiedenen Sparten und verschiedenen Produkten unterschiedlich stark. In der Literatur ist ein im Rahmen des ALM häufig vorgeschlagenes Verfahren das der Segmentierung sowohl von Verbindlichkeiten als auch von Kapitalanlagen nach Produktgruppen.[20] Dabei ergibt sich mit steigender Feinheit der Segmentierung einerseits eine besser auf die Verbindlichkeiten abstimmbare Anlagepolitik, andererseits entstehen zusätzliche Kosten durch ein Mehr an Datenbereitstellung und Datenverarbeitung. Andererseits kann man davon ausgehen, dass es auch innerhalb eines Versicherungsportfolios zu Diversifikationseffekten kommt. Stellt man dies in seinem Versicherungsportfolio fest, ist ein Verzicht auf Segmentierung u.U. betriebswirtschaftlich sinnvoll.

Die Entwicklung der Kapitalanlagen

Die Prognose der Kapitalanlageentwicklung muss von dem Anlagenbestand zu Beginn der Planungsperiode ausgehen. Das zur Deckung der Verbindlichkeiten zur Verfügung stehende Kapital wird jährlich durch neu zuzuführende Mittel und die Anlageperformance erhöht. Dabei hängt es entscheidend von dem gewählten Wertkonzept ab, wie sich die Entwicklung darstellt. Es bietet sich an, zunächst mit Marktwerten zu arbeiten. In einem weiteren Schritt sind jedoch auch die Bilanzwerte anzusetzen. Dabei arbeitet man mit den einfachen bilanziellen Grundsätzen zum Wertzusammenhang.

Die Zuführungen zu den Kapitalanlagen ermittelt man als Saldo der Einnahmen und Ausgaben. Einige Einnahmen und Ausgaben müssen bereits für die Verbindlichkeiten prognostiziert werden und können dann einfach übernommen werden. Hierzu zählen die Prämieneinnahmen und die Auszahlungen aufgrund von Verpflichtungen aus Versicherungsverträgen. Hier sind ebenfalls die Zahlen für eigene Rechnung zugrundezulegen. Auch die Abschlusskosten hängen von den Prognoseannahmen für die Verbindlichkeiten ab. Sie müssen daher konsistent geschätzt werden. Die nicht über die Prognose der Verbindlichkeiten erhältlichen Grössen müssen aus der Buchhaltung ermittelt werden. Auch hierbei sind Kosten und Nutzen gegeneinander abzuwägen. Je stärker der Aggregationsgrad bei der Prognose der Verbindlichkeiten, desto weniger sinnvoll ist es, sehr kleine Aufwands- oder Ertragsposten zu schätzen. Zuletzt bildet man den Saldo aus Einnahmen und Ausgaben und führt ihn der Kapitalanlage zu. Dabei kann dieser Saldo auch negativ sein.

Der zweite entscheidende Faktor für die Entwicklung der Kapitalanlagen ist die Performance des Portfolios. Die Performance ist wiederum Ergebnis der Asset-Allokation. Wir gehen bei der Helvetia Patria Gruppe bei unseren ganzen Überlegungen zu diesem Themenkomplex von den Erkenntnissen der modernen Portfoliotheorie aus.[21]

Kapitalanlagen haben ein Risiko, das als Standardabweichung von der erwarteten Rendite[22] gemessen wird. Kombiniert man mehrere Kapitalanlagen miteinander so ist die Standardabweichung, d.h. das Risiko dieser Kombination in der Regel geringer als die der einzelnen Anlagen. Diesen Effekt nennt man Diversifikationseffekt. Der Diversifikationseffekt reduziert das Risiko, eliminiert es aber in der Regel nicht vollständig. Ausserdem zeigt sich, dass eine Reduktion des Risikos auch zu einer Reduktion der erwarteten Rendite führt. Für jede Rendite existiert ein Portfolio mit minimalem Risiko bzw. umgekehrt für jedes Risiko existiert ein Portfolio mit maximaler Rendite. Die Menge dieser Portfolios bezeichnet man als Effizienzgrenze. In der modernen Portfoliotheorie geht man von einem Investor aus, der das Risiko vermeiden möchte und mehr Rendite gegenüber weniger Rendite vorzieht. Je nach individueller Risikoneigung wird er also genau ein Portfolio auf der Effizienzgrenze wählen.

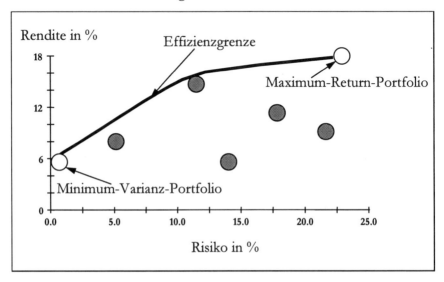

Abbildung 4: Die Effizienzgrenze

Rendite und Risiko einzelner Anlagekategorien werden über Indizes berechnet, die die Marktentwicklung abbilden. Diese Indizes bieten sich dann auch wieder als Benchmark für die einzelnen Anlagebereiche an. Dieses Vorgehen folgt der Argumentation, dass Individuen in der Regel nicht in der Lage sind, langfristig systematisch einen besseren Ertrag zu erzielen als der Markt, ohne das Risiko entsprechend zu vergrössern. So hat beispielsweise der S&P 500 Index von 1969-1989 bessere Renditen erzielt als 80% der Händler, die aktiv ihre Titel ausgewählt haben.[23] Ferner weiss man, dass sich das Risiko eines Portfolios in das sogenannte systematische oder Marktrisiko und das unsystematische, den einzelnen Titeln zuzuordnende

Risiko, zerlegen lässt.[24] Das unsystematische Risiko lässt sich mit steigender Anzahl einzelner Titel völlig reduzieren, während das Marktrisiko β auch über Diversifikation nicht zu verringern ist. Der Investor wird nur für die Übernahme des systematischen Risikos «entlohnt»: Je höher das übernommene Marktrisiko, desto höher die erwartete Rendite. Auch daher ist es sinnvoll, sich an einer Grösse zu orientieren, die den Markt repräsentiert. Last but not least, eine solche Ausrichtung des Anlageprozesses an Indizes erlaubt es, wenn es betriebswirtschaftlich sinnvoll ist, das Management eines Teils der Anlagen an externe Spezialisten zu vergeben, ohne dabei auf die Kontrolle des Risikos und der Gesamtportfoliozusammensetzung verzichten zu müssen.

Die Berechnungen zu Risiko und Performance der verschiedenen Asset-Allokationen erfolgen mit Hilfe eines Optimierungsprogrammes, das entsprechende, umfangreiche Datenbanken enthält. Auf dem Markt werden einige solcher Programme angeboten. Die Auswahl des geeigneten Programms muss sich an dem gehandelten Volumen, den Zielen des Anlageprozesses und damit des Risikomanagements und der bestehenden EDV-Ausstattung orientieren.

Die verschiedenen Prognosen der Kapitalanlageentwicklung werden anschliessend den Verbindlichkeiten gegenübergestellt. Dabei ist ein Ausfallrisiko durch die Entscheidungsträger vorzugeben, das das Risiko der Allokation für das VU misst. Dieses Ausfallrisiko wird ebenfalls mit dargestellt. Abbildung 5 zeigt eine solche Gegenüberstellung für eine Allokation, die bei einer Ausfallwahrscheinlichkeit von 2,75% als Allokation zur Bedeckung der Verbindlichkeiten realisierbar wäre.

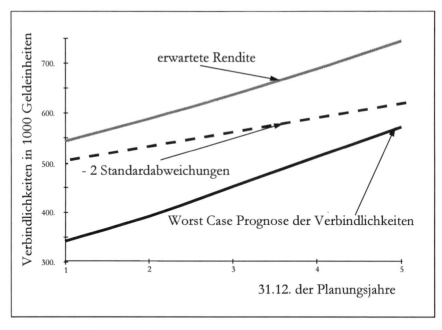

Abbildung 5: Eine realisierbare Allokation

Zur Vereinfachung der Darstellung ist nur die ungünstigste der prognostizierten Verbindlichkeitsentwicklungen als dicke durchgezogene Linie abgetragen. Für die Kapitalanlagen ist die erwartete Entwicklung für den Planungszeitraum mit der durchgezogenen Linie eingezeichnet. Die gestrichelte Linie gibt die Entwicklung der Kapitalanlagen an, wenn die tatsächliche Performance der Asset-Allokation in jedem Jahr um zwei Standardabweichungen niedriger wäre als der Erwartungswert. Auch das ist eine sehr vorsichtige Annahme, denn es ist sehr unwahrscheinlich, dass 5 Jahre hintereinander eine so grosse Abweichung vom Erwartungswert erfolgt. Nur in 2,75 aus 100 Fällen ist die Performance und damit die Kapitalanlageentwicklung noch niedriger als die gestrichelte Linie. Man sieht, dass diese den Graph für die Verbindlichkeiten im Planungszeitraum nicht schneidet. Grundsätzlich käme eine solche Allokation daher als Benchmark-Allokation in Frage. Abbildung 6 zeigt eine Allokation, die a priori als Benchmark-Allokation nicht in Frage kommt, da sie ab der dritten Periode die Verbindlichkeiten nicht mehr mit dem gewählten Sicherheitsniveau bedecken kann.

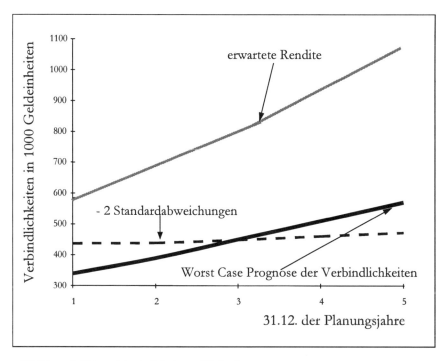

Abbildung 6: Eine nicht realisierbare Allokation

Bei diesem Verfahren stellt man sehr schnell fest, dass es einen Grenzwert für ein tragbares Risiko gibt. Dieses Risiko misst die Risikofähigkeit.

Nachdem mehrere realisierbare Allokationen ermittelt worden sind, werden sie den Entscheidungsträgern vorgelegt, die dann bestimmen, welche der Allokationen für die nächsten 5 Jahre die Benchmark-Allokation sein soll. Das Entscheidungsverfahren ist mehrstufig und beginnt mit den Ressortleitern. Die endgültige Entscheidung wird vom Verwaltungsrat getroffen. Ein solcher Prozess sichert den Konsens bei der Auswahl der Benchmark-Allokation. Das hat im Hinblick auf die daraus erwachsenden Zielvorgaben sowohl für den Planungszeitraum als auch für die einzelnen Planungsperioden besondere Bedeutung.

Die taktische Allokation

Die Benchmark-Allokation gilt für 5 Jahre. Innerhalb diesen Zeitraumes entstehen kurzfristig aufgrund der Marktentwicklung neue Chancen und Risiken, die es im Rahmen der jährlichen Anlagetaktik und des täglichen Risk Managements zu nutzen resp. zu vermeiden gilt. Die taktische Allokation gibt das Jahresziel vor und kann durchaus in begrenztem Rahmen von der Benchmark-Allokation abweichen. Sie wird im Rahmen des jährlichen Planungsprozesses auf Basis der Plandaten aus dem Versicherungsgeschäft sowie der Rendite und Risikoeinschätzung der Finanzverantwortlichen bestimmt. Dabei ist es wichtig, dass die Rendite- und Risikoeinschätzungen Ergebnisse eines Informationsaustausches auf breiter Basis sind. Deshalb findet im Vorfeld der Bestimmung der taktischen Allokation eine Veranstaltung statt, bei der sich neben den Finanzverantwortlichen auch externe und interne Spezialisten zu den Entwicklungen auf den Finanzmärkten und/oder zu neuen Finanzprodukten äussern.

In einem der Bestimmung der Benchmark-Allokation ähnlichen Verfahren werden wiederum verschiedene mögliche taktische Allokationen erarbeitet. Aus ihnen wählen die Finanzverantwortlichen eine Allokation aus. Diese bildet ihrerseits die Grundlage für die Investitionspläne/Budgets, die nach ihrer Genehmigung durch den Verwaltungsrat den einzelnen Anlagebereichen zur Umsetzung an die Hand gegeben werden.

Umsetzung und Kontrolle

Richtlinien und Kompetenzen

Die Umsetzung der Investitionspläne obliegt den Anlagebereichen Liegenschaften, Hypotheken und Wertschriften, die jeweils eigene Anlagerichtlinien haben. Hierin werden sehr hohe Anforderungen an die Risikoprüfung durch die Fachleute festgehalten. Daneben werden die Handlungskompetenzen in Abhängigkeit vom Transaktionsvolumen festgelegt. Aufgrund der Vorgabe einer strategischen und taktischen Allokation, die sich auf Risiko- und Renditeerwartungen der einzelnen Märkte stützt, ist es darüber hinaus notwendig, dafür Sorge zu tragen, dass das eigene Portfolio mit seinen Risiko- und Renditeeigenschaften denen des Marktes gleicht. Gleichzeitig müssen die für die Transaktionen zuständigen Spezialisten noch genug Bewegungsfreiheit haben, um auf kurzfristige Marktentwicklungen, die unterjährig auftreten, reagieren zu können, und um ihre besonderen Fähigkeiten und Kenntnisse vorteilhaft einbringen zu können. Anlagevorschriften zu entwickeln, die diesen entgegengesetzten Bedürfnissen gerecht werden, ist insbesondere im Wertschriftenbereich eine schwierige Aufgabe und stellt auch in der Umsetzung hohe Anforderungen an die Fähigkeiten der Portfoliomanager.

Die Wahl der Indizes, die jeweils einen Aktienmarkt repräsentieren und an deren Risiko und Performance die eigenen Anlagen gemessen werden, ist ein wichtiger Grundstein in diesem Zusammenhang. In der Regel ist es aufgrund gesetzlicher Vorschriften, aus Kostengründen oder aus anderweitigen geschäftlichen Verpflichtungen heraus nicht möglich, ein Portfolio genau so aufzubauen, dass es dem gewählten Index entspricht. Man kann dann versuchen, ein Portfolio zu erzeugen, das in seinen Charakteristika denen des gewünschten Index folgt. Dieses Verfahren bezeichnet man als Tracking des Index. Hierzu gibt es je nach Situation unterschiedliche Techniken. Dieses Tracking ist die Aufgabe der Portfoliomanager, die sich an dem Marktrisiko β und dem erwarteten Ertrag des Index orientieren. Damit sie trotzdem noch Spielraum haben, um ihre individuellen Fähigkeiten einsetzen zu können, kann man ihnen Bandbreiten für das Marktrisiko vorgeben. Voraussetzung für ein solches Verfahren ist es allerdings, dass die Portfoliomanager ständig Zugriff auf alle notwendigen Daten zur Berechnung des Risikos und der Rendite für ihr eigenes Portfolio haben. Kann man das nicht oder nur in grösseren Abständen sicherstellen, ist es notwendig, besonders bei starker Über- oder Unterperformance des Portfolios im Vergleich zum Index, das Portfoliorisiko zu berechnen und gegebenenfalls umzuschichten.

Bei festverzinslichen Titeln ist eine wichtige Ergänzung die Messung der Duration des Portfolios. Duration ist das gewogene Mittel der zukünftigen Kapitalflusszeitpunkte, wobei die Gewichte die Gegenwartswerte der korrespondierenden Kapitalflüsse sind. Man erhält eine Art Kapitalbindungsdauer.[25] Bei Zero-Coupon Bonds ist die Duration gleich der Laufzeit. Die Duration kann man einfach abzinsen und erhält dann die modifizierte Duration, die ein Mass für die einer Zinsänderung folgende Wertänderung eines festverzinslichen Titels ist. Je höher die Duration, um so stärker sinkt der Wert des Titels bei steigendem Zins bzw. um so stärker steigt er bei sinkendem Zins. Die Duration eines Portfolios errechnet sich als Summe der mit den Kapitalanteilen gewichteten Durationen der einzelnen Anlagen. Diese Berechnung ist unkompliziert und als Funktion in Tabellenkalkulationsprogrammen und in Portfoliomanagementsoftware hinterlegt. Sie wird bei der Helvetia Patria Gruppe regelmässig durchgeführt. Dabei werden auch die Hypotheken in die Berechnung eingeschlossen. Anhand der Duration und der Erwartungen über die Zinsentwicklung kann die kurzfristige Anlagetaktik bestimmt oder gegebenenfalls eine Absicherungsstrategie festgelegt werden.

Absicherungsstrategien können sinnvoll sein, wenn man eine ungünstige Marktentwicklung erwartet. Die Instrumente zur Absicherung stehen in grosser Zahl in Form von Optionen, Swaps, Futures, ihren Kombinationen und vielfältigen Formen zur Verfügung. Wichtig ist hier ein kontrollierter, systematischer und disziplinierter Umgang mit diesen Instrumenten. Insbesondere ist es notwendig, klare Limiten vorzugeben und den Abschluss von Absicherungsgeschäften entsprechend zu dokumentieren, denn alle diese Instrumente haben auch ein grosses Verlustpotential, wenn sie nicht sachgerecht gehandhabt werden. Es ist der Kontrolle auch dienlich, wenn die Absicherungsgeschäfte für die einzelnen Portfolios nicht allein von den Portfoliomanagern vorgenommen werden können, da sonst der Anreiz, mehr Risiko zu nehmen, sehr hoch wird. Entscheidet man sich für dieses Vorgehen, muss man auch die Performance der Absicherungsgeschäfte getrennt ausweisen. Andernfalls kann man den Portfoliomanager nicht leistungsgerecht entlohnen, da ihm auch die Performance der Absicherungsgeschäfte zugerechnet wird, die er nicht allein zu verantworten hat. Aber nicht nur aus diesem Grund ist ein getrennter Ausweis sinnvoll. Auch die Kontrolle der Absicherungsstrategien und ihres Erfolges wird so erleichtert.

Berichterstattung und Kontrolle

Die Berichterstattung bildet die Grundlage für die Kontrolle sowohl der Anlagestrategie an sich als auch des Handels. Daher wird auf eine umfassende und detaillierte Berichterstattung in der Helvetia Patria Gruppe grossen Wert gelegt. Die Berichterstattung ist für die einzelnen Länder und für die Gruppen einheitlich aufgebaut. Monatlich wird sie für alle Anlagebereiche in mindestens der Feinheit erstellt, die den strategischen Vorgaben entspricht. Dabei wird darauf geachtet, dass die Auswertungen sowohl in Landeswährung als auch in der Referenzwährung erfolgen. Zusammen mit den

Verbindlichkeiten, die auf fremde Währungen lauten, wird das Währungsexposure ermittelt. Nur das über die entsprechenden Fremdwährungsverbindlichkeiten hinausgehende Exposure muss gegebenenfalls abgesichert werden. So können Absicherungskosten gespart werden. Die Berichterstattung erfolgt sowohl auf Marktwert- als auch auf Bilanzwertbasis, um das Bilanzrisiko bzw. die stillen Reserven aufzuzeigen. Auch hier zeigt sich besonders im Hinblick auf den Jahresabschluss der Absicherungsbedarf. Je nach Fragestellung werden neben der Berechnung der Performance, Duration und der direkten Rendite zusätzliche Auswertungen des Bestandes durchgeführt. Hier ist z.B. an die regionale Verteilung des Immobilien- und Hypothekenengagements zu denken oder an die Verteilung der Laufzeiten der Festverzinslichen. Zusätzlich werden regelmässig die Budgets und ihre Verausgabung dokumentiert.

Die Berichterstattung wird von den Finanzverantwortlichen wahrgenommen und Soll/Ist-Abweichungen werden genauso untersucht, wie aussergewöhnliche Entwicklungen sowohl mit positiver als auch mit negativer Ergebnisauswirkung. Kommt man dabei zu neuen Erkenntnissen über die Marktentwicklung und muss die ursprüngliche Renditeerwartung korrigiert werden, wird die taktische Allokation überarbeitet. Das wird man natürlich erst tun, wenn man sicher ist, dass sich der Markt nicht nur sehr kurzfristig ändern wird oder geändert hat.

Schwieriger ist die Kontrolle der langfristigen Anlagestrategie. Hierbei kann man mehrere Wege beschreiten. Zum einen kann man eine alternative Allokation definieren, die man mit der Benchmark-Allokation über den gesamten Zeitraum vergleicht. Man kann auch das jeweils letzte Portfolio vor der Gültigkeit einer neuen Benchmark-Allokation zu diesem Zweck gebrauchen, gewissermassen als Status Quo. In Ergänzung dazu müssen die Annahmen, die der Benchmark-Allokation zugrunde liegen, durch fortlaufende Neuberechnung kontrolliert werden, denn die zugrundeliegenden Statistiken können sich im Zeitablauf verändern. Diese Verfahren zur Kontrolle einer langfristigen Anlagestrategie sind alle Neuland. Es gibt keine vorgefertigten Lösungen. Man muss sich in erster Näherung mit einfachen Annahmen behelfen. Die Definition eines Status-Quo Portfolios bietet sich an. Das Portfolio ist mit seinen Details bereits auf den Datenbanken abgelegt und es kann mit Hilfe der EDV leicht fortgeschrieben werden. Während sein Vergleich mit der Benchmark-Allokation noch relativ unkompliziert ist, ist der Vergleich mit einem eventuell abweichenden, nicht geschlossenen tatsächlichen Portfolio nur beschränkt aussagefähig. Es ist aber immerhin ein Anhaltspunkt.

In Ergänzung zu dieser anlageorientierten Berichterstattung müssen natürlich in grösseren Abständen die Modellannahmen für das ALM überprüft werden. Hierzu sind Kenntnisse über die Entwicklungen und Zahlungsströme im Versicherungsgeschäft notwendig. Die entsprechenden Daten sind in der Regel in den Verwaltungssystemen gespeichert und in der mathematischen Abteilung vorhanden. Es muss lediglich der Datenaustausch sichergestellt werden.

Im Rahmen der Ermittlung der Benchmark-Allokation und der taktischen Allokation ist es nur beschränkt möglich, den Liquiditätsanforderungen gerecht zu werden. Liquidität ist eine zeitpunktbezogene Grösse. Die Allokationen beziehen sich auf einen Zeitraum. Man kann und muss bei der Festlegung der Allokation auf die Liquidierbarkeit der Anlagen achten. Das Gewicht, das man diesem Umstand beimisst, hängt von der Art des betriebenen Versicherungsgeschäfts ab. Daher ist es unerlässlich, in Ergänzung zum ALM und dem Anlageprozess eine Kapitalflussrechnung zu erstellen. Sie ist das Instrument, das dazu beiträgt, den Liquiditätsstatus festzustellen und die laufenden De- und Investitionsvolumina abzuschätzen. Damit wird eine effiziente Bewirtschaftung des Kapitals und eine Liquiditätssteuerung überhaupt erst möglich.

Erfahrungen

Die Umstellung auf den neuen Anlageprozess mit ALM, taktischer Allokation und der Einführung der entsprechenden Berichterstattung sowie den dazugehörigen Anlagerichtlinien war eine notwendige Antwort auf die veränderte Umwelt des Versicherungsgeschäfts. Massive Änderungen brauchen Zeit, sowohl um sie mit der nötigen Sorgfalt umzusetzen als auch um die Akzeptanz der Betroffenen sicherzustellen. Die Helvetia Patria Gruppe hat sich daher entschlossen, auf Vorhandenem in kleinen aber stetigen Schritten aufzubauen. Bei jedem Schritt werden Kosten und Nutzen der Änderung gegeneinander abgewogen, um auch in Zeiten des Umbruchs betriebswirtschaftlich zu handeln. Dadurch findet automatisch auch ein Interessenausgleich zwischen den beteiligten Ressorts statt. Dieses Vorgehen hat sich bewährt. Die Umstellung ist in ihren wesentlichen Teilen bereits überall erfolgt. Kleinere Arbeiten sind noch zu leisten. Gesamthaft kann man das Fazit ziehen, dass die Anlagepolitik, die nunmehr seit mehr als 6 Jahren verfolgt wird, die in sie gesteckten Erwartungen erfüllt hat. Die Gesamtperformance des Portfeuilles konnte bei dem vorgegebenen Risikoniveau nachhaltig gesteigert werden. Die Risikofähigkeit der Anlagen hat erheblich zugenommen. Die Helvetia Patria Gruppe ist daher im Hinblick auf die weitere Entwicklung optimistisch.

Anmerkungen

1 Schulz (1996).
2 Helten (1973) oder Farny (1989) für weitere Ausführungen.
3 Farny (1989).
4 In der Schweiz finden sich die entsprechenden Vorschriften in den Bundesgesetzen zur Direktversicherung in Verbindung mit einer Anlageverordnung.
5 Dornbusch/Fischer (1987).
6 Fama/Schwert (1977).
7 Rehnert (1988).
8 Rehnert (1988).
9 Burghard (1992).
10 NZZ Nr. 145, 26./27. Juni 1993, S. 31.
11 L. Mühlemann, Vorsitzender der Geschäftsleitung des Schweizer Rück Konzerns sagte sogar in einem Interview, es müsse festgestellt werden, «dass für Ergebnisschwankungen die Entwicklungen auf dem Kapitalmarkt viel bedeutender sind als der aktuelle Schadenverlauf im Versicherungsbereich.» (Cash, Nr. 40, 7.10.1994).
12 Ammann (1992).
13 Für nähere Ausführungen hierzu sowie alternative Definitionen siehe Jost (1995).
14 Diese Entwicklung scheint zumindest bei Lebensversicherungsgesellschaften eher typisch zu sein. So heisst es bei Smink/van der Meer (1997), S. 142: «The implementation of ALM techniques ... are most frequently associated with the changes in the management of financial risks. These management changes have been inspired by increased awareness of financial risks in the life insurance asset-liability portfolio.»
15 Als Beispiel für die Vorgabe durch den Gesetzgeber seien die Artikel 20 der dritten Richtliniengeneration für Schaden- respektive Lebensversicherung genannt. Hier heisst es: Bei Vermögenswerten, welche die versicherungstechnischen Rückstellungen bedecken, ist der Art des von dem Versicherungsunternehmen betriebenen Geschäfts dahingehend Rechnung zu tragen, dass die Sicherheit, der Ertrag und die Realisierbarkeit der Anlagen des Unternehmens gewährleistet werden, welches für eine geeignete Mischung und Streuung dieser Anlage sorgt.
16 Näheres hierzu findet sich beispielsweise bei Platt (1986).
17 Zur Organisation eines ALM siehe u.a. Wuffli/Wilson (1992).
18 Die gesetzliche Definition für Schweizer VU findet sich im Schadenversicherungsgesetz. Bei Lebensversicherungsunternehmen entspricht das gebundene Vermögen dem Sicherungsfonds, dessen Sollbetrag im wesentlichen durch die Deckungsrückstellung festge-

legt wird. Die betreffende gesetzliche Regelung findet sich in dem Lebensversicherungsgesetz.
19 Die gesetzliche Definition für Schweizer VU findet sich in der Schadenversicherungsverordnung (SchVV) resp. der Lebensversicherungsverordnung (LebVV).
20 van der Meer/Smink (1993), zur Verbreitung in der Praxis siehe Smink/van der Meer (1997), S.132.
21 Für diese Abhandlung werden die entsprechenden Kenntnisse vorausgesetzt, da die Ausführungen hierzu den Rahmen der Arbeit sprengen würden. Für Interessenten sei auf die einschlägige Literatur zum Portfoliomanagement und zur Finanzmarkttheorie verwiesen, so z.B. auf Elton/Gruber (1991).
22 Rendite und Performance werden hier synonym gebraucht. Mit Rendite ist daher nicht die direkte Rendite sondern die Veränderung des Gesamtkapitalwerts durch Wertsteigerungen und Erträge gemeint.
23 Elton/Gruber (1991).
24 Dies zeigt das Standard Capital Asset Pricing Modell (CAPM), das nach seinen geistigen Vätern auch als Sharpe-Lintner-Mossin CAPM bezeichnet wird. Näheres hierzu findet man in jedem neueren Buch über Portfoliotheorie.
25 Für Näheres zu Duration, den Ableitungsannahmen und Varianten siehe z.B. Bierwag (1987).

Literaturverzeichnis

Ammann, D.: Asset and Liability Management für Pensionskassen, in: Finanzmarkt und Portfoliomanagement, 6. Jg. (1992).
Bierwag, G.O.: Duration Analysis – Managing Interest Rate Risk, Cambridge USA 1987.
Burghard, P.: Neue Strategien der Kaptitalanlage von Lebensversicherungsunternehmen und ihre Auswirkungen, in: Versicherungwirtschaft, 47 Jg. (1992).
Dornbusch, R./Fischer, S.: Macroeconomics, 4. Auflage, Singapur 1987.
Elton, E. J./Gruber, M.J.: Modern Portfolio Theory and Investment Analysis, 4. Auflage, Singapur 1991.
Fama, E.F./Schwert, G.W.: Asset Returns and Inflation, in: Journal of Financial Economics, Vol. 5, (1977) S. 269-282.
Farny, D.: Versicherungsbetriebslehre, Karlsruhe 1989.
Helten, E.: Statistische Entscheidungsverfahren zur Risikopolitik von Versicherungsunternehmen, unveröffentlichte Habilitationsschrift, Köln 1973.
Jost, C.: Asset-Liability Management bei Versicherungen, Wiesbaden 1995.
Rehnert, K.-H.: Inflation und Versicherung, in: Handwörterbuch der Versicherung, Karlsruhe 1988, S. 289-295.
Schulz, J.: Wie sicher sind Ablaufleistungen? in: Versicherungswirtschaft, 54. Jg. (1996) S.1710-1713.
Smink, M./van der Meer, R.A.H.: Life Insurance Asset-Liability Management: An International Survey, in: Geneva Papers on Risk and Insurance, Vol. 22, (1997) S. 128-142.
van der Meer, R.A.H./Smink, M.: Strategies and Techniques for Asset-Liability Management: An Overview, in: Geneva Papers on Risk and Insurance, Vol. 18, (1993) S. 144-157.

Wuffli, P./Wilson, T.: Aus der Praxis: Ein integriertes Vorgehen zur Verbesserung des Asset-Liability Managements, in: Finanzmarkt und Portfolio Management, 6. Jg.(1992), S. 433-441.

Reinhold Hölscher

Gestaltungsformen und Instrumente des industriellen Risikomanagements

Grundgedanken eines modernen industriellen Risikomanagements

Die Dynamik der industriellen Risikosituation

Die Industrieunternehmen bewegen sich heutzutage in einem dynamischen und komplexen Umfeld. Dies hat auch Auswirkungen auf die Risiken, denen die Unternehmen ausgesetzt sind. Die wesentlichen Einflussfaktoren auf die Risikolage der Unternehmen sind technologischer, wirtschaftlicher und rechtlicher Natur (vgl. Abbildung 1).

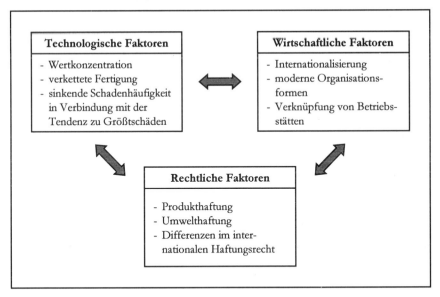

Abbildung 1: Einflussfaktoren auf die industriellen Risiken

Die technologische Entwicklung schreitet schnell voran, insbesondere im Bereich der Mikroelektronik und der Datenverarbeitung. Die Produktionsanlagen eines Industriebetriebes werden komplexer, zudem werden im Zuge der fortschreitenden Automatisierung personelle Kapazitäten durch maschinelle Kapazitäten ersetzt. Daraus resultiert eine immer grössere Abhängigkeit der Unternehmen von der Funktionsfähigkeit der Produktionsanlagen. Die Störanfälligkeit der Anlagen nimmt zwar tendenziell ab, das potentielle Ausmass der Schäden wächst jedoch überproportional dazu an.[1]

Auch wirtschaftliche Faktoren spielen im Hinblick auf die unternehmerischen Risiken eine wesentliche Rolle. In der Unternehmenspraxis sind seit einiger Zeit deutliche Konzentrationsbestrebungen zu erkennen. Je grösser und komplexer die Unternehmen aber werden, desto unüberschaubarer wird ihre Risikostruktur. Zudem schreitet die Internationalisierung der Wirtschaft voran. Ein international tätiges Industrieunternehmen unterliegt zusätzlichen bedeutenden Risiken, wobei sich die Risikosituation noch verschärft, wenn das Unternehmen seine Betriebsstätten über Ländergrenzen hinweg verknüpft. Darüber hinaus vergrössern auch die modernen Konzepte der Betriebsorganisation die industriellen Risiken. So bewirkt z.B. eine Just-in-time-Logistik mit eingeschränkter Lagerhaltung eine Verschärfung des Betriebsunterbrechungsrisikos.

Die industriellen Risiken unterliegen schliesslich auch dem Einfluss des Staates. Dieser Einfluss wird primär in den rechtlichen Rahmenbedingungen sichtbar, denen die Unternehmen unterliegen. Auch hier ist in der jüngeren Vergangenheit eine erhebliche Verschärfung zu beobachten. Sowohl im der Produkt- als auch im Umwelthaftungsrecht wurde die verschuldensunabhängige Haftung eingeführt. Im Falle eines Schadens durch ein fehlerhaftes Produkt oder eines Umweltschadens sehen das Produkt- und das Umwelthaftungsgesetz (ProdHaftG, UmweltHG) – mit gewissen Einschränkungen – auch dann eine Haftung des Schadenverursachers vor, wenn diesen kein Verschulden trifft.

Zwischen den beschriebenen Einflussfaktoren existieren ausgeprägte Interdependenzen. So verschärft sich beispielsweise der Einfluss der veränderten rechtlichen Rahmenbedingungen durch die Internationalisierung der Wirtschaft, da zwischen den Gesetzen in verschiedenen Ländern grosse Unterschiede bestehen. Zudem sind die Regelungen im Ausland oft noch schärfer als im Inland. Ein klassisches Beispiel hierfür ist das Produkthaftungsrecht im nordamerikanischen Wirtschaftsraum.

Die systematische Beschäftigung mit den Risiken ist ein wichtiger Bestandteil des Managements eines Industrieunternehmens. Die beschriebene Veränderung der Risikolage vergrössert die Notwendigkeit des Risikomanagements zusätzlich.

Das Risiko als Betrachtungsgegenstand des Risikomanagements

Risikobegriff und Arten von Risiken

Alle unternehmerischen Entscheidungen sind in die Zukunft gerichtet. Ihre Auswirkungen sind demzufolge in einem gewissen Ausmass unsicher, d.h. alle Entscheidungen sind letztlich risikobehaftet. Diese Erkenntnis ist der Ausgangspunkt für das betriebswirtschaftliche Konzept des modernen Risikomanagements.[2]

Um das Risikomanagement beschreiben zu können, muss zunächst geklärt werden, was ein Risiko ist und wie es sich auf ein Unternehmen auswirken kann.[3] In der Vergangenheit wurde der Begriff «Risiko» meist als Schadens- oder Verlustgefahr interpretiert. Auch im Zusammenhang mit dem Risikomanagement wird diese Definition vereinzelt propagiert.[4] Sie eignet sich jedoch für ein integratives Risikomanagementkonzept nur bedingt.

Die Basis betriebswirtschaftlichen Handelns ist das unternehmerische Zielsystem. Das Management eines Unternehmens kann dabei nicht davon ausgehen, dass die gesetzten Ziele sicher erreicht werden, da nahezu jedes menschliche Handeln durch unvorhersehbare Ereignisse beeinflusst wird. Ein Risiko ist unter diesem Blickwinkel die Möglichkeit, dass sich Ziele nicht erfüllen. Unter einem Risiko ist demnach die Gefahr einer Zielabweichung zu verstehen. Daraus folgt, dass Risiken nur in zielorientierten Systemen auftreten können. Dabei müssen die Ziele nicht bewusst formuliert werden, es kann sich auch um unbewusste Erwartungen handeln.[5]

Der Risikobegriff umfasst in der Interpretation als Zielabweichung auch solche Risiken, die sich nicht mittels monetärer Bewertungsgrössen ausdrücken lassen. Da Unternehmen nicht nur das monetäre Gewinnziel verfolgen, sondern ein ganzes System von finanzwirtschaftlichen, leistungswirtschaftlichen und sozialen Zielen, muss eine auf reine Gewinn- bzw. Rentabilitätsziele ausgerichtete Definition des Risikobegriffs vermieden werden.[6] Zwei Arten von Risiken können unterschieden werden:[7]

- Reine Risiken können sich grundsätzlich nur negativ auf die Erreichung der Unternehmensziele auswirken.
- Spekulative Risiken können demgegenüber sowohl positive als auch negative Auswirkungen haben.

Der Sinn des unternehmerischen Handelns besteht darin, Risiken einzugehen, um daraus einen Nutzen zu ziehen. Dabei müssen reine Risiken in Kauf genommen werden. Die positive Komponente der spekulativen Risiken kann nicht dem Risikomanagement zugeordnet werden, da das Risikomanagement ansonsten mit dem allgemeinen Management gleichzusetzen wäre.

Der Begriff «Gefahr» stellt in der Definition des Risikobegriffs heraus, dass nur negative Zielabweichungen Bestandteil des Risikomanagements sein sollten, d.h. Betrachtungsgegenstand des industriellen Risikomanagements sind die reinen Risiken und die negativen Komponenten spekulativer Risiken.[8]

Eine weitere Systematisierung von Risiken kann hinsichtlich ihres Aggregationsgrades erfolgen. So beschreiben primäre Risiken die eigentlichen Ursachen von Zielverfehlungen. Jedes Unternehmen wird durch eine Vielzahl primärer Risiken gefährdet. Sekundäre Risiken stellen eine Aggregation mehrerer primärer Risiken dar, wobei mehrere Aggregationsebenen gebildet werden können. Je konkreter ein Risiko formuliert ist, desto geringer ist sein Aggregationsgrad. Beide Ausprägungsformen von Risiken sind für das Risikomanagement relevant. So können Zielvorstellungen meist nur anhand sekundärer Risiken formuliert werden. Um aber eine effektive Bewältigung der Risiken zu gewährleisten, müssen die primären Risiken, aus denen sich das sekundäre Risiko zusammensetzt, bekannt sein. Beispielsweise kann das sekundäre Risiko von Betriebsunterbrechungen nur dann bearbeitet werden, wenn bekannt ist, welche primären Risiken zu einer Betriebsunterbrechung führen können.

Die Versicherung von Risiken ist eine besonders bedeutende Form der Risikofinanzierung. Ausgehend von dieser Tatsache kann eine Systematisierung in versicherbare und nicht versicherbare Risiken vorgenommen werden. Seit den sechziger Jahren betreiben insbesondere amerikanische Grossunternehmen «Risk Management», wobei die versicherbaren Risiken («Risks») im Mittelpunkt der Betrachtung stehen. Seit den siebziger Jahren wird dieses Konzept auch im deutschsprachigen Raum propagiert. Dabei wurde die Beschränkung auf versicherbare Risiken zunächst übernommen.[9]

Eine derartige Einschränkung der Instrumente des Risikomanagements führt dazu, dass die Frage der Versicherung von Risiken im Vordergrund steht. Solche Risikomanagementkonzepte sollten treffender mit dem Begriff «Insurance-Management» belegt werden. Ein modernes Risikomanagementkonzept muss jedoch alle Risiken berücksichtigen, die die Erreichung der Unternehmensziele gefährden, denn ein Risiko wird nicht weniger bedrohlich, weil kein Versicherungsschutz verfügbar ist. Es ist eher das Gegenteil der Fall.

Um eine deutliche Abgrenzung zum Risk-Management zu schaffen, wird im Rahmen dieses Beitrages der Begriff «Risikomanagement» verwendet. Dadurch soll betont werden, dass prinzipiell alle Risiken mit negativen Auswirkungen berücksichtigt werden müssen, auch die nicht versicherbaren.

Nach der Definition des Risikobegriffs tritt die Frage auf, von welchen konkreten Risiken ein Unternehmen bedroht wird. Diese Frage lässt sich jedoch aufgrund der Vielfalt der möglichen Risiken und der erheblichen Unterschiede zwischen den Unternehmen nicht pauschal beantworten. Auch für einzelne Branchen ist keine erschöpfende Nennung der vorhandenen Risiken möglich.

Es ist aber möglich, die industriellen Risiken zu systematisieren. Dabei muss berücksichtigt werden, dass die Risiken nicht unabhängig voneinander sind, d.h. die einzelnen Arten von Risiken sind interdependent. Tritt ein primäres Risiko einer bestimmten Art auf, so kann es Risiken anderer Art hervorrufen. Beispielsweise kann eine Sabotage (Personenrisiko) zu einem Sachschaden (Sachrisiko) führen oder ein technischer Defekt kann einen Umweltschaden zur Folge haben. Die nachstehende Abbildung 2 gibt einen Überblick über die möglichen Risikoarten. Die Klassifizierung orientiert sich dabei an der «Herkunft» der Risiken. Weiterhin wird in der Abbildung beispielhaft dargestellt, welche negativen finanziellen Auswirkungen die einzelnen Risikoarten auf das Unternehmen haben können.

Das Marktrisiko beschreibt die Risiken, die sich aus dem wirtschaftlichen Umfeld ergeben können, in dem ein Unternehmen tätig ist. Hierbei handelt es sich um das Risiko, das den eigentlichen Gegenstand der unternehmerischen Tätigkeit darstellt. Jeder Unternehmer geht bewusst das Marktrisiko mit der Absicht ein, Gewinne zu erzielen. Jedoch besteht auch die Gefahr, dass sich die mit einer bestimmten Massnahme (z.b. Forschung und Entwicklung, Neuprodukteinführung) erhofften Wirkungen nicht einstellen und es zu Verlusten bzw. Gewinneinbussen kommt.

Marktrisiken	Politische Risiken	Sachrisiken	Personenrisiken	Finanzwirtschaftliche Risiken
z.B.	z.B.	z.B	z.B	z.B
- Wirtschaftliche Entwicklung - Branchenrisiken - Wettbewerbsrisiken	- Enteignung - Krieg - Ein-/Ausfuhrbeschränkungen - Kapitaltransferbeschränkungen	- Brandrisiko - Technische Risiken - Naturgefahren - Ausfall der öffentlichen Versorgung - Haftung bei Schädigung fremder Gegenstände	- Verlust von Mitarbeitern - Vertrauensschäden - Streik - Krankheit / Verletzung - Haftungsrisiko bei Schädigung Dritter - Individuelle Fehler von Mitarbeitern	- Forderungsausfälle - Änderung der Kreditlinien durch die Banken - Finanzmarktrisiken
↓	↓	↓	↓	↓
Negative Auswirkungen auf die Zielerreichung					
z.B	z.B	z.B	z.B	z.B
- Geringere Umsatzerlöse	- Aufwand für Instandsetzung / Ersatz - Betriebsunterbrechung - Mangelhafte Produktqualität	- Aufwand für Ersatzleistungen - Imageschädigungen	- Aufwendungen durch Betriebsunterbrechung - Aufwand für Ausgleich von Sach-/ Vermögensschäden - Demotivation	- Abschreibungen von Forderungen - Höhere Zinsaufwendungen - Liquiditätsengpässe
↓	↓	↓	↓	↓
Zielverfehlung				

Abbildung 2: Arten von Risiken und mögliche Auswirkungen

Politische Risiken sind vor allem für Unternehmen mit ausgeprägtem Aussenhandel relevant, aber auch Unternehmen, die ihre Aktivitäten auf ihr Herkunftsland beschränken, können betroffen sein. Zu den politischen Risiken gehören beispielsweise Krieg, innere Unruhen, Enteignung, politisch bedingte Handels- oder Kapitaltransferbeschränkungen. Der Eintritt solcher Risiken kann z.b. zu Umsatzeinbussen beim betroffenen Unternehmen führen.

Unter einem Sachrisiko ist die Gefahr einer Beeinträchtigung von eigenen oder fremden Dingen zu verstehen. Eine derartige Beschädigung kann z.b. durch Brände, durch technische Störungen, durch Naturkatastrophen oder durch den Ausfall der öffentlichen Versorgung verursacht werden. In solchen Fällen entstehen dem Unternehmen finanzielle Einbussen, etwa durch die Instandsetzung, durch die notwendige Ersatzbeschaffung, durch Umsatzeinbussen bei Betriebsunterbrechungen oder durch Ersatzleistungen bei Haftungsansprüchen.

Die Haftungsrisiken beruhen auf möglichen Schädigungen Dritter durch das Unternehmen. Besonders problematisch sind dabei die Haftungsansprüche, die auf Umweltschäden oder Produktfehler zurückgehen, da die entsprechenden gesetzlichen Rahmenbedingungen in der jüngeren Vergangenheit verschärft wurden. Darüber hinaus können sich Haftungsrisiken auch aus Garantieansprüchen der Kunden oder bei Nichterfüllung von Verträgen ergeben. Neben dem eigentlichen finanziellen Aufwand zur Erbringung der Ersatzleistungen kommt es des öfteren auch zu Einbussen durch Imageschädigungen, die eine Schwächung der Marktposition zur Folge haben.

Die Personenrisiken entstehen durch Personen an sich (Überkapazitäten bzw. Abwanderung von Führungskräften), durch die direkte Einflussnahme von Personen (Betrug, Sabotage, Unterschlagung, individuelle Fehler usw.) oder durch die Schädigung von betriebsinternen Personen (Arbeitsunfall, Krankheit) oder von betriebsexternen Personen (Haftpflichtrisiko). Personenrisiken können vielfältige finanzielle Auswirkungen haben, etwa Einbussen durch Betriebsunterbrechungen bei Personalmangel oder Sabotage, überhöhte Lohnkosten bei Überkapazitäten, Wettbewerbsnachteile bei Vertrauensmissbrauch oder Ersatzleistungen bei Haftungsansprüchen der Geschädigten.

Finanzwirtschaftliche Risiken werden bei etlichen industriellen Risikomanagementansätzen vernachlässigt. In einem ganzheitlichen Konzept besitzen sie aber die gleiche Relevanz wie andere Risikoarten. Zu den finanzwirtschaftlichen Risiken gehören Marktrisiken (z.B. Schwankungen von Wechselkursen oder des Zinsniveaus) und kontrahentenbezogene Gefahren (Forderungsausfälle usw.). Finanzwirtschaftliche Risiken können zu Ertragsproblemen und zu Liquiditätsengpässen führen.

Massgrössen für Risiken

Ein Risiko bewirkt, dass die Erreichung der Unternehmensziele gefährdet ist. Wenn sich diese potentielle Gefährdung tatsächlich realisiert, ist von einem Risikoeintritt die Rede. Ein Risiko kann durch zwei Determinanten beschrieben werden:

- Die Eintrittswahrscheinlichkeit bezeichnet die relative Häufigkeit der Risikoeintritte. Der Sonderfall einer Eintrittswahrscheinlichkeit von 100% stellt kein Risiko dar, da ein sicheres Ereignis keine potentielle Gefährdung beinhaltet und somit der Risikodefinition widerspricht.
- Die Tragweite eines Risikos beschreibt den Grad der Zielabweichung, der sich durch einen Risikoeintritt ergeben würde. Meist wird die Tragweite in Geldeinheiten gemessen. Wenn sich ein Risiko auf ein nichtmonetäres Ziel bezieht, kann die Tragweite auch über andere Bewertungsgrössen ausgedrückt werden.

Beide Risikodeterminanten zusammen ergeben den Grad der Bedrohung, der von dem jeweiligen Risiko ausgeht. Bei der Einschätzung der Dringlichkeit von Risiken müssen folglich sowohl die Eintrittswahrscheinlichkeit als auch die Tragweite eines Risikos in angemessener Weise berücksichtigt werden. Dabei tritt in bezug auf die Tragweite die Schwierigkeit auf, dass sie bei mehreren Risikoeintritten sehr stark schwanken kann. Beispielsweise ist die Tragweite des Brandrisikos sehr gering, wenn der Brand rechtzeitig bemerkt und sofort gelöscht wird. Bleibt der Brand unbemerkt und breitet sich aus, kann die Tragweite existenzbedrohende Ausmasse annehmen. Dieser Umstand muss im Rahmen der Bewertung von Risiken beachtet werden.

Die Dringlichkeit ist das Mass für die Gefährdung der Unternehmensziele, die von einem Risiko ausgeht. Da die Risikobewertung mit Schätzungen verbunden ist, wäre es nicht aussagekräftig, die Dringlichkeit nur durch eine Kennzahl auszudrücken, da ein einzelner Zahlenwert eine Genauigkeit vortäuschen würde, die tatsächlich nicht gegeben ist. Sinnvoll ist es, die Risiken nach ihrer Dringlichkeit in verschiedene Klassen einzuteilen (vgl. Abbildung 3).[10]

Katastrophenrisiko	Stellt die Existenz des
Grossrisiko	Unternehmens in Frage
Mittleres Risiko	Zwingt zur Änderung von Zielen und Erwartungen
Kleinrisiko	Zwingt zur Änderung
Bagatellrisiko	Von Mitteln und Wegen

Abbildung 3: Dringlichkeitsklassen von Risiken[11]

Ein Kleinrisiko besitzt die geringste Dringlichkeit. Es führt dazu, dass Mittel und Wege geändert werden müssen, ohne dass schwerwiegende Folgen für das Unternehmen zu befürchten sind. Die unbedeutendste Form des Kleinrisikos ist das Bagatellrisiko, das praktisch keine weiteren Massnahmen erforderlich macht. Ein mittleres Risiko kann ein Unternehmen vor grössere Probleme stellen. Ein solches Risiko zwingt ein Unternehmen zur Änderung von Zielen und Erwartungen. Insofern sind mittlere Risiken Gegenstand des Risikomanagements. Ein Grossrisiko ist schliesslich ein Risiko der höchsten Dringlichkeitsklasse. Grossrisiken können die Existenz des Unternehmens bedrohen. Eine Untergruppe der Grossrisiken sind die Katastrophenrisiken, die am obersten Ende der Dringlichkeitsskala angesiedelt sind. Sofern möglich, sind Grossrisiken zu vermeiden.

Die Zielsetzung des Risikomanagements

Obwohl Risiken die Zielerreichung gefährden, sind sie untrennbar mit den Aktivitäten eines Unternehmens verbunden. Das Ziel des Risikomanagements ist es zunächst, im gesamten Unternehmen ein Bewusstsein für das

Vorhandensein der Risiken zu schaffen. Alle Entscheidungsträger sollen sich systematisch mit den Risiken auseinandersetzen.

Das moderne Risikomanagement ist ein integratives Konzept, bei dem das Unternehmen als Ganzes betrachtet wird, d.h. es werden nicht einzelne Risiken isoliert voneinander gesteuert. Stattdessen soll die gesamte Risikosituation des Unternehmens erfasst, beschrieben und aufeinander abgestimmt gestaltet werden.

Damit eine Gestaltung im Sinne einer Optimierung möglich ist, müssen Kriterien entwickelt werden, mit denen die Risikosituation beurteilt werden kann. Dazu ist zunächst eine Zielvorstellung für die Risikolage zu definieren, was auch bedeutet, dass der Ausgangspunkt des Risikomanagements im strategischen Bereich liegt. Anhand der Ziele kann die aktuelle Risikosituation eingeschätzt werden. Bei Abweichungen sind operative Massnahmen zur Optimierung der Risikolage einzuleiten.

Der Begriff «Optimierung» macht deutlich, dass das Risikomanagement nicht nur der Verhinderung von Risikoeintritten, sondern auch dem zweckmässigen Eingehen von Risiken dient. Demzufolge ist das operative Risikomanagement ein systematischer Prozess, in dem die Risiken analysiert und unter Berücksichtigung von Kosten-Nutzen-Aspekten sowie unter Beachtung der unternehmerischen Ziele bewältigt werden.

Das strategische Risikomanagement stellt demgegenüber eine Führungsaufgabe dar. Unter Führung ist die «zielgerichtete Gestaltung der Strukturen und Prozesse eines Unternehmens» zu verstehen.[12] Die Aufgabe des strategischen Risikomanagements ist folglich die Bereitstellung der für den operativen Risikomanagementprozess benötigten Strukturen und Zielvorgaben.

Zusammenfassend kann festgehalten werden, dass das Risikomanagement primär der Sicherung und der erfolgreichen Weiterentwicklung des Unternehmens dient, indem es zu einem Bestandteil der Unternehmenskultur gemacht wird und geeignete Massnahmen zur operativen Gestaltung der Risikosituation erarbeitet werden.

Rechtliche Anforderungen an das Risikomanagement

Der Gesetzgeber hat die zunehmende Relevanz einer risikoorientierten Unternehmensführung erkannt und versucht, mit dem «Gesetz zur Kontrolle und Transparenz im Unternehmensbereich» (KonTraG) vom 1.5.1998 Schwächen und Verhaltensfehlsteuerungen im deutschen System der Unternehmenskontrolle zu korrigieren.[13] Durch eine Änderung des Aktiengesetzes wird der Vorstand von Aktiengesellschaften verpflichtet, «geeignete Massnahmen zu treffen, insbesondere ein Überwachungssystem einzurichten, damit den Fortbestand der Gesellschaft gefährdende Entwicklungen früh erkannt werden» (§ 91 Abs. 2 AktG). Das KonTraG stellt dabei auf einen engen Risikobegriff ab, d.h. Risiken werden als Gefahr verstanden, dass im Rahmen der Geschäftstätigkeit Verluste auftreten. Beachtung finden hierbei aber nur solche Verlustpotentiale, die eine gewisse kritische Grenze überschreiten können. Diese Grenze wird allerdings nicht klar definiert. Ihre Präzisierung ist Aufgabe des Unternehmens.

Die Formulierung des AktG stellt klar, dass die Einrichtung eines Risikomanagementsystems einen Bestandteil der Organisationsverantwortung des Vorstands darstellt. Zwar wurde eine solche Verpflichtung auch bislang schon aus der allgemeinen Leitungspflicht nach § 76 AktG abgeleitet,[14] jedoch wird nunmehr die Verantwortung des Vorstands für das Risikomanagement explizit hervorgehoben.[15] Dies dient dem Ziel, das Risikobewusstsein der Mitarbeiter zu stärken und die Entwicklung einer «Risikokultur» zu fördern.[16]

Das Risikomanagementsystem von Gesellschaften (AG oder KGaA), deren Aktien amtlich notiert sind, unterliegt zusätzlich einer Prüfungspflicht. Der Jahresabschlussprüfer hat zu beurteilen, ob das eingerichtete Risikomanagementsystem dazu geeignet ist, seine Aufgaben zu erfüllen. Andere börsennotierte Gesellschaften, deren Anteile im Geregelten oder im Neuen Markt gehandelt werden, sowie sonstige Aktiengesellschaften sind von dieser Prüfungspflicht nicht betroffen. Das Ergebnis der Beurteilung ist im Prüfungsbericht niederzulegen. Gegebenenfalls kann der Prüfer auf diesem Wege auch Verbesserungsvorschläge unterbreiten.[17] Aus der Prüfungspflicht folgt zwangsläufig, dass die betroffenen Unternehmen den Abschlussprüfer in die Lage versetzen müssen, das Risikomanagementsystem überprüfen zu können, d.h. es ist eine umfassende Dokumentation anzufertigen.

Da die Form der Ausgestaltung des Risikomanagements durch die rechtlichen Normen nicht konkretisiert wird, bestehen gestalterische Freiheiten. Jedes Unternehmen hat die geeigneten Instrumentarien zu erarbeiten und ein Risikomanagementsystem aufzubauen, das seinen individuellen Anforderungen gerecht wird. Das Ergebnis der Bemühungen ist dann in geeigneter Form zu dokumentieren, wodurch sich gleichzeitig eine Gelegenheit ergibt, das Risikomanagement auf seine Vollständigkeit und Funktionstüchtigkeit zu untersuchen.[18] Die Dokumentation des Risikomanagementsystems erfüllt verschiedene Funktionen:[19]

- Die Unternehmensleitung kann beim Eintritt von Risiken ihr pflichtgemässes Verhalten nachweisen (Rechenschaftsfunktion).
- Die Dokumentation ist erforderlich, um die Einhaltung der Massnahmen im Zeitablauf sicherzustellen (Sicherungsfunktion).
- Die Dokumentation bildet die Grundlage für die Prüfung des Risikomanagementsystems (Prüfbarkeitsfunktion).

Als Fazit kann festgehalten werden, dass die Vorschriften des KonTraG generell im Einklang mit dem integrativen Verständnis des Risikomanagements stehen. Dies äussert sich vor allem in der Verantwortung der Unternehmensleitung und in dem Ziel der Förderung einer Risikokultur im Unternehmen. Zwar fasst das KonTraG den Risikobegriff durch die Beschränkung auf die Verlustgefahr enger, hiermit sind jedoch keine Konflikte verbunden. Für ein Unternehmen, das über ein modernes Risikomanagement verfügt, dürften sich – abgesehen von der Erstellung einer für die Prüfung geeigneten Dokumentation – aus den veränderten gesetzlichen Regelungen kaum Probleme ergeben.

Ausgestaltung des Risikomanagements in einem Industrieunternehmen

Die Koordination des Risikomanagements

Das industrielle Risikomanagement ist eine komplexe Aufgabe, in die viele Mitarbeiter involviert sind. Dies macht eine Abstimmung der Aktivitäten erforderlich, denn es muss sichergestellt sein, dass die Beteiligten miteinander und nicht gegeneinander handeln. Bei der Gestaltung der Aktivitäten muss auf ein unternehmensbezogenes Optimum hingearbeitet werden. Dieses Ziel kann nur erreicht werden, wenn die Einzelaktivitäten in geeigneter Weise koordiniert werden. Darüber hinaus benötigen die beteiligten Mitarbeiter ein ausgeprägtes Risikobewusstsein und gewisse Kenntnisse der Methoden des Risikomanagements.

Die Einrichtung eines Risikomanagementsystems ohne eine entsprechende Verankerung in der Aufbauorganisation ist prinzipiell möglich. Hierzu müssen in den einzelnen Fachressorts speziell geschulte Mitarbeiter mit der Durchführung des Risikomanagements beauftragt werden. Eine solche Lösung hat aber den Nachteil, dass die gewünschte Koordination der Risikomanagementaktivitäten nur schwer erreicht werden kann, d.h. der integrative Charakter des Risikomanagements ginge weitgehend verloren.

Zu einer befriedigenden Koordination des Risikomanagements kommt es nur, wenn eine diesbezügliche zentrale Institution errichtet wird. Für eine zentrale Risikomanagementinstitution spricht vor allem, dass für einen integrativen Ansatz wie das Risikomanagement ein Überblick über die gesamte Risikolage des Unternehmens erforderlich ist.[20] Zweckmässigerweise hat diese Risikomanagementstelle die Form einer Stabsstelle, die direkt der Unternehmensleitung unterstellt ist. Dadurch ist sie frei von Einflüssen einzelner Fachbereiche. Zur Verbesserung der Kommunikation zwischen der Risikomanagementstelle und den Abteilungen sollten in allen Fachbereichen Ansprechpartner für Angelegenheiten des Risikomanagements benannt werden, d.h. die Abteilungen haben auch bei dieser Organisationsform Mitarbeiter mit risikopolitischen Aufgaben bereitzustellen. Auf diese Weise wird ein akzeptabler Kompromiss zwischen der für die Koordination erforderlichen Zentralisation und der für die praktische Durchführung notwendige Dezentralisation des Risikomanagements erreicht. Eine solche Konstruktion hätte zudem den Vorteil, dass sie in Einklang mit den Anforderungen durch das KonTraG steht.

Durch die Ansiedlung der Risikomanagementstelle direkt unterhalb der Unternehmensleitung wird zudem die Bedeutung des strategischen Risikomanagements unterstrichen. Die Formulierung von Strategien zur Risikobewältigung muss durch die Unternehmensleitung erfolgen. Die Risikomanagementstelle muss die Unternehmensleitung hierbei unterstützen und die so entstandenen Vorgaben in den Risikomanagementprozess einbringen. Dazu gehört auch, die Führungsebene auf die Existenz bestimmter Risiken aufmerksam zu machen. Die Fachabteilung «Risikomanagement» hat damit primär folgende Aufgaben:

- Unterstützung der Unternehmensleitung in Fragen des strategischen Risikomanagements,

- Erarbeitung allgemeiner Richtlinien und Verhaltensanweisungen zur Risikohandhabung,
- risikoorientierte Information und Motivation der Mitarbeiter,
- Ausbildung der Mitarbeiter in den Methoden des operativen Risikomanagements.

Die Risikomanagementstelle ist folglich eine serviceorientierte Planungs-, Beratungs- und Koordinationsstelle.[21] Die eigentliche Durchführung des Risikomanagements obliegt demgegenüber den einzelnen Entscheidungsträgern im Unternehmen. Der Kommunikation mit allen Teilen des Unternehmens kommt dabei eine entscheidende Bedeutung zu, denn nur so kann die Risikomanagementstelle die Mitarbeiter motivieren und effiziente Risikomanagementkonzepte entwickeln. Das Risikomanagement kann nur in Zusammenarbeit aller Unternehmensteile funktionieren. Die Förderung der Risikokommunikation ist folglich ebenfalls eine der Aufgaben der Risikomanagementinstitution.

Ein Problem der Risikomanagementstelle ist, dass sie – bei oberflächlicher Betrachtung – nur Kosten verursacht. Der durch sie entstandene Nutzen ist nicht objektiv quantifizierbar, da kaum festgestellt werden kann, welcher Schaden ohne die Risikobewältigungsmassnahmen entstanden wäre. Je besser die Risikomanagementstelle arbeitet, desto weniger kommt es zu Risikoeintritten mit spürbaren Folgen. Aus diesem Grund ist es wichtig, dass die Unternehmensleitung das Risikomanagement nachdrücklich unterstützt.

An die Mitarbeiter der für das Risikomanagement zuständigen Stelle sind hohe Anforderungen zu stellen. Sie müssen analytisch denken und benötigen umfangreiche technische und betriebswirtschaftliche Kenntnisse, wobei vor allem auch Wissen bezüglich der technischen Aspekte der Produktionsprozesse vorhanden sein muss. Weiterhin sollten die Mitarbeiter auch über fundiertes Wissen aus den Bereichen Recht und Versicherungswesen verfügen. Diese hohen Anforderungen machen deutlich, dass das Risikomanagement nicht nebenher erledigt werden kann. Vielmehr werden Fachleute benötigt, die die Methoden des Risikomanagements kennen und anwenden können. Daher verbietet es sich, das Risikomanagement einer fachfremden Stelle zuzuweisen.

Die Vielfalt des benötigten Wissens kann die Möglichkeiten eines einzelnen Mitarbeiters übersteigen. Der Idealfall ist daher eine mit mehreren

Personen, die sich auf verschiedene benötigte Fachgebiete spezialisiert haben, besetzte Risikomanagementinstitution.

Kleine und mittlere Unternehmen werden in der Regel nicht über die erforderlichen Kapazitäten für die Errichtung einer Risikomanagementinstitution verfügen. Hier bietet es sich an, die Dienste von externen Beratern in Anspruch zu nehmen. Inzwischen gehen auch etliche grosse Industrieversicherer dazu über, Beratungsleistungen im Bereich des Risikomanagements anzubieten. Aber auch im Fall der Inanspruchnahme von externen Beratungsleistungen sollten im Unternehmen klare Zuständigkeiten definiert sein, damit für alle Fragestellungen des Risikomanagements ein Ansprechpartner zur Verfügung steht. Dadurch wird die Kommunikation zwischen den Beteiligten wesentlich erleichtert.

Abschliessend sei darauf hingewiesen, dass die beschriebene Eingliederung des Risikomanagements in die Organisationsstruktur eines Unternehmens eine theoretische Idealvorstellung ist. Abhängig von der tatsächlich vorhandenen Organisation können durchaus auch andere Eingliederungsformen vorteilhaft sein.

Die strategische Komponente des Risikomanagements

Definition von Risikozielen

Die Sicherheit ist das Gegenteil des Risikos. Totale Sicherheit kann für ein Unternehmen kein originäres Ziel sein, da unternehmerisches Handeln aus dem bewussten Akzeptieren und Eingehen von Risiken besteht. Ohne die Übernahme von Risiken könnte kein Unternehmen existieren. Darüber hinaus können Risiken weitere positive Merkmale aufweisen, insbesondere bei der persönlichen Auseinandersetzung eines Entscheidungsträgers mit dem Risiko. Risiken bieten den Reiz neuer Erfahrungen, die selbst dann positiv wirken können, wenn es sich um die Bewältigung von Gefahrensituationen handelt.[22]

Die vollkommene Sicherheit ist also nicht das Ziel des Risikomanagements. Es ist nicht die maximale, sondern die optimale Sicherheit anzustreben. Dadurch stellt sich automatisch die Frage, wo der optimale Sicherheitsgrad liegt, d.h. in welchem Mass Risiken akzeptiert werden sollen. Konkret heisst dies: Wann sollen Massnahmen zur Risikobewältigung ergriffen werden und wann nicht?[23] Eine wichtige Rolle bei derartigen Entscheidungen spielt die persönliche Risikofreudigkeit des Entscheidungsträgers. Jeder Mitarbeiter eines Unternehmens hat eine eigene Risikoneigung, die seine Entscheidungen beeinflusst. Entscheidungen werden oftmals nicht als Ergebnis eines logisch überprüfbaren Prozesses, sondern (auch) auf der Basis der persönlichen Anschauung des Entscheidungsträgers getroffen. Kann jeder Mitarbeiter eines Unternehmens seine Entscheidungen nach eigenem Ermessen treffen, so wirkt dies kontraproduktiv. Eine in einem Unternehmenssegment aufgebaute Sicherheit kann durch zu grosse Risiken in anderen Bereichen zunichte gemacht werden. Folglich muss die Entscheidung über den anzustrebenden Risikograd für das gesamte Unternehmen getroffen werden.

Es handelt sich hierbei um eine strategische Entscheidung, die die zukünftige Entwicklungsrichtung des Unternehmens massgeblich bestimmt und die daher in der Zuständigkeit der Unternehmensleitung liegen muss. Das strategische Risikomanagement ist dabei nicht als eine den Führungsprozess begleitende Funktion zu betrachten, sondern als eine untrennbar mit dem Führungsprozess verbundene Funktion.

Die Unternehmensleitung sollte einen Sollzustand der Risikolage des Unternehmens definieren. Zweckmässigerweise geschieht dies, indem Risikoziele in das Zielsystem des Unternehmens integriert werden. Aus diesem Grund ist es für die Installation eines Risikomanagementsystems nützlich, wenn schon ein zielorientiertes Management vorhanden ist. Die Zielbildung ist die unbedingte Voraussetzung für alle Planungs- und Entscheidungsprozesse. Ohne eine konkrete Zielvorstellung ist es nicht möglich, optimale Entscheidungen zu treffen.[24] Dies gilt auch für das industrielle Risikomanagement. Es bedarf konkreter Vorgaben, wie Risiken zu behandeln sind. In einem Unternehmen, das eher risikoscheu ausgerichtet ist, sind andere Massnahmen zu ergreifen als in einem Unternehmen mit risikofreudigem Management.

Risikoziele können als Haupt- oder Nebenziele in das unternehmerische Zielsystem integriert werden. Sie können aber auch implizit in anderen Zielen enthalten sein. So kann etwa das Ziel der Verringerung des Produktrisikos durch Qualitätsziele abgedeckt werden. Im Sinne der Etablierung eines Risikobewusstseins ist die explizite Nennung der Risikoziele aber zu präferieren. Die Risikoziele können das Risikobewusstsein nur dann fördern, wenn sie kommuniziert werden, d.h. die Ziele müssen allen Entscheidungsträgern bekannt sein.

Die Risikoziele eines Unternehmens müssen die Risikophilosophie, also die grundsätzliche Einstellung zum Risiko, deutlich machen. Sie sollen die Diskrepanzen in der Einstellung der Mitarbeiter verringern, indem sie den Rahmen vorgeben, in dem die Entscheidungen zu treffen sind. Dadurch soll eine gemeinsame Orientierung aller Mitarbeiter eines Unternehmens im Hinblick auf Risikoaspekte erreicht werden.

Bei der Formulierung der Unternehmensziele (nicht nur der Risikoziele) werden in der Regel wirtschaftliche Erwägungen im Vordergrund stehen, d.h. finanzielle Ziele besitzen die grösste Relevanz innerhalb des Zielsystems. Daneben sind aber auch weitere Arten von Zielen denkbar (vgl. Abbildung 4), die ein Unternehmen verfolgen kann. Zum einen sind dies leistungswirtschaftliche Ziele, etwa bezüglich des Marktanteils, der Produktqualität usw. Zum anderen kann sich ein Unternehmen auch soziale Ziele setzen. Dies können sowohl mitarbeiterbezogene Ziele als auch gesellschaftsbezogene Ziele sein. Beispielsweise setzen sich in der jüngeren Vergangenheit etliche Industrieunternehmen Umweltziele, die in die Kategorie der gesellschaftsbezogenen sozialen Ziele fallen.

Unternehmensziele		
Leistungswirtschaftliche Unternehmensziele	*Soziale Unternehmensziele*	*Finanzielle Unternehmensziele*
- Marktziele - Produktionsziele - Qualitätsziele	- Mitarbeiterbezogene Ziele - Gesellschaftsbezogene Ziele	- Gewinn - Rentabilität - Liquidität
↓	↓	↓
Risikoziele		
Existenzsicherung	Zukunfts- und Erfolgssicherung	Senkung der Risikokosten

Abbildung 4: Arten von Unternehmenszielen[25]

Auch in bezug auf das Risikomanagement sollten die Zielvorstellungen nicht auf die finanzielle Sphäre des Unternehmens beschränkt bleiben. Ein Beispiel soll dies verdeutlichen: Bei ausgeprägter Fixierung auf ökonomische Zielvorstellungen könnte etwa ein Brandrisiko akzeptiert werden, weil der Abschluss einer Feuerversicherung im Vergleich zu teureren technischen Brandverhütungsmassnahmen wirtschaftlich sinnvoller erscheint. Das Risiko selbst bleibt in diesem Fall unverändert, weder die Eintrittswahrscheinlichkeit noch seine Tragweite ändern sich. Wenn es sich bei dem betreffenden Objekt aber um eine grosse Produktionshalle handelt, in der viele Menschen arbeiten, dürfen die ökonomischen Aspekte angesichts des potentiellen Verlustes von Menschenleben nur noch eine untergeordnete Rolle spielen, d.h. die Minimierung des gesundheitlichen Risikos für die Mitarbeiter ist ebenfalls ein relevantes Risikoziel. In solchen Situationen sind also auch im Rahmen des Risikomanagements soziale Aspekte neben den ökonomischen Planungen zu berücksichtigen.

Zu den Aufgaben der Risikomanagementinstitution im Rahmen des strategischen Risikomanagements gehört zum einen die Unterstützung der Unternehmensleitung bei der Definition der Risikoziele. Zum anderen muss die Risikomanagementstelle die eher abstrakt formulierten Zielvorstellungen in das operative Risikomanagement einbringen. Dies geschieht, indem aus den Zielen konkrete risikopolitische Leitlinien oder sogar direkte Richtlinien abgeleitet und den betroffenen Entscheidungsträgern vermittelt werden.

Das Risikomanagement wird nur dann Erfolg haben, wenn es als ganzheitliches Konzept verstanden und umgesetzt wird. Es muss das gesamte Spektrum an Aufgaben, von den Leitlinien des strategischen Risikomanagements über die operative Risikoanalyse und –bewältigung bis hin zur Umsetzung von Sicherheitsmassnahmen durch die Mitarbeiter vor Ort umfassen. Das Risikobewusstsein muss zu einem Element der Unternehmenskultur werden.[26]

Die Einstellung zum Risiko und das Problem des optimalen Sicherheitsgrades

Zuvor wurde erläutert, dass die Entscheidung über den akzeptablen Risikograd im allgemeinen subjektiv getroffen wird, insbesondere also unter Beachtung der persönlichen Risikoneigung. Dennoch lässt sich – zumindest in der Theorie – ein wirtschaftlich optimaler Risikograd definieren. Der ökonomisch optimale Risikograd wird durch die Kosten, die durch Risikoeintritte entstehen, und die Kosten, die durch Risikomanagementmassnahmen verursacht werden, determiniert. Diese beiden Kostenkomponenten ergeben insgesamt die Risikokosten eines Unternehmens.

Der Verlauf der beiden beschriebenen Kostenkomponenten ist nicht linear. Die Kosten für das Risikomanagement sind zunächst gering, d.h. bei einem geringen Sicherheitsgrad ist ein grosser Sicherungsgewinn bei vergleichsweise geringem Kostenzuwachs möglich. Die Kosten für Massnahmen des Risikomanagements steigen aber überproportional zum Sicherheitsgrad an, d.h. bei einem hohen Sicherheitsniveau lässt sich eine weitere Verbesserung nur mit grossem Aufwand realisieren. Der Verlauf der Kosten durch Risikoeintritte ist entgegengesetzt, d.h. die Risikoeintritte verursachen bei einem geringen Sicherheitsgrad hohe Kosten, bei höherer Sicherheit geringere Kosten.

Durch den nichtlinearen Charakter der Kostenfunktionen ergibt sich eine annähernd parabolische Summenfunktion, d.h. es existiert ein Sicherheitsgrad, bei dem die Risikokosten minimal sind (vgl. Abbildung 5). Bei ökonomischer Perspektive ist die Erreichung dieses optimalen Sicherungsgrades anzustreben.

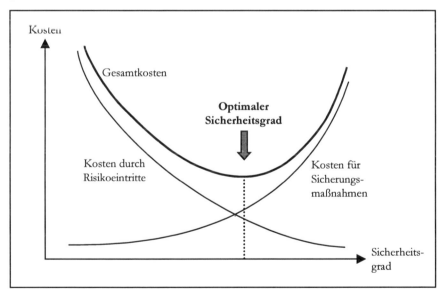

Abbildung 5: Der wirtschaftlich optimale Sicherheitsgrad

In der Praxis ist es letztlich nicht möglich, den Zielwert des Sicherungsgrades auf diese Weise exakt zu bestimmen. Dies hat verschiedene Gründe:

- Die Kostenfunktionen haben für jedes Risiko einen individuellen Verlauf, d.h. prinzipiell müsste für jedes einzelne Risiko, das Betrachtungsgegenstand des Risikomanagements ist, ein optimaler Sicherungsgrad bestimmt werden. Ein solches Vorgehen dürfte aber kaum praktikabel sein.
- Der genaue Verlauf der Kostenfunktionen, insbesondere der der Kosten durch Risikoeintritte, ist nicht bekannt, d.h. es müssten Schätzungen vorgenommen werden, die das Ergebnis verfälschen.

Trotz der problematischen Ermittlung kann es sinnvoll sein, den optimalen Sicherheitsgrad zumindest grob abzuschätzen, um daraus die Zielvorstellungen bezüglich der Risikolage des Unternehmens abzuleiten.

Der Prozess des operativen Risikomanagements

Das operative Risikomanagement im Kontext des integrativen Risikomanagementkonzepts

Wie bereits erwähnt, muss die Zielvorstellung für die Risikolage eines Unternehmens vom strategischen Risikomanagement vorgegeben werden. Das operative Risikomanagement soll diese Ziele durchsetzen, indem Risiken analysiert und unter Beachtung des unternehmerischen Zielsystems in der ökonomisch optimalen Weise bewältigt werden.[27]

Das operative Risikomanagement fällt letztlich in den Aufgabenbereich aller Entscheidungsträger eines Unternehmens, d.h. jeder Vorgesetzte ist in seinem Aufgabenbereich auch für die Fragen des Risikomanagements zuständig. Diese Verantwortung kann nicht auf eine Risikomanagementstelle oder die Unternehmensleitung zurückdelegiert werden. Die Risikobetrachtung darf nicht von den Entscheidungen getrennt werden, die unmittelbaren Einfluss auf das Risiko nehmen. Alle Mitarbeiter müssen ihre Entscheidungen auch unter Risikoaspekten treffen.[28]

Das operative Risikomanagement läuft in zwei aufeinanderfolgenden Phasen ab:

- Der erste Schritt ist die Risikoanalyse, bestehend aus der Risikoidentifikation und der Risikobewertung. Zunächst muss also festgestellt werden, welche Risiken vorhanden sind und inwieweit diese die Unternehmensziele gefährden.
- Der zweite Schritt besteht in der Risikobewältigung. Zum einen ist hierbei eine aktive Bewältigung von Risiken möglich, bei der die Eintrittswahrscheinlichkeit und/oder die Tragweite der Risiken verringert werden. Zum anderen können Risiken passiv bewältigt werden. Hierbei bleiben die Risikostrukturen unverändert. Stattdessen wird Vorsorge für die Folgen der Risikoeintritte getroffen. Aktive und passive Risikobewältigung schliessen sich nicht gegenseitig aus. Vielmehr wird es bei etlichen Risiken erforderlich sein, beide Arten von Massnahmen zu ergreifen.

Das aktive Risikomanagement soll zu einer Verbesserung der Zielerreichung führen. Solange die Ziele aber nicht vollständig realisiert sind oder sich die Ziele ändern, sind weitere Durchläufe des operativen Prozesses erforderlich. Die einzelnen Komponenten dieses Prozesses werden nachfolgend eingehender beschrieben.

Risikoanalyse

Risikoidentifikation

Der erste Teilschritt des Risikomanagements besteht in der Risikoidentifikation, also der bewussten Suche nach Risiken. Die Besonderheit des Identifizierens von Risiken liegt darin, dass hierbei erst das Aufgabenobjekt geschaffen wird, auf das sich die weiteren operativen Aktivitäten beziehen. Dies bedeutet, dass sich eine mangelhafte Risikoidentifikation auch negativ auf den gesamten nachfolgenden Risikomanagementprozess auswirkt. Dabei kann letztlich nicht festgestellt werden, ob eine vollständige Risikoidentifikation gelungen ist. Jedes unerkannte Risiko kann aber dazu führen, dass die getroffenen Massnahmen ineffizient sind. Zum einen erfolgt die Risikoidentifikation intuitiv, auf subjektive Erfahrungen gestützt. Häufig sind Risiken jedoch kaum erkennbar und treten in Bereichen auf, in denen sie nicht vermutet werden. Um die Effektivität der Risikoidentifikation zu erhöhen, sollte sie daher nicht nur intuitiv, sondern zum anderen auch systematisch, d.h. unter Anwendung geeigneter Methoden, durchgeführt werden.[29]

Die einfachste Form, Risiken zu identifizieren, ist die Verwendung von Checklisten. Vorschläge für solche Listen wurden in der Literatur mehrfach gemacht.[30] Checklisten haben das Problem des Konkretisierungsgrades, d.h. sie können entweder wenige globale und hoch aggregierte Risiken oder eine Vielzahl konkreter, kaum aggregierter Risiken enthalten. Bei globaler Formulierung sind die Listen nicht sonderlich hilfreich, da in diesem Fall wiederum festgestellt werden muss, aus welchen einzelnen Risiken sich die Verzeichniskomponenten zusammensetzen. Daneben bergen Checklisten das Problem der mangelnden Vollständigkeit. Diese Problematik trifft vor allem auf umfangreiche Listen von Risiken mit geringer Aggregation zu, da solche Risiken unternehmensspezifisch sind. Checklisten können demnach allenfalls als Ansatzpunkt für die Risikoidentifikation dienen.

Das Risikomanagement weist von seiner Philosophie und von seinem Ablauf deutliche Parallelen zum Qualitätsmanagement auf, das ein anerkanntes und etabliertes Managementkonzept ist. Im Rahmen des Qualitätsmanagements wurden bereits etliche Methoden entwickelt, die gut dokumentiert und in ihrer praktischen Anwendung erprobt sind. Es liegt daher nahe, diese Methoden auf das Risikomanagement zu übertragen. Für die Risikoidentifikation sind insbesondere die verschiedenen Formen der Fehleranalyse von Interesse, die ursprünglich dazu dienten, potentielle Fehlerquellen in technischen Systemen aufzudecken. Zwei Methoden der Fehleranalyse sind besonders geeignet für das Risikomanagement:

(1) Die Ausfalleffektanalyse (FMEA)
(2) Die Fehlerbaumanalyse (FTA)

Zu (1): Die Ausfalleffektanalyse (FMEA) dient dazu, Schwachstellen technischer Systeme oder Abläufe zu ermitteln. Grundsätzlich kann sie an jedem beliebigen Betrachtungsobjekt durchgeführt werden. Hierzu ist zunächst ein Soll-Zustand des zu betrachtenden Systems zu definieren, bei dem alle Komponenten intakt sind. Das System wird dann in mehrere Komponenten zerlegt, für die jeweils eine Fehlerstrukturierung vorgenommen wird. Hierbei wird analysiert, an welcher Stelle Fehler auftreten können und wie sich diese äussern (vgl. Abbildung 6). Zur Dokumentation sind entsprechende Formblätter vorgesehen.³¹

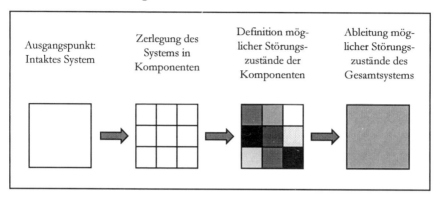

Abbildung 6 : Prinzipielle Funktionsweise der Ausfalleffektanalyse

Bei der Übertragung dieser Methode auf die Risikoidentifikation stellt das Unternehmen das System dar. Die Gliederung in Komponenten erfolgt zweckmässigerweise anhand der Funktionsbereiche eines Unternehmens. Bei Bedarf können diese noch weiter untergliedert werden. Dies empfiehlt sich vor allem bei grossen Funktionsbereichen. Anschliessend wird für jede Komponente eine Risikostrukturierung vorgenommen, die sich vom Ablauf her nicht von der Fehlerstrukturierung der FMEA unterscheidet. Entscheidend für die Aussagekraft der Ausfalleffektanalyse ist, dass möglichst alle Fehlermöglichkeiten resp. Risiken gefunden werden. Aus diesem Grund sollte die Analyse von Spezialisten im jeweiligen Fachgebiet durchgeführt werden, die hinsichtlich der Methodik von der Risikomanagementstelle des Unternehmens unterstützt werden sollten.

Der wesentliche Vorteil der Ausfalleffektanalyse ist ihre strikte Formalisierung, da systematisch mit Formblättern gearbeitet wird. Dadurch ergibt sich automatisch eine aussagekräftige Dokumentation der identifizierten Risiken, an der man sich bei Folgeanalysen orientieren kann.³² Durch die Risikodokumentation wird ein Risikomanager, der die Erkenntnisse der Analyse in das Risikomanagement einbringen soll, dazu angeregt, sich intensiv mit dem Betrachtungsobjekt auseinanderzusetzen. Unter Risikomanagementaspekten wird er vielleicht andere Prioritäten als der Bearbeiter setzen, aber er wird Risiken erkennen, die ihm ohne die Analyse u.U. verborgen geblieben wären.³³ Die Ausfalleffektanalyse kann keine Interdependenzen zwischen den Komponenten eines Systems berücksichtigen, was der wesentlicher Nachteil dieser Methode ist. Für das Risikomanagement bedeutet dies, dass Abhängigkeiten zwischen den Risiken verschiedener Funktionsbereiche nicht erkannt werden können.

Zu (2): Die Ausfalleffektanalyse geht von gestörten Systemkomponenten aus und ermittelt daraus mögliche Störungszustände des Gesamtsystems. Die Fehlerbaumanalyse (FTA) geht demgegenüber von einem gestörten System aus und leitet die für die Störung ursächlichen Fehler ab.

Ausgangspunkt der Fehlerbaumanalyse ist folglich ein System, das sich nicht im angestrebten Zustand befindet. Die Störung des Systems ist genau zu definieren. Das Ziel der Analyse ist die Ermittlung der primären Störungen, die zu der definierten Störung des Gesamtsystems führen können. Bei den im ersten Schritt gefundenen Störungen kann es sich um sekundäre Störungen handeln, die dann weiter aufgegliedert werden müssen. Auf diese Weise wird Ebene für Ebene vorgegangen, bis keine weitere Aufteilung der Störungen mehr möglich ist. Das Resultat der Analyse bildet, wie Abbildung 7 verdeutlicht, eine Baumstruktur, an deren Spitze die vorgegebene Systemstörung steht, und an deren Ende sich die elementaren Fehler befinden, die zu dieser Störung führen können. Die Art und Weise, wie diese Störung zustandekommt, ergibt sich aus der logischen Verknüpfung der einzelnen Elemente der Struktur.³⁴

Auch dieses Verfahren lässt sich auf die Risikoidentifikation übertragen. Anstelle einer Systemstörung wird ein allgemein formuliertes und hoch aggregiertes Risiko vorgegeben. Mittels der Fehlerbaumanalyse können die primären Risiken, aus denen sich das allgemeine Risiko ergibt, ermittelt werden.

Die Fehlerbaumanalyse und die Ausfalleffektanalyse lassen sich miteinander kombinieren. Während die Ausfalleffektanalyse eher dazu geeignet ist, allgemeine Risiken zu identifizieren, dient die Fehlerbaumanalyse vornehmlich dazu, sekundäre Risiken zu konkretisieren und Abhängigkeiten zwischen Risiken deutlich zu machen. Die Fehlerbaumanalyse kann also dazu dienen, den wesentlichen Nachteil der Ausfalleffektanalyse, die Vernachlässigung der Interdependenzen zwischen Risiken, auszugleichen.

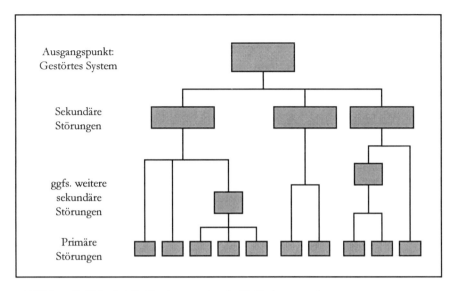

Abbildung 7: Prinzipielle Funktionsweise der Fehlerbaumanalyse

Eine Methode der Risikoidentifikation, die vor allem dazu dient, die Erfahrungen und die Ideen von Mitarbeitern zu nutzen, ist das betriebliche Vorschlagswesen. Alle Mitarbeiter auf sämtlichen Hierarchieebenen können und sollen hierbei generell auf freiwilliger Basis Vorschläge zur Optimierung des Unternehmensgeschehens einreichen. Diese Vorschläge können einen beliebigen Unternehmensbereich betreffen, nicht aber das jeweilige Aufgabengebiet des Mitarbeiters, da dortige Verbesserungen zu seinen direkten beruflichen Pflichten gehören. Der Einreicher erhält für seinen Vorschlag eine Prämie, die sich nach der Höhe des Nutzens für das Unternehmen richtet.[35]

Das betriebliche Vorschlagswesen kann ein effektives Instrument der Risikoidentifikation sein, denn etliche Risiken können eher von den Mitarbeitern «vor Ort» als von einem Risikomanager erkannt werden. Neben der Nutzung des Potentials der Mitarbeiter ist die Förderung des Risikobewusstseins ein weiteres Argument für die Verwendung des betrieblichen Vorschlagswesens im Rahmen des Risikomanagements. Durch die explizite Aufforderung der Mitarbeiter, auf Risiken hinzuweisen, wird die Relevanz des Risikomanagements unterstrichen. Darüber hinaus fördert es die Motivation und die Einsatzbereitschaft der Mitarbeiter, wenn ihre Ideen aufgegriffen werden. Um eine effiziente Nutzung des Vorschlagswesens zu gewährleisten, bedarf es aber einer professionellen organisatorischen Ausgestaltung.[36]

Für den Einsatz des Vorschlagswesens im Rahmen des Risikomanagements ist die Risikomanagementstelle die zuständige Institution im Unternehmen. Sie hat die Vorschläge, ggf. unter Konsultation des betroffenen Fachbereichs, zu sammeln und zu beurteilen. Im Gegensatz zum herkömmlichen Vorschlagswesen ist zu erwägen, ob nicht auch Vorschläge aus dem direkten Aufgabengebiet des Einreichers akzeptiert werden sollten, um die Effizienz dieses Instrumentes zu steigern. Gegebenenfalls ist im Einzelfall abzuwägen, ob der Vorschlag eine besondere Leistung des Einreichers darstellt, oder ob er der «normalen» Arbeit entsprungen ist.

Eine noch vergleichsweise neue Entwicklung zur Identifikation von Risiken sind computergestützte Expertensysteme. Ein Expertensystem kann vorhandene Daten effizient nutzen und selbständig an veränderte Rahmenbedingungen anpassen, ohne dass ein konkreter Lösungsweg vorgegeben werden muss. Ein Expertensystem stellt gezielte Fragen, die es ihm erlauben, individuelle Situationen einzuschätzen. Es ist somit vor allem zur Bearbeitung schlecht strukturierter Probleme geeignet.[37]

Die Vorteile der Anwendung eines Expertensystems im Rahmen der Risikoanalyse sind die einfache Datenerfassung, die schnelle Durchführbarkeit der Analysen, die Lernfähigkeit des Systems und die Vollständigkeit der Risikoidentifikation. Auf der anderen Seite fehlt einem Expertensystem der «gesunde Menschenverstand», und es geht von der Wahrheit der gespeicherten Daten aus. Darüber hinaus ist die Programmierung eines Expertensystems eine komplizierte und äusserst anspruchsvolle Aufgabe, die nur von Fachleuten durchgeführt werden kann. Etliche Industrieunternehmen verfügen nicht über die hierzu erforderlichen personellen Kapazitäten.

Neben den zuvor kurz vorgestellten Methoden der Risikoidentifikation sind weitere Vorgehensweisen denkbar. Letztlich wird aber keine einzelne Methode eine vollständige Risikoidentifikation gewährleisten können. Jede Methode hat in bestimmten Bereichen Vor- und Nachteile. Um eine in jeder Hinsicht effiziente Risikoidentifikation sicherzustellen, ist es ratsam, mehrere Methoden zu kombinieren.

Risikobewertung

Die Bewertung der identifizierten Risiken soll eine Einschätzung darüber ermöglichen, in welchem Grad die Risiken die Erreichung der Ziele des Unternehmens gefährden können. Die Beurteilung der Dringlichkeit von Risiken muss anhand der Risikodeterminanten Eintrittswahrscheinlichkeit und Tragweite erfolgen.

Ein charakteristisches Merkmal von Risiken ist ihr Zukunftsbezug, der sich in unvollkommenen Informationen über die Ausprägungen der Risikodeterminanten äussert. Diese Eigenschaft der Risiken tritt sowohl bei der Ermittlung der Eintrittswahrscheinlichkeiten als auch der Tragweite von Risiken zutage, da meist nur Vergangenheitswerte in die Zukunft extrapoliert werden können. In der Mehrzahl der Fälle wird demnach eine Schätzung erforderlich sein, wenngleich vereinzelt Risiken existieren, deren Wahrscheinlichkeitsverteilung bekannt ist. Die Ungenauigkeit, die sich durch Schätzungen ergibt, hängt davon ab, in welchem Umfang und in welcher Qualität empirische Daten zur Verfügung stehen.

Damit eine statistische Auswertung vorhandener Daten möglich ist, müssen zwei Bedingungen erfüllt sein:[38]

- Die zur Verfügung stehende Datenmenge muss einen hinreichenden Umfang aufweisen.
- Den zur Verfügung stehenden Daten müssen gleiche bzw. der einzuschätzenden Situation sehr ähnliche Rahmenbedingungen zugrundeliegen.

Vor diesem Hintergrund ist die statistische Auswertung empirischer Daten vor allem für technische Risiken möglich, da hier oft entsprechendes Datenmaterial zur Verfügung steht. Ferner sind in diesem Bereich häufig auch betriebsexterne Schadenstatistiken verfügbar, die z.B. von Versicherern geführt werden. Dabei ist aber zu beachten, dass externe Daten u.U. den Grundsatz der Situationsgleichheit verletzen. Dies muss im Einzelfall überprüft werden. Für wirtschaftliche Risiken kommt die statistische Auswertung meist nicht in Betracht, da das ökonomische Umfeld eines Industrieunternehmens eine so grosse Dynamik aufweist, dass kaum empirische

Daten in hinreichendem Umfang gesammelt werden können, ohne dass die Forderung nach ähnlichen Rahmenbedingungen verletzt wird.

Ist die Datenbasis für statistische Auswertungen nicht geeignet, sind Schätzungen erforderlich, die von Personen(-gruppen) vorgenommen werden sollten, die mit dem entsprechenden Sachverhalt gut vertraut sind. Die Befragung dieser Personen kann mittels entsprechender Methoden formalisiert ablaufen. Falls möglich, sollten mehrere Personen befragt werden, um gravierende Fehleinschätzungen zu vermeiden.

Die zuvor beschriebenen allgemeinen Probleme der Quantifizierung von Risiken bezogen sich sowohl auf die Eintrittswahrscheinlichkeit als auch auf die Tragweite. Ein zusätzliches Problem bei der Einschätzung der Tragweite von Risiken ergibt sich daraus, dass es «den» Risikoeintritt in einem Industrieunternehmen nicht gibt. Praktisch bei jedem Risikoeintritt wird der Schadenverlauf anders sein, was dazu führt, dass die Tragweite eines Risikos schwankt.

Um die Folgen eines Risikos leichter quantifizieren zu können, muss genau bekannt sein, in welcher Weise das Unternehmen durch das Risiko beeinflusst werden kann. Hierbei müssen auch mögliche Abhängigkeiten zwischen einzelnen Risiken berücksichtigt werden. Dies verdeutlicht die Notwendigkeit einer umfassenden und exakten Risikoanalyse.

Die Auswahl von Massgrössen für die Risikotragweite ist von der Art des Risikos abhängig. Für Sachschäden kommt z.B. der Wiederbeschaffungswert in Frage, für Personenschäden der entstehende Versorgungsbedarf bzw. bei externen Geschädigten die Höhe der Haftpflichtansprüche.

Auch für die Quantifizierung der Tragweite stehen mehrere Kennzahlen zur Auswahl. Die einfachste Möglichkeit ist es, den maximal möglichen Höchstschaden (maximum possible loss, MPL) anzusetzen. Im Sinne einer Vereinfachung der Analyse kann dieser Wert bei kleinen und mittleren Risiken angesetzt werden. Bei Grossrisiken wäre mit der Verwendung der MPL-Kennziffer aber eine äusserst pessimistische Einstellung verbunden, da der Wert sehr gross sein kann, obwohl der maximale Schaden mit an Sicherheit grenzender Wahrscheinlichkeit nicht erreicht wird. In diesem Fall werden unzutreffende Vorstellungen von der tatsächlichen Bedrohung durch ein Risiko erzeugt.[39]

Eine realistischere Einschätzung eines Risikos kann mit dem «wahrscheinlichen Höchstschaden» (probable maximum loss, PML) erreicht werden. In der üblichen Definition übersteigt die Schadenhöhe den wahrscheinlichen Höchstschaden mit einer Wahrscheinlichkeit von 95% nicht.[40] Ggf. ist abzuwägen, ob bei Grossrisiken höhere Anforderungen an die Wahrscheinlichkeit der Nicht-Überschreitung gestellt werden sollten.

Die Eintrittswahrscheinlichkeit und die Tragweite der betrachteten Risiken müssen nun in geeigneter Form kombiniert werden, damit der tatsächliche Grad der Gefährdung eingeschätzt werden kann.

Die reine multiplikative Verknüpfung der beiden Risikodeterminanten ergibt den Erwartungswert des Risikos. Die Bewertung von Risiken anhand dieses Kriteriums ist aber problematisch, da durch die mathematische Verknüpfung der beiden Grössen Informationen verlorengehen. Der Erwartungswert differenziert nicht zwischen Risiken mit kleiner Eintrittswahrscheinlichkeit und grosser Tragweite und solchen mit hoher Eintrittsfrequenz und geringer Tragweite. So bleibt unberücksichtigt, dass der wenig wahrscheinliche Eintritt eines Katastrophenrisikos die Existenz des Unternehmens gefährden kann. Insofern besitzt der Erwartungswert eine eher geringe Aussagekraft.[41] Diese Erfahrung machte beispielsweise der Schweizer Chemiekonzern Sandoz im November 1986 nach dem Grossbrand im Werk Schweizerhalle, bei dem der Rhein durch kontaminiertes Löschwasser erheblich in Mitleidenschaft gezogen wurde. Das Unternehmen hat daraufhin sein Risikomanagement dahingehend geändert, dass bestimmte Grossrisiken auch bei sehr geringer Eintrittswahrscheinlichkeit nicht mehr akzeptiert werden.[42]

Eine Möglichkeit zur Visualisierung der Risikodeterminanten ohne Informationsverlust ist das Risikoportfolio.[43] Hierbei handelt es sich um eine zweidimensionale Grafik. Auf der Abszisse wird die Tragweite, auf der Ordinate die Eintrittswahrscheinlichkeit eines Risikos abgetragen (vgl. Abbildung 8).

Je weiter ein Risiko im Risikoportfolio rechts oben liegt, desto grösser ist seine Dringlichkeit. Diese Einschätzung entspricht dem Erwartungswertkriterium. Je weiter rechts die Risiken liegen, desto mehr wird das Unternehmen durch einen Risikoeintritt geschädigt, d.h. hier kann ein Grenzwert festgesetzt werden, bei dessen Überschreitung ein Risiko nicht mehr akzeptabel ist, selbst bei geringster Eintrittswahrscheinlichkeit. Der für ein Unternehmen akzeptable Höchstwert der Tragweite ist bei Risiken mit extrem geringer Eintrittswahrscheinlichkeit i.d.R. grösser als bei häufiger eintretenden Risiken. Daraus lässt sich der Bereich, in dem Risiken nicht akzeptabel sind, ableiten.

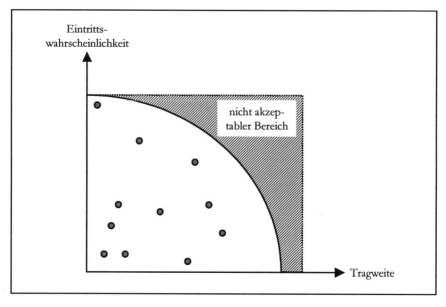

Abbildung 8: Risikoportfolio

Die Form und die Grösse dieses Bereiches hängt massgeblich von der individuellen Risikoeinstellung des Unternehmens ab. Je risikofreudiger ein Unternehmen ist, desto kleiner wird der Bereich ausfallen, in dem Risiken nicht akzeptiert werden. Prinzipiell gilt, dass um so dringender Risikobewältigungsmassnahmen ergriffen werden müssen, je näher das Risiko am nicht akzeptablen Bereich liegt.

Es ist zu beachten, dass das operative Risikomanagement ein kontinuierlicher Prozess ist. Die Risikolage eines Unternehmens kann sich kurzfristig entscheidend ändern. Es muss sichergestellt sein, dass solche Veränderungen umgehend erkannt werden.[44] Die Risikobewertung ist daher nicht nur auf neu identifizierte Risiken anzuwenden, sondern auch bekannte Risiken sind dahingehend zu untersuchen, ob eine Modifikation der getroffenen Massnahmen erforderlich ist.

Risikobewältigung

Die Risikobewältigung ist der Teilschritt des Risikomanagementprozesses, der in der logischen Folge nach der Risikoanalyse ansteht. Zu unterscheiden sind dabei aktive und passive Massnahmen der Risikobewältigung.

Aktives Risikomanagement

Aktive Massnahmen der Risikobewältigung nehmen direkt Einfluss auf die Risikostruktur, es wird also auf die Eintrittswahrscheinlichkeit und/oder auf die Tragweite eines Risikos eingewirkt.

Die radikalste Massnahme des aktiven Risikomanagements ist die Risikovermeidung. Hierunter ist das gänzliche Ausschalten des Risikos zu verstehen, wobei die Eintrittswahrscheinlichkeit oder die Tragweite auf Null reduziert werden (vgl. Abbildung 9). Beispielsweise lässt sich das Umweltrisiko einer besonders unsicheren Produktionsanlage dadurch vermeiden, dass die Anlage stillgelegt wird. Massnahmen der Risikovermeidung sind zumindest bei Grossrisiken meist sehr drastischer Natur, die im Normalfall nur dann ergriffen werden, wenn die Dringlichkeit des Risikos keine andere Vorgehensweise zulässt, d.h. wenn das Risiko in der oberen rechten Ecke des Risikoportfolios liegt und keine anderen effektiven Massnahmen der Risikobewältigung zur Verfügung stehen.

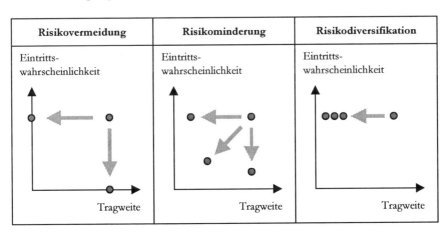

Abbildung 9: Instrumente der Risikobewältigung

Des weiteren können zur Risikovermeidung weitreichende Änderungen an Objekten oder Prozessen vorgenommen werden; bezogen auf das obige Beispiel könnte etwa die Produktion auf ein risikoloses Fertigungsverfahren umgestellt werden. Ebenso ist es denkbar, dass sich das Risiko durch eine Modifikation der Konstruktion technischer Produkte vermeiden lässt.

Eine weniger extreme Form des aktiven Risikomanagements stellt die Risikominderung dar, bei der die Eintrittswahrscheinlichkeit oder die Tragweite von Risiken auf ein akzeptables Mass verringert werden. Beispielsweise lässt sich die Tragweite des Brandrisikos vermindern, indem Sprinkleranlagen installiert werden. Die Wahrscheinlichkeit der Entstehung eines Brandes ändert sich durch diese Massnahme nicht, lediglich das Ausmass eines etwaigen Schadens geht zurück. Eine Risikominderung durch Verringerung der Eintrittswahrscheinlichkeit kann z.B. durch die Installation von Eingriffsicherungen an Maschinen zur Minderung des Unfallrisikos erreicht werden. Der Unterschied zwischen Risikovermeidung und Risikominderung besteht darin, dass bei der Minderung von Risiken ein Restrisiko verbleibt. Prinzipiell können drei Arten von Massnahmen zur Risikominderung unterschieden werden:[45]

- personelle Massnahmen (Schulung, Personalauswahl usw.),
- technische Massnahmen (konstruktive Verbesserung des Sicherheitsniveaus, technische Sicherungseinrichtungen usw.),
- organisatorische Massnahmen (Verbesserung von Arbeitsabläufen, Qualitätsmanagement, Einsetzung von Sicherheitsbeauftragten usw.).

Eine Alternative zur Risikominderung ist die Risikodiversifikation, die bezüglich ihrer Funktionsweise gewisse Parallelen zur Versicherung von Risiken aufweist. Ein Risiko wird hierbei in mehrere, voneinander unabhängige Teilrisiken mit gleicher Eintrittswahrscheinlichkeit und geringerer Tragweite aufgeteilt, d.h. es wird ein Kollektiv von Risiken gebildet, in dem ein interner Risikoausgleich stattfindet.[46] Die Risikodiversifikation kann in dreierlei Hinsicht erfolgen:

- Bei einer regionalen Diversifikation werden sensible Unternehmensbereiche räumlich verteilt. Beispielsweise werden an verschiedenen Orten gleichartige Produktionsstätten betrieben.

- Eine objektbezogene Diversifikation liegt vor, wenn Objekte mehrfach vorhanden sind, z.B. bei der Installation einer zusätzlichen EDV-Anlage, deren Kapazität nur dann benötigt wird, wenn der sonst genutzte Rechner ausfällt. Die Effektivität der objektbezogenen Diversifikation kann oft durch eine gleichzeitige regionale Diversifikation gesteigert werden.
- Die personenbezogene Diversifikation hat das Ziel, den kompletten Ausfall wichtiger Personengruppen zu verhindern, z.B. durch getrenntes Reisen.

Bei den bisher beschriebenen Strategien handelt es sich um präventive Massnahmen der Risikobewältigung. Kommt es zu einem Risikoeintritt, dann besteht u.U. noch die Gelegenheit, reaktive Massnahmen. zu ergreifen. Da der Risikoeintritt bereits erfolgt ist, bleibt nur die Möglichkeit, die Tragweite zu verringern. Dazu sind – insbesondere im Falle eines Grossrisikos – umgehend Sicherungsmassnahmen einzuleiten.

Ein wesentlicher Bestandteil dieser Sicherungsmassnahmen ist die Risikokommunikation, d.h. der Kontakt mit dem Umfeld des betroffenen Unternehmens, das ein berechtigtes Interesse daran hat, über Schädigungen informiert zu werden. Auf eine schlechte Risikokommunikation reagiert die Öffentlichkeit oftmals besonders negativ. Das Image des Unternehmens kann dabei erheblichen Schaden nehmen, wie sich auch beim bereits angeführten Beispiel des Grossbrandes bei Sandoz in Basel gezeigt hat.[47] Im Falle des Eintritts eines Grossrisikos, bei dem auch das Umfeld des Unternehmens betroffen ist, sind im Kontakt mit der Öffentlichkeit folgende Grundregeln zu beachten:[48]

- Ein Mitarbeiter ist mit der Kommunikation zu betrauen. Damit steht der Öffentlichkeit immer ein Ansprechpartner zur Verfügung und widersprüchliche Aussagen werden vermieden.
- Die abgegebenen Informationen müssen der Wahrheit entsprechen. Beschönigende Angaben können im Endeffekt nachteilige Wirkungen haben.
- Die abgegebenen Informationen sollten vollständig und allgemein verständlich sein. Die Verwendung eines Fachjargons kann zu Missverständnissen führen. Beispielsweise wurde bei der Hoechst AG nach ei-

nem Unfall im Werk Griesheim von der Freisetzung «mindergiftiger» Stoffe gesprochen. «Mindergiftig» ist ein Fachbegriff, der eine mittlere bis starke Giftigkeit signalisiert. In der Öffentlichkeit wurde aber angenommen, dass es sich um eine praktisch ungiftige Substanz gehandelt hat. Später wurde der Hoechst AG eine bewusste Fehlinformation der Öffentlichkeit vorgeworfen.[49]

Für das aktive Risikomanagement können letztlich keine allgemeingültigen Vorgehensweisen formuliert werden, da sich Industrieunternehmen deutlich voneinander unterscheiden und viele Möglichkeiten zur Einwirkung auf die Risiken existieren. Jedes Unternehmen, bei dem Handlungsbedarf besteht, muss daher individuelle Massnahmen ergreifen und ein unternehmensspezifisches Instrumentarium entwickeln.[50]

Passives Risikomanagement

Im Gegensatz zu den aktiven Massnahmen bleiben die Risikostrukturen von den passiven Massnahmen des Risikomanagements unberührt. Das passive Risikomanagement betrachtet alle Risiken, bei denen die Instrumente des aktiven Risikomanagements nicht anwendbar sind bzw. bei denen ihre Anwendung ökonomisch nicht vertretbar ist. Ebenso werden die Restrisiken derjenigen Risiken erfasst, für die bereits aktives Risikomanagement betrieben wurde. Dies ist aber nicht als eine sequentielle Abfolge zu interpretieren. Im Rahmen eines integrativen Ansatzes ist es erforderlich, das aktive und das passive Risikomanagement zu koordinieren.

Die Zielsetzung des passiven Risikomanagements besteht darin, für entsprechende Risikodeckungsmassen zu sorgen, falls es zu einem Risikoeintritt kommt. Das passive Management von Risiken, die in Geldeinheiten bewertet werden können, wird als «Risikofinanzierung» bezeichnet. Unter der Risikofinanzierung ist die Deckung der finanziellen Konsequenzen eintretender Risiken zu verstehen. Die exponierte Stellung der Risikofinanzierung innerhalb des passiven Risikomanagements liegt darin begründet, dass Risiken in einem Unternehmen bevorzugt monetär bewertet werden, d.h. ein Risiko wird meist als die Gefahr eines Verlustes oder einer Gewinnminderung interpretiert.

Aus dieser Betrachtung lässt sich auch ein wichtiger Unterschied zwischen aktivem und passivem Risikomanagement ableiten. Aktives Risikomanagement muss nicht bei sämtlichen Risiken betrieben werden. Das passive Risikomanagement ist hingegen auf alle Risiken anzuwenden, die vom aktiven Risikomanagement nicht vollständig eliminiert werden resp. wurden.

Aus der Perspektive der Gesamtheit aller zu finanzierenden Risiken können drei Dimensionen unterschieden werden, die bei der Planung der Finanzierungsmassnahmen eine Rolle spielen (vgl. Abbildung 10).

Die Dringlichkeit des jeweiligen Risikos ist der erste Einflussfaktor auf die Risikofinanzierung. Die weiteren Dimensionen der Risikofinanzierung sind die Versicherbarkeit und die Finanzierungsstrategie an sich. Die in den meisten Fällen geeignete Strategie für Kleinrisiken, die den Unternehmenserfolg nur in einem sehr eingeschränkten Mass gefährden können, ist die Finanzierung aus dem Cash-Flow des Unternehmens. Eine Versicherung ist i.d.R. nicht anzuraten, da die Prämienhöhe häufig in keinem ausgewogenen Verhältnis zum Versicherungsnutzen steht. Ein gutes Beispiel für eine derart unnötige Versicherung ist die Glasbruchversicherung, die zwar etliche Unternehmen in ihrem Versicherungsprogramm haben, die aber nahezu immer unwirtschaftlich für den Versicherungsnehmer ist, da eine solche Versicherung meist reinen Geldwechselgeschäften gleicht. Durch die Häufung der Schäden ist für einen Versicherer ein Risikoausgleich zwischen den Versicherten meist nur eingeschränkt möglich. Wenn nahezu bei jedem Versicherungsnehmer (gleich grosse) Schäden auftreten, führt dies dazu, dass im Prinzip jeder Versicherte seine eigenen Schäden trägt. Der Versicherer stellt aber zusätzlich Betriebskosten in Rechnung, wodurch der Versicherungsschutz deutlich teurer als das Selbsttragen solcher Risiken wird.

Bei den mittelgrossen Risiken sind die Kosten der Risikofinanzierung unter Berücksichtigung des gewünschten Sicherheitsgrades des Unternehmens zu minimieren. Dies hat zur Folge, dass nicht alle versicherbaren Risiken auch tatsächlich versichert werden, da auch andere Alternativen der Risikofinanzierung zur Verfügung stehen. Die Entscheidung hierüber ist unter ökonomischen Gesichtspunkten zu treffen.

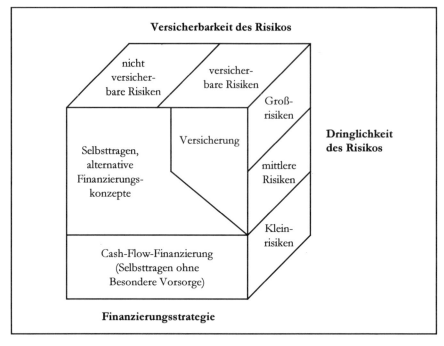

Abbildung 10: Dimensionen der Risikofinanzierung[51]

Je dringlicher ein Risiko ist, desto mehr muss ein Unternehmen an einer Risikovermeidung bzw. -minderung interessiert sein, d.h. insbesondere bei Grossrisiken sollte das aktive Risikomanagement Vorrang vor dem passiven Risikomanagement haben. Für die nach dem aktiven Risikomanagement verbleibenden Restrisiken muss in geeigneter Form Vorsorge getroffen werden, z.B. durch den Abschluss von Versicherungen. Dennoch müssen nicht alle versicherbaren Restrisiken auch tatsächlich versichert werden, zumindest dann nicht, wenn andere effektive Massnahmen der Risikobewältigung zur Verfügung stehen.

Auswahl der Instrumente der Risikobewältigung

Wie zuvor dargestellt, besteht in der Auswahl der jeweils leistungsfähigsten Risikobewältigungsinstrumente ebenso ein Aufgabengebiet des Risikomanagements wie in der Beschreibung und Analyse der vorhandenen Risiken.

Für jede Risikosituation muss geprüft werden, welche Instrumente die effizienteste Risikobewältigung ermöglichen. Häufig wird es erforderlich sein, mehrere Instrumente miteinander zu kombinieren, weil nur auf diese Weise die Risiken optimal gemanaged werden können. Die Auswahl der Instrumente der Risikobewältigung stellt folglich ein Entscheidungsproblem dar, in das als Einflussfaktoren

- die Wirkungen der verfügbaren Instrumente hinsichtlich der Realisierung der Risikoziele,
- mögliche Beschränkungen bezüglich der Einsetzbarkeit der Instrumente sowie
- die entstehenden Kosten beim Einsatz der Instrumente eingehen.

Problematisch kann darüber hinaus die Kombination von aktiven und passiven Instrumenten sein, da es sich bei der aktiven Risikobewältigung oft um technische Massnahmen handelt, die passive Risikobewältigung hingegen primär betriebswirtschaftlich ausgerichtet ist. Ein Beispiel hierfür ist die Installation einer Sprinkleranlage, die sich auf die zu zahlenden Versicherungsprämien günstig auswirkt. In der Praxis ist die innerbetriebliche Kommunikation zwischen technischen und kaufmännischen Bereichen eines Unternehmens oftmals problembehaftet, was die Effizienz der Risikobewältigung beeinträchtigen kann. Neben einem Entscheidungsproblem stellt die Auswahl der Instrumente der Risikobewältigung also auch ein Kommunikationsproblem dar.

Auch die mitunter vorgeschlagene Vorgehensweise, zuerst aktives Risikomanagement zu betreiben, und auf das verbleibende Restrisiko passive Massnahmen anzuwenden, führt u.U. nicht zu der optimalen Lösung. Dies kann an obigem Beispiel erläutert werden. Ein Entscheidungskriterium für die Frage, ob die Installation einer Sprinkleranlage wirtschaftlich sinnvoll ist, kann die erzielbare Prämieneinsparung beim Versicherungsschutz sein. Damit hängt die Vorteilhaftigkeit des Einbaus einer Sprinkleranlage (aktives Risikomanagement) von den sich daraus ergebenden Kostenveränderungen im passiven Risikomanagement ab, was letztlich bedeutet, dass die Instrumente des Risikomanagements gemeinsam optimiert werden müssen.

Das operative Risikomanagement ist ein Prozess, der aus der Risikoanalyse und der Risikobewältigung besteht. Dadurch darf aber nicht der

Eindruck entstehen, dass ein Risiko, auf das dieser Prozess angewendet wurde, sozusagen «abgehakt» ist und nicht weiter beachtet werden muss. Risikomanagement ist vielmehr ein kontinuierlicher Vorgang, der nie als abgeschlossen betrachtet werden darf, da sich sowohl die Risiken an sich als auch das Unternehmen und seine Handlungsalternativen stetig wandeln.

Ein sehr wichtiger Bestandteil des Risikomanagements ist die Risikonachbereitung, die in jedem Fall dann durchgeführt werden sollte, wenn bedeutende Risiken eingetreten sind. Das Ziel der Risikonachbereitung ist es, die Wirksamkeit des Risikomanagements zu beurteilen und – falls erforderlich – zu verbessern. Jedes eintretende Risiko führt zu Lerneffekten im Unternehmen. Die gewonnenen Erkenntnisse sind in zukünftige Aktivitäten des Risikomanagements einzubringen, wobei es primär um folgende Fragestellungen geht:[52]

- Welche eingetretenen Risiken wurden im Rahmen der Risikoidentifikation nicht erkannt?
- Welche Risiken wurden bezüglich ihrer Auswirkungen falsch eingeschätzt?
- Welche Risikobewältigungsmassnahmen zeigten nicht die erwartete Wirkung?

Zur Klärung dieser Fragen sind alle bedeutenden Risikoeintritte systematisch zu erfassen und zu dokumentieren. Die Ergebnisse, die die Auswertung dieser Daten ergibt, müssen in das Risikomanagement einfliessen, d.h. die Methoden der Risikoanalyse und -bewältigung sind anschliessend entsprechend zu modifizieren.

Die Risikofinanzierung als Instrument des passiven Risikomanagements

Bereits im letzten Abschnitt wurde deutlich, dass die Risikofinanzierung die bedeutendste Strategie des passiven Risikomanagements darstellt. Auf die zentralen Instrumente der Risikofinanzierung, das Selbsttragen von Risiken, das Versichern von Risiken und alternative Konzepte der Risikofinanzierung, soll im folgenden genauer eingegangen werden.

Selbsttragen von Risiken

Das Selbsttragen von Risiken ist die unmittelbarste Form der Risikofinanzierung. Beim Selbsttragen von Risiken werden die wirtschaftlichen Konsequenzen von Risikoeintritten direkt aus Unternehmensmitteln finanziert. Während dies bei Kleinrisiken aus dem laufenden Cash-Flow geschehen kann, sind bei mittleren und grossen Risiken geeignete Vorsorgemassnahmen zu ergreifen. In den Bereich des Selbsttragens von Risiken fallen darüber hinaus die Selbstbehalte von Versicherungen. Selbstbehaltregelungen sind ein wichtiges Instrument zur Optimierung der Versicherungskosten, da die Versicherer bei Selbstbehalten Prämienrabatte gewähren.

Da Risiken i.a. plötzlich eintreten, müssen die entsprechenden Deckungsmittel kurzfristig verfügbar sein. Die Bildung von Rückstellungen für Mittel, die zum Selbsttragen von Risiken bestimmt sind, ist kaum möglich. Rückstellungen dürfen nur für Vorgänge gebildet werden, die «ausreichend sicher» sind. Da dies nur beim Eintritt der Risiken der Fall ist, können im Rahmen der Rechnungslegung auch nur akute Risiken bzw. Risiken mit nahezu sicherem Eintritt berücksichtigt werden.[53] Der Eintritt von Risiken im Sinne des Risikomanagements ist ungewiss. Die Zielsetzung des Selbsttragens von Risiken ist eine längerfristige finanzielle Vorsorge. Demzufolge ist eine Wahrscheinlichkeit der Inanspruchnahme der Rückstellungen, die den gesetzlichen Bestimmungen genügen würde, nicht gegeben. Die Bildung von Rückstellungen scheidet also als Instrument der Risikofinanzierung nahezu aus.

Die Rechnungslegung nach den US-amerikanischen Bilanzierungsregeln ermöglicht eine weitergehende Einbindung von Rückstellungen in die Risikofinanzierung als das deutsche Bilanzrecht. So können im US-System in grösserem Umfang Eventualverbindlichkeiten gebildet werden, zum einen nämlich für Risiken aus Forderungsausfällen, zum anderen aber auch für «typische» Industrierisiken wie Schäden durch Feuer oder Explosionen, Naturkatastrophen, Rücknahmeverpflichtungen usw.[54]

Da die Bildung von Rückstellungen für Zwecke der Risikofinanzierung nach deutschem Bilanzrecht praktisch ausgeschlossen ist, können allenfalls Rücklagen aufgebaut werden. Die Bildung von Rücklagen erfolgt aber aus bereits versteuerten Unternehmensgewinnen, wodurch das Selbsttragen von Risiken verteuert wird. Darüber hinaus muss für die Rücklagengegenwerte eine Kapitalanlagemöglichkeit gefunden werden, deren Rendite zumindest der Eigenkapitalrentabilität des Unternehmens entspricht, da ansonsten die relative Ertragskraft des Unternehmens sinkt. Vor diesem Hintergrund ist die Reservenbildung in der Mehrzahl der Fälle nicht effizient.[55]

Eine erst in der jüngeren Vergangenheit genutzte Alternative zur Rücklagenbildung ist das sogenannte Funding.[56] Hierbei werden die Rücklagen nicht im Unternehmen, sondern bei einem externen Versicherungsunternehmen angesammelt. Die steuerliche Behandlung solcher Konstruktionen wurde bislang noch nicht abschliessend geklärt. Insbesondere ist strittig, ob die Zahlungen als ertragsmindernde Versicherungsprämie geltend gemacht werden dürfen. Weiterhin ergibt sich für den Fall, dass das abgesicherte Risiko nicht eintritt, ein Problem hinsichtlich der steuerlichen Wirkungen einer Rückübertragung des angesammeltem Kapitals.[57]

Versichern von Risiken

Stellenwert der Versicherung im Risikomanagement

Als Versicherung wird der Schutz gegen nachteilige Folgen bestimmter Ereignisse bezeichnet.[58] Durch den Abschluss einer Versicherung transferiert der Versicherungsnehmer die wirtschaftlichen Konsequenzen eingetretener Risiken auf ein Versicherungsunternehmen. Als Gegenleistung hat der Versicherungsnehmer regelmässig Versicherungsprämien zu zahlen. Das Versichern von Risiken ist gegenüber dem Selbsttragen von Risiken die andere Extremposition der Risikofinanzierung. Während das Unternehmen im Rahmen des Selbsttragens von Risiken die finanziellen Auswirkungen vollständig aus eigenen Mitteln finanziert, dient die Versicherung von Risiken der Abwälzung, d.h. die finanziellen Konsequenzen der Risiken (strenggenommen aber nicht die Risiken selbst) werden – abgesehen von möglichen Selbstbehalten – auf einen externen Versicherer transferiert.

Die Versicherungsprämien stellen für den Versicherungsnehmer Aufwand dar. Die maximale Versicherung von Risiken kann deswegen kein erstrebenswertes Ziel sein, da die Versicherungsprämien in keinem angemessenen Verhältnis zum Nutzen des Versicherungsschutzes stünden. Eine wichtige Frage der Risikofinanzierung ist folglich, in welchem Umfang die Risiken versichert werden sollen. Eine Antwort auf diese Frage kann nur unter Berücksichtigung der sonstigen Aktivitäten im Risikomanagement gegeben werden, denn viele Massnahmen der aktiven Risikobewältigung beeinflussen direkt den Versicherungsbedarf. Umgekehrt kann günstig erhältlicher Versicherungsschutz dazu führen, dass kostspielige Schadenverhütungsmassnahmen überflüssig werden. Die Versicherung ist also ein wichtiger Bestandteil des industriellen Risikomanagements. Das Versicherungsmanagement darf nicht losgelöst vom restlichen Risikomanagement betrieben werden, da sonst die Gesamtheit der Risikobewältigungsmassnahmen nicht zu einer optimalen Lösung führen würde.[59]

Die Integration des Versicherungsmanagements in das Risikomanagement ist noch aus einem anderen Grund von Bedeutung. Ein Versicherer kann nicht alle existenzbedrohenden Risiken eines Industrieunternehmens übernehmen. Daher müssen die Grösstrisiken verstärkt zum Betrachtungsgegenstand des industriellen Risikomanagements gemacht werden. Nur wenn intensives aktives Risikomanagement betrieben wird, das auf den Versicherungsschutz abgestimmt ist, werden die Industrieversicherer Deckungen anbieten können.[60] Eine wichtige Stellung bei der Abwägung, welche Risiken versichert werden sollen, nimmt der Selbstbehalt ein. Je grösser der Selbstbehalt einer Versicherung ist, desto geringer sind die zu zahlenden Prämien. Kleinere Schäden, die nahezu regelmässig auftreten, sollten mittels Selbstbehaltsregelungen aus den bereits beschriebenen Wirtschaftlichkeitserwägungen aus dem Versicherungsschutz ausgeschlossen werden. Wenn die Mitarbeiter eines Unternehmens darüber informiert sind, dass bei bestimmten Versicherungen grosse Selbstbehalte existieren, ist zudem oftmals zu beobachten, dass weniger Schäden auftreten.

Der Versicherungsumfang eines Unternehmens muss hinsichtlich seiner Stellung im gesamten Risikomanagement optimiert werden. In diesem Zusammenhang ist die in der Industrie gängige Praxis, feste Budgets für Versicherungen vorzugeben, wenig hilfreich, da dies zu einer einseitigen Betrachtungsweise führen würde, nämlich zum Vergleich der Prämienzahlungen mit den erhaltenen Versicherungsleistungen. Dies hätte zur Folge, dass vornehmlich kleine, häufig auftretende Risiken versichert würden; seltener eintretende Grossrisiken würden vernachlässigt.[61] Weiterhin erzeugen feste Budgets den Anreiz, die zur Verfügung stehenden Mittel vollständig einzusetzen. Auch dies dürfte nicht zu einem optimalen Versicherungspogramm führen. Ein Aspekt, der unbedingt beachtet werden muss, ist die Voll- resp. Unvollständigkeit des Versicherungsschutzes. Risiken können nur in den seltensten Fällen vollständig auf einen Versicherer übertragen werden. Über die verbleibenden Restrisiken muss sich das Risikomanagement eines Unternehmens im klaren sein.

Mögliche Folgen von Brandschäden	Versicherbar in der Feuerversicherung	Versicherbar in der Feuer-BU-Versicherung
Abwanderung von qualifiziertem Personal	nein	nein
Verlust von Mustern, wertvollen Akten und anderen Sachen, die nur zu hohen Kosten wiederhergestellt bzw. wiederbeschafft werden können	Zum Teil, je nach Versicherungssumme	nein
Verlust der Ertragskraft von Patenten, Warenzeichen usw.	nein	zum Teil
Verlust der Kreditwürdigkeit	nein	nein
Vertrauensverlust bei Aktionären	nein	nein
Verlust von Kunden bzw. Marktanteilen	nein	nein
Unfähigkeit, sich infolge des Verlustes von Akten gegen unberechtigte Ansprüche wehren zu können	zum Teil, falls Akten rekonstruierbar	nein
Beschlagnahme von erhaltenen Versicherungsleistungen durch ängstliche Gläubiger	nein	nein
Wirkungslosigkeit von in der Vergangenheit durchgeführten Werbemassnahmen	nein	zum Teil (während der Haftzeit)

Abbildung 11: Nicht versicherbare Restrisiken bei Brandschäden[62]

Dies soll an einem Beispiel verdeutlicht werden, dem ein holzverarbeitendes Unternehmen zugrundeliegt. Das Unternehmen verfügt sowohl über eine Feuerversicherung als auch über eine Feuer-Betriebsunterbrechungsversicherung. Dennoch zeigt eine Risikoanalyse für den Fall eines Brandes schwerwiegende Restrisiken, die nicht unter den Versicherungsschutz fallen (vgl. Abbildung 11).

Für die meisten Industrieunternehmen ist der Abschluss von Versicherungen nach wie vor die dominierende Massnahme der Risikobewältigung. Der wesentliche Grund hierfür liegt in der Einfachheit der Versicherungsentscheidung. Prämienhöhe und Deckungsumfang von Versicherungen können sehr gut eingeschätzt werden. Darüber hinaus sind Versicherungsverträge mehr oder weniger standardisiert, so dass in vielen Unternehmen die Meinung herrscht, dass beim Abschluss einer Versicherung die mühsame Phase der Risikoanalyse übersprungen werden kann.[63] Eine solche Einstellung kann fatale Folgen für ein Unternehmen haben. Zum einen werden die Deckungslücken des Versicherungsprogramms nicht analysiert, zum anderen wird u.U. dort teurer Versicherungsschutz eingekauft, wo einfache und billige andere Massnahmen zur Verfügung stehen würden.

Anforderungen an das industrielle Versicherungsmanagement

Gegenstand des Versicherungsmanagements ist der Umgang mit Versicherern und Versicherungsverträgen. Das industrielle Versicherungsmanagement hat primär folgende Aufgaben:

- Auf der Basis einer umfassenden Risikoanalyse und in Verbindung mit der Planung anderer Risikobewältigungsmassnahmen ist der Umfang des Versicherungsbedarfs zu ermitteln.
- Nach der Feststellung des Bedarfs besteht im Einkauf von Versicherungen die zweite Aufgabe des betrieblichen Versicherungsmanagements. Aus einer meist grösseren Anzahl von Angeboten verschiedener Versicherungsgesellschaften sind die optimalen Verträge und Anbieter auszuwählen. Dabei sollte die Prämienhöhe nicht das alleinige Auswahlkriterium sein. Mit dem Deckungsumfang, den angebotenen Serviceleistungen, der Zeichnungskapazität usw. sind eine Reihe weiterer relevanter Aspekte zu berücksichtigen.
- Nach der Beschaffung des Versicherungsschutzes ist eine laufende Pflege des Versicherungsprogramms erforderlich. Da ein Industrieunternehmen eine dynamische Wirtschaftseinheit darstellt, darf auch das Versicherungsprogramm nicht statisch sein. Die permanente oder in kurzen Intervallen durchzuführende Prüfung der Versicherungssummen ist erforderlich, um einen Anpassungsbedarf frühzeitig erkennen zu können.
- Bei erkanntem Bedarf ist eine Anpassung der Verträge an das veränderte Umfeld vorzunehmen.
- Eine letzte, aber nicht zu unterschätzende Aufgabe des Versicherungsmanagements ist die Wahrnehmung der Obliegenheiten eines Versiche-

rungsnehmers. Hierbei handelt es sich um die Pflichten des Versicherten, deren Nichtbeachtung den Versicherungsschutz gefährden kann. Zu den Obliegenheiten gehören beispielsweise Anzeigepflichten, die Pflicht zur Prämienzahlung und die rechtzeitige Meldung von Versicherungsfällen.

Zusammenfassend können die Aufgaben des Versicherungsmanagements mit der Zusammenstellung und der Pflege des Versicherungsprogramms beschrieben werden. Unter dem Versicherungsprogramm ist der Bestand an Versicherungen in einem Unternehmen zu verstehen. Das optimale Versicherungsprogramm zeichnet sich dadurch aus, dass es zwei Kriterien erfüllt:[64]

- Die zu entrichtenden Versicherungsprämien dürfen die Liquidität und die Rentabilität des Versicherungsnehmers nicht zu stark belasten.
- Bei Risikoeintritten muss ein schneller und ausreichender finanzieller Schutz zur Verfügung stehen.

Besonders wichtig ist die Abstimmung des Versicherungsschutzes mit den anderen Massnahmen der Risikobewältigung. Das Versicherungsprogramm ist ständig in Frage zu stellen und an veränderte Rahmenbedingungen anzupassen. Wegen der Komplexität der Industrieunternehmen ist es schwierig, ein risikogerechtes Versicherungsprogramm zu entwickeln und zu pflegen. Zudem wird es in den Unternehmen oft als unangenehm empfunden, sich mit der Versicherungsproblematik auseinanderzusetzen. Das hat zur Folge, dass in der Praxis oft nur weiter den Wegen gefolgt wird, die schon vor langer Zeit eingeschlagen wurden. Statt umfassender Bedarfsanalysen in Verbindung mit dem Risikomanagement wird lediglich das bereits vorhandene Versicherungsprogramm fortgeschrieben.

Zur Gewährleistung eines aktuellen und angemessenen Versicherungsprogramms sollten am Versicherungsmanagement eines Industrieunternehmens zumindest zwei Parteien beteiligt sein.[65] Einerseits ist eine Verbindung zum Risikomanagement herzustellen, damit die Versicherung von Risiken in das Gesamtkonzept zur Risikobewältigung integriert werden kann. Andererseits ist der Industrieversicherungsmarkt sehr komplex und dynamisch. Daher sollte ein Experte, der den Markt genau kennt, mit der Beschaffung des Versicherungsschutzes betraut werden. Dies kann – insbesondere in kleineren Unternehmen – auch ein externer, aber unabhängiger Versicherungsmakler sein.

Demzufolge ist es sinnvoll, wenn das Versicherungsmanagement entweder von der Risikomanagementinstitution oder von einer eigenen Versicherungsabteilung, die mit dem Risikomanagement eng zusammenarbeitet, wahrgenommen wird. Der Kontakt zwischen Risiko- und Versicherungsmanagement ist insbesondere deswegen erforderlich, weil das Versicherungsmanagement die Aufgabe hat, die Versicherungsdeckung im Verhältnis zur übrigen Risikofinanzierung zu optimieren. Ein vom Risikomanagement losgelöstes Versicherungsmanagement ist nicht dazu in der Lage, ein optimales Versicherungsprogramm aufzubauen, da Interdependenzen zwischen den verschiedenen Formen der Risikobewältigung unberücksichtigt bleiben. Ein isoliertes Versicherungsmanagement hat zudem den Nachteil, dass die Geschäftsleitung diesem Bereich oftmals nicht genug Aufmerksamkeit schenkt, worunter die Qualität des Versicherungsmanagements leidet.

Problembereiche der Versicherung industrieller Risiken

Eine vollständige Deckung industrieller Risiken mittels Versicherungen dürfte – wie bereits beschrieben – meist nicht gelingen. In den Unternehmen muss man sich dieser Tatsache bewusst sein und entsprechende Massnahmen ergreifen. Die Relevanz dieser Problematik soll nachfolgend anhand einiger Beispiele, in deren Mittelpunkt Schwachstellen häufig genutzter Versicherungslösungen stehen, verdeutlicht werden.

Durch die stetige Verschärfung der Haftpflichtgesetze gewinnen die Haftpflichtversicherungen mehr und mehr an Bedeutung. Folgerichtig besitzen nahezu alle Industrieunternehmen zumindest eine Betriebshaftpflichtversicherung (BHV).[66] Als Folge aus der grossen Relevanz der Produkt- und der Umwelthaftung bieten die Versicherer als Ergänzung zur BHV eine erweiterte Produkthaftpflichtdeckung und eine separate Umwelthaftpflichtversicherung an. Diese Versicherungen stellen zwar gemessen an der reinen Betriebshaftpflichtversicherung einen Fortschritt dar, aber sie bieten keinen vollständigen Versicherungsschutz.

So umfasst die erweiterte Produkthaftpflichtdeckung zwar etliche Vermögensschäden, die durch fehlerhafte Produkte verursacht wurden, die Übernahme von Kosten für den Rückruf mängelbehafteter Erzeugnisse ist aber ausgeschlossen. Lediglich für Unternehmen der Automobilindustrie, für die die Rückrufproblematik eine besondere Relevanz besitzt, ist eine solche Deckung verfügbar, wenn auch in eingeschränktem Umfang.[67]

Die Umwelthaftpflichtversicherung sichert die sogenannte Anlagenhaftung ab, d.h. die Haftung für Umweltschäden, die durch besonders gefährliche Anlagen verursacht wurden. Das UmweltHG sieht auch für solche Fälle die Haftung des Anlagenbetreibers vor, wenn diesen kein Verschulden an der Schadenverursachung trifft. Dies ist insbesondere dann der Fall, wenn die Anlage im störungsfreien und behördlich genehmigten Normalbetrieb läuft und dennoch einen Umweltschaden verursacht. Zum einen kann es vorkommen, dass bestimmte Emissionen einem Produktionsverfahren immanent sind und daher technisch nicht vermieden werden können. Zum anderen können sich die verfügbaren Verfahren zur Messung von Umweltbelastungen verbessern, so dass in der Zukunft u.U. heutige Emissionen nachgewiesen werden können, die derzeit noch nicht feststellbar sind. In beiden Fällen kann der Anlagenbetreiber haftbar gemacht werden.

Der Versicherungsschutz der Umwelthaftpflichtversicherung ist in solchen Extremfällen eingeschränkt. Schäden durch Umweltbeeinträchtigungen aus dem störungsfreien Normalbetrieb sind grundsätzlich aus dem Versicherungsumfang ausgeschlossen, selbst dann, wenn die Emissionen technisch unvermeidbar sind. Versicherungsschutz wird lediglich dann gewährt, wenn der Anlagenbetreiber nachweisen kann, dass er nicht von der potentiellen Umweltbeeinträchtigung wissen musste. Dabei wird ein Wissenshorizont gemäss dem «Stand der Technik» vorausgesetzt. Diese Anforderungen sind zwar nicht so hoch wie beim «Stand von Wissenschaft und Technik», aber die Erfahrungen aus dem Bereich der Produkthaftung zeigen, dass dennoch ein hohes Niveau zugrundegelegt wird.

Die Frage, wie gross die Deckungslücke der Umwelthaftpflichtversicherung im Bereich der Normalbetriebshaftung ist, wird erst dann beantwortet werden können, wenn eine juristisch einwandfreie Definition des Terminus «Stand der Technik» für den Umweltbereich vorliegt.[68]

Die Ausführungen zeigen, dass beim Abschluss einer Umwelthaftpflichtversicherung keinesfalls die Einschätzung vorherrschen darf, dass alle Risiken aus der Umwelthaftung abgedeckt sind. Insbesondere muss ein Unternehmen mit seinen Kenntnissen immer auf dem Stand der Technik sein.

Die Feuerversicherung ist die mit Abstand am häufigsten genutzte und die traditionsreichste Versicherung für Produktionsanlagen. Sie sichert Schäden ab, die durch Brände verursacht wurden, wobei dieser Begriff sehr weit ausgelegt wird. Zudem ist eine Extended-Coverage-Deckung verfügbar, die den Kreis der versicherten Gefahren erweitert.

Das Brandrisiko hat in der jüngeren Vergangenheit zugenommen. Sowohl die Schadenhäufigkeit als auch die durchschnittliche Schadensumme sind gewachsen. Folglich ist auch die Relevanz der Feuerversicherung im Versicherungsprogramm der Unternehmen gestiegen.[69]

Die technische Versicherung von Produktionsanlagen spielt im Vergleich zur Feuerversicherung eine untergeordnete Rolle. Die technischen Versicherungen decken Schäden durch Material-, Konstruktions-, Ausführungs-, Planungs- und Montagefehler. Darüber hinaus sind Schäden durch den Einfluss von Mitarbeitern, die durch Ungeschicklichkeit, Fahrlässigkeit oder Böswilligkeit verursacht wurden, gedeckt. Schäden durch eigene Mitarbeiter können nur mit technischen Versicherungen abgesichert werden. Angesichts der zunehmenden Abhängigkeit der Unternehmen von ihren Produktionsanlagen ist die geringe Bedeutung der technischen Versicherungen im Versicherungsprogramm der deutschen Industrieunternehmen kaum nachvollziehbar, zumal die Maschinen heutzutage sehr komplex sind und dadurch einen hohen Wert haben.

Bei den Betriebsunterbrechungsversicherungen ist das Übergewicht der Feuersparte gegenüber den technischen Versicherungen noch ausgeprägter als bei den Sachversicherungen. Auch hier sind die Vermögensschäden durch Betriebsstillstände, die durch technische Störungen oder durch eigene Mitarbeiter verursacht wurden, nur bei den technischen Betriebsunterbrechungsversicherungen gedeckt.[70]

Durch die heute oft zu beobachtende Komplexität und Verknüpfung von Produktionsprozessen, womöglich in Verbindung mit einer Just-in-time-Produktion, sind die Industrieunternehmen einem wesentlich grösseren technischen Betriebsunterbrechungsrisiko ausgesetzt als früher. Zudem sind die Produktionsanlagen durch die hohen Anschaffungskosten für Maschinen oft nicht redundant, d.h. ein Ausfall einer solchen Engpassmaschine führt zum Betriebsstillstand. Daraus wird ersichtlich, welchen Schaden z.B. ein einzelner Mitarbeiter verursachen kann, sei es aus Fahrlässigkeit oder als Ausdruck seiner Unzufriedenheit.

Aber auch für die Versicherung der Produktionsanlagen, insbesondere für die Betriebsunterbrechungsversicherungen, gilt, dass der verfügbare Versicherungsschutz nicht vollständig ist. Der mit einer Betriebsunterbrechung verbundene Schaden ist kaum exakt quantifizierbar. Dies gilt vor allem für das Marktrisiko, d.h. für den Schaden, der durch die Marktabwesenheit, den Imageverlust usw. entsteht. Solche Folgen von Betriebsstillständen sind auch mit Betriebsunterbrechungsversicherungen nicht abzudecken.[71]

Den Industrieunternehmen kann nur dringend angeraten werden, nicht einfach nur «historisch gewachsene» Versicherungsprogramme fortzuschreiben. Stattdessen sind laufend Risikoanalysen durchzuführen, und das Versicherungsprogramm muss immer wieder in Frage gestellt werden. Darüber hinaus müssen sich die Unternehmen darüber Klarheit verschaffen, welche Risiken gedeckt sind, und welche nicht. Ist der Abschluss einer Versicherung nicht möglich oder sinnvoll, sind andere Massnahmen der Risikobewältigung zu ergreifen.

Alternative Strategien der Risikofinanzierung

Neben die klassischen Instrumente der Risikofinanzierung, das Selbsttragen und die Versicherung, sind in den letzten Jahren weitere Methoden getreten, die im allgemeinen als «Alternativer Risikotransfer» (ART) bezeichnet werden. Bei der Selbstversicherung von Risiken mittels unternehmenseigener Versicherungsgesellschaften handelt es sich um ein bereits vergleichsweise häufig eingesetztes Instrument. Der Risikotransfer auf die Finanzmärkte ist hingegen eine Methode, die bislang nahezu ausschliesslich in der Rückversicherung von Naturkatastrophen Verwendung findet.

Selbstversicherung mittels Captive Insurance Companies

Die Captive als Kompromiss zwischen Selbsttragen und Versichern von Risiken

Ein Instrument der Risikofinanzierung, das eine immer grössere Bedeutung erhielt, sind sogenannte Captive Insurance Companies, kurz Captives. Eine Captive ist eine von einem versicherungsfremden Unternehmen beherrschte Versicherungsgesellschaft mit eigener Rechtsperson. Sie hat den

Zweck, Risiken der Unternehmensgruppe, in die sie eingebunden ist, zu übernehmen. Vorzugsweise versichert eine Captive Risiken,

- für die bei einem externen Versicherer keine Deckung gefunden werden kann,
- die aus wirtschaftlichen Erwägungen nicht extern versichert werden sollen,
- für die ein externer Versicherer keine angemessenen Prämienrabatte einräumt oder
- deren individueller Schadenverlauf bei der Prämienfindung durch einen externen Versicherer nicht ausreichend berücksichtigt wird.

Wenn etwa der durchschnittliche Schadenverlauf, den ein externer Versicherer seiner Prämienkalkulation zugrundelegt, deutlich ungünstiger als der tatsächliche individuelle Schadenverlauf des Versicherten ist, kann die Deckung der betreffenden Risiken durch eine Captive sinnvoll sein. Ggfs. können auch die Selbstbehalte extern versicherter Risiken über eine Captive finanziert werden.[72]

Eine Captive ist ein echtes Versicherungsunternehmen, daher arbeitet und kalkuliert sie auch wie ein solches. Die Captive hat wie ein Versicherer aus den übernommenen Risiken ein Kollektiv zu bilden, in dem es zu einem Risikoausgleich kommen muss. Je grösser das Unternehmen bzw. die Unternehmensgruppe, die eine Captive gründet, desto eher ist der Risikoausgleich erreichbar. Kleinere Unternehmen verfügen kaum über einen Risikoumfang, der eine wirkungsvolle Diversifikation zulässt.[73]

Die auf eine Captive transferierten Risiken verbleiben zunächst beim Betreiber der Captive, denn ihm gehört das Unternehmen, und auf ihn fallen letztlich alle Erfolge und Misserfolge seiner Tochtergesellschaft zurück. Unter diesem Blickwinkel ist eine Captive folglich ein spezielles Instrument des Selbsttragens von Risiken. Ein wesentlicher Vorteil einer Captive ist ihr Zugang zum Rückversicherungsmarkt, der einem versicherungsfremden Unternehmen verwehrt ist. Über den Weg der Rückversicherung kann Versicherungsschutz kostengünstiger als über Erstversicherer beschafft werden. Darüber hinaus sind Rückversicherungsverträge wesentlich flexibler gestaltbar. Risiken, die eine Captive bei einem professionellen Rückversicherer plaziert hat, wurden aus der Sphäre des Industrieunternehmens entfernt, d.h. in diesem Fall liegt eine (externe) Versicherung von Risiken vor. Eine Captive kann also einerseits ein Instrument zum «organisierten Selbsttragen» von Risiken sein, andererseits kann sie aber auch die Risiken extern versichern. Die Captive kann also weder dem Selbsttragen noch dem Versichern von Risiken eindeutig zugeordnet werden.[74]

Da die Captive nur Risiken eines Unternehmens bzw. einer Unternehmensgruppe trägt, orientieren sich die Prämien zwangsläufig deutlich stärker am individuellen Risiko als bei externer Versicherung. Der Nachteil dieser individueller kalkulierten Prämie ist, dass sie auch bei einem schlechten Schadenverlauf sehr flexibel reagiert, d.h. die Prämie steigt stärker an, als dies bei externer Versicherung der Fall wäre. Nachteilig ist ferner, dass durch das vergleichsweise kleine Kollektiv das Zufallsrisiko erheblich grösser als bei einem herkömmlichen Versicherungsunternehmen mit grossem Kollektiv ist. Dies hat hohe Sicherheitszuschläge zur Folge.[75] Im Falle des Nichteintritts von Schäden erwirtschaftet die Captive dadurch erhebliche Überschüsse, die dem Mutterunternehmen zumindest teilweise wieder zugeführt werden können.

Gestaltungsmöglichkeiten für Captives in Industriekonzernen

Wie bereits erläutert, ist die Gründung einer Captive insbesondere für kleinere Unternehmen problematisch. Ein Versicherer, der nur in einem geringen Umfang Risiken eines Unternehmens bzw. einer Unternehmensgruppe übernimmt, kann kein Kollektiv in einer Grössenordnung bilden, die für einen Risikoausgleich ausreicht. Eine Alternative stellen in diesem Zusammenhang Multi-Parent-Captives dar. Hierbei handelt es sich um Captives, die von mehreren gleichgesinnten Unternehmen gegründet werden.[76] Durch diese Massnahme kann die Anzahl der Risiken erhöht und somit der Risikoausgleich erleichtert werden. Zudem verursacht eine Multi-Parent-Captive geringere Kosten für das einzelne beteiligte Unternehmen, da die entstehenden Kosten auf mehrere Anteilseigner verteilt werden können.

Neben der Grösse des Kollektivs können weitere Schwierigkeiten bei der Gründung und dem Betrieb einer Captive auftreten. So werden zunächst Fachleute des Versicherungsrechts benötigt, da viele rechtliche Rahmenbedingungen zu beachten sind. Darüber hinaus muss das Betreiben der Captive von Experten überwacht werden. Industrieunternehmen, die nicht über die dazu erforderlichen Kapazitäten verfügen, können auf das sogenannte Rent-a-captive-Konzept zurückgreifen. Hierbei gründet und betreibt ein entsprechend spezialisiertes Unternehmen eine oder mehrere Captives, die an interessierte Industriekunden gewissermassen «vermietet» werden. Die Captives wickeln jede einzelne geschäftliche Transaktion für Rechnung des «Mieters» ab.

In die gleiche Richtung zielt das Captive-Account, das von der Versicherungswirtschaft angeboten wird. Ein Captive-Account verfügt nicht über eine eigene Rechtspersönlichkeit, es beinhaltet lediglich eine Dienstleistung eines professionellen Versicherungsunternehmens. Konkret handelt es sich bei einem Captive-Account um eine Vereinbarung zwischen einem Industrieunternehmen und einem Versicherer, bestimmte Risiken nach fest vereinbarten Grundsätzen für Rechnung des Versicherten abzuwickeln. Ggfs. erwirtschaftete Überschüsse werden nach einem zuvor definierten Verfahren zwischen dem Kunden und dem Versicherer geteilt, das Ruinrisiko wird über einen Stop-loss-Vertrag rückversichert. Sowohl beim Rent-a-captive-Konzept als auch beim Captive-Account entfällt die Notwendigkeit, eine eigene Versicherungsgesellschaft zu gründen. Dennoch zeigen beide Formen die charakteristischen Merkmale der Selbstversicherung, insbesondere das Zustandekommen eines mittelfristigen Risikoausgleichs.

Dass es sich bei einer Captive um ein Versicherungsunternehmen handelt, gilt auch unter aufsichtsrechtlichem Blickwinkel, d.h. alle Normen, die die Beaufsichtigung von herkömmlichen Versicherungsunternehmen betreffen, besitzen auch für Captives Gültigkeit. Für Erstversicherungsunternehmen ist die Reglementierung besonders stark. Die Rückversicherer geniessen demgegenüber weitaus grössere Freiheiten, da das Aufsichtsrecht hier unterstellt, dass nur Geschäfte zwischen erfahrenen und professionellen Marktteilnehmern getätigt werden.[77] Dies ist der Grund dafür, dass die Captives i.d.R. als Rückversicherer konzipiert sind. Bei dieser Konstellation ist jedoch ein Erstversicherer erforderlich, der die Risiken zunächst übernimmt und dann bei der Rückversicherungscaptive plaziert. In der Praxis geschieht dies, indem mit einem externen Versicherungsunternehmen eine diesbezügliche Vereinbarung getroffen wird. Das Versicherungsunternehmen nimmt die betreffenden Risiken in Deckung und verpflichtet sich, diese bei der Captive des Versicherungsnehmers rückzuversichern. Der Nachteil für den Versicherungsnehmer liegt in den höheren Kosten, da das externe Versicherungsunternehmen seine «Vermittlerdienste» in Rechnung stellt.

Als Instrument des industriellen Risikomanagements dienen Captives vor allem der Minimierung der Risikokosten, insb. der Versicherungskosten. Eine «Risikomanagement-Captive» kann, sofern sie versicherungstechnisch korrekt aufgebaut wurde, klare Rückmeldungen über die Wirksamkeit von Massnahmen zur Risikobewältigung geben.[78]

Neben den risikopolitischen Motiven werden Captives häufig auch aus finanziellen Gründen eingerichtet. Falls der Industriekonzern geringe Schadenquoten aufweist, würde er externen Versicherern positive versicherungstechnische Ergebnisse liefern. Im Falle des Risikotransfers auf eine Captive verbleiben diese Überschüsse im Konzern. Hinzu kommt, dass in einer Captive im allgemeinen erheblich geringere Betriebskosten als in einem herkömmlichen Versicherungsunternehmen anfallen.

Auch fiskalische Gründe können für die Errichtung einer Captive sprechen. Für die Unternehmen, die ihre Risiken bei der Captive versichern, fallen mit den zu entrichtenden Prämien Aufwendungen an, die die Bemessungsgrundlage für die Ertragsteuern schmälern. Die Captive hat die ggf. erwirtschafteten Gewinne zu versteuern. Aus diesem Grund haben Captives ihren Sitz oftmals im Ausland («Offshore-Captive»), insbesondere in sogenannten «Steueroasen». Dies kann darüber hinaus den Vorteil haben, dass in diesen Sitzländern die aufsichtsrechtlichen Rahmenbedingungen deutlich weniger restriktiv als im Herkunftsland des Mutterunternehmens ausgestaltet sind. Europäische Unternehmen siedeln ihre Captives vorzugsweise in Dublin oder Luxemburg an, amerikanische Unternehmen bevorzugen die Bermudas, die Bahamas oder die Cayman Islands. Zwar verneinen die Finanzbehörden prinzipiell die Anerkennung von Prämienzahlungen an eine Captive als Versicherungsprämien, in der Praxis ist aber noch kein Fall bekannt geworden, in dem diese Anerkennung verweigert worden wäre.

Captives sollten nicht als Konkurrenz zu den professionellen Versicherern gesehen werden, da ein völliger Verzicht auf die externe Versicherung von Risiken auch nach der Gründung einer Captive nicht möglich sein wird. Die externen Versicherer können von Captives u.U. sogar profitieren, insbesondere bei versicherungstechnisch heiklen Risiken. Werden diese bei Captives versichert, bleiben für die Versicherungswirtschaft die günstigeren Risiken übrig.[79]

Risikotransfer auf die Finanzmärkte

Der Risikotransfer über Finanzmärkte in der Rückversicherung von Schäden durch Naturkatastrophen

Die Absicherung von Katastrophenschäden wird für die Versicherungswirtschaft zunehmend schwieriger. Dieses Problem trat in den letzten Jahren vor allem in den USA zutage, wo der maximal mögliche Schaden durch Naturkatastrophen auf über 80 Mrd. $ geschätzt wird. Die amerikanische Versicherungswirtschaft kann aber nur Deckungskapazitäten in Höhe von etwa 40 Mrd. $ zur Verfügung stellen. Diesem Kapazitätsengpass steht eine nach den Naturkatastrophen der jüngeren Vergangenheit gestiegene Nachfrage nach Versicherungsschutz gegenüber. Auf der anderen Seite beträgt die durchschnittliche tägliche Schwankungsbreite auf den US-amerikanischen Finanzmärkten ca. 133 Mrd. $, also deutlich mehr als der prognostizierte Höchstschaden durch Naturkatastrophen. Daraus lässt sich ableiten, dass die Finanzmärkte Grösstschäden erheblich leichter verkraften könnten als die Versicherungswirtschaft. Diese Erkenntnis führte zu der Überlegung, Versicherungsrisiken auf die Finanzmärkte zu transferieren.

Hierbei werden die (Rück-)Versicherungsrisiken in Form von versicherungstechnischen Zinstiteln verbrieft («Securitization») oder über Versicherungsderivate gehandelt,[80] das Anlageergebnis vom Schadenverlauf abhängt. An der CBoT (Chicago Board of Trade) werden seit 1992 Katastrophenversicherungsfutures (CAT-Futures) gehandelt, deren Underlying ein repräsentativer Schadenindex ist, der auf der Entwicklung der Schadenquote basiert. Mit Hilfe dieser Terminkontrakte können Versicherungsunternehmen die zugrundeliegenden Risiken hedgen. Ferner sind Optionen auf die CAT-Futures verfügbar, mit denen die möglichen Verluste aus dem Hedging begrenzt werden können.[81] Die Idee des Hedgings von Naturkatastrophenrisiken mittels derivativer Instrumente entwickelt sich stetig weiter. Es existieren Bestrebungen, ähnliche Instrumente auf Rückversicherungsrisiken aus den Bereichen der Kranken- und Gebäudeversicherung auf den Markt zu bringen. Auch ausserhalb der USA werden inzwischen solche innovativen Instrumente zur Rückversicherung von Naturkatastrophenrisiken angeboten, so auch in Europa.[82]

Die Anwendung des Risikotransfers auf die Finanzmärkte auf industrielle Risiken

Die Idee des Transfers von Versicherungsrisiken auf die Finanzmärkte kann auch für grosse Industrieunternehmen interessant sein.[83] Viele der industriellen Grossrisiken sind nicht in vollem Umfang versicherbar. Als Beispiel hierfür sei die Normalbetriebshaftung im Rahmen der Umwelthaftung genannt. Für solche unversicherbaren Risiken sind alternative Risikotransferkonzepte ähnlich denen der Rückversicherung denkbar. Nachfolgend soll analysiert werden, in welcher Form die Rückversicherungskonzepte auf Industrierisiken angewendet werden können, wobei die Ausführungen als Anstoss für weitergehende Analysen zu verstehen sind.

Beim traditionellen Risikotransfer werden die finanziellen Konsequenzen von Risiken auf einen Versicherer oder auf Vertragspartner abgewälzt. Der Grundgedanke des alternativen Risikotransfers liegt darin, die Risiken auf die Finanzmärkte zu übertragen. Der Risikotransfer kann dabei prinzipiell mittels zweier verschiedener Arten von Transferinstrumenten erfolgen, nämlich

- über Anleihen oder
- über derivative Finanzinstrumente.

Die einfachste Form der Plazierung von industriellen Risiken auf den Finanzmärkten ist der Risk Bond. In der Grundform handelt es sich hierbei um eine Anleihe mit fester Laufzeit, einer garantierten Rückzahlung und einer Verzinsung, die vom Schadenverlauf abhängig ist. Im Normalfall ist der Zins dieses Wertpapiers jährlich konstant. Kommt es zum Eintritt des Risikos, fällt die Zinszahlung ab diesem Zeitpunkt aus. Alternativ wäre auch eine Verringerung der Zinszahlung in Abhängigkeit von der tatsächlichen Schadenhöhe denkbar. Die Funktionsweise eines Risk Bonds verdeutlicht Abbildung 12.

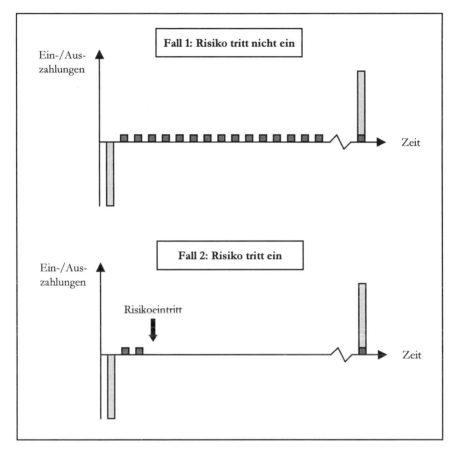

Abbildung 12: Funktionsweise eines Risk Bonds aus der Sicht des Anlegers

Zum Zeitpunkt der Emission eines Risk Bonds fliesst dem Emittenten – bei Unterstellung einer Ausgabe zu pari – ein Betrag in Höhe des Nennwertes (NW) zu, der zum Ende der Laufzeit in gleicher Höhe zurückzuzahlen ist. Um die Rückzahlung der Anleihe sicherzustellen, ist ein Teil des zugeflossenen Betrags risikolos zu investieren (effektive Rendite der risikolosen Kapitalanlage: i_{RL}). Der Gegenwartswert des Rückzahlungsbetrages (GWR) ist der über die Laufzeit (n Jahre) mit der risikolosen Zerobond-Rendite i_{RL} abgezinste Nennwert der Anleihe, also:

(1) $$GWR = \frac{NW}{(1+i_{RL})^n}$$

Der Rückzahlungsbetrag wird benötigt, um die Rückzahlung am Ende der Laufzeit zu gewährleisten, d.h. er kann nicht für die eigentliche Risikodeckung eingesetzt werden. Der Betrag, der zur Risikodeckung zur Verfügung steht, ergibt sich aus der Differenz zwischen dem Nennwert der Anleihe und dem Gegenwartswert des Rückzahlungsbetrages. Werden also Risk-Bonds emittiert, um eine benötigte Deckungssumme (DS) zu erreichen, so ergibt sich der dazu erforderliche Nennwert aus der Addition der Deckungssumme mit dem Gegenwartswert des Rückzahlungsbetrags der Anleihe:

(2) $$NW = DS + GWR$$

Daraus folgt mit Gleichung (1):

(3) $$NW = \frac{DS}{1 - \frac{1}{(1+i_{RL})^n}}$$

Beim Nichteintritt des Risikos ist die Deckungssumme verfügbar, sie wird aber nicht zur Risikodeckung benötigt, d.h. auch sie kann angelegt werden. Dabei muss die Anlage so gewählt werden, dass die Mittel im Falle eines Risikoeintritts kurzfristig zur Verfügung stehen. Die maximale Anlagedauer hängt davon ab, wie schnell die finanziellen Mittel im Schadenfall benötigt werden.

Die durch die Anlage der Deckungssumme entstehenden Zinserträge können nicht bei der Kalkulation des erforderlichen Nennwertes des Risk-Bonds berücksichtigt werden. Hier muss der ungünstigste Fall angenommen werden, d.h. also der, dass das abgesicherte Risiko bereits unmittelbar nach der Emission der Anleihe eintritt. In diesem Fall wäre die Deckungssumme sofort verbraucht und könnte nicht mehr zur Erwirtschaftung des Rückzahlungsbetrages beitragen. Daher gilt die Gleichung (3) zur Kalkulation des Nennwertes unabhängig davon, ob und wann das abgesicherte Risiko eintritt.

Für den Fall des Eintritts des abgesicherten Risikos während der Kontraktlaufzeit haben die Anleger nach dem Risikoeintritt keinen Anspruch auf Zinszahlungen mehr. Prinzipiell wird der Rückzahlungsbetrag lediglich durch den Emittenten «aufbewahrt» und am Laufzeitende getilgt. Allerdings steht auch keine Deckungssumme mehr für einen erneuten Risikoeintritt zur Verfügung. Hierzu müsste die Anleihe neu aufgelegt werden.

Ereignet sich das Risiko nicht direkt zu Beginn der Laufzeit, kann der Emittent die Deckungssumme anlegen und entsprechende Zinserträge vereinnahmen. Auf der anderen Seite haben die Anleger für den Fall des Nichteintritts des Risikos einen festen Zinsanspruch, der zum Teil mit den entstandenen Zinserträgen befriedigt werden kann.

Die jährlichen Kosten für den Risk Bond (bei nicht eingetretenem Risiko) ergeben sich aus der Differenz zwischen den an die Anleger ausgezahlten und auf den Nennwert der Anleihe bezogenen Zinszahlungen und den Zinserträgen aus der Anlage der Deckungssumme. Bei einem den Investoren zugesagten Nominalzins des Risk-Bonds von i_{RB} und einem effektiven kurzfristigen Zins i_K, der aus der Anlage der Deckungssumme erwirtschaftet wird, ergeben sich unter Vernachlässigung administrativer Kosten folgende jährliche Kosten für den Risk-Bond:

$$(4) \quad K_{RB} = NW \cdot i_{RB} - DS \cdot i_k = DS \cdot \left[\frac{i_{RB}}{1 - \frac{1}{(1+i_{RL})^n}} - i_k \right]$$

Die Kosten des Risk Bonds hängen damit auch davon ab, ob und ggfs. zu welchem Zeitpunkt Schäden auftreten. Ereignet sich das Risiko bereits im ersten Jahr, entstehen keine Kosten, tritt überhaupt kein Schaden auf, kann die Deckungssumme zum einen während des gesamten Zeitraums angelegt werden und steht zum anderen auch über das Laufzeitende hinaus zur Verfügung. Sie kann dann entweder weiter zur Risikodeckung oder anderweitig verwendet werden. Bei weiterem Einsatz zur Risikodeckung kann z.B. die kurzfristige Anlage fortgeführt werden, so dass nach der Beendigung des

Kontraktes weiterhin Zinserträge entstehen. Im Unterschied zur reinen Versicherungslösung sind damit die Kosten des Risk Bonds variabel. Generell gilt jedoch, dass die jährlichen Kosten K_{RB} des Risk Bonds das Pendant zu den Prämienzahlungen einer Versicherung darstellen und bei der Frage, ob die Emission eines Risk Bonds vorteilhaft ist, mit diesen verglichen werden müssen.

Ein Beispiel soll die Funktionsweise eines Risk-Bonds verdeutlichen. Über die Anleihe soll eine Deckungssumme in Höhe von 100 Mio. DM bereitgestellt werden (Laufzeit 20 Jahre). Die risikofreie Zerobond-Rendite für 20 Jahre beträgt i_{RL} = 7%. Um das Risiko des Ausfalls der Zinszahlungen auszugleichen, wird den Investoren ein Nominalzins von i_{RB} = 10% zugesichert. Für die Deckungssumme soll eine kurzfristige Anlage zu einem Zins von i_k = 4% möglich sein.

Aus diesen Daten ergibt sich der erforderliche Nennwert der zu emittierenden Anleihe wie folgt:

$$NW = \frac{100\,\text{Mio. DM}}{1 - \dfrac{1}{(1+0{,}07)^{20}}} = 134.847.037\,\text{DM}$$

Zur Bereitstellung der Deckungssumme in Höhe von 100.000.000,-- DM muss also eine Anleihe mit einem Nennwert von 134,8 Mio. DM emittiert werden, von denen 34,8 Mio. DM über die Laufzeit von 20 Jahren risikolos angelegt werden. Dadurch wird bei einer Zerobondrendite von 7% der erforderliche Rückzahlungsbetrag in Höhe von 134.847.037 DM erwirtschaftet. Die verbleibenden 100 Mio. DM stehen als Risikodeckungskapital zur Verfügung.

Diese Deckungssumme wird zum kurzfristigen Zins i_k angelegt, wodurch einerseits jährlich Zinserträge entstehen. Andererseits ist den Investoren der zugesicherte Zins in Höhe von i_{RB} zu zahlen, so dass sich die jährlichen Kosten für den Risk Bond wie folgt ergeben:

$$K_{RB} = 134.847.037\,\text{DM} \cdot 0{,}1 - 100.000.000\,\text{DM} \cdot 0{,}04 = 9.484.703{,}70\,\text{DM}$$

Solange das abzusichernde Risiko noch nicht eingetreten und der Kontrakt noch nicht abgelaufen ist, fallen jährliche Kosten in Höhe von über 9,4 Mio. DM an. Tritt das Risiko während der Laufzeit des Kontraktes ein, so wird die Deckungssumme verbraucht, und in den Folgejahren fallen keine weiteren Kosten an. Allerdings steht die Deckungssumme auch nicht mehr für weitere Risiken zur Verfügung.

Eine wesentliche Schwierigkeit dürfte bei der Emission eines Risk-Bonds darin bestehen, Investoren zu gewinnen. Interessierte Anleger werden nur selten dazu in der Lage sein, die zugrundeliegenden Risiken korrekt einzuschätzen, was im übrigen auch ein zentrales Problem der Rückversicherungsanleihen darstellt.[84] Zur Risikominderung für den Anleger sind Variationen einer solchen Anleihe denkbar, wie sie auch im Rahmen der Rückversicherung von Schäden durch Naturkatastrophen Anwendung finden:

- Analog zum Selbstbehalt im Rahmen eines herkömmlichen Versicherungsvertrages kann eine Schadenschwelle vereinbart werden, die überschritten werden muss, bevor die Investoren in Anspruch genommen werden können.
- Der Risk Bond könnte eine Vereinbarung enthalten, wonach Zinszahlungen nur dann entfallen, wenn das Risiko in einem bestimmten Zeitraum zu Beginn der Laufzeit der Anleihe eintritt, z.B. in den ersten fünf Jahren nach der Emission.

Potentielle Anleger werden nur dann in entsprechende Papiere investieren, wenn auch das emittierende Unternehmen an einer Vermeidung des Risikoeintritts interessiert ist, d.h. zwischen Investor und Emittent darf kein Zielkonflikt bestehen. Dies wird vor allem bei Grossrisiken der Fall sein, die trotz der Absicherung durch den Risk Bond unangenehme Konsequenzen für den Emittenten haben können. Ferner kann von einer Interessenidentität bei Risiken mit grosser Öffentlichkeitswirkung ausgegangen werden, deren Eintritt das Image des Unternehmens erheblich schädigen würde. Generell sollten potentielle Anleger zur Investition in Risk Bonds motiviert werden, indem der Emittent intensives aktives Risikomanagement im betroffenen Unternehmensbereich betreibt und die Anleger darüber ausführlich informiert.

Es können nicht sämtliche industriellen Risiken mittels Risk Bonds abgedeckt werden. Sie können demnach kein vollkommener Ersatz für herkömmliche Versicherungen sein, zumal solche Konstruktionen – im industriellen Bereich ebenso wie im Rahmen der Rückversicherung von Schäden durch Naturkatastrophen – im Vergleich zu herkömmlichen Versicherungslösungen deutlich höhere Kosten verursachen.[85] Risk Bonds sind eher als Ergänzung des Versicherungsprogramms denkbar, insbesondere bei Grossrisiken, für die kein adäquater Versicherungsschutz erhältlich ist.

Einen Schritt weiter als die Risk Bonds gehen derivative Instrumente beim Risikotransfer auf die Finanzmärkte. In Analogie zu den CAT-Futures wird hier ein Terminkontrakt konstruiert, wobei als Underlying ein Schadenindex fungiert. Der Kontraktwert ergibt sich aus der multiplikativen Verknüpfung des Schadenindex mit einem festen Basisbetrag. Zum Ende der Laufzeit wird die Schadenquote festgestellt (final settlement), woraus der Schlusswert des Kontraktes folgt. Da es sich hier um ein Termingeschäft auf eine Indexposition handelt, erfolgt die Glattstellung durch ein entsprechendes Gegengeschäft.[86] Beim vermehrten Eintritt der zugrundeliegenden Risiken steigt der Wert des Kontraktes, bei geringer Schadenquote ist der Wert entsprechend kleiner. Ein Unternehmen, das seine Risiken auf diese Art und Weise transferieren möchte, muss folglich Terminkontrakte kaufen, um den Abfluss finanzieller Mittel durch Risikoeintritte mit der Wertsteigerung der Futures zu kompensieren.

Während der Wert des Futures bei hohen Schäden ansteigt, geht er bei nur wenigen Schäden zurück. Letzteres wäre für die Unternehmen mit vergleichsweise hohen Kosten verbunden. Diese lassen sich jedoch mittels Optionsgeschäften begrenzen. Bei der Nutzung der Futures zur Risikoabsicherung müssten die Unternehmen dabei eine Long-Call-Position einnehmen, d.h. sie müssten sich das Recht sichern, die zugrundeliegenden Terminkontrakte zu einem späteren Zeitpunkt zu einem bestimmten Preis kaufen zu können.

Beim Eintritt der abgesicherten Risiken ist die Schadenquote beim Settlement des Futures hoch, d.h. der Kontrakt hat einen hohen Wert. Demzufolge wird das betroffene Unternehmen die Option ausüben, und die Kontrakte zu dem niedrigen Preis kaufen. Der sich aus der Differenz zwischen Kaufpreis und dem Kurs zum Ausübungstermin ergebende Betrag steht zur Risikofinanzierung zur Verfügung. Treten die Risiken nicht ein, lässt das Unternehmen die Option verfallen. Kosten für die Risikoabsicherung fallen lediglich in Höhe des Optionspreises an. Diese Kosten wären das Pendant zu den Prämien eines herkömmlichen Versicherungsvertrags.

Wenn ein einzelnes Industrieunternehmen bestimmte Risiken auf den Finanzmärkten plazieren will, muss ein unternehmensspezifischer Schadenindex definiert werden, der nur die zu transferierenden Risiken abbildet. Die Berechnung einer solchen Kennzahl erscheint äusserst problematisch, da potentielle Geldgeber kaum den Angaben des Unternehmens vertrauen werden. Demgegenüber hat eine externe, unabhängige Organisation kaum eine Zugriffsmöglichkeit auf geeignetes Datenmaterial. Zudem wird der Umfang der Datenbasis bezogen auf ein einzelnes Unternehmen zu gering sein, um eine aussagefähige Kennzahl zu bilden.

Die Naturkatastrophenkontrakte sind in den USA insbesondere deshalb erfolgreich, weil ihre Wertentwicklung weitgehend unabhängig von den Finanzmarktrisiken ist. Sie bieten daher eine ausgezeichnete Diversifikationsmöglichkeit für Kapitalanlagen. Kontrakte auf Unternehmensrisiken würden einen weit weniger ausgeprägten Diversifikationseffekt bieten, da sich viele dieser Risiken auch auf den Finanzmärkten, z.B. beim Aktienkurs des Emittenten, bemerkbar machen können.

Es ist damit festzuhalten, dass die Absicherung von industriellen Risiken mittels derivativer Finanzinstrumente theoretisch zwar denkbar ist, die praktische Realisierung aber grosse Probleme verursacht. Hingegen scheint die Plazierung von Risk Bonds realisierbar. Ein generelles Problem bei dieser Art des Transfers von Unternehmensrisiken auf die Finanzmärkte dürfte jedoch darin bestehen, Käufer für die entsprechenden Wertpapiere zu finden. Im Gegensatz zu völlig zufällig eintretenden Naturkatastrophen, unterliegen die industriellen Risiken dem Einfluss des jeweiligen Unternehmens. Es ist fraglich, ob Anleger ein Wertpapier kaufen werden, dessen Rendite beispielsweise davon abhängt, ob beim Emittenten ein grosser Umweltschaden auftritt. Ein potentieller Investor ist kaum dazu in der Lage, die zugrundeliegenden Risiken einzuschätzen. Der Emittent muss einen Investor folglich in die Lage versetzen, den Risk Bond einschätzen und bewerten zu können. Dazu muss das Risiko eindeutig und nachvollziehbar abgegrenzt sein.[87]

Für den Emittenten eines Risk Bonds entstünde die Versuchung, die vergleichsweise hohen Kosten des Risikotransfers über die Finanzmärkte bei der Schadenverhütung einzusparen, da die Schäden abgesichert sind, d.h. die Ziele des Anlegers und des Emittenten sind nicht gleichgerichtet.

Allerdings handelt es sich hierbei um ein Problem, das auch bei «normalem» Versicherungsschutz auftritt.

Die Verbriefung von industriellen Risiken kann folglich nur dann erfolgreich sein, wenn es dem Emittenten gelingt, die potentiellen Anleger davon zu überzeugen, dass alle zumutbaren Massnahmen zur Schadenverhütung getroffen wurden. Auch bei dieser Form der Risikofinanzierung ist es also unabdingbar, dass das Unternehmen ein modernes, integriertes Risikomanagement besitzt und betreibt.

Anmerkungen

1 Haller/Petin (1994).
2 Haller (1978), Hahn (1987), Hoffmann (1985).
3 Hölscher (1987).
4 Braun (1984).
5 Haller (1986).
6 Haller (1978), Aretz/Steinrisser/Weiss (1986).
7 Hoffmann (1985).
8 Blankenburg (1978).
9 Vgl. beispielhaft Mugler (1979).
10 Haller (1975).
11 In Anlehnung an Haller (1975).
12 Heinen (1991).
13 Kromschröder/Lück (1998).
14 Kuhl/Nickel (1999).
15 Lück (1998).
16 Kromschröder/Lück (1998).
17 Giese (1998).
18 Kuhl/Nickel (1999).
19 Kromschröder/Lück (1998).
20 Mugler (1979).
21 Mugler (1979).
22 Haller (1986), Haller/Petin (1994).
23 Haller (1975).
24 Adam (1996).
25 In Anlehnung an Haller (1986).
26 Martin (1987), Illner (1993).
27 Hertel (1991).
28 Haller (1981), Hitzig (1994).
29 Winterling (1989), Brühwiler (1983).
30 Vgl. beispielhaft Hürlimann (1993), Hoffmann (1985), Härterich (1989).
31 Schuler (1993), Pfeifer (1993).
32 Pfeifer (1993).
33 Schuler (1993).

34 Pfeifer (1993).
35 Böhme (1978).
36 Koblank (1993).
37 Kurbel (1989).
38 Bamberg/Coenenberg (1996).
39 Blankenburg (1978).
40 Hoffmann (1985).
41 Hertel (1991).
42 Sandoz AG (1996), Mrusek (1996).
43 Winterling (1989), Rücker (1999).
44 Blankenburg (1978).
45 Hoffmann (1985).
46 Müller (1978).
47 O.V. (1996).
48 Trachsel (1994).
49 Trachsel (1994).
50 Braun (1984).
51 In Anlehnung an Schweizer Rück (1996).
52 Beyeler (1994).
53 Heinhold (1996).
54 Schoenfeld (1996).
55 Müller (1978).
56 O.V. (1997).
57 Rücker (1999).
58 Koch (1999).
59 Hölscher/Kremers/Rücker (1996).
60 Haller/Petin (1994).
61 Aretz/Steinrisser/Weiss (1986).
62 Quelle: Aretz/Steinrisser/Weiss (1986).
63 Theil (1996), Karten (1978).
64 Geisbüsch (1986).
65 Bätscher/Dubach (1986).
66 Hölscher/Kremers/Rücker (1996a).
67 Ermert (1990).
68 Hölscher/Kremers/Rücker (1996), Schierenbeck/Hölscher (1998).
69 Brühwiler (1994).
70 Hölscher/Kremers/Rücker (1996a).
71 Fink (1990).
72 Boller/Rosenbaum (1990), Brühwiler (1994).
73 Kaufmann (1997).
74 Meyer-Kahlen (1988).
75 Manekeler (1994).
76 Meyer-Kahlen (1988).
77 Schierenbeck/Hölscher (1998).
78 Manekeller (1994).
79 Hölscher/Kremers/Rücker (1996).

80 Albrecht/Schradin (1998).
81 Durrer (1996), Albrecht/König/Schradin (1994), Zeller (1997).
82 Cox/Schwebach (1992), Hasekamp (1994), Bauer (1998), Albrecht/Schradin (1998)
83 Schweizer Rück (1996).
84 O.V. (1997a), Albrecht/Schradin (1998).
85 Bauer (1998).
86 Wagner (1997).
87 Wagner (1997).

Literaturverzeichnis

Adam, D.: Planung und Entscheidung, Modelle – Ziele – Methoden, 4. Auflage, Wiesbaden 1996.
Albrecht, P./König, A./Schradin, H. R.: Katastrophenversicherungs-Terminkontrakte: Eine Finanzinnovation und ihre Bedeutung für die (Rück-)Versicherung von Katastrophenrisiken, in: Zeitschrift für die gesamte Versicherungswissenschaft, 83. Band (1994), S. 633-682.
Albrecht, P./Schradin, H. R.: Alternativer Risikotransfer: Verbriefung von Versicherungsrisiken, in: Zeitschrift für die gesamte Versicherungswissenschaft, 87. Band (1998), S. 573-610.
Aretz, H./Steinrisser, F./Weiss, A.: Risk Management aus der Sicht der Versicherungswirtschaft, in: Handbuch Risk Management, Grundwerk, Hrsg.: Spinnarke, J., Heidelberg 1986, Abschnitt Versicherung/2.
Bamberg, G./Coenenberg, A. G.: Betriebswirtschaftliche Entscheidungslehre, 9. Auflage, München 1996
Bätscher, R./Dubach, M.: Ganzheitliches Versicherungsmanagement – auch im Klein- und Mittelbetrieb, in: io Management Zeitschrift, 55. Jg. (1986), Heft 2, S. 94-97.
Bauer, W. O.: Alternativer Risikotransfer: Finanzrückversicherung, in: Zeitschrift für die gesamte Versicherungswissenschaft, 87. Band (1998), S. 555-572.
Beyeler, A.: Risikomanagement komplexer Projekte, in: io Management Zeitschrift, 63. Jg. (1994), Heft 4, S. 27-30.
Blankenburg, J.: Risikomanagement als betriebswirtschaftliche Aufgabe, in: Zeitschrift für Betriebswirtschaft, 48. Jg. (1978), S. 329-332.
Böhme, O. J.: Die Mitarbeiter sollen Risiken erkennen, in: io Management Zeitschrift, 47. Jg. (1978), S. 537-539.
Boller, H. P./Rosenbaum, H.: Determinanten der Risikoselbsttragung, Die Entscheidung zwischen Captive und Abzugsfranchise, in: Versicherungswirtschaft, 45. Jg. (1990), S. 1180-1186.
Braun, H.: Risikomanagement, Eine spezifische Controllingaufgabe, in: Controlling-Praxis, Band 7, Hrsg.: Horváth, P., Stuttgart 1984.
Brühwiler, B.: Methoden der Risiko-Analyse, in: io Management Zeitschrift, 52. Jg. (1983), S. 257-261.
Brühwiler, B.: Internationale Industrieversicherung, Risk Management, Unternehmensführung, Erfolgsstrategien, Karlsruhe 1994.
Cox, S. H./Schwebach, R. G.: Insurance Futures and Hedging Insurance price risk, in: The Journal of Risk and Insurance (1992), S. 628-644.

Durrer, A.: Risikotransfer über Finanzmärkte: Neue Perspektiven für die Absicherung von Katastrophenschäden in den USA, in: sigma, Heft 5/1996.

Ermert, F.-J.: Produkthaftpflicht, Haftung und Versicherungsschutz, 4. Auflage, Köln 1990.

Fink, B.: Befriedigen die Versicherungsunternehmen Bedarf und Nachfrage des «Euro-Risk-Managers» der 90er Jahre?, in: Versicherungswirtschaft, 45. Jg. (1990), S. 13-18.

Geisbüsch, H.-G.: Betriebliches Versichern als Risk Management, in: Handbuch Risk Management, Grundwerk, Hrsg. Spinnarke, J., Heidelberg 1986, Abschnitt Versicherung/1.

Giese, R.: Die Prüfung eines Risikomanagementsystems einer Unternehmung durch den Abschlussprüfer gemäss KonTraG, in: Die Wirtschaftsprüfung, 51. Jg. (1998), S. 451-458.

Hahn, D.: Risiko-Management, Stand und Entwicklungstendenzen, in: Zeitschrift für Führung und Organisation, 56. Jg. (1987), S. 137-150.

Haller, M.: Sicherheit durch Versicherung?, Gedanken zur künftigen Rolle der Versicherung, in: Schriftenreihe Risikopolitik, Band 1, Bern/Frankfurt am Main 1975.

Haller, M.: Risiko-Management: Neues Element in der Führung, in: io Management Zeitschrift, 47. Jg. (1978), S. 483-487.

Haller, M.: Risiko-Management: Ein integrierter Ansatz, in: Praktisches Risk Management, Sichern Sie die Zukunft ihres Unternehmens, Bericht über das Kölner Unternehmerforum 1981, Köln 1981, S. 64-78.

Haller, M.: Risiko-Management, Eckpunkte eines integrierten Konzepts, in: Schriften zur Unternehmensführung, Band 33: Risiko-Management, Hrsg.: Jacob, H., Wiesbaden 1986, S. 7-41.

Haller, M./Petin, J.: Geschäft mit dem Risiko, Brüche und Umbrüche in der Industrieversicherung, in: Dieter Farny und die Versicherungswissenschaft, Hrsg.: Schwebler, R. u.a., Karlsruhe 1994, S. 153-177.

Härterich, S.: Die Handhabung von Risiken im Unternehmen, in: Handbuch Risk Management, 5. Lieferung, Hrsg.: Spinnarke, J., Heidelberg 1989, Abschnitt Risiko/3.

Hasekamp, U.: Insurance Futures, Eine Finanzinnovation als Hedging-Instrument gegen Katastrophenrisiken, in: Versicherungswirtschaft, 49. Jg. (1994), S. 361-367.

Heinen, E.: Industriebetriebslehre, 9. Auflage, Wiesbaden 1991.

Heinhold, M.: Der Jahresabschluss, 4. Auflage, München/Wien 1996.

Hertel, A.: Risk Management in der Praxis, Köln 1991.

Hitzig, R.: 20 Jahre Risk Management, in: Festschrift für Dieter Farny, Hrsg.: Mehring, H.-P./Wolff, V., Karlsruhe 1994, S. 285-295.

Hoffmann, K.: Risk Management: Neue Wege der betrieblichen Risikopolitik, Karlsruhe 1985.

Hölscher, R.: Risikokosten-Management in Kreditinstituten, Ein integratives Modell zur Messung und ertragsorientierten Steuerung der bankbetrieblichen Erfolgsrisiken, in: Schriftenreihe des Instituts für Kreditwesen der westfälischen Wilhelms-Universität Münster, Band 36, Hrsg.: Schierenbeck, H., Frankfurt/Main 1987.

Hölscher, R,/Kremers, M./Rücker, U.-C.: Industrieversicherungen als Element des modernen Risikomanagements, Ergebnisse einer empirischen Untersuchung, in: Studien zum Finanz-, Bank- und Versicherungsmanagement des Lehrstuhls für Finanzierung und Investition der Universität Kaiserslautern, Band 1, Hrsg.: Hölscher, R., Kaiserslautern 1996.

Hölscher, R,/Kremers, M./Rücker, U.-C.: Risiko- und Versicherungsmanagement in der deutschen Industrie, Ergebnisse einer empirischen Untersuchung, in: Versicherungswirtschaft, 51. Jg. (1996), S. 1612-1623.

Hürlimann, W.: Risiken aus morphologischer Sicht, in: io Management Zeitschrift, 62. Jg. (1993), S. 85-90.

Illner, M.: Industrie muss versicherbar bleiben, Auf neuen Wegen in die Zukunft, in: Allianz Report für Risiko und Sicherheit, 66. Jg. (1993), S. 212-218.

Karten, W.: Aspekte des Risk Managements, in: Betriebswirtschaftliche Forschung und Praxis (1978), S. 308-323.

Kaufmann, F.: Besonderheiten der Finanzierung kleiner und mittlerer Unternehmen, Ein Überblick über die Problemlage, in: Kredit und Kapital (1997), S. 140-155.

Koblank, P.: Betriebliches Vorschlagswesen, Das Kreativpotential der Mitarbeiter nutzen, in: Fortschrittliche Betriebsführung / Industrial Engineering (1993), Heft 4, S. 154-157.

Koch, P.: Versicherungswirtschaft, Ein einführender Überblick, 5. Auflage, Karlsruhe 1999.

Kromschröder, B./Lück, W.: Grundsätze risikoorientierter Unternehmensüberwachung, in: Der Betrieb, 51. Jg. (1998), S. 1573-1576.

Kuhl, K./Nickel, J.-P.: Risikomanagement im Unternehmen – Stellt das KonTraG neue Anforderungen an die Unternehmen?, in: Der Betrieb, 52. Jg. (1999), S. 133-135.

Kurbel, K.: Entwicklung und Einsatz von Expertensystemen, Eine anwendungsorientierte Einführung in wissensbasierte Systeme, Berlin/Heidelberg/New York 1989.

Lück, W.: Elemente eines Risiko-Managementsystems, Die Notwendigkeit eines Risiko-Managementsystems durch den Entwurf eines Gesetzes zur Kontrolle und Transparenz im Unternehmensbereich (KonTraG), in: Der Betrieb, 51. Jg. (1998), S. 8-14.

Manekeller, M.: Captives: Irrweg oder Lösung?, Aktuelle Fragestellungen der Industrieversicherung, in: Versicherungswirtschaft, 49. Jg. (1994), S. 1189-1198.

Martin, K.: Allianz Risiko-Service in der Praxis, in: Der Maschinenschaden, 60. Jg. (1987), S. 248-253.

Meyer-Kahlen, W.: Captive-Versicherung, in: Handwörterbuch der Versicherung, Hrsg.: Farny, D. u.a., Karlsruhe 1988, S. 95-97.

Mrusek, K.: Viele Basler haben den Gestank noch in der Nase, Zehn Jahre Sandoz-Katastrophe bei Basel / Wendepunkt in der Umweltpolitik, in: Frankfurter Allgemeine Zeitung vom 30.10.1996.

Mugler, J.: Risk Management in der Unternehmung, in: Unternehmung und Gesellschaft, Schriftenreihe des Journals für Betriebswirtschaft, Band 6, Wien 1979.

Müller, W.: Instrumente des Risk Management, Gestaltungsformen und Konsequenzen, in: GEBERA-Schriften, Band 5: Risk Management, Strategien zur Risikobeherrschung, Hrsg.: Goetzke, W./Sieben, G., Köln 1978, S. 69-81.

O.V.: «Wir haben ihnen alles geglaubt», Hatte Schweizerhalle Folgen für PR und Kommunikation?, in: Basellandschaftliche Zeitung vom 26.10.1996.

O.V.: Makler will Anteile zur eigenen Neuausrichtung zurückkaufen, in: Handelsblatt vom 23.9.1997.

O.V.: Extreme Risiken durch weltweite Verstädterung, Problematische Absicherung über Finanzmärkte / Höhere Kapazitäten und Reserven nötig / Von einem Pressegespräch der Münchener Rück, in: Versicherungswirtschaft, 52. Jg. (1997a), S. 851-852.

Pfeifer, T.: Qualitätsmanagement, Strategien, Methoden, Techniken, München/Wien 1993.

Pollanz, M.: Konzeptionelle Überlegungen zur Einrichtung und Prüfung eines Risikomanagementsystems – Droht eine Mega-Erwartungslücke?, in: Der Betrieb, 52. Jg. (1999), S. 393-399.

Rücker, U.-C.: Finanzierung von Umweltrisiken im Kontext eines systematischen Risikomanagements, in: Schriftenreihe Finanzmanagement, Band 1, Hrsg.: Hölscher, R., Sternenfels 1999.

Sandoz AG: Sicherheit und Umweltschutz bei Sandoz, 10 Jahre nach Schweizerhalle, Mediendokumentation der Sandoz AG, Basel 1996.

Schierenbeck, H./Hölscher, R.: BankAssurance, Institutionelle Grundlagen der Bank- und Versicherungsbetriebslehre, 4. Auflage, Stuttgart 1998.

Schoenfeld, H. M. W.: Darstellung von Risiken in Bilanzen internationaler Industrie-Unternehmungen, Stand und Entwicklung, in: Versicherung, Risiko und Internationalisierung, Herausforderungen für Unternehmensführung und Politik, Festschrift für Heinrich Stremitzer zum 60. Geburtstag, Hrsg.: Mugler, J./Nitsche, M., Wien 1996, S. 231-245.

Schuler, W.: FMEA, Ein Instrument des Risikomanagements, in: Qualität und Zuverlässigkeit (1990), S. 444-448.

Schweizerische Rückversicherungsgesellschaft: Rethinking risk financing, Zürich 1996.

Theil, M.: Risikomanagement, Stand und Ansätze für eine Weiterentwicklung, in: Versicherung, Risiko und Internationalisierung, Herausforderungen für Unternehmensführung und Politik, Festschrift für Heinrich Stremitzer zum 60. Geburtstag, Hrsg.: Mugler, J./Nitsche, M., Wien 1996.

Trachsel, M.: Risiko-Kommunikation, Frühzeitig den Dialog suchen, in: io Management Zeitschrift, 63. Jg. (1994), Heft 4, S. 31-36.

Wagner, F.: Risk-Securitization als alternatives Mittel des Risikotransfers von Versicherungsunternehmen, in: Zeitschrift für die gesamte Versicherungswissenschaft, 86. Band (1997), S. 511-552.

Winterling, K.: Risiken im Unternehmen erkennen, verhindern, bewältigen, in: io Management Zeitschrift, 58. Jg. (1989), S. 30-33.

Zeller, W.: Rückversicherungskarten neu gemischt, in: Börsen-Zeitung vom 1.2.1997, S. 29.

Uwe-Christian Rücker

Finite Risk Konzepte als Beispiel hybrider Instrumente der Risikofinanzierung

Formen der Risikofinanzierung

Die Massnahmen der Risikobewältigung lassen sich in aktive und passive Formen trennen. Während das

- aktive Risikomanagement Strategien beinhaltet, die direkt an den strukturellen Risikoursachen (Schadenhäufigkeit, Schadenhöhe) ansetzen und so zu einer Schadenprävention führen, handelt es sich beim
- passiven Risikomanagement um Strategien, die die Risikotragfähigkeit verbessern sollen, d.h. die Risikostrukturen werden als gegeben hingenommen und Massnahmen entwickelt, die Vorsorge für eventuell eintretende finanzielle Konsequenzen treffen.[1]

Erklärtes Ziel des Risikomanagements muss es sein, Risikopotentiale gar nicht erst auftreten zu lassen. Dieses Ziel kann letztlich nur durch das an den strukturellen Risikoursachen ansetzende aktive Risikomanagement erreicht werden. Da die Beseitigung der Risikoursachen nicht immer möglich oder ökonomisch sinnvoll ist, muss neben dem aktiven auch passives Risikomanagement betrieben werden.

Systematisierung der Instrumente der Risikofinanzierung

Wichtigstes Element des passiven Risikomanagements ist die Risikofinanzierung. Die Methoden der Risikofinanzierung nehmen keinen Einfluss auf die Risikostrukturen, sondern greifen erst ein, wenn Risiken eine finanzielle Dimension erreicht haben, d.h. unter Risikofinanzierung ist der Umgang mit den durch Risikoeintritte ausgelösten finanziellen Konsequenzen zu verstehen. Dass die Risikofinanzierung erst bei bereits schlagend gewordenen Risiken greift, bedeutet allerdings nicht, dass es sich um Massnahmen handelt, die erst nach dem Schaden eingeleitet werden. Im Gegenteil, im Rahmen der Risikofinanzierung sind für einen eventuellen Schadeneintritt Vorkehrungen zu treffen, die es den Unternehmen ermöglichen, die finanziellen Folgen der eingetretenen Risiken auf professionelle Risikoträger zu transferieren oder aber im eigenen finanziellen System selbst zu tragen.[2] Dabei geht es zum einen um die Bereitstellung der für die Schadenzahlung notwendigen Liquidität, zum anderen aber auch um die Absicherung der mit einem Risikoeintritt verbundenen ertragsmässigen Belastungen.

Der klassische Finanzierungsbegriff bezieht sich auf alle Massnahmen, die der Bereitstellung von Kapital dienen und deckt damit insbesondere die erste Aufgabe der Risikofinanzierung ab.[3] Die zweite Aufgabe macht deutlich, dass die Risikofinanzierung über den klassischen Finanzierungsbegriff hinausgeht und neben der Kapitalbeschaffung auch solche Massnahmen umfasst, die negative Konsequenzen eintretender Schäden auf die Ertragslage der Unternehmen verhindern sollen.

Darüber hinaus ist die Risikofinanzierung im hier verstandenen Sinne von der teilweise auch als Risikofinanzierung bezeichneten Zuführung von externem Risikokapital im Rahmen von Wagnisfinanzierungen oder Venture-Capital-Finanzierungen, wie beispielsweise bei Existenzgründungen, abzugrenzen.[4]

Die Instrumente zum Aufbau einer finanziellen Vorsorge für zukünftige Schäden sind vielfältig. Wie die folgende Abbildung 1 zeigt, lassen sich die Massnahmen der Risikofinanzierung in Abhängigkeit davon, ob die finanziellen Risiken letztlich selbst getragen oder auf andere übertragen werden, in zwei Gruppen einteilen. Die Ausführungen im weiteren Verlauf werden zeigen, dass die Übergänge zwischen den einzelnen Gruppen teilweise fliessend sind. Um einen Überblick über die einzelnen Instrumente geben zu können und deren Einordnung zu erleichtern, werden an dieser Stelle die kontinuierlichen Übergänge zunächst zerschnitten. Bereits an dieser Stelle sei aber darauf hingewiesen, dass die risikofinanzierungssystematische Zuordnung nicht unbedingt ein Präjudiz für die steuerrechtliche Zuordnung, d.h. für die steuerliche Behandlung, der einzelnen Instrumente ist.

Die finanziellen Auswirkungen eingetretener Risiken können einerseits auf professionelle Risikoträger transferiert, andererseits auch selbst getragen werden. Die Risikoübertragung wiederum kann definitiv oder begrenzt resp. befristet erfolgen. Während bei der unbefristeten Übertragung die Risiken endgültig, d.h. definitiv übertragen werden, sind sie beim begrenzten

Übertragen zum Teil, beim befristeten Übertragen letztlich ganz selbst zu tragen.[5] Beim befristeten Selbsttragen werden nur für die Verteilung der Risiken über die Zeit externe Risikoträger beansprucht. Die finanziellen Folgen der Risiken sind durch den Kapitaldienst in der Zukunft zu tragen.

Im Mittelpunkt der unbefristeten Risikoübertragung steht die Versicherung. Darüber hinaus werden neuerdings Ansätze des Transfers von Risiken auf Finanzmärkte diskutiert. Dabei sollen Risiken in Form von Anleihen oder Derivaten verbrieft und gehandelt, d.h. an interessierte Anleger übertragen werden. Seit 1992 können an der Chicago Board of Trade (CBOT) Versicherungsderivate gehandelt werden, die auf der durchschnittlichen Schadenquote der US-Versicherungsindustrie basieren. Trotz der hohen Erwartungen, die in diese alternative Form der Risikofinanzierung gesetzt wurde, ist bis heute kein nennenswerter Handel an der CBOT zu verzeichnen.

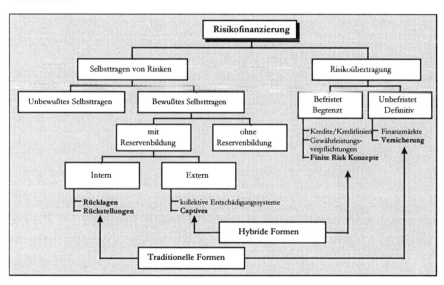

Abbildung 1: Systematik des Instrumentariums der Risikofinanzierung

Der zweite Ansatz, die Finanzmärkte zur Erhöhung der verfügbaren Versicherungskapazitäten zu nutzen, beruht auf der sog. Securitization, d.h. der Verbriefung von Versicherungsrisiken und der damit verbundenen Transformation illiquider Versicherungszahlungsströme in Wertpapiere.[6] Neben

367

Modellen mit Tilgungsausfall, bei denen die Investoren im Schadenfall das gesamte eingesetzte Kapital einbüssen können, existieren auch Konzepte mit Zinsausfall, bei denen die Anleger höchstens den Anspruch auf Zinszahlungen verlieren, während die Rückzahlung des Anleihebetrags unabhängig vom Schadenfall garantiert ist.[7] Dass dabei eine definitive Übertragung nur in Höhe des Zinsausfalls stattfindet, der Anleihebetrag aber regulär getilgt werden muss, d.h. auch im Schadenfall nur befristet zur Verfügung steht, zeigt, dass bei den Modellen mit Zinsausfall der Übergang zum begrenzten Übertragen erfolgt. Zur Zeit existieren solche Ansätze nur für Risiken aus Naturkatastrophen, es wird aber diskutiert, ob der Risikotransfer auf Finanzmärkte auch für industrielle Risiken möglich ist.[8]

Die Instrumente des befristeten Übertragens sollen schliesslich die Beschaffung von Fremdkapital für den Fall des Risikoeintritts sichern. Dazu kommen offene Kreditlinien, neu aufzunehmende Kredite und Gewährleistungsverpflichtungen eines Kreditinstituts, wie sie z.B. im UmweltHG vorgesehen sind, in Betracht. Darüber hinaus werden insbesondere in jüngster Zeit die im Mittelpunkt dieses Aufsatzes stehenden sog. Finite Risk Konzepte diskutiert, bei denen es sich um eine Kombination von Versicherungs- und Finanzierungselementen handelt. Diese Konzepte machen es Unternehmen möglich, die in einer bestimmten Zeitspanne erlittenen Schäden selbst zu tragen, da mit Hilfe eines Versicherungsunternehmens die effektiven Schadenkosten auf die Vertragslaufzeit verteilt werden können.

Das Selbsttragen, d.h. die Finanzierung der finanziellen Konsequenzen von Risikoeintritten aus Unternehmensmitteln, bezieht sich auf alle Risiken, die nicht vermieden oder übertragen wurden, auf die Restrisiken, die nach Risikominderung sowie -diversifikation beim Unternehmen verblieben sind und auf Selbstbehalte von Versicherungen. Das Selbsttragen der Risiken kann bewusst oder unbewusst geschehen. Dem unbewussten Selbsttragen geht eine falsche Einschätzung der Risikosituation voraus.[9] Entweder wurden die Risiken nicht identifiziert oder falsch bewertet. Die Folgen dieser Fehleinschätzung müssen im Schadenfall aus dem Cash-Flow finanziert werden.

Bei dem auf einer bewussten Entscheidung beruhenden Selbsttragen von Risiken kann grundsätzlich zwischen einem Selbsttragen mit Reservenbildung und einem Selbsttragen ohne Reservenbildung unterschieden werden. Wie beim unbewussten Selbsttragen sind auch beim bewussten Selbsttragen ohne Reservenbildung die Folgen von Risikoeintritten durch Cash-

Flow-Finanzierungen abzudecken. Dabei kann es sich einerseits um ein Selbsttragen im Sinne von «Nichts-Tun» handeln. Obwohl man Kenntnis von bestehenden Risiken hat, werden deren potentiellen Folgen im Rahmen der Ergebnis- und Finanzplanung nicht berücksichtigt. Das Ignorieren der Risikosituation wird vor allem durch die Risikobereitschaft der Unternehmensleitung bestimmt, da im Schadenfall die gleichen Auswirkungen auf den Cash-Flow zu erwarten sind, wie beim unbewussten Selbsttragen. Die Risikoeinstellung bestimmt, wie weit Verluste bewusst in Kauf genommen werden und man bereit ist, Konsequenzen für das zum Bestehen und zur Fortentwicklung des Unternehmens notwendige finanzielle Gleichgewicht zu tragen.[10] Werden andererseits in einem geplanten Vorgehen die Risikokosten bereits in den Preisen berücksichtigt, ist das Selbsttragen von bestimmten Risiken aus dem laufenden Cash-Flow auch ohne langfristige Reservenbildung möglich.

Dem Selbsttragen ohne Reservenbildung steht das Selbsttragen mit Reservenbildung gegenüber. Dabei handelt es sich um die Kompensation eingetretener Verluste durch die Bildung von Reserven.[11] Die Reserven dienen dazu, die wirtschaftlichen Folgen eingetretener Risiken aus eigener Kraft zu bewältigen, ohne dass die Unternehmensziele wesentlich beeinträchtigt werden.[12]

Im Gegensatz zum Selbsttragen aus dem laufenden Cash-Flow hat die Reservenbildung den Vorteil, dass die Finanzierung der Schäden nicht allein im Jahr des Schadeneintritts bewältigt werden muss, sondern eine Vorfinanzierung über mehrere Rechnungsperioden erfolgt. Darüber hinaus besteht die Möglichkeit, aufgebaute Reserven auf zukünftige Perioden zu übertragen. Vor diesem Hintergrund stellt sich die Frage, wie der Aufbau solcher Reserven erfolgen kann.

Interne Reserven werden aufgebaut, indem finanzielle Mittel an das Unternehmen gebunden werden. Die Bildung von Reserven gelingt allerdings nur unter zwei Voraussetzungen. Zum einen müssen dem Unternehmen aus dem Umsatzprozess finanzielle Mittel zufliessen, zum anderen muss dieser Mittelzufluss grösser sein als der ihm gegenüberstehende ausgabewirksame Aufwand.

Dies gelingt natürlich insbesondere dann, wenn Risiken in Preisaufschläge um- und am Markt durchgesetzt werden können. Grundlage der Reservenbildung ist demnach primär die Steigerung der Ertragskraft. Ausser auf finanzwirtschaftliche Reserven bezieht sich die Reservenbildung auch auf leistungswirtschaftliche Reserven, wie Werkstoff- oder Materialreserven, Kapazitäts- oder Maschinenreserven und Personalreserven, die hier aber nicht betrachtet werden sollen.[13] Die Reservenbildung kann intern und extern erfolgen.

Durch die interne Reservenbildung werden Deckungspotentiale in Form von offenen oder stillen Reserven an das Unternehmen gebunden. Die allgemeinste Form der Bildung offener Reserven ist die Stärkung des Eigenkapitals durch Rücklagen. Zur Verfügung stehen gesetzliche Rücklagen und freie oder in ihrer Verwendung beschränkte Gewinnrücklagen.[14] Die dabei bezweckte Vorsorge ist meist unspezifisch und bei den gesetzlichen Rücklagen auch nur im Sanierungsfall wirksam. Während bei den Rücklagen durch den Ausweis in der Bilanz ersichtlich ist, wie hoch die Reserven sind, erscheinen stille Reserven nicht in der Bilanz. Sie ergeben sich aus der Differenz vom Buchwert eines Vermögensgegenstands und einem Vergleichswert, wie dem Wiederbeschaffungs- oder dem Zeitwert.[15] Damit führt jede Unterbewertung von Vermögensgegenständen sowie jeder überhöhte Ansatz von Fremdkapital zu stillen Reserven.

Neben den Rücklagen gelten Rückstellungen gemäss § 249 HGB als das klassische Instrument der bilanziellen Vorsorge für bereits eingetretene oder zukünftig drohende Schäden, die Verbindlichkeiten nach sich ziehen können. Der Aufbau einer Reserve erfolgt im Rahmen der Gewinnermittlung über die Bildung einer Rückstellung, deren Aufwandsverbuchung das Jahresergebnis verringert. Durch die Gewinnkürzung unterliegen die Rückstellungen – soweit steuerlich anerkannt – nicht der Ertragsteuer, d.h. es handelt sich um Beträge vor Ertragsteuern.

Bei der externen Reservenbildung werden die Reserven zwar vom Unternehmen gespeist, aber ausserhalb des Unternehmens bei einem rechtlich verselbständigten Risikoträger gebildet. Neben der Gründung von betrieblichen Pensionskassen oder den im Rahmen der Umwelthaftung angesprochenen kollektiven Entschädigungssystemen und Haftungsfonds zählen hierzu insbesondere sog. Captives, d.h. firmeneigene Versicherungsgesellschaften mit eigener Rechtsperson.[16] Ein Unternehmen kann seine Risiken oder Teile davon bei seiner Captive gegen Zahlung einer Prämie wie bei einem gewöhnlichen Versicherer extern versichern. Da das Unternehmen aber seine Captive finanzieren muss, trägt es auch die Risiken selbst. In diesem Sinne stellen Captives, obwohl sie wie Versicherungsunternehmen arbeiten und kalkulieren, keine Risikoübertragung, sondern eine Form des

Selbsttragens von Risiken dar. Andererseits besteht einer der wesentlichen Vorteile einer Captive in ihrem Zugang zum Rückversicherungsmarkt. Da somit ein grosser Teil der vom Unternehmen an die Captive übertragenen Risiken (extern) versichert wird, liegt in diesem Fall eine Versicherung vor. Eine Captive kann dementsprechend weder der Versicherung noch dem Selbsttragen eindeutig zugeordnet werden.[17]

Mit diesen Ausführungen können die fliessenden Übergänge, die bei der Systematisierung der Instrumente der Risikofinanzierung für ein besseres Verständnis getrennt wurden, wieder zusammengesetzt werden. Dies führt zu einer klareren Einteilung. Dabei werden die Instrumente, die sich nicht eindeutig abgrenzen lassen und sowohl Elemente der Versicherung als auch des Selbsttragens in sich vereinen, zu den sog. hybriden Formen der Risikofinanzierung zusammengefasst. Daneben stellen die Versicherung und die interne Reservenbildung, die eindeutig abzugrenzen sind, die traditionellen Formen der Risikofinanzierung dar.

Die Risikofinanzierung im Gesamtkonzept des Risikomanagements

Obwohl das passive Risikomanagement auf die Risiken anzuwenden ist, die durch das aktive Management nicht eliminiert werden, ist das Zusammenspiel der beiden Formen nicht als rein sequentielle Abfolge zu verstehen. Im Umkehrschluss gilt nämlich auch, dass sich das aktive Risikomanagement insbesondere mit den Risiken beschäftigen muss, die vom passiven Management nur unzureichend erfasst werden, z.B. mit Risiken, für die kein Versicherungsschutz besteht oder für die am Markt keine adäquate Versicherungsdeckung angeboten wird. Darüber hinaus ist ein gewisser Standard des aktiven Risikomanagements oftmals Voraussetzung für die Übernahme eines Risikos durch Versicherungsunternehmen. Ferner kann sich bei Investitionen in Massnahmen des aktiven Managements die Wirtschaftlichkeit durch Einsparungen bei den Versicherungsprämien verbessern. Aktives und passives Risikomanagement müssen sich demnach gegenseitig ergänzen und sind im Sinne eines integrativen Ansatzes zu koordinieren.

Die nachstehende Abbildung 2 stellt das Gesamtkonzept des Risikomanagements graphisch dar und verdeutlicht die Bedeutung der Risikofinanzierung in diesem Gesamtkonzept. Für eine übersichtliche Darstellung sind die Phasen des Risikomanagementprozesses zwar sequentiell angeordnet, die Notwendigkeit von Rückkopplung und Kommunikation wird aber durch die Doppelpfeile zwischen den Phasen ausgedrückt. Dementsprechend bleibt die Forderung nach einem kontinuierlichen Prozess und dem kreisförmigen Durchlaufen der Phasen bestehen.

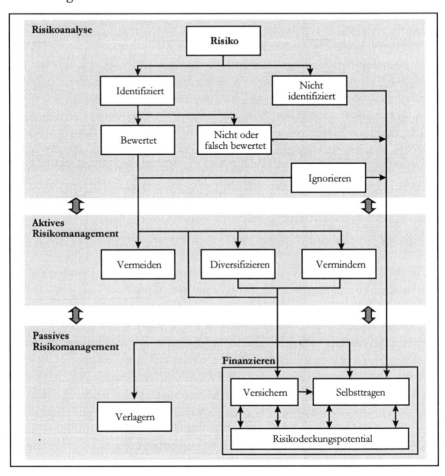

Abbildung 2: Die Risikofinanzierung im Gesamtkonzept des Risikomanagements

Für ein effektives Gesamtkonzept sind zwei Voraussetzungen zu erfüllen.[18] Zum einen das effektive Zusammenwirken aller eingesetzten Instrumente und zum anderen die Qualität jedes einzelnen Instruments an sich. Das Gesamtkonzept ist nur so stark wie das schwächste Glied, bzw. die Schwachstellen der einzelnen Glieder beeinflussen die Güte des Gesamtkonzepts. Die in Abbildung 2 verdeutlichte Tatsache, dass letztlich alle Schwachstellen des Risikomanagementprozesses Massnahmen der Risikofinanzierung bedingen, zeigt die Bedeutung der Risikofinanzierung auf.

Die Aufgabe der Risikofinanzierung beschränkt sich nicht darauf, die Risiken zu erfassen, die, auf einer konkreten Entscheidung beruhend, mit den risikopolitischen Instrumenten der Versicherung und des bewussten Selbsttragens bewältigt werden sollen. Darüber hinaus sind im Sinne eines letzten «Verteidigungswalls» auch die Risiken, die von aktiven Massnahmen des Risikomanagements nicht vollständig bewältigt wurden, zu erfassen. Doch auch damit ist der Aufgabenbereich der Risikofinanzierung noch nicht erschöpfend formuliert. Die Formen des Risikodeckungspotentials dürfen nicht bereits durch die quantifizierten Risiken vollständig gebunden sein. Auch für die nicht erkannten sowie die nicht oder falsch quantifizierten Risiken ist ein Teil der vorhandenen Risikodeckungspotentiale im Rahmen der Risikofinanzierung vorzusehen.[19]

Kritische Analyse der traditionellen Instrumente der Risikofinanzierung

Ausschlaggebend für die Beurteilung eines Instruments des Risikomanagements ist die Überlegung, in welchem Masse das jeweilige Instrument zur Beherrschung der Risikosituation beitragen kann. Damit ist die Frage angesprochen, inwieweit mit diesem Instrument ein Zustand der Unsicherheit und die damit verbundene Gefahr einer negativen Zielabweichung in einen Zustand der Sicherheit transformiert werden kann. Mit der Beurteilung des Sicherheitsaspektes ist die Analyse allerdings noch nicht abgeschlossen. Im Sinne einer Wirtschaftlichkeitsbetrachtung sind dem Umfang, in dem es gelingt, einen Zustand der Sicherheit herzustellen, die Kosten der durchzuführenden Massnahmen gegenüberzustellen.

Sicherheits- und Kostenaspekt der Versicherung

Die Beurteilung des Sicherheitsaspekts hat sich an den Zielen des Risikomanagements zu orientieren. Ziel des Risikomanagements ist es, die Erreichung der Unternehmensziele zu sichern. Das Ziel einer Versicherung besteht darin, individuell unsichere und damit diskontinuierlich anfallende Schadenzahlungen gegen regelmässig anfallende, fixe Kostenbeiträge auf den Versicherer zu übertragen. Insbesondere die Stabilisierung des Ertrags und die Aufrechterhaltung der Liquidität stehen dabei im Mittelpunkt. Da die Risikokosten unabhängig vom Schadenverlauf weitgehend auf die fixen Kostenbeiträge, d.h. die Versicherungsprämien, begrenzt sind, dient die Versicherung der Herstellung einer Planungssicherheit. Die fixen Kostenbeiträge, deren Berechnung überwiegend den Markttrend und weniger die individuellen Schadenquoten widerspiegeln, führen andererseits zu einer geringen Partizipation an einem guten Schadenverlauf.

Für die Beurteilung der Effizienz eines Instruments des Risikomanagements sind neben dem Sicherheitsaspekt auch die mit diesem Instrument verbundenen Kosten zu betrachten. Bei Versicherungslösungen sind dementsprechend die Versicherungsprämien näher zu analysieren. Versicherungsprämien setzen sich aus den vier Bestandteilen Risikoprämie, Sicherheitszuschlag, Verwaltungskostenzuschlag und Gewinnzuschlag zusammen.[20] Wichtigstes Element der sich aus diesen Bestandteilen ergebenden Bruttoprämie ist die Risikoprämie. Sie dient dazu, die insgesamt für ein Kollektiv zu erwartenden Schäden abzudecken. Da in einzelnen Jahren der effektive Schaden über dem Erwartungswert liegen kann, wird zusätzlich zur Risikoprämie ein Sicherheitszuschlag erhoben. Der Sicherheitszuschlag dient damit als Ausgleich für das versicherungstechnische Risiko. Risikoprämie und Sicherheitszuschlag können zur Bruttorisikoprämie zusammengefasst werden.[21]

Über diese, den Risikotransfer betreffenden Elemente hinaus, soll der Verwaltungskostenzuschlag die Betriebs- und Verwaltungskosten des Versicherers decken. Zusätzlich werden teilweise die Gewinnerwartungen des Versicherers in einen expliziten Gewinnzuschlag umgesetzt. Darüber hinaus unterliegen die Versicherungsprämien einer Fiskalabgabe, der sog. Versicherungsteuer. Für die hier relevanten Versicherungen beträgt die Versicherungsteuer in der Bundesrepublik z.Z. 15 % und wird auf die Bruttoprämie fällig.[22] Da die Gestaltung der Versicherungsteuer dementsprechend nicht auf dem Prinzip der Mehrwertsteuer beruht, ist sie bei den Versicherungsnehmern nicht als Vorsteuer abzugsfähig.

In diesem Zusammenhang ist darauf hinzuweisen, dass Versicherungsprämien stets als Betriebsausgaben angesehen werden. Sie sind damit bei der Ermittlung des steuerpflichtigen Betriebsergebnisses abzugsfähig und führen zu einer Ertragsteuerminderung, was sich positiv auf die Preis-Leistungs-Relation des Versicherungsschutzes auswirkt.[23]

Vor dem Hintergrund des Erklärungsmodells für die Zusammensetzung der Versicherungsprämien können für die Beurteilung der Prämien neben der absoluten Prämenhöhe zwei Ansatzpunkte identifiziert werden. Zum einen die Akzeptanz der Bruttorisikoprämie und zum anderen die Höhe der Verwaltungs- und Servicezuschläge, die aus Sicht der Unternehmen Transaktionskosten darstellen und im Fall des Selbsttragens nicht anfallen würden. An der Höhe der Bruttorisikoprämie wird i.d.R. die Kritik geübt, dass sich ihre Ermittlung einseitig und starr auf unflexible und Marktdurchschnitten entsprechende Tarifierungspläne stützt.[24] Die individuelle und aus Sicht der Kritiker natürlich unterdurchschnittliche Schadensituation werde bei der Prämienbestimmung ungenügend berücksichtigt.

Diese Überlegungen knüpfen an die Art der Tarifierung und Prämienberechnung an. Der starke Konkurrenzdruck im Industrieversicherungsmarkt und die Umsatzorientierung der Versicherungswirtschaft führen zu stark divergierenden Prämienangeboten. Dementsprechend weiss man häufig nicht, wie Risikoinformationen in Prämien umgesetzt werden. Die Prämienermittlung wird allgemein als irrational empfunden und als eher emotionale Einschätzung bezeichnet.[25]

Einer fairen Prämiengestaltung liegt das versicherungstechnische Äquivalenzprinzip zugrunde. In der Ausprägung des individuellen Äquivalenzprinzips drückt dies aus, dass der einzelne Versicherte eine Risikoprämie aufbringen muss, die der Höhe seines individuellen Schadenerwartungswerts entspricht.[26] Die Höhe der Prämie ist verursachungsgerecht den einzelnen Risiken zuzuordnen. Unter dieser Voraussetzung wird auch das kollektive Äquivalenzprinzip erfüllt, d.h. die gesamten Risikoprämien entsprechen der Höhe des kollektiven Schadenerwartungswerts. Da sich Verursachungsprinzip und Solidarprinzip als konkurrierende Prinzipien gegenüberstehen, tritt zwar der solidarische Grundgedanke der Versicherung um so stärker in den Hintergrund, je mehr sich die einzelne Prämie an der individuellen Risikosituation des Versicherungsnehmers orientiert.[27] Eine Prämiengestaltung, bei der die Höhe des kollektiven Erwartungswerts anders als nach dem Schlüssel des individuellen Risikos auf die einzelnen Prämien verteilt wird, entspricht aber nicht der Abkehr vom mechanistischen Gefahrengemeinschaftsmodell hin zu einer marktwirtschaftlich betriebenen Versicherung.[28]

Aus dem individuellen Äquivalenzprinzip leitet sich damit die Forderung nach einer Prämiendifferenzierung ab. Für die Bemessung einer risikoadäquaten Prämie ist der individuelle Erwartungswert über objektive oder subjektive Risikomerkmale zu berücksichtigen.[29] Für die Tarifierung und Prämienermittlung bei der Versicherung industrieller Risiken hat dies folgende Konsequenzen. Zunächst bedeutet es die Abkehr von vereinfachten und pauschalierten Prämienfestsetzungen. Damit sind aufwendige Risikobewertungen vor Ort, die Auswertung sämtlicher zur Verfügung stehender Risikoinformationen und die Berücksichtigung des individuellen Risikomanagements des Versicherungsnehmers, eventuell sogar die Einschaltung von externen Beratungsunternehmen, d.h. eine fundierte Risikoanalyse, notwendig.

Aufgrund der allgemein sehr niedrigen Prämien im Bereich der Industrieversicherung wurde in der Vergangenheit teilweise versäumt, Betriebsbesichtigungen und fundierte Risikoanalysen durchzuführen, da diese im Verhältnis zu den niedrigen Prämien zu teuer und aufwendig sind.[30] Infolge des vorherrschenden Umsatzdenkens stellten viele Versicherungsunternehmen die Masse des Geschäfts vor die Qualität. Im Sinne einer Ertragsorientierung ist aber die Qualität des Geschäfts entscheidend, nicht der Umsatz.[31] Demgemäss sind die für die Prämiendifferenzierung relevanten Risikofaktoren zu identifizieren.

Die Bemühungen der Versicherungswirtschaft, risikoadäquate Prämien zu erheben, sind weiter zu verstärken. Die Beitragsbreite wird und muss grösser werden. Preissenkungen für Unternehmen, mit einem geringeren Risikopotential müssen zwangsläufig Preiserhöhungen für Unternehmen gegenüberstehen, deren individueller Sicherheitsstandard schlechter ist. Um Akzeptanz für die Prämiendifferenzierung zu schaffen, ist die Nachvollziehbarkeit der getroffenen Entscheidung zu gewährleisten. Die Versicherer müssen darauf achten, dass die den Tarif beeinflussenden Risikomerkmale verständlich gemacht werden können.[32] Im Bereich der Versicherung von Industrierisiken sind dies neben dem Gefahrenpotential insbesondere das individuelle Risikomanagement und der Selbstbehalt, den die Unternehmen zu tragen bereit sind.[33]

Versicherungsnehmer mit einer guten Schadenhistorie fordern zwar im Sinne des Verursacherprinzips Prämiennachlässe, die in begrenztem Umfang auch gewährt werden, erwarten aber nach Schäden, die Beibehaltung von Durchschnittsprämien bzw. zumindest eine zeitliche Streckung der Prämienanpassung.[34] Berechtigterweise wird in der Zukunft jedoch eine stärkere und zügigere Prämienanpassung als Folge von Grossschäden oder schadenreichen Jahre zu erwarten sein. So hat beispielsweise die Serie der umweltgefährdenden Störfälle bei der Hoechst AG im Jahr 1993 zu einem 25 %igen Prämienzuschlag bei der Umwelthaftpflichtversicherung geführt.[35] Im Zuge einer stärkeren Individualisierung der Prämienberechnung und der Ermittlung risikoadäquater Prämien kann dies ähnlich wie im US-amerikanischen Haftpflichtbereich in den achtziger Jahren oder im Zusammenhang mit den Wirbelsturmkatastrophen Anfang der neunziger Jahre zu einer stärkeren Volatilität der Versicherungsprämien führen. Prämien, die im Zeitablauf starken Schwankungen unterliegen, beeinträchtigen wiederum eine der Zielsetzungen der Versicherungsnahme: die Forderung nach einer kontinuierlichen und planbaren Liquiditäts- und Erfolgsbelastung.

Von besonderer Bedeutung bei der Beurteilung des Kostenaspekts der Versicherung sind darüber hinaus der Umfang des in der Prämie enthaltenen Verwaltungs- und Servicekostenzuschlags. Die Bedeutung dieser Kostenkomponenten kann exemplarisch am Beispiel der in letzter Zeit häufig in der Diskussion stehenden Umwelthaftpflichtversicherung dargestellt werden.

Ein Vergleich der Bruttorisikoprämie mit den nach Einschätzung des Gesamtverbandes der Deutschen Versicherungswirtschaft e.V. (GDV) vom Versicherungsnehmer zu zahlenden Beiträgen macht deutlich, dass die Bruttorisikoprämie nur die Hälfte der Gesamtprämie ausmacht.[36] Zu einem ähnlichen Ergebnis kommt Hets, der davon ausgeht, dass nach Abzug von Transaktionskosten letztlich nur noch 63 % des vom Versicherungsnehmer bezahlten Bruttobeitrags (inkl. Versicherungsteuer) der Risikotragung und der Deckung des Gewinns des Versicherungsunternehmens dienen.[37] Dies bekräftigt die Einschätzung, dass es sich bei der Versicherung zwar um eine relativ sichere, gleichzeitig aber auch um eine sehr teure Form der Risikobewältigung handelt.[38] Insbesondere in den USA ist die Bedeutung der Verwaltungs- und Servicekosten als Kostenfaktor ein stetig stärker werdendes Motiv für die Suche nach alternativen Formen der Risikofinanzierung.[39]

Sicherheits- und Kostenaspekt interner Reserven

Das reservengestützte Selbsttragen kann unter Kosten- und Sicherheitsaspekten nur schwer beurteilt werden. Prinzipiell zeichnet sich das Selbsttragen dadurch aus, dass keine fixen Risikokosten entstehen.[40] Im Vergleich zu externen Instrumenten der Risikofinanzierung verursacht das Selbsttragen praktisch keine Verwaltungs- und Servicekosten. Die Einsparung der fixen Komponenten der Risikokosten bringt im Vergleich, beispielsweise zur Versicherungsnahme, den Vorteil, einen höheren Gewinn zu erzielen. Die akkumulierten zusätzlichen Überschüsse können dazu genutzt werden, entsprechende Reserven für höhere Schadenlasten zu bilden.

Eine besonders vorteilhafte, allerdings schwer quantifizierbare Auswirkung des Selbsttragens ist die im allgemeinen damit verbundene Risikosensibilisierung. Die Unternehmen sind im eigenen Interesse bemüht, verstärkt Risikovorsorge zu treffen und das aktive Risikomanagement zu stärken.

Ein im Zusammenhang mit dem Kostenaspekt der Reservenbildung häufig angesprochener Kritikpunkt ergibt sich aus der steuerlichen Behandlung der Mittel, die dem Reservenaufbau dienen.[41] In Abhängigkeit davon, ob die Zuführungen zu den Reserven als Betriebsausgabe anerkannt werden oder nur aus versteuerten Gewinnen getätigt werden dürfen, verändert sich die Einschätzung der Kostensituation. Aus diesem Grund ist auf die Frage der Besteuerung der Reservenbildung näher einzugehen.

Bei Rückstellungen resp. Reserven, die aufwandswirksam gebildet wurden, ist die Auflösung ergebniswirksam. Da im Schadenfall der Auflösung der Rückstellung der Schadenaufwand gegenübersteht, ist dies letztlich ergebnisneutral. Dass der angestrebte finanzielle Zielwert trotz eingetretener Zielabweichungen erreicht werden kann, ist ja gerade das Ziel der Rückstellungsbildung. Stellt sich heraus, dass das Risiko, aufgrund dessen die Rückstellung gebildet wurde, mit Sicherheit nicht mehr eintreten wird, d.h. der ergebniswirksamen Rückstellungsauflösung kein Schaden gegenübersteht, sind die Beträge nunmehr zu versteuern. Letztlich ergibt sich damit eine tatsächliche Steuerreduzierung nur für die dem Schaden entsprechenden Beträge.

Bei Rücklagen resp. Reserven, die nicht im Rahmen der Gewinnermittlung, sondern aus versteuerten Gewinnen gebildet wurden, ist demgegenüber der Schaden aufwandswirksam. Da die Auflösung der Rücklagen ergebnisneutral ist, d.h. die «Zurechnung» erst nach der Feststellung des Jahresüberschusses erfolgt, wird in diesem Fall die Steuerersparnis im Jahr der Schadenzahlung wirksam. Unter der Voraussetzung konstanter Steuersätze und bei Vernachlässigung des Zeitwertes der Geldleistungen ergeben sich damit nominell keine Unterschiede der steuerlichen Belastung von Schadenreserven durch Rücklagen und Rückstellungen. Differenzen bestehen im wesentlichen im Zeitpunkt der Steuerzahlung. Letztlich ergibt sich aus der Rückstellungsbildung im Vergleich zur Bildung von Rücklagen eine Steuerstundung. Die Kritik und der Kostennachteil sind dementsprechend hinsichtlich der für eine Steuerbarwertminimierung gewünschten Vorverlagerung der schadenbedingten Steuerwirkung berechtigt. Da dies aber zu einer momentanen Liquiditätsverbesserung und einem zinslosen Steuerkredit führt, entfalten Reserven, die aufwandswirksam gebildet werden dürfen, eine bessere finanzielle Vorsorgewirkung. In die Zukunft verschobene Steuerwirkungen bestimmen insbesondere vor dem Hintergrund hoher Steuerquoten den finanziellen Spielraum einer Unternehmung, und damit die Fähigkeit zur Reservenbildung entscheidend mit.[42]

In diesem Zusammenhang ist zu berücksichtigen, dass die Bildung von Rückstellungen für industrielle Risiken i.d.R. an der nicht ausreichenden Wahrscheinlichkeit der Inanspruchnahme scheitert. Der Verpflichtungscharakter dominiert den Risikovorsorgecharakter der Rückstellungsbildung.[43] Insgesamt kann festgestellt werden, dass für Risiken, die sich nicht aus historischen, sondern aus zukünftigen Faktoren ergeben, nach geltendem Bilanzrecht keine bilanzielle Vorsorge über die Bildung von Rückstellungen geschaffen werden kann. Damit sind die betroffen Unternehmen gezwungen, zur bilanziellen Risikovorsorge auf alternative Möglichkeiten der Reservenbildung zurückzugreifen. Letztlich steht dabei im Rahmen der traditionellen Instrumente nur die Bildung von Gewinnrücklagen aus versteuerten Beträgen zur Verfügung.

Die Reserven haben sowohl eine ertragsmässige als auch eine finanzielle Funktion zu erfüllen, d.h. die Reserven dienen der Stabilisierung des Ertrags und der Aufrechterhaltung der Liquidität auch bei Schadenfällen. Die Stabilisierung des Ertrags soll erreicht werden, indem den Ertrag belastende Schadenaufwendungen durch die Auflösung der in schadenfreien Jahren gebildeten Reserven ausgeglichen werden. Im Mittelpunkt der finanziellen Funktion steht die liquiditätsmässige Deckung des Schadens. Da Risiken i.d.R. plötzlich und unvorhergesehen eintreten, müssen die reservierten Mittel kurzfristig zur Verfügung stehen. Um dies zu gewährleisten, kann ein dem Umfang der Reserven entsprechendes Aktivkonto mit liquiden resp. leicht liquidierbaren Vermögensteilen, wie kurzfristigen Kapitalanlagen aufgebaut werden. Idealerweise sollten diesem Konto im Gleichschritt mit der Entwicklung der Reserven weitere Mittel zugeführt werden.[44] Da die Rendite kurzfristiger Kapitalanlagen meist unter der Eigenkapitalrentabilität des

Unternehmens liegt, entstehen durch die Reservenbildung Kosten in Höhe der Verzinsungsdifferenz.[45]

Im allgemeinen werden die Reserven aber nicht als solche, im Sinne des Risikomanagements wünschenswerten Liquiditätsreserven aufgebaut. I.d.R. werden die über die Innenfinanzierung aufgebrachten Mittel vielmehr unspezifisch zur Finanzierung der unternehmerischen Tätigkeit verwendet. Da aber sichergestellt ist, dass ein den Reserven entsprechender Vermögenswert vorhanden ist, wird durch die Reservenbildung konkret vorgesorgt, dass Schäden prinzipiell in Höhe der Reserven aus unternehmensinternen Mitteln finanziert werden können.[46] Die Reservenbildung trägt dementsprechend zur Stabilisierung der Liquiditätssituation bei.

Allerdings ist unter Sicherheitsgesichtspunkten zu berücksichtigen, dass das Einsparen der sicheren Ausgabe im Schadenfall zu einem sehr hohen Verlustpotential führt, da das Unternehmen die eintretenden Schäden eben in vollem Umfang selbst tragen muss. Diesbezüglich ist insbesondere das sog. Zahlungszeitpunktrisiko zu berücksichtigen. Dieses verdeutlicht, dass ein Schaden eintreten kann, bevor die dafür vorgesehene Reserve die kalkulierte Höhe erreicht hat. Darüber hinaus ist insbesondere im Vergleich zu Versicherungslösungen das Problem mehrerer Schäden in einer Periode zu berücksichtigen. Während die zu bezahlende Versicherungsprämie i.d.R. für jeweils ein Versicherungsjahr gilt und damit auch mehrere Schadenfälle bis zur Höhe der vertraglich festgelegten Deckungssumme gedeckt sind, können innenfinanzierte Reserven im Gegensatz dazu je nach Höhe der Schäden nach dem ersten Schaden aufgebraucht sein.

Finite Risk-Konzepte

Entwicklung und Abgrenzung

Der Begriff «Finite Risk» wird im allgemeinen für ein breites Spektrum an Konzepten verwendet, die eine Kombination von Finanzierungs- und Versicherungselementen darstellen. Diese Konzepte sollen den Unternehmen eine finanzielle Vorsorge und die zeitliche Verteilung von Schadenzahlungen ermöglichen, indem die finanziellen Reserven und deren Verwaltung auf einen externen Risikoträger übertragen werden. Finite Risk-Deckungen haben dabei in erster Linie eine Finanzierungsfunktion für das nachfragende Unternehmen und dienen weniger der Übertragung von versicherungstechnischem Risiko.[47]

Das bedeutendste Merkmal solcher Konzepte stellt – wie der Begriff «finite» andeutet – die begrenzte Risikoübernahme des Versicherers dar.[48] Fällige Schadenzahlungen werden mit Hilfe von Finite Risk-Deckungen i.d.R. über mehrere Jahre verteilt und so für die Unternehmen finanzierbar gemacht. Die Konzepte beinhalten zwar ein bestimmtes Mass und bestimmte Formen von Risikotransfer, das zu deckende Risiko wird aber vom Versicherungsnehmer weitgehend selbst finanziert. Finite Risk-Konzepte verbinden eine limitierte Risikoübernahme durch den Versicherer mit einer Selbstfinanzierung durch externe Kapitalbildung. Wie die folgenden Ausführungen zeigen werden, stellen sie eine Kombination von Versicherungs- und Bankleistungen dar. Im Gegensatz zum getrennten Einsatz von Bank- und Versicherungsprodukten, bei dem sich jeweils nur ein Teil des gesamten Risikos abdecken lässt, kann sich aus der Kombination ein echter Mehrwert ergeben.[49]

Die sich heute am Markt befindlichen und diskutierten Finite Risk-Konzepte haben ihre Wurzeln in der Finanz-Rückversicherung (financial reinsurance). Rückversicherungen beinhalten spezielle Sicherungsvereinbarungen zwischen Versicherungsunternehmen, bei denen ein Rück- einem Erstversicherungsunternehmen zusichert, Teile von dessen Verpflichtungen gegenüber den Versicherten zu übernehmen.

Die financial reinsurance betont neben risikopolitischen Effekten insbesondere finanz- und erfolgswirtschaftliche Aspekte und wird als steuer- und bilanzpolitisches Instrument angewendet.[50] Die Ursprünge der financial reinsurance reichen bis in die sechziger Jahre zurück, als aufgrund fehlender traditioneller Versicherungen alternative Deckungen für die Erdölexploration und -förderung entwickelt wurden.[51] Einen signifikanten Zuwachs erhielten die Konzepte seit Beginn der achtziger Jahre insbesondere im angloamerikanischen Wirtschaftsraum. Die verstärkte Nachfrage lässt sich auf verschiedene Gründe zurückführen.[52] Eine erste Ursache liegt in der zunehmenden Volatilität der Prämien und der Verknappung des Rückversicherungsschutzes für Katastrophen- und Haftpflichtrisiken. Die mit der Verknappung der Deckung zusammenhängende Verteuerung traditioneller Rückversicherungen hat die Entwicklung von Finite Risk-Deckungen speziell für Risiken im Grenzbereich der Versicherbarkeit beschleunigt. Formen der financial reinsurance werden insbesondere als Substitution oder Ergänzung für nicht verfügbare oder – nach dem Empfinden der Kunden – zu teure traditionelle Versicherungen eingesetzt.[53]

Darüber hinaus wurde die Entwicklung der Finite Risk-Konzepte in den USA massgeblich durch die sich wandelnde Rechtsprechung und das gestiegene Risiko, unkalkulierbaren Haftpflichtansprüchen gegenüberzustehen, beeinflusst. Ferner waren die zu Beginn der achtziger Jahre auftretenden Verschlechterungen der versicherungstechnischen Resultate resp. die starken Schwankungen im versicherungstechnischen Ergebnis der Sach- und Haftpflichtversicherungsunternehmen verantwortlich dafür, dass financial reinsurance verstärkt als bilanzpolitisches Instrument und zur Substitution von Eigenkapital eingesetzt wurde.

Zwar haben solche Konzepte ihre Wurzeln in der financial reinsurance, inzwischen werden Finite Risk Produkte aber sowohl von Versicherungsunternehmen als auch seit ungefähr zehn Jahren von meist grossen Industrie- und Dienstleistungsunternehmen angewendet, was im allgemeinen als «financial insurance» bezeichnet wird.[54] Diese Entwicklung stellt eine Reaktion auf die Tendenz dar, dass es aufgrund der Dynamik der industriellen Risikosituation neben einer eingeschränkten Versicherung zum Teil nur zu einem partiellen Risikotransfer kommt. Versicherer und Versicherter teilen sich die Finanzierung von Risiken im Grenzbereich des Versicherbaren. Darüber hinaus sind Versicherungslösungen für industrielle Risiken aus Sicht der Versicherten teilweise mit überhöhten bzw. stark schwankenden Prämien verbunden. Insgesamt erhält das Selbsttragen von Risiken verstärkte Bedeutung.

Aus den oben identifizierten Nachteilen des Selbsttragens resultieren weitere Gründe für die Ausgestaltung hybrider Formen der Risikofinanzierung z.B. von Finite Risk-Konzepten, als Alternative zu den traditionellen Instrumenten. Zum einen führt das Zahlungszeitpunktrisiko zur Suche nach Lösungen, bei denen der Zeitpunkt des Schadeneintritts keine Rolle spielt bzw. die Reserven vom ersten Tag an in voller Höhe zur Verfügung stehen. In Anbetracht der steuerlichen Problematik des Selbsttragens sollen die Finite Risk-Deckungen schliesslich den Aufbau von Deckungspotentialen ermöglichen, die aufwandswirksam gebildet werden können und die insbesondere eine bessere Vorsorgewirkung als das Selbsttragen entfalten.

In Literatur und Praxis hat sich für Konzepte, die eine limitierte Risikoübernahme durch den Versicherer mit Finanzierungsleistungen verbinden, bislang keine allgemeingültige Bezeichnung durchgesetzt. Aufgrund der

Entwicklungsgeschichte werden damit neben dem Begriff «Finite Risk» auch Namen wie «financial reinsurance» oder «financial insurance» verwendet. Während bei der financial reinsurance Vereinbarungen zwischen Versicherungsunternehmen getroffen werden, transferiert bei der financial insurance ein Nicht-Versicherungsunternehmen finanzielle Risiken direkt an einen Risikoträger, bei dem es sich aber sowohl um ein Erst- als auch um ein Rückversicherungsunternehmen handeln kann.[55] Da der Begriff der «financial insurance» sowohl Erst- als auch Rückversicherungsunternehmen erfasst und damit keine eindeutige und aussagekräftige Kennzeichnung darstellt, wird im folgenden, bezogen auf das Hauptmerkmal – die begrenzte Risikoübertragung – der Begriff der Finite Risk-Deckung verwendet.

Merkmale von Finite Risk-Konzepten

Der Versuch, Finite Risk-Konzepte allgemeingültig zu beschreiben oder eine einheitliche, allgemein anerkannte Definition in der Literatur oder bei den Anbietern solcher Konzepte zu finden, scheitert an der unterschiedlichen und sehr spezifischen Nutzung der Konzepte und der Vielfalt der angebotenen Produktvarianten.[56] Abgesehen von der grundlegenden Beschreibung, dass es sich um eine Kombination von Risikoübertragung und Selbsttragen der Risiken handelt, erscheint es für das Verständnis der Konzepte sinnvoller, die speziellen Merkmale und Besonderheiten von Finite Risk-Deckungen herauszuarbeiten. Die folgende Abbildung 3 gibt einen Überblick über die für Finite Risk-Konzepte charakteristischen Merkmale.

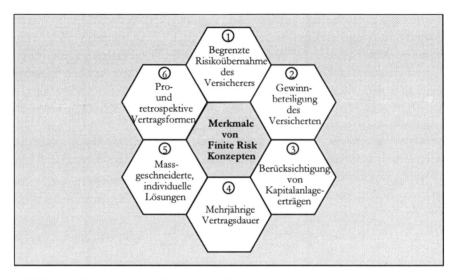

Abbildung 3: Merkmale von Finite Risk-Konzepten

Zu 1: Begrenzte Risikoübernahme des Versicherers
Das bedeutendste Charakteristikum aller Finite Risk-Konzepte stellt die vertragliche Begrenzung der Haftung des Versicherers für Schadenzahlungen dar.[57] Die Prämienkalkulation basiert bei Finite Risk-Deckungen im allgemeinen auf der Annahme, dass der Gesamtwert der erwarteten Schadenzahlungen dem vereinbarten Gesamtdeckungslimit entspricht. Über entsprechende Prämienzahlungen hat der Versicherungsnehmer diese Deckungssumme aufzubringen. Übersteigen die Versicherungsleistungen die bis zu diesem Zeitpunkt aufgebrachten Prämien, ist der Versicherungsnehmer i.d.R. verpflichtet, die entstehende Differenz über die Zeit weitgehend auszugleichen.[58] Da damit das jeweilige Risiko nicht vollständig transferiert, sondern zu grossen Teilen selbst finanziert wird, ist die Übertragung von versicherungstechnischem Risiko bei Finite Risk Verträgen limitiert.[59]

Zu 2: Gewinnbeteiligung des Versicherten
Finite Risk Vereinbarungen beinhalten typischerweise die Rückzahlung von Prämien an den Versicherungsnehmer, wenn die tatsächlichen Schäden geringer ausfallen als ursprünglich prognostiziert.[60] Die Ergebnisteilung mit dem Versicherten stellt ein unveränderliches und wesentliches Element von

Finite Risk-Konzepten dar und verbindet die Interessen beider Vertragsparteien. Durch die substantielle Prämienrückgewähr wird ein enger Zusammenhang zwischen der individuellen Schadensituation und den Versicherungskosten hergestellt, der zum einen als Anreiz für aktives Risikomanagement, zum anderen als Gegenleistung für die begrenzte Risikoübernahme durch den Finite Risk Anbieter betrachtet werden kann.[61] Die Gewinnbeteiligung des Versicherten kann dabei zwischen 50 % und 90 % der angesammelten Reserven variieren.[62] Wie die Erfahrung zeigt, sind aufgrund der Berücksichtigung von Kapitalanlageerträgen sogar Rückzahlungen möglich, welche die eingezahlten Prämien übersteigen.

In bezug auf die ersten beiden Merkmale kann zusammenfassend festgehalten werden, dass Finite Risk-Konzepte auf der Erkenntnis aufbauen, dass der Versicherte bei reinen Versicherungslösungen zwar einerseits, insbesondere im Bereich der mittleren Risiken, seine Schäden über einen längeren Zeitraum letztlich selbst bezahlt, er andererseits aber für den Fall, dass im betrachteten Zeitraum ein positiver Schadenverlauf zu verzeichnen ist, nicht an dem daraus entstehenden Gewinn beteiligt wird.[63] Als Antwort darauf werden bei Finite Risk-Konzepten sowohl das Risiko als auch der potentielle Gewinn für den Versicherer begrenzt und durch ein Haftungslimit sowie eine Gewinnbeteiligung im voraus festgelegt.[64]

Zu 3: Berücksichtigung von Kapitalanlageerträgen
Im Rahmen der traditionellen Versicherung, bei der unterstellt wird, dass die Einzahlungen der Prämien und die Auszahlungen für Schadenersatzleistungen und Betriebskosten die gleiche Fälligkeit haben, werden Zinseffekte bei der Prämienkalkulation der Nichtlebensversicherung im allgemeinen nicht berücksichtigt.[65] Im Gegensatz dazu zeichnen sich Finite Risk-Konzepte durch die explizite Berücksichtigung der erwarteten Kapitalanlageerträge aus.[66] Der ökonomische Wert von Zahlungen hängt nicht nur von deren Höhe, sondern auch von den Fälligkeitsterminen ab. Da die Versicherungsprämien dem Versicherer zufliessen, bevor er für Schadenzahlungen aufkommen muss, kann der grösste Teil, der nicht zur Deckung der Betriebskosten benötigt wird, zinsbringend angelegt werden. Die erzielten Zinserträge können zur Bezahlung auftretender Schäden herangezogen werden und sind insbesondere in Sparten, bei denen die Schadenrealisierung resp. -abwicklung längere Zeit in Anspruch nehmen kann, von Bedeutung. Da die Frist zwischen dem Zeitpunkt der Prämienkalkulation, den

folgenden Prämieneinzahlungen und der Fälligkeit der Schadenzahlungen durch den Ansatz von Zinserträgen berücksichtigt wird, kann im Rahmen von Finite Risk-Konzepten vielfach ein günstigerer Deckungsschutz angeboten werden als bei der traditionellen Versicherung ohne die Mitberücksichtigung der Zinsen.[67]

Zu 4: Mehrjährige Vertragsdauer
Im Gegensatz zu den meisten traditionellen Versicherungen, die im allgemeinen für eine Laufzeit von einem Jahr abgeschlossen werden, haben Finite Risk-Deckungen i.d.R. eine mehrjährige Laufzeit.[68] Typisch sind dabei Vertragslaufzeiten zwischen drei und zehn Jahren. Laufzeiten bis zu dreissig Jahren sind allerdings keine Seltenheit.[69] Das Risikomanagement und die Risikofinanzierung sind entsprechend den meisten anderen Aspekten der Unternehmensplanung, die sich über einen mehrjährigen Zeitraum erstrecken, ebenfalls über mehrere Jahre zu planen.[70] Durch die mehrjährige Vertragsdauer können die Unternehmen zum einen Kosten und Zeitaufwand für die jährliche Überprüfung und Verlängerung des Versicherungsschutzes vermindern, zum anderen werden sie unabhängig von Prämienschwankungen, die sich aus von Jahr zu Jahr unterschiedlichen Schadenerfahrungen und Marktsituationen ergeben können. Während Versicherungsprämien in den letzten drei Jahrzehnten zu den volatilsten betrieblichen Aufwendungen gehört haben, führen Finite Risk-Deckungen durch die festgeschriebenen Kosten und Kapazitäten zu kontinuierlichen und langfristig planbaren Prämienzahlungen.[71]

Zu 5: Massgeschneiderte, individuelle Lösungen
Finite Risk-Konzepte sind stets auf die individuellen Bedürfnisse, die spezifische Risikolage und die finanzielle Situation des Versicherungsnehmers zugeschnitten.[72] Finite Risk Standardprodukte existieren nicht. Im Gegensatz zur reinen Versicherung basieren Finite Risk-Deckungen nicht auf der Bildung eines Kollektivs aus einer Vielzahl von Versicherungsverträgen. Da damit die Möglichkeit eines Ausgleichs im Kollektiv nicht gegeben ist, muss sich jeder einzelne Finite Risk Vertrag innerhalb eines bestimmten und bei Vertragsbeginn festgelegten Zeitraumes selbst tragen.[73] Ein Risikoausgleich erfolgt bei Finite Risk-Konzepten nur über die Zeit. Bei Finite Risk-Deckungen wird im Prinzip darauf geachtet, dass jeder Versicherte für seine individuellen Schadenzahlungen tatsächlich weitgehend selbst aufkommt,

während bei der traditionellen Versicherung über Prämiendifferenzierung und risikoadäquate Prämien das Ziel verfolgt wird, dass jeder Versicherungsnehmer den individuellen Erwartungswert seiner Schäden aufbringt.[74]

Im Zusammenspiel mit der Einsparung der «frictional costs», d.h. von Anbahnungs-, Abschluss-, Verwaltungs- und Betriebskosten, die sich aus der mehrjährigen Vertragsdauer ergibt, führen die kundenspezifischen Lösungen, die nicht aus einem Ausgleich im Kollektiv resultieren und damit die Kosten der Risikotransformation minimieren, dazu, dass bei Finite Risk-Konzepten grösstmögliche Anteile der gezahlten Prämien der Risikotragung und nicht der Deckung von Transaktionskosten dienen.[75]

Zu 6: Pro- und retrospektive Vertragsformen
Bei Finite Risk-Deckungen können grundsätzlich zwei Vertragsformen unterschieden werden. Prospektive Finite Risk-Konzepte beziehen sich auf die Deckung des laufenden und zukünftigen Betriebs und dienen der Ansammlung von Finanzmitteln, die für zukünftige Schadenfälle zur Verfügung stehen sollen.[76] Mit ihrer Hilfe werden Schadenzahlungen über mehrere Jahre verteilt und so für die Unternehmen selbst finanzierbar gemacht. Prospektive Verträge werden insbesondere zur Deckung von Katastrophenrisiken resp. von Risiken mit geringer Eintrittswahrscheinlichkeit und -frequenz, aber hohem Schadenausmass sowie zur Abfederung und Verteilung künftiger Ergebnisschwankungen, die auf zufällig auftretende Schadenhäufungen zurückzuführen sind, eingesetzt.[77] Demgegenüber dienen retrospektive Verträge der Deckung und vorzeitigen Realisation von Schäden vergangener Jahre, die noch nicht abgewickelt resp. noch nicht entdeckt wurden, aber vermutet werden bzw. deren Eintritt befürchtet wird. Ihr Einsatz ist insbesondere bei Schäden interessant, bei denen aufgrund langer Abwicklungsfristen der Zeitwert des Geldes zur Gestaltung und frühzeitigen Fixierung kosteneffizienter Deckungen genutzt werden kann.[78]

Formen des Risikotransfers

Die bisherigen Ausführungen haben deutlich gemacht, dass Finite Risk-Deckungen eine Kombination von Risikotransfer und Selbsttragen von Risiken darstellen. Wie der Hinweis auf das wichtigste Charakteristikum – die klare Haftungsbegrenzung für den Versicherer – zeigt, ist die Übertragung des Risikos bei Finite Risk-Konzepten limitiert. Vor diesem Hintergrund stellt sich die Frage, in welcher Form und in welchem Umfang ein Risikotransfer bei Finite Risk-Konzepten stattfindet.

Die Mischung der einzelnen Risikokomponenten, die der Versicherer im Rahmen von Finite Risk-Konzepten übernehmen kann, unterscheidet sich von der traditionellen Versicherung.[79] Aufgrund der Finanzierungsfunktion der Finite Risk-Deckungen sind neben klassischen versicherungstechnischen Risikoformen insbesondere Kreditrisiken von Bedeutung. Im einzelnen lassen sich die folgenden vier Teilrisiken identifizieren, deren Übertragung an den Versicherer und der Umfang der Übertragung im Rahmen von Finite Risk-Deckungen gestaltet werden können:

(1) Underwriting-Risiko

(2) Timing-Risiko

(3) Zinsänderungsrisiko

(4) Ausfallrisiko

Entsprechend dem Charakter der Finite Risk-Konzepte als hybrides Risikofinanzierungsinstrument entspringen die ersten beiden Teilrisiken dem Aspekt der Risikoübertragung, während die anderen zwei ihren Ursprung in der Finanzierungsfunktion haben, die das Selbsttragen unterstützten soll. Die letzten beiden Teilrisiken werden in der Praxis, von den verschiedenen Anbietern und in der Literatur unterschiedlich bezeichnet. Das dritte Risiko, das Zinsänderungsrisiko, wird beispielsweise als Anlage-, Kapitalanlage- bzw. Investitionsrisiko bezeichnet. Das vierte Teilrisiko, das Ausfallrisiko, wird Insolvenz- oder im allgemeinen vereinfachend Kreditrisiko genannt, obwohl es sich dabei um einen Begriff handelt, der neben dem Ausfallrisiko weitere Teilrisiken erfasst, u.a. auch das Zinsänderungsrisiko.[80] Da es sich bei den Vorgängen, die diesen beiden Risiken zugrundeliegen, vornehmlich um Bank- und nicht um Versicherungsleistungen handelt, erscheint es sinnvoll, zur Herstellung einer allgemeinverständlichen und einheitlichen Bezeichnung auf die allgemein gültigen Begriffe des Bankmanagements zurückzugreifen.

Zu (1): Underwriting-Risiko
Das Underwriting- oder Zeichnungsrisiko drückt die Gefahr aus, dass der erlittene tatsächliche Gesamtschaden höher ist als geplant. Bezogen auf die gesamte mehrjährige Vertragslaufzeit überschreitet die effektive Schadenbelastung aus einem Versicherungsvertrag den erwarteten Wert.[81] Die Abweichung der tatsächlichen Schadenhöhe vom Erwartungswert ist auf das Irrtumsrisiko, d.h. auf fehlerhafte Berechnungen, auf das Änderungsrisiko, d.h. auf geänderte Rahmenbedingungen oder auf das Zufallsrisiko, d.h. auf zufällige Ereignisse, zurückzuführen und drückt damit weitgehend das versicherungstechnische Risikos aus.[82]

Wie das Merkmal der begrenzten Risikoübernahme des Versicherers verdeutlicht hat, ist der Versicherungsnehmer bei Finite Risk-Konzepten i.d.R. verpflichtet, für den Fall, dass die Versicherungsleistungen die bis zum Zeitpunkt des Schadeneintritts aufgebrachten Prämien übersteigen, die entstehende Differenz über die Zeit weitgehend auszugleichen. Der Transfer von Underwriting-Risiken ist damit bei Finite Risk Verträgen zumindest begrenzt.

Zu (2): Timing-Risiko
Ein bedeutendes Charakteristikum von Finite Risk-Konzepten ist der Transfer von Timing-Risiken, die darin bestehen, dass die Schadenzahlungen früher als in der Prämienkalkulation angenommen anfallen. Da damit ein Element der Gefahr angesprochen ist, dass der tatsächliche Schadenverlauf negativ von den Schadenerwartungen abweicht, drücken Timing-Risiken eine Ausprägungsform des versicherungstechnischen Risikos aus.[83] Die Abweichung des tatsächlichen vom erwarteten Schadenverlauf bezieht sich auf eine Vorverlagerung der Schadenzahlungen, ohne dass es über die gesamte Vertragslaufzeit gesehen zu einer Abweichung in der Höhe kommen muss. Treten Timing-Risiken ein, führt dies für den Versicherer zu einem verfrühten Mittelabfluss und als Folge daraus zu einem Verlust an Zinserträgen, da die zinsbringende Anlage der kalkulierten Reserven entfällt.[84]

Zu (3): Zinsänderungsrisiko
Das Zinsänderungsrisiko drückt die Gefahr aus, dass sich aufgrund veränderter Bedingungen auf den Geld- und Kapitalmärkten die geplanten oder erwarteten Kapitalanlageerträge verringern.[85] Dieses Risiko, das nicht mit

der Verringerung der Zinserträge wegen des Timing-Risikos verwechselt werden darf, bezieht sich also darauf, dass die auf dem Kapitalmarkt investierten Prämien nicht die geplante Rendite erzielen. Die bei der Prämienkalkulation vom Versicherer berücksichtigten Zinserträge basieren auf einer Annahme über die Höhe des erzielbaren Zinssatzes.[86] Wird dieser nicht erreicht, führt dies zu einem Verlust für den Versicherer, während bei höherer Rendite dem Versicherten Opportunitätskosten entstehen.

Zu (4): Ausfallrisiko
Das Ausfallrisiko bezieht sich auf die durch die mehrjährige Vertragslaufzeit gegebene Ungewissheit zukünftiger Prämienzahlungen. Insbesondere die prospektiven Finite Risk-Konzepte dienen dazu, die effektiven Schadenkosten mit Hilfe des Versicherungsunternehmens auf die Vertragslaufzeit zu verteilen. Muss der Versicherer dabei für Schadenzahlungen aufkommen, welche die bisher angesammelten Prämien einschliesslich Verzinsung übersteigen, d.h. übernimmt er eine Vorfinanzierung der Schäden, hat der Versicherte, einer Kredittilgung entsprechend, diesen Betrag in den folgenden Jahren zurückzuzahlen und zu verzinsen. Das Ausfallrisiko drückt damit die Möglichkeit aus, dass der Versicherungsnehmer seinen vertraglichen Verpflichtungen zum Ausgleich der vorfinanzierten Beträge – in Form weiterer Prämien und Zinszahlungen – nicht, nur teilweise oder nicht termingerecht nachkommt.[87]

Die Frage, ob im Rahmen eines Finite Risk Vertrages überhaupt Risiken resp. welche Formen in welcher Höhe tatsächlich übertragen werden, ist Gegenstand vieler Diskussionen über Finite Risk-Konzepte, da der Umfang des tatsächlichen Risikotransfers von entscheidender Bedeutung für die Rechnungslegung und die steuerliche Behandlung von Finite Risk-Konzepten ist. Insbesondere die Frage nach der für die steuerliche Anerkennung der Prämienzahlungen notwendigen Höhe des Transfers von versicherungstechnischem Risiko ist dabei von Relevanz. In Abhängigkeit vom Umfang des übertragenen Risikos können Finite Risk-Konzepte auf einer Skala zwischen den beiden Endpolen der traditionellen Versicherung, bei der ein vollständiger Risikotransfer stattfindet und dem internen Selbsttragen, bei dem kein Risiko an Dritte übertragen wird, eingeordnet werden. Der Übergang zwischen den einzelnen Instrumenten der Risikofinanzierung ist in vielen Fällen fliessend. Versicherungslösungen können beispielsweise im wesentlichen Risikotransfer darstellen, aber, abhängig von der Ausgestaltung der Prämienkalkulation und den Selbstbehaltregelungen, Elemente des Selbsttragens enthalten.[88] Auf der anderen Seite stellen z.B. Finite Risk-Deckungen, bei denen kein Underwriting-Risiko übertragen wird, im wesentlichen eine Form des Selbsttragens mit einem geringen Risikotransfer dar. Da die einzelnen Instrumente damit nicht immer eindeutig abzugrenzen sind, sondern ineinander übergehen, soll in diesem Zusammenhang vom Kontinuum der Risikofinanzierung gesprochen werden.[89]

Abb. 4 verdeutlicht das Kontinuum der Risikofinanzierung graphisch. Neben den Finite Risk-Konzepten werden auch Captives, deren Einsatzmöglichkeiten bei der Finanzierung von Umweltrisiken in Abschnitt B dieses Teils untersucht werden, in das Kontinuum eingeordnet. Zusätzlich zum Umfang der Risikoübertragung, der auf der Abszisse abgetragen ist, verdeutlicht die Abbildung darüber hinaus qualitativ, dass sich die «frictional costs», d.h. Transaktions- und Verwaltungskosten sowie Kosten, die nicht der Schadendeckung dienen, in dem Masse erhöhen, in dem der Umfang der Risikoübertragung und -transformation zunimmt. Je weiter man sich von der Situation wegbewegt, in der die Schäden ohne Reservenbildung aus dem laufenden Cash-Flow getragen werden, nehmen die frictional costs der Risikofinanzierung über die interne und individuelle Reservenbildung stetig zu. Diese stetige Zunahme geht bis hin zur Versicherung, bei der die Risikoübertragung mit hohen Begleitkosten verbunden ist, die Risiken aber zu fixen Kosten transferiert werden. Auf der anderen Seite nimmt in umgekehrtem Masse die Höhe der variablen Kosten, d.h. der Kosten, die im Schadenfall vom betroffenen Unternehmen zu tragen sind, zu.

Reines Selbsttragen und definitive Risikoübertragung stellen die beiden Enden des Kontinuums dar, in dessen Mitte eine Vielzahl verschiedener Kombinationen aus Risikoübertragung und Selbsttragen liegt.[90]

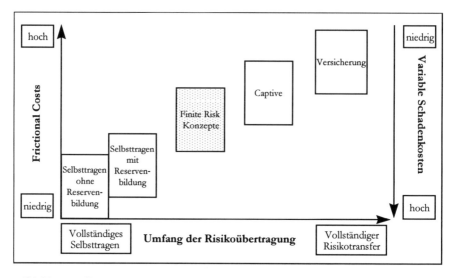

Abbildung 4: Kontinuum der Risikofinanzierung[91]

Funded Cover-Deckungen

Aufbau und Charakteristik

Aufgrund ihrer individuellen, auf die spezifischen Anforderungen der Unternehmen massgeschneiderten Ausgestaltung beinhalten Finite Risk-Deckungen ein breites Spektrum unterschiedlicher Vertragsvarianten, die in diesem Rahmen nicht alle angesprochen werden können.[92]

Sogenannte Funded Covers, auch Spread Loss Treaties oder Prospective Aggregate Excess of Loss genannt, erfahren in der Diskussion über Finite Risk-Konzepte z.Z. die grösste Aufmerksamkeit. Funded Covers dienen – was die Bezeichnung Spread Loss Treaties verdeutlicht – in erster Linie der Verteilung anfallender Schäden auf einen mehrjährigen Zeitraum, d.h. dem Ausgleich in der Zeit. Der Begriff «Prospective Aggregate Excess of Loss» deutet auf drei Wesensmerkmale von Funded Covers hin.[93] Zum einen handelt es sich um prospektive Deckungen, d.h. es werden Schäden gedeckt, die in der Zukunft eintreten, zum anderen bezieht sich die Deckung auf eine Ansammlung von vielen Einzelschäden. Darüber hinaus kann bei Funded Covers ein Exzedent, d.h. ein Anteil der akkumulierten zukünftigen

Schäden, die ein bestimmtes Limit übersteigen, an den Versicherer übertragen werden.

Funded Covers sind im allgemeinen so ausgestaltet, dass der Versicherte während der gesamten Versicherungslaufzeit eine im voraus festgelegte jährliche Prämie zahlt, die auf ein sog. Erfahrungskonto fliesst.[94] Die Bezeichnung «Funded Cover» leitet sich aus dem dabei erzielten Anspareffekt ab. Aus dem Erfahrungskonto, das seinen Namen erhalten hat, da der Kontostand die individuelle Schadenerfahrung des Unternehmens widerspiegelt, werden die laufenden Schadenzahlungen beglichen, die in ihrer Höhe i.d.R. sowohl pro Schadenfall als auch insgesamt pro Vertragsjahr begrenzt sind. Positive Salden des Kontos werden mit einem im voraus vertraglich festgelegten Zinssatz verzinst. Die Zinserträge werden dem Erfahrungskonto jährlich oder pro Quartal gutgeschrieben. I.d.R setzt sich der Zinssatz aus einem variablen Basiszinssatz (z.B. LIBOR, FIBOR) und einem fixen Aufschlag zusammen. Teilweise gibt der Versicherer auch Zinsgarantien für das Erfahrungskonto, was zu einer vollständigen Übertragung des Zinsänderungsrisikos führt.[95]

Für Schadenzahlungen steht aber nicht nur der Gesamtbetrag aus angespartem Kapital und Zinserträgen zur Verfügung. Für den Fall, dass Schadenzahlungen fällig sind, die das Guthaben des Erfahrungskontos übersteigen, streckt der Versicherer die entsprechenden Beträge bis zu den vereinbarten Deckungslimiten vor. Übersteigen die vom Versicherer geleisteten Zahlungen den aktuellen Stand des Erfahrungskontos, ist der Versicherte – dem Merkmal der begrenzten Risikoübernahme des Versicherers entsprechend – verpflichtet, das Konto in den folgenden Jahren mit erhöhten Versicherungsprämien zumindest weitgehend auszugleichen resp. bei konstanten Prämien einen eventuell verbleibenden Fehlbetrag zu Vertragsende zumindest teilweise zu übernehmen. Funded Covers dienen damit insbesondere einem Ausgleich der Schadenzahlungen in der Zeit und sollen so zu einer Glättung von Ertragsschwankungen führen. Analog zur Guthabenverzinsung des Kontos sind negative Salden mit einem Sollzins zu verzinsen.

Durch die Möglichkeit der Vorfinanzierung und entsprechend dem Ziel, die anfallenden Schäden über einen mehrjährigen Zeitraum zu verteilen, spielt das Timing-Risiko eine entscheidende Rolle bei Funded Cover-Deckungen. In dem Masse, in welchem Schäden, die über dem festgelegten Limit aus Prämienzahlungen und prognostizierten Zinserträgen liegen, vom

Versicherer übernommen werden, beinhalten Funded Covers aber auch Underwriting-Risiken. Während Funded Cover-Deckungen, die keinen Transfer von Underwriting-Risiken beinhalten, einem Sparkonto mit Kreditlinienvereinbarung gleichen, greift dieser vereinfachende Vergleich zu kurz, wenn das Erfahrungskonto am Ende der Vertragslaufzeit vom Versicherten nicht vollständig ausgeglichen werden muss.[96]

Funded Covers zeichnen sich durch Vertragskonditionen aus, die gewährleisten, dass nach Ablauf der mehrjährigen Verträge der überwiegende Teil der geleisteten Prämienzahlungen und der Kapitalanlageerträge, die nicht durch Schadenzahlungen aufgezehrt wurden, an den Versicherungsnehmer zurückfliessen. Für den Fall, dass das Erfahrungskonto bei Vertragsablauf noch ein Guthaben aufweist, hat der Versicherte neben dem Anspruch auf die teilweise Rückvergütung dieses Betrags zum einen die Möglichkeit, den Vertrag mit einer gestiegenen Deckungssumme zu erneuern oder zum anderen in eine kontinuierliche Deckung mit sinkenden Prämien zu wandeln. Er kann den Betrag aber auch ohne weitere Prämienzahlungen als Deckungssumme bei dem Versicherer stehen lassen, beispielsweise bei Risiken, die noch nicht eingetreten sind, deren Schadenausmass bei Eintritt den vorhandenen Betrag nicht übersteigt und die sich nicht wiederholen werden.

Obwohl es speziell für die steuerliche Anerkennung des Funded Cover als Versicherung von Bedeutung ist, dass im Aussenverhältnis ein einziger Vertrag vorliegt, und ein Gesamtbetrag als jährliche Prämie gezahlt wird, erfolgt die Aufspaltung der Bruttoprämie des Funded Covers in ihre Bestandteile nicht nur für die Prämienkalkulation und die interne kostenrechnerische Behandlung des Versicherers, sondern ist auch dem Versicherungsnehmer auszuweisen. Das explizite Ausweisen der Prämienbestandteile ist notwendig, da dem Erfahrungskonto nur der Anteil der Bruttoprämie gutgeschrieben wird, der nach Abzug des Verwaltungs- und Betriebskostenzuschlags verbleibt. Übersteigt die Deckungssumme die aggregierten Prämienzahlungen einschliesslich erwarteter Zinsen, d.h. übernimmt der Versicherer ein Underwriting-Risiko, ist darüber hinaus eine Risikoprämie in der Gesamtprämie enthalten, die ebenfalls abgezogen wird und nicht dem Erfahrungskonto zufliesst. Die Gestaltung eines Funded Covers wird in der folgenden Abbildung 5 graphisch verdeutlicht.

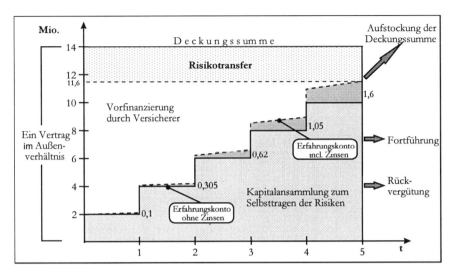

Abbildung 5: Aufbau einer Funded Cover-Deckung

Funded Covers werden insbesondere als alternative Deckung für Risiken, die am traditionellen Versicherungsmarkt nicht oder nur schwer versicherbar sind, nachgefragt. Dementsprechend bietet sich der Einsatz von Funded Covers für solche Risiken an, für die eine passende und ausreichende Versicherungsdeckung nur schwer, gar nicht oder, nach Einschätzung der Versicherungsnehmer, nur übertuert erhältlich ist.[97] Die Errichtung eines Erfahrungskontos ist für alle Arten von Risiken möglich. Da der Versicherungsnehmer vertraglich verpflichtet ist, Schadenzahlungen des Versicherers, die seine Prämienzahlungen übersteigen, in der Zeit zumindest weitgehend auszugleichen, wird der Versicherer in die Lage versetzt, auch Risiken abzudecken, welche er sonst ablehnen müsste.[98]

Durch den überwiegenden Anteil des Selbsttragens werden die Interessen des Versicherungsnehmers mit denen des Versicherers verknüpft. Versicherungsnehmer und Versicherer gehen eine Risikopartnerschaft ein. Zusammen mit der für den Fall eines positiven Schadenverlaufs vorgesehenen Gewinnbeteiligung des Versicherungsnehmers entsteht ein gemeinsamer Anreizmechanismus, der zum einen zu einer Verbesserung der Risikosensibilisierung und des aktiven Risikomanagements beim Versicherten führt. Funded Covers stellen damit ein Instrument dar, welches die finanzielle Absicherung wirksam mit einer Gestaltung der Risikosituation verbindet.

Zum anderen sind die Versicherer vor diesem Hintergrund auch bei aus ihrer Sicht problematischen Risiken eher bereit, einen Exzedenten, d.h. Schäden, die über dem festgelegten Limit aus Prämienzahlungen und prognostizierten Zinserträgen liegen, zu übernehmen.

Da keine Bildung eines Kollektivs und kein Ausgleich im Bestand stattfindet, richtet sich der Preis für die Deckung nur nach den individuellen Gegebenheiten des Versicherungsnehmers und dessen Risikosituation. Über die Verminderung der Transformations- und Verwaltungskosten hinaus können aufgrund der mehrjährigen Vertragsdauer zeit- und kostenintensive Prolongationsverhandlungen eingespart werden. Diese Einsparungen führen dazu, dass, obwohl insgesamt gesehen höhere Prämien als bei einer traditionellen Versicherung bezahlt werden müssen, grössere Teile der Bruttoprämie tatsächlich der Risikotragung dienen.[99] Dadurch erhalten die Versicherer nach eigenen Angaben die Möglichkeit, grössere Deckungskapazitäten zu einem im Vergleich zur traditionellen Versicherung günstigen Preis zur Verfügung zu stellen. Die Versicherten wiederum erhalten durch die Gewinnbeteiligungen die Möglichkeit, Teile ihrer erhöhten Prämien zurückzuerhalten.[100]

Diese Preisvorteile ergeben sich insbesondere für Risiken, bei denen das Preis-Leistungsverhältnis traditioneller Versicherungsangebote nicht zufriedenstellend ist. Allerdings sind die Preisvorteile nicht notwendigerweise mit billiger Versicherungsdeckung gleichzusetzen. Zu einer Senkung der gesamten Risikokosten des Unternehmens führt dies nur, wenn sich der Schadenverlauf als positiv herausstellt. Da der Versicherte bei negativem Schadenverlauf einen Grossteil seiner Schäden letztlich selbst zahlt, führen Funded Covers in diesem Fall trotz geringerer Transaktionskosten zu höheren Risikokosten als eine traditionelle Versicherung.[101]

Diese zweiseitige Vorteilhaftigkeitsbetrachtung macht deutlich, dass sich Funded Covers insbesondere für die Finanzierung mittlerer Risiken eignen, die trotz unregelmässiger Schadenzahlungen durch eine mittelfristig relativ gut abschätzbare aggregierte Schadenbelastung sowie eine langsame Schadenregulierungen gekennzeichnet sind.[102] Unter gewissen Umständen, d.h. bei Deckungsausschlüssen oder gänzlich fehlendem Versicherungsangebot, ist der Einsatz von Funded Covers auch bei Grossrisiken sinnvoll.

Es ist bereits angeklungen, dass Versicherungsprämien in der Vergangenheit allgemein zu den am stärksten schwankenden Betriebsausgaben gehört haben. Durch die im voraus über einen längeren Zeitraum vertraglich festgelegten Prämien dienen Funded Covers insbesondere dazu, die Liquiditätsplanung zu stabilisieren und Ergebnisschwankungen durch einen Ausgleich in der Zeit zu glätten.[103]

Funded Cover-Deckungen stehen als hybride Instrumente der Risikofinanzierung zwischen der Versicherung und dem reinen Selbsttragen. Sie sind demnach nicht nur im Vergleich zu traditionellen Versicherungslösungen zu sehen, sondern sollen vor allem auch den Schwachstellen des auf bilanzielle Reserven gestützten Selbsttragens begegnen. So kann mit Funded Covers das Zahlungszeitpunktrisiko, d.h. das Risiko, dass ein Schaden eintreten kann, bevor die Reserven die kalkulierte Höhe erreicht haben, als eine Schwachstelle des Selbsttragens beseitigt werden. Funded Covers verbinden den Anspareffekt der Reservenbildung mit einer Versicherungsleistung, bei der vom ersten Tag an der volle Betrag verfügbar ist. Damit kann eine Reservenbildung verwirklicht werden, deren Wirksamkeit nicht vom Zeitpunkt des Schadens abhängt, sondern die eine Vorsorgewirkung von Vertragsbeginn an entfalten kann. Mit Funded Covers lässt sich das Problem des frühen Zeitpunkts des Schadenanfalls lösen und auf den Versicherer übertragen.

Da das Erfahrungskonto vom Versicherer geführt wird, d.h. die Reservenbildung ausserbilanziell erfolgt, und eine klare Zweckbindung an die Deckung der im Versicherungsvertrag aufgeführten Risiken vorliegt, verhindern Funded Covers im Vergleich zur Bildung offener Rücklagen darüber hinaus, dass die zur Deckung industrieller Risiken gebildeten Reserven für andere Zwecke, z.B. zur bilanzpolitischen Ergebnisverstetigung, «geplündert» werden.[104]

Ein wesentliches Problem der internen Reservenbildung besteht darüber hinaus darin, dass Zuführungen zu derartigen Reserven i.d.R. steuerlich nicht abzugsfähig sind. Eine Ausnahme stellt die Bildung von Rückstellungen dar, die aber aufgrund der restriktiven Konkretisierungserfordernisse nur in sehr engem Rahmen möglich ist. Die Bildung von Rücklagen erfolgt durch versteuerte Gewinne, d.h. die entsprechenden Beträge können erst steuerlich geltend gemacht werden, wenn ein Schaden eingetreten ist. Demgegenüber mindern die im Rahmen von Funded Cover-Deckungen gezahlten Prämien – bei entsprechender Gestaltung der Konzepte – den zu versteuernden Gewinn des Unternehmens als Betriebsausgaben bereits im laufenden Geschäftsjahr.[105]

Steuerliche Behandlung von Funded Covers

Funded Cover-Deckungen stehen als hybride Instrumente der Risikofinanzierung – wie das Kontinuum der Risikofinanzierung verdeutlicht – zwischen der Versicherung und dem Selbsttragen. Während die bilanzielle und damit die steuerliche Behandlung bei diesen beiden Instrumenten unumstritten ist, stellt sich für Finite Risk-Deckungen die Frage, ob das versicherungstechnische Element entscheidend ist und die Prämien damit als Betriebsausgaben gelten, oder ob Finite Risk-Konzepte überwiegend dem Selbsttragen zugeordnet werden müssen. Dies würde dazu führen, dass die Prämienzahlungen nicht als Betriebsausgaben abzugsfähig sind, sondern steuerrechtlich als Zuführungen zu Rücklagen gelten.

In Gegensatz zu den USA und Grossbritannien existieren in Deutschland weder aufsichtsrechtliche Grundsätze noch spezielle Regelungen für die handels- und die steuerrechtliche Behandlung von Finite Risk-Konzepten.[106] Die Übertragung der anglo-amerikanischen Regelungen weist jedoch darauf hin, dass ein Vertrag zwei Kriterien erfüllen muss, um sich als Versicherung zu qualifizieren.[107]

- Zum ersten muss ein signifikanter Transfer versicherungstechnischen Risikos, d.h. sowohl von Timing- als auch von Underwriting Risiko, stattfinden.
- Zum zweiten muss eine angemessene Möglichkeit bestehen, dass dem Rückversicherer ein signifikanter Verlust aus der Transaktion entsteht. Ein Verlustrisiko muss dabei sowohl in bezug auf die Höhe als auch auf die Eintrittswahrscheinlichkeit gegeben sein.

Da offen bleibt, was unter «signifikant» und «angemessen» zu verstehen ist, beinhaltet diese offene Formulierung einen erheblichen Interpretationsspielraum und schliesst eine vertragliche Begrenzung des Transfers von versicherungstechnischem Risiko nach wie vor nicht aus.[108] Auch wenn es keinen Indikatortest gibt, der anzeigt, wann versicherungstechnischer Risikotransfer vorliegt, so führt dies zumindest dazu, dass Verträge, die dem Versicherer die Möglichkeit garantieren, eventuelle Verluste in späteren Perioden vollständig ersetzt zu bekommen, nicht als Risikotransfer eingestuft werden.[109]

Die Rechnungslegungs- und Steuervorschriften drücken aus, dass mehr als nur Timing- und Zinsänderungsrisiken übertragen werden müssen, um dem geforderten Risikotransfer zu genügen: Es muss auch ein bestimmtes Mass des Underwriting-Risikos transferiert werden.[110] Als grobe Richtgrösse kann davon ausgegangen werden, dass der Versicherer Anteile von über 20 % und bis zu 50 % der gesamten Deckungssumme übernehmen muss, die nicht durch vertragliche Ansprüche an den Versicherten gedeckt sind.[111] Das Verlustrisiko des Versicherers muss sich also sowohl aus unsicheren Schadenhöhen als auch aus dem Zahlungszeitpunktrisiko ergeben.

Trotz der Unsicherheit über die steuerliche Behandlung geben die Anbieter von Finite Risk-Konzepten – selbst wenn kein Underwriting-Risiko übernommen wird – i.d.R. an, dass die Prämienzahlungen als Betriebsausgaben angesetzt werden können. Da eine solche undifferenzierte Aussage wie gezeigt nicht möglich ist, d.h. über Finite Risk-Konzepten weiterhin das «Damoklesschwert der ungeklärten Steuerfrage schwebt»[112], wird deutlich, dass bei Abschluss einer Finite Risk-Deckung unbedingt ein Steuerberater resp. Wirtschaftprüfer zu Rate gezogen werden muss.[113]

In Übereinstimmung mit bisherigen steuerlichen Überlegungen ist allerdings festzuhalten, dass Prämienzahlungen für Finite Risk-Konzepte, die als ertragsteuerliche Betriebsausgaben anerkannt werden, mit Sicherheit versicherungsteuerpflichtig sind. Dabei ist speziell im Zusammenhang mit Funded Covers zu beachten, dass die Versicherungsteuer auf die gesamten Zahlungen anfällt, also auch auf die Prämienkomponenten, die dem Erfahrungskonto zufliessen. Dies geschieht, obwohl nur ein geringer Teil davon tatsächlich als Risikoprämie fungiert, während der grössere Rest vielmehr dem Selbsttragen dient. Aus versicherungsteuerlicher Sicht führt die aus ertragsteuerlicher Perspektive angestrebte Akzeptanz der Finite Risk-Konzepte als Versicherung zu einem kontraproduktiven Effekt. Neben Verwaltungs- und Betriebskostenzuschlag und der Risikoprämie erhöht sich die Bruttoprämie auch um die Versicherungsteuer. Anders ausgedrückt bedeutet dies, dass von der zu zahlenden Basisprämie nur der Anteil dem Erfahrungskonto zufliesst, der nach Versicherungsteuer, Verwaltungs- und Betriebskostenzuschlag und Risikoprämie verbleibt.

Eine weitere Fragestellung, die insbesondere im Zusammenhang mit Funded Cover-Deckungen diskutiert wird, beschäftigt sich mit der steuerlichen Behandlung eines Guthabens des Erfahrungskontos am Ende der Vertragslaufzeit. Es ist davon auszugehen, dass die Rückübertragung eines positiven Betrags beim Versicherten zu einem ausserordentlichen Ertrag führt, der zu versteuern ist. Aus diesem Grund werden die Steuervorteile, die mit Funded Covers zu erzielen sind, teilweise in Frage gestellt resp. von der Möglichkeit einer steuerfreien Übertragung des Guthabens abhängig gemacht.[114] Um dies zu umgehen, werden teilweise Vorschläge gemacht, das Guthaben z.B. mit Selbstbehalten, die bei anderen, traditionellen Versicherungen desselben Anbieters entstanden sind, zu verrechnen. Die bisher vorgeschlagenen Konzepte stellen allerdings keine überzeugenden Lösungsansätze dar, so dass mit einer Steuerbefreiung des rückerstatteten Guthabens nicht zu rechnen ist.[115]

In diesem Zusammenhang muss allerdings festgehalten werden, dass die Forderung nach einer steuerfreien Rückübertragung unbegründet ist und zu weit geht. Dies zeigt ein Vergleich mit anderen Instrumenten der Risikofinanzierung, wie der Rückstellungsbildung und der Versicherung. Bei Rückstellungen, die mit steuerfreien Zuführungen aufgebaut werden, führt eine Auflösung, wenn der Grund der Rückstellungsbildung entfallen ist, zu einem steuerpflichtigen Ertrag. Auch bei Versicherungen, bei denen die Prämienzahlungen als Betriebsausgaben anerkannt werden, führen Leistungen des Versicherers zu steuerpflichtigen Betriebseinnahmen. Nur weil diesen Schadenersatzzahlungen der Schadenaufwand gegenübersteht, ergibt sich aus der Entschädigungsleistung per Saldo kein zu versteuernder Gewinn. In Analogie zu dieser Betrachtung kann nicht erwartet werden, dass auf der einen Seite die Prämienzahlungen steuerlich abzugsfähig sind, auf der anderen Seite aber die gebildeten Reserven wie bereits versteuerte Gewinne behandelt werden können. Auch bei der Risikovorsorge durch Rückstellungen besteht das primäre Ziel nicht in einer Steuervermeidung, sondern in dem Anspareffekt, der durch die Steuerstundung und der damit einhergehenden Steuerbarwertminimierung unterstützt wird. Eine Versteuerung des rückübertragenen Guthabens beeinträchtigt deshalb die Zielsetzungen eines Funded Covers nicht.

Beispielhafte Ausgestaltung einer Funded Cover-Deckung

Nachdem die Merkmale und Besonderheiten von Finite Risk-Konzepten, insbesondere von Funded Covers, analysiert wurden, soll im folgenden die Risikofinanzierung durch eine Funded Cover-Deckung an einem Fallbeispiel verdeutlicht werden. Abbildung 6 gibt eine detaillierte Übersicht über die Parameter der Deckung.

Die Funded Cover-Deckung kann der Absicherung eines Eigenschadenrisikos dienen und soll dazu beitragen, über die gesamte Vertragslaufzeit steuerlich abzugsfähige Prämien anzusparen. Die Konstruktion scheint geeignet, den steuerlichen Anforderungen zu entsprechen.

	Vertragsdaten der Funded Cover Deckung			
Deckungssumme:	DM 15.000.000 aggregiert über die gesamte Vertragslaufzeit			
Vertragsdauer:	5 Jahre mit der Option, die Deckung nach Vertragsablauf neu zu verhandeln bzw. um weitere 5 Jahre zu verlängern			
Versicherungsprämie:	Bruttoprämie:	2.120.000 DM,	jährlich zahlbar, erstmals bei Vertragsbeginn	
	davon:			
	Verwaltungs- und Betriebskostenanteil:	65.000 DM		
	Risikoprämie:	55.000 DM		
Zinsen:	Haben-Zins:	Dem Erfahrungskonto wird bei positivem Kontostand (Jahresdurchschnitt) jährlich ein Zins in Höhe von 5 % gutgeschrieben.		
	Soll-Zins:	Das Erfahrungskonto wird bei negativem Kontostand (Jahresdurchschnitt) mit einem Zins in Höhe von 7 % belastet.		
Vertragsende:	Bei positivem Kontostand des Erfahrungskontos wird dem Versicherungsnehmer am Ende der Vertragslaufzeit ein Anteil von 90 % des Guthabens zurückerstattet.			
	Ist das Guthaben des Erfahrungskontos bei Vertragsende negativ, hat der Versicherungsnehmer die Pflicht, eine abschliessende Zahlung zum Ausgleich des negativen Saldos zu leisten. Die Abschlusszahlung ist allerdings auf die Hälfte der Differenz von 1.600.000 DM und den aggregierten Haben-Zinsen zuzüglich der aggregierten Sollzinsen begrenzt.			

Abbildung 6: Vertragsdaten der Funded Cover Deckung

Die jährliche Bruttoprämie sei auf 2,12 Mio. DM festgesetzt. Aufgrund der Versicherungssteuerpflicht erhöht sich die vom Versicherten zu zahlende Gesamtprämie auf 2,438 Mio. DM. Wie der obere Teil der folgenden Abbildung 7 verdeutlicht, dient die Gesamtprämie als Basis für die Berechnung des Betrages, der dem Erfahrungskonto jährlich zugeführt werden kann. Neben der Versicherungssteuer sind von dieser Basisprämie die Verwaltungs- und Betriebskosten abzuziehen, die der Versicherer für die Durchführung und Abwicklung des Funded Cover-Programms, unabhängig vom Schadenverlauf, jährlich einbehält. Auch die Risikoprämie, die für den

Transfer des Underwriting-Risikos zu zahlen ist, d.h. dafür, dass der Versicherer einen Exzedenten übernimmt, der über die vom Versicherten zu zahlenden Prämien einschliesslich erwarteter Zinserträge hinausgeht, muss von der Basisprämie abgezogen werden. Im Beispielfall bleiben von einer Basisprämie in Höhe von 2,438 DM 2 Mio. DM übrig, die dem Erfahrungskonto zufliessen.

Die Funktionsweise der Funded Cover-Deckung soll nachfolgend anhand von zwei Schadenzenarien verdeutlicht werden.

- Fall 1: Bereits im ersten Jahr tritt ein vom Vertrag erfasster Schaden in Höhe von 4,5 Mio. DM ein. Im dritten Jahr wird erneut ein Schaden (2 Mio. DM) verursacht. Die Bezahlung der Schadenbeseitigung erfolgt jeweils am Jahresende.
- Fall 2: Im dritten Jahr tritt ein Eigenschaden in Höhe von 13 Mio. DM ein. Die Bezahlung der Schadenbeseitigung erfolgt am Jahresende.

Abb. 7 verdeutlicht, dass in Fall 1 bereits im ersten Jahr die Finanzierungsfunktion des Funded Covers greift, da die vom Versicherer für den ersten Schaden zu leistenden Zahlungen bereits im ersten Jahr die bis dahin gezahlten Prämien übersteigen. Trotz des zweiten Schadens verbleibt aber aufgrund des durchschnittlichen Schadenverlaufs am Ende der Vertragsperiode auf dem Erfahrungskonto ein Guthaben in Höhe von 3,9 Mio. DM. Der Versicherte erhält davon 3,5 Mio. DM zurückerstattet. Da dieses Guthaben aus Beträgen nach Ertragsteuern angesammelt wurde, ist es vom Versicherten bei der Rückübertragung als ausserordentlicher Ertrag zu versteuern.

Für den Fall, dass gar kein Schaden eintritt, erreicht das Erfahrungskonto zu Vertragsende einen Kontostand von 11,6 Mio. DM. Der Versicherte würde an seinem guten Schadenverlauf durch eine Gewinnbeteiligung in Höhe von 10,4 Mio. DM partizipieren.

Position (alle Angaben in DM)	Jahr 1	Jahr 2	Jahr 3	Jahr 4	Jahr 5
Basisprämie	2,438,000	2,438,000	2,438,000	2,438,000	2,438,000
Versicherungssteuer (15 % auf Bruttoprämie)	318,000	318,000	318,000	318,000	318,000
Bruttoprämie	2,120,000	2,120,000	2,120,000	2,120,000	2,120,000
Verwaltungs- und Betriebskostenzuschlag	-65,000	-65,000	-65,000	-65,000	-65,000
Risikoprämie	-55,000	-55,000	-55,000	-55,000	-55,000
Nettoprämie (Zuführung zu Erfahrungskonto)	**2,000,000**	**2,000,000**	**2,000,000**	**2,000,000**	**2,000,000**

Erfahrungskonto					
Kontostand am Jahresanfang	0	-2,400,000	-428,000	-349,400	1,733,130
Jährliche Zuführung	2,000,000	2,000,000	2,000,000	2,000,000	2,000,000
	2,000,000	-400,000	1,572,000	1,650,600	3,733,130
Zinsen: Haben 5 %	100,000	0	78,600	82,530	186,657
Soll 7 %	0	-28,000	0	0	0
Bezahlte Schäden	-4,500,000		-2,000,000		
Kontostand am Jahresende	-2,400,000	-428,000	-349,400	1,733,130	3,919,787
Rückerstattung (90 %)					3,527,808
Ausgleichszahlung bei Vertragsende					0

Abbildung 7: Entwicklung des Erfahrungskontos in Fall 1

Position (alle Angaben in DM)	Jahr 1	Jahr 2	Jahr 3	Jahr 4	Jahr 5
Erfahrungskonto					
Kontostand am Jahresanfang	0	2,100,000	4,305,000	-6,379,750	-4,686,333
Jährliche Zuführung	2,000,000	2,000,000	2,000,000	2,000,000	2,000,000
	2,000,000	4,100,000	6,305,000	-4,379,750	-2,686,333
Zinsen: Haben 5 %	100,000	205,000	315,250	0	0
Soll 7 %	0	0	0	-306,583	-188,043
Bezahlte Schäden			-13,000,000		
Kontostand am Jahresende	2,100,000	4,305,000	-6,379,750	-4,686,333	-2,874,376
Rückerstattung/					0
Ausgleichszahlung bei Vertragsende					-984,501

Abbildung 8: Entwicklung des Erfahrungskontos in Fall 2

Wie Abbildung 8 zeigt, beträgt das in Fall 2 bis zu Beginn des dritten Jahres erwirtschaftete und angesparte Kapital 6,3 Mio. DM. Dann tritt der Schaden in Höhe von 13 Mio. DM ein, der das Guthaben bei weitem übersteigt. Doch aufgrund der konstanten jährlichen Zuführungen zum Erfahrungskonto werden über die gesamte Vertragslaufzeit Prämien angespart und so kann der im dritten Jahr anfallende Grossschaden auf den gesamten Vertragszeitraum verteilt werden. Die Streckung der finanziellen Belastung des Versicherten über mehrere Jahre stellt einen bedeutenden Vorteil der Funded Cover-Deckung dar.

Darüber hinaus verdeutlicht Fall 2, dass der Versicherte bei Schäden, welche die aggregierten Prämienzahlungen einschliesslich der erwarteten Zinserträge übersteigen, den überschiessenden Rest nicht vollständig ausgleichen muss. Die Ausgleichszahlung in Höhe von 984.501 DM ergibt sich aus dem Teil des Timing-Risikos, den der Versicherte übernimmt. Die verbleibenden 1,88 Mio. DM trägt der Versicherer (Underwriting- und Timing-Risiko).

Selbst bei einem bereits im ersten Jahr eintretenden Schaden in Höhe von 15 Mio. DM, d.h. bei einem Schaden, bei dem sich das Zahlungszeitpunktrisiko voll verwirklichen und ein Kontostand von -7.407.791 DM bei Vertragsende ergeben würde, bleibt die Ausgleichszahlung des Versicherten auf 3.257.791 DM begrenzt.

Im Vergleich zu den traditionellen Formen des Selbsttragens weisen Funded Covers damit gewisse Vorteile auf. Da eine Rückstellungslösung – wie die obigen Ausführungen gezeigt haben – für die prospektive Deckung von industriellen Risiken weitgehend unmöglich ist, verbleibt als einzig echte Alternative die Bildung von Rücklagen. In diesem Vergleich zeichnet sich die Funded Cover-Deckung durch steuerliche Vorteile aus. Insgesamt führt die mit der Anerkennung der Prämienzahlungen als Betriebsausgaben verbundene Steuerbarwertminimierung trotz der höheren frictional costs – unabhängig vom unterstellten Schadensszenario – zu deutlich geringeren Kosten. Darüber hinaus ist zu berücksichtigen, dass nur die Funded Cover-Deckung eine Vorsorgewirkung vom ersten Tag an bietet. Funded Covers sind damit sowohl unter Kosten- als auch unter Sicherheitsaspekten den (anwendbaren) Formen des bewussten Selbsttragens mit interner Reservenbildung überlegen und stellen durch die gleichmässige und planbare Belastung die erwünschte Planungssicherheit her.

Bei den Formen des definitiven Selbsttragens werden die Risikokosten vollständig und unmittelbar vom effektiven Schadenverlauf bestimmt. Funded Covers wiederum, beinhalten fixe Prämienzahlungen. Fallen die tatsächlichen Schäden allerdings geringer aus als ursprünglich angenommen, ermöglicht die substantielle Prämienrückgewähr eine Partizipation an dem guten Schadenverlauf. Die zunächst fixen Risikokosten werden damit weitgehend variabel.

Da ein Grossteil der Deckungssumme aus eigenen Mitteln aufgebracht werden muss, d.h. bei hohen Deckungssummen auch hohe Beträge vom Versicherten zu leisten sind, macht das Fallbeispiel allerdings auch deutlich, dass Funded Cover Deckungen speziell von grösseren und vor allem finanzkräftigen Unternehmen angewendet werden können.

Durch die Verpflichtung, vorfinanzierte Schadenzahlungen weitgehend zurückzuzahlen, entsteht zwischen Versichertem und Versicherer bei Schadenzahlungen, die das bereits angesammelte Kapital übersteigen, ein Kreditverhältnis. In Fall 2 beispielsweise vergibt der Versicherer einen Kredit in Höhe von ca. 6 Mio. DM. Um das Ausfallrisiko zu begrenzen, setzen die Versicherer eine gute Finanzkraft des Unternehmens voraus resp. verlangen i.d.R. ausreichende Sicherheiten.

Schliesslich ist zu beachten, dass zunächst grössere Beträge vorerst fixer Risikokosten für die finanzielle Deckung der Risiken einzusetzen sind. Diese fixen Beträge sind die Voraussetzung, um auf lange Sicht und bei gutem Schadenverlauf durch die Gewinnbeteiligung insgesamt Risikokosten einzusparen. Das Zusammenwirken der Voraussetzungen Finanzkraft, positiv eingeschätzter Schadenverlauf und ausreichende Kreditwürdigkeit, schränkt das Feld der Unternehmen ein, für die eine Funded Cover Deckung interessant ist. Nach Einschätzung der Praxis kommen bisher nur ca. 10 % der interessierten Unternehmen für den Einsatz von Finite Risk-Konzepten in Betracht.[116]

Anmerkungen

1 Hölscher (1999).
2 Niquille (1986).
3 Schierenbeck (1998).
4 Rein/Spreman (1997), Fünfschilling (1988) und Rauscheder (1996).
5 Niquille (1986).
6 Durrer, (1996).

7   Müller (1997) und Hölscher (1999).
8   Schweizer Rück (1996).
9   Wätke (1982).
10 Hölscher (1987) und Haller (1986).
11 Kupsch (1973).
12 Haller (1986).
13 Wossidlo (1970). und Kupsch (1973).
14 Schoenfeld (1996).
15 Schmitz (1981).
16 Bialek (1993).
17 Meyer-Kahlen (1988).
18 Niquille (1986).
19 Schulte (1996)
20 Meyer (1997) und Farny (1995). Abschlußkosten und Versicherungsteuern werden hier nicht berücksichtigt.
21 Eszler (1997).
22 Für einen Überblick über die seit 1.1.1995 gültigen Regelsteuersätze (§ 6 VersStG) Farny (1995).
23 Farny (1995).
24 Niquille (1986).
25 Küpper (1993).
26 Farny (1995).
27 Helten (1994).
28 Romeike (1996) und Farny (1995).
29 Farny (1995).
30 Herbst (1996).
31 Surminski (1996).
32 Helten (1994).
33 Vesper (1996).
34 Haller (1994).
35 Müller (1994).
36 Rücker (1999).
37 Hets (1995) und Berger (1998).
38 Haller (1990).
39 Niquille (1986).
40 Risikokosten setzen sich aus den von eingetretenen Schäden verursachten Kosten und den Kosten der Maßnahmen des Risikomanagements zusammen. Sie ergeben sich damit aus den Kosten des aktiven und des passiven Risikomanagements. Die in diesem Zusammenhang verwendete Abgrenzung zwischen fixen und variablen Kosten bezieht sich auf den Schadeneintritt und deckt sich nicht mit dem in der Kostenrechnung etablierten Verständnis von fixen und variablen Kosten. Während die fixen Kosten unabhängig vom Risikoeintritt anfallen, ergeben sich die variablen Kosten nur, wenn sich die Risiken verwirklichen, d.h. der Schaden eintritt.
41 Röder (1990) und Niquille (1986).
42 Schierenbeck (1998).
43 Elschen (1993).

44 Niquille (1986).
45 Müller (1979).
46 Niquille (1986).
47 Patterson (1997).
48 Monti/Barile (1995).
49 Strebel (1995).
50 Farny (1995) und Heß (1995).
51 Schweizer Rück (1997).
52 Schweizer Rück (1997).
53 Broesche (1996).
54 Monti/Barile (1995). und Schweizer Rück (1997).
55 Monti/Barile (1995).
56 Banham (1994) und Broesche (1996); Schweizer Rück (1997).
57 Monti/Barile (1995).
58 Heß (1995).
59 Auf die unterschiedlichen Formen des im Rahmen von Finite Risk-Konzepten stattfindenden Risikotransfers wird an späterer Stelle eingegangen.
60 Monti/Barile (1995).
61 Brown (1995) und Schweizer Rück (1997).
62 Souter (1995).
63 o.V. (1995).
64 Willis Corroon (1997).
65 Farny (1995).
66 Fiechter/Vieli (1997).
67 Broesche (1996).
68 Schweizer Rück (1997) und Brown (1995).
69 Brown (1995) und Broesche (1996).
70 Hamer/Dickson (1995).
71 Heß (1995).
72 Monti/Barile (1995).
73 Broesche (1996).
74 Farny (1995).
75 Banham (1994).
76 Heß (1995) und Broesche (1996).
77 Broesche (1996) und Schweizer Rück (1997).
78 Schweizer Rück (1997).
79 Broesche (1996).
80 Zürich (1997) und Zürich (1994) und Broesche (1996) und Schweizer Rück (1997). Zum Begriff des Kreditrisikos Schierenbeck/Hölscher (1998).
81 Heß (1995).
82 Arnoldussen (1991).
83 Heß (1995).
84 Monti/Barile (1995) und Schweizer Rück (1997).
85 Schierenbeck/Hölscher (1998) und Schierenbeck (1997).
86 Broesche (1996).
87 Schierenbeck (1997) und Broesche (1996).

88   Niquille (1985).
89   Williams/Smith/Young (1995).
90   Williams/Smith/Young (1995).
91   In Anlehnung an Williams/Smith/Young (1995) und Nixon (1996).
92   Zu den unterschiedlichen Varianten z.B. Banham (1994) und Broesche (1996) und Schweizer Rück (1997).
93   Monti/Barile(1995).
94   Dazu und zum folgenden: Heß (1995), Monti/Barile (1995) und Schweizer Rück (1997).
95   Williams/Smith/Young (1995).
96   Heß (1995) und Schweizer Rück (1997).
97   Koral (1995), Willis Corroon (1997) und Zurich (1996).
98   Broesche (1996).
99   Souter (1995).
100 Heß (1995) und Broesche (1996).
101 Banham (1994).
102 Arkwright (1997).
103 Monti/Barile (1995).
104 Williams/Smith/Young (1995).
105 Heß (1995).
106 Prase (1996) und Broesche (1996).
107 Booth/Ballantine (1997) und Koral (1995).
108 Heß (1995).
109 Koral (1995).
110 Banham (1994).
111 Booth/Ballantine (1997).
112 Berger (1998).
113 Broesche (1996).
114 Banham (1994) und Berger (1998).
115 Berger (1998).
116 Banham (1994).

Literaturverzeichnis

Arkwright Mutual Insurance Company: Alternative Risk Financing: Four Strategies, in: http://www.arkwright.com/tools/altrisk.htm (1997), S. 1-2.
Arnoldussen, L.: Finanzwirtschaftliche Effekte von Rückversicherungsverträgen in der Schaden- und Unfallversicherung, Bergisch Gladbach 1991.
Banham, R.: Shopping the market for finite risk products, in: Risk Management, Heft 9, (1994), S. 34-43.
Berger, R.: Passive und aktive Selbsttragung betrieblicher Risiken, in: Versicherungswirtschaft, Heft 1 (1998), S. 14-19.
Bialek, K. H.: Captive-Versicherungen und deutsches Körperschaftsteuerrecht, in: Schriften zum Steuerrecht, Band 44,.Lang, J./ Meincke, P. (Hrsg), Berlin 1993.
Booth, G./Ballantine, R.: Spread a little happiness – Finite-Risk Reinsurance, in: ReActions, Heft 3 (1997), S. 46-59.

Broesche, D.: Besondere Kennzeichen: Unbeschränkte Vertragshaftung für den Rückversicherer – Noch einmal zum Thema «Financial Reinsurance», in: Versicherungswirtschaft, Heft 17 (1996), S. 1201-1207.

Brown, D.: Finite risk solutions, in: Review, Heft 11 (1995), S. 31.

Durrer, A.: Eine ART Revolution – Alternative Risk Transfer: Katastrophendeckung über die Finanzmärkte, in: Schweizer Versicherung, Heft 9 (1996), S. 27-29.

Elschen, R.: Rückstellungen bei Umweltschutzmassnahmen als Massnahmen gegen den Umweltschutz, in: Der Betrieb Heft 22 (1993), S. 1097-1100.

Eszler, E.: Die Prämie als Preis der Leistung des Versicherers, in: Versicherungswirtschaft, Heft 3 (1997), S. 150.155.

Farny, D.: Versicherungsbetriebslehre, 2. Aufl., Karlsruhe 1995.

Fiechter, P./Vieli, D.: Allfinanz im Grosskundengeschäft – Deckung von traditionell nicht versicherbaren Risiken, in: Neue Zürcher Zeitung vom 4.9.1997, Nr. 204, S. B15.

Fünfschilling, U. H.: Der Banker – immer auch Berater und Unternehmer für Risikofinanzierung, Mergers und Acquisitions, in: io Management Zeitschrift, (1988), S. A8-A11.

Haller, M.: Risiko-Management – Eckpunkte eines integrierten Konzepts, in: Schriften zur Unternehmensführung, Band 33: Risiko-Management, Jacob, H. (Hrsg), Wiesbaden 1986, S. 7-41.

Hamer, M. D./Dickson, R.: Finite Risk Contracts – An Enlightened Approach, in: Risk Management, Heft 8 (1995), S. 23-28.

Helten, E.: Wertewandel und fortschreitende Individualisierung der Prämien – Ende der Versichertensolidarität und des Ausgleichs im Kollektiv?, in: Farny, D. und die Versicherungswissenschaft, Schwebler, R. und die Mitglieder des Deutschen Vereins für Versicherungswissenschaft (Hrsg.), Karlsruhe 1994.

Herbst, C.: Risikoregulierung durch Umwelthaftung und Versicherung, Berlin 1996.

Hess, A.: Financial Reinsurance – Grundlagen und neuere Entwicklungen, in: Versicherungswirtschaft, Heft 19 (1995), S. 1328-1335.

Hets, S.: Captive Insurance Company – Ein risikopolitisches Instrument für deutsche Industrieunternehmen, Wiesbaden 1995.

Hölscher, R.: Risikokosten-Management in Kreditinstituten – Ein integratives Modell zur Messung und ertragsorientierten Steuerung der bankbetrieblichen Erfolgsrisiken, Frankfurt am Main 1987.

Koral, E. S.: A Tug of War – Accounting Rules and Finite Risk Programs, in: Risk Management, Heft 11 (1995), S. 45-47.

Küpper, G.: Anmerkungen zu dem genehmigten Umwelthaftpflicht-Modell und dem Umwelthaftpflichttarif des HUK-Verbandes, in: VP, Heft 2 (1993), S. 17-24.

Kupsch, P.: Das Risiko im Entscheidungsprozess, Wiesbaden 1973.

Meyer, U.: Versicherung als Risikotransformation, in: Versicherungswissenschaftliche Studien, Band 6, Baden-Baden 1997.

Meyer-Kahlen, W.: Captive-Versicherung, in: Handwörterbuch der Versicherung, Farny, D./Helten, E./Koch, P./Schmidt, R. (Hrsg.), Karlsruhe 1988, S. 95-97.

Monti, R. G./Barile, A.: A Practical Guide to Finite Risk Insurance and Reinsurance, New York 1995.

Müller, E.: Securitisation – Quo Vadis?, in: Zeitschrift für Versicherungswesen, Heft 21 (1997), S. 597-604.

Müller, R.: Versicherungsschutz von eigenen Töchtern, in: TopBusiness, Heft 9 (1994), S. 122-129.

Müller, W.: Instrumente des Risk Managements – Gestaltungsformen und Konsequenzen, in: GEBERA-Schriften, Band 5: Risk Management – Strategien zur Risikobeherrschung, Goetzke, W./Sieben, G. (Hrsg), Köln 1979, S. 69-81.

Niquille, C.: Risiko-Finanzierung – Ansätze zu einem Gesamtkonzept, Diss., Hochschule St. Gallen, St. Gallen 1986.

o.V.: InFinite Risk Alternatives, in: Risk Management, Heft 7 (1995), S. 26.

Patterson, S. F.: Alternativer Risikotransfer – immer mehr Realität, in: Zeitschrift für Versicherungswesen, Heft 21 (1997), S. 606-609.

Prase, O.: Financial Reinsurance – Entwicklungstendenzen und Konsequenzen für die deutsche Versicherungsaufsicht, in: Versicherungswirtschaft, Heft 3 (1996), S. 156-158.

Rauscheder, W.: Risikofinanzierung – Dreimal höher – Weil Banken kneifen, entgehen deutschen Anlegern lukrative Börsenkandidaten, in: Wirtschaftswoche, Heft 4 (1996), S. 114-115.

Rein, W./Spreman, K.: Innovation oder Venture, in: Schweizer Bank, Monats-Magazin für Führungskräfte aus Banken und Finanz, Heft 4 (1997), S. 33-37.

Röder, U.: Technische Versicherungen oder betriebliche Eigenvorsorge – ein Vergleich nach wirtschaftlichen und steuerlichen Kriterien, in: Der Maschinen-Schaden, Heft 3 (1990). S. 89-94.

Romeike, F.: Zur Risikoverarbeitung in Banken und Versicherungsunternehmen – Teil II, in: ZfV, Heft 2 (1995), S. 38-44.

Rücker, U.: Finanzierung von Umweltrisiken im Kontext eines systematischen Risikomanagements, Sternenfels 1999.

Schierenbeck, H.: Grundzüge der Betriebswirtschaftslehre, 13. Aufl., München 1998.

Schierenbeck, H.: Ertragsorientiertes Bankmanagement, Band 2: Risiko-Controlling und Bilanzstruktur-Management, 5. Aufl., Wiesbaden 1997.

Schierenbeck, H./Hölscher, R.: BankAssurance, Institutionelle Grundlagen der Bank- und Versicherungsbetriebslehre, 4. Aufl., Stuttgart 1998.

Schmitz, T.: Stille Reserven und externe Jahresabschluss-Analyse, Thun 1981.

Schoenfeld, H. M.: Darstellung von Risiken in Bilanzen internationaler Industrie-Unternehmen – Stand und Entwicklung, in: Versicherung, Risiko und Internationalisierung – Herausforderung für Unternehmen und Politik, Festschrift für Heinrich Stremitzer, Hrsg.: Mugler, J./Nitsche, M., Wien 1996.

Schulte, M.: Bank-Controlling II: Risikopolitik in Kreditinstituten, Bankakademie, 3. Aufl., 1998.

Schweizer Rück: Alternativer Risiko-Transfer durch Finite Risk-Rückversicherung: Ein wirksamer Beitrag zur Stabilität der Versicherungswirtschaft, in: Sigma Nr. 5, (1997).

Schweizer Rück: Rethinking risk financing, Zürich 1996.

Schwintowski, H.-P.: Rechtsnatur und ökonomische Funktionen des Versicherungsvertrags, in: Versicherungswissenschaftliche Studien, Band 6, Baden-Baden (1997).

Souter, G.: Finite risk's appeal grows, in: Business Insurance, Heft 46 (1995), S. 3 u. 6.

Sterk, H.-P.: Selbstbeteiligung, in: Handwörterbuch der Versicherung, Farny, D./Helten, E./Koch, P./Schmidt, R.. (Hrsg.), Karlsruhe 1988, S. 775-780.

Strebel, B.: Multis einen Value Added bieten, in: Schweizer Bank, Heft 12 (1995), S. 41-42.

Surminski, A.: Die Rückkehr zum Risiko, in: ZfV, Heft 15-16 (1996), S. 406-412.
Vesper, B.: Welchen Einfluss hat Risk Management auf Preis und Versicherbarkeit, in: Risk Management – Mehr als «notwendiges Übel» ?, Dokumentation zur Herbstveranstaltung am 12.9.(1996), C. Wuppesahl & Co (Hrsg.).
Wätke, J.-P.: Die Captive Insurance Company – Ein Instrument des Risk Managements, Diss., Hamburg 1982.
Williams, C. A./Smith, M. L./Young, P. C.: Risk management an insurance, 7 ed., New York 1995.
Willis Corroon: Insurance Market Forecast '97, London 1997.
Wossidlo, P. R.: Unternehmenswirtschaftliche Reservierung – Eine realtheoretische und praxeologische Untersuchung, Berlin 1970.
Zurich Insurance Group: Finite Risk – Fact Sheet, Zurich May 1996.
Zürich Versicherungs-Gesellschaft: «FINITE Risk Lösungen» – Product Fact Sheet, Zürich Oktober 1994.
Zürich Versicherungs-Gesellschaft: FINITE Risk Lösungen, in: http://zurichbusiness.ch/german/k.4.2.1.6.htm (1997).

Reinhold Hölscher

Die Praxis des Risiko- und Versicherungsmanagements in der deutschen Industrie

Das Design der Untersuchung zum Risiko- und Versicherungsmanagement

Zielsetzung und Aufbau der Untersuchung

Das Risikomanagement ist ursprünglich aus dem Versicherungsmanagement entstanden, und auch heute ist die Versicherung von Risiken noch eines der wichtigsten Instrumente der Risikofinanzierung. Dennoch ist eine zunehmende Unzufriedenheit der Industrieunternehmen mit den Versicherungsgesellschaften festzustellen.[1] Ein modernes Risikomanagementkonzept ist wesentlich umfassender als die frühen Ansätze konzipiert. Insbesondere das aktive Risikomanagement, also die Gestaltung der Risiken, besitzt einen grossen Stellenwert. Dabei stellt sich die Frage, inwieweit die Unternehmen diese Veränderung der Risiken und des Risikomanagementkonzepts wahrgenommen und verinnerlicht haben.

Diese Frage bildete den Ausgangspunkt einer empirischen Untersuchung zum Risiko- und Versicherungsmanagement in der deutschen Industrie, die 1996 vom Lehrstuhl für Finanzierung und Investition der Universität Kaiserslautern durchgeführt wurde.[2] Insbesondere sollte geklärt werden, wie effektiv das Risikomanagement der Unternehmen ist, und welchen Stellenwert die Versicherung von Risiken besitzt. Darüber hinaus sollte analysiert werden, wie die Unternehmen die neuen Versicherungslösungen einschätzen, mit denen die Versicherungswirtschaft auf die Wandlung der industriellen Risiken reagiert hat.

Als Methode für die Erhebung wurde die postalische Befragung mittels Fragebögen gewählt. Ein Fragebogen hat den Vorteil, dass die Befragung selbst immer unter gleichen Rahmenbedingungen stattfindet. Eine Einflussnahme des Fragenden ist ausgeschlossen. Die postalische Form der Befragung stellt zudem sicher, dass kein Druck auf den Befragten ausgeübt werden kann, ferner ist der Befragte in der Lage, einen ihm genehmen Zeitpunkt für die Bearbeitung des Fragebogens auszuwählen. Ein weiterer Vorteil dieser Befragungsform wirkt sich besonders im hier vorliegenden Fall aus, denn die Beantwortung der Fragen erfordert u.U. die Beschaffung zusätzlicher Informationen, z.B. aus Versicherungsverträgen oder von anderen Abteilungen. Durch den fehlenden Zeitdruck wird die Bearbeitung somit erleichtert.[3]

Die meisten Fragen des Fragebogens haben geschlossenen Charakter, d.h. dem Bearbeiter werden vorformulierte Antwortmöglichkeiten zur Auswahl vorgegeben. Dadurch ist der Fragebogen leichter zu bearbeiten, ferner sind die Ergebnisse besser vergleichbar.[4] Dieser Aspekt ist insbesondere wegen des relativ grossen Umfangs des Fragebogens relevant. Eine Vielzahl offener Fragen würde ein zusätzliches Hemmnis für die Bearbeitung schaffen, was eine geringere Rücklaufquote zur Folge hätte. Geschlossene Fragen haben aber den Nachteil, dass der Bearbeiter u.U. keine Antwortmöglichkeit vorfindet, die seine Meinung korrekt wiedergibt. Daher wurden die Bearbeiter im Begleittext der Umfrage dazu ermuntert, die Antworten durch eigene Anmerkungen zu ergänzen.

Der Fragebogen konzentrierte sich auf drei Themenbereiche. Zunächst enthielt er Fragen zum Risikomanagement der Unternehmen. Daran schlossen sich Fragen zum Versicherungsmanagement und dessen Beziehung zum Risikomanagement an. Schliesslich folgten Fragen zum Versicherungsprogramm und zu einzelnen Versicherungstypen. Der Fragebogen war mit 50 Fragen, die sich auf zehn Seiten verteilten, vergleichsweise umfangreich. Dennoch stellt der Umfang der Befragung einen Kompromiss dar, denn es wären noch etliche weitere Informationen von Interesse gewesen. Auf die Erhebung weniger relevanter Daten wurde aber verzichtet, um die Rücklaufquote nicht zu stark zu verringern.

Auswahl der Adressaten und Struktur des Rücklaufs

Im Rahmen der Befragung zum Risiko- und Versicherungsmanagement wurden Fragebögen an 500 deutsche Industrieunternehmen verschickt. Dabei wurden jeweils 100 Unternehmen aus fünf verschiedenen Branchen befragt. Die Brancheneinteilung orientierte sich weitgehend an der Klassifizierung gemäss NACE Rev.1. Hierbei handelt es sich um die Standardklassifizierung der Europäischen Union für Wirtschaftszweige, die auch vom Statistischen Bundesamt benutzt wird.[5]

Die NACE-Branchen Chemische Industrie und Gummi- und Kunststoffwaren wurden im Rahmen der Befragung zu einer Branche zusammengefasst, da sich etliche Chemieunternehmen in beiden Bereichen betätigen und eine eindeutige Zuordnung von Unternehmen in einigen Fällen nicht möglich gewesen wäre. Die pharmazeutische Industrie wurde aus der Befragung bewusst ausgeschlossen, da sie – vor allem im Bereich der Haftungsregelungen – nicht ohne weiteres mit anderen Chemieunternehmen verglichen werden kann.

Ebenfalls aus Gründen einer eindeutigen Zuordnungsmöglichkeit von Unternehmen wurden die NACE-Klassen Giessereiindustrie und Metallverarbeitung zusammengefasst. Den Zusammenhang zwischen den NACE-Klassen und der im Rahmen der Befragung vorgenommenen Brancheneinteilung verdeutlicht Abbildung 1.

Branche	NACE-Klasse	Beschreibung
Chemische Industrie	24	Chemische Industrie
	25	Herstellung von Gummi- und Kunststoffwaren
Metallschaffung und -verarbeitung	27	Giessereiindustrie
	28	Stahl-/Leichtmetallbau, Metallerzeugnisse
Fahrzeugbau	34 bis 35	Fahrzeugbau
Elektroindustrie	30 bis 33	Büromaschinen, DV-Geräte, Elektrotechnik
Maschinen- und Anlagenbau	29	Maschinen- und Anlagenbau

Abbildung 1: Brancheneinteilung der Befragung

Aus jeder Branche erhielten die 80 grössten und 20 zufällig ausgewählte mittelgrosse Unternehmen einen Fragebogen. Die Adressen stammen aus der CD-ROM-Datenbank «ABC der deutschen Wirtschaft». Grosse Mischkonzerne wurden ausgeschlossen, da sie keiner der fünf Branchen eindeutig zugeordnet werden können. Demgegenüber wurden Unternehmen, die zwar als Tochterunternehmen in einen solchen Konzern eingebunden sind, aber dennoch einer Brache zugeordnet werden können, ebenso in die Befragung aufgenommen wie deutsche Tochtergesellschaften ausländischer Unternehmen, sofern sie hierzulande Produktionsstätten betreiben.

Die allgemein übliche Systematisierung der Unternehmen in Mittelstand und Grossindustrie orientiert sich an der Anzahl der Mitarbeiter, wobei die Grenze bei 500 Mitarbeitern liegt.[6] Für den hier zu untersuchenden Sachverhalt erschien dieser Grenzwert als zu niedrig angesetzt. Daher wurde im Rahmen der Befragung folgende Grössenklassifizierung verwendet: Als «Grossunternehmen» werden solche Unternehmen bezeichnet, die mindestens 1.000 Mitarbeiter beschäftigen. Die übrigen Unternehmen, die alle in den Bereich 50 bis unter 1.000 Mitarbeiter fallen, werden als «mittelgrosse Unternehmen» bezeichnet. Im Fragebogen wurden auch Daten zum Jahresumsatz und zur Bilanzsumme erbeten. Diese Angaben wurden aber vielfach verweigert, so dass diese Kriterien nicht zur Klassifizierung der Unternehmensgrösse herangezogen werden konnten.

Die Befragung hatte eine Rücklaufquote von 11 %. Dieser Wert liegt durchaus im normalen Rahmen von schriftlichen Befragungen.[7] Die Rücklaufquote war bei der Metallindustrie mit 12 % am grössten, und im Maschinen- und Anlagenbau mit 7 % am geringsten. Von den Grossunternehmen waren 10% bereit, den Fragebogen zu bearbeiten, die Rücklaufquote bei den mittelgrossen Unternehmen betrug 16%. Der naturgemäss geringe Rücklauf einer postalischen Befragung vermindert die Qualität der Ergebnisse nicht unbedingt, da es sich im vorliegenden Fall um eine Spezialbefragung mit homogener Zielgruppe handelt. Je homogener die Zielgruppe aber ist, desto weniger wirkt sich die Rücklaufquote auf die Umfrageergebnisse aus.[8]

Zudem enthält der Fragebogen hauptsächlich Fragen allgemeiner Natur, da die Untersuchung dem Zweck diente, Trends und potentielle Schwachstellen im Risiko- und Versicherungsmanagement aufzudecken. Es werden auf der Basis der Untersuchungsergebnisse keine komplexen statistischen Analysen vorgenommen. Die im Rahmen der Auswertung getroffenen Aussagen sind eher allgemein gehalten, was auf der Grundlage der durchgeführten Erhebung durchaus legitim ist. Dabei erheben die Ergebnisse nicht den Anspruch auf Repräsentativität.

Ergebnisse der empirischen Untersuchung

Risikomanagement

Verständnis vom Konzept des modernen Risikomanagements

Der erste Teil des Fragebogens beschäftigte sich mit dem Risikomanagement der Unternehmen. Bevor detaillierte Fragen gestellt werden konnten, war es jedoch zweckmässig zu untersuchen, wie die Industrieunternehmen dieses Konzept überhaupt wahrnehmen und verstehen. Auf diese Problematik zielte eine Frage ab, in der die Bearbeiter gebeten wurden, aus einigen vorgegebenen Aussagen zum Risikomanagement diejenigen auszuwählen, die das in ihrem Unternehmen vorherrschende Verständnis vom Risikomanagement am ehesten charakterisieren. Wie diese Frage beantwortet wurde, zeigt die nachstehende Abbildung 2.

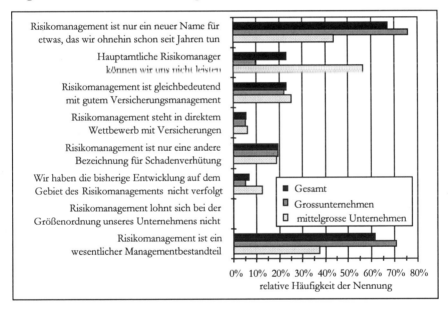

Abbildung 2: Verständnis vom Risikomanagement

Mit der Einschätzung, dass Risikomanagement lediglich ein neuer Name für etwas ist, das man ohnehin schon seit Jahren tut, identifizieren sich immerhin 2/3 aller befragten Unternehmen. Obwohl diese Aussage in Einzelfällen durchaus der Realität entsprechen könnte, ist ihre häufige Nennung dennoch ein deutliches Indiz dafür, dass die Entwicklung auf dem Gebiet des Risikomanagements von den Unternehmen noch nicht in vollem Umfang verinnerlicht wurde.

Die (ansonsten) im Sinne des modernen Risikomanagements einzig akzeptable Aussage ist die, dass es sich beim Risikomanagement um einen wichtigen Managementbestandteil handelt. Nur 11 % der Unternehmen haben ausschliesslich diese Aussage genannt. Insgesamt wurde diese Aussage von über 60 % der Unternehmen ausgewählt, meist in Kombination mit anderen Aussagen. Die Ursache für die häufige Nennung könnte auch in der «Ja-sage-Tendenz» liegen. Jeder, der einen Fragebogen bearbeitet, ist – bewusst oder unbewusst – bestrebt, einen guten Eindruck zu hinterlassen.[9] Wenn ein Fragebogen mit «Fragebogen zum Risiko- und Versicherungsmanagement» betitelt ist, dann ist dem Bearbeiter klar, dass derjenige, der die Umfrage durchführt, Risikomanagement als sehr wichtig einschätzt. Insofern provoziert die Aussage «Risikomanagement ist ein wichtiger Bestandteil des Managements» dazu, angekreuzt zu werden.

7 % der Unternehmen geben zu, dass ihnen das Konzept des Risikomanagements unbekannt ist. Ein positiver Aspekt ist der, dass keines der befragten Unternehmen die Ansicht vertritt, dass sich Risikomanagement nicht lohnt. Etwa jedes fünfte Unternehmen sieht sich nicht in der Lage, hauptamtliche Risikomanager zu beschäftigen. Diese Ansicht äussern vor allem die mittelgrossen Unternehmen, aber auch einige Grossunternehmen, darunter eines des Maschinen- und Anlagenbaus mit einem Jahresumsatz von 2 Mrd. DM und 14.000 Mitarbeitern.

Die Antworten legen insgesamt den Schluss nahe, dass das Konzept des modernen Risikomanagements die deutsche Industrie noch nicht in dem erforderlichen Ausmass durchdrungen hat. Darauf deutet auch der Umstand hin, dass jeweils etwa jedes fünfte Unternehmen die Ansicht vertritt, dass Risikomanagement gleichbedeutend mit Versicherungsmanagement bzw. Risikomanagement mit Schadenverhütung gleichzusetzen ist. Beides sind aber nur Teilbereiche eines integrativen Risikomanagementkonzepts.

Organisation des Risikomanagements

Die Art und Weise, in der das Risikomanagement in einem Unternehmen organisatorisch realisiert worden ist, erlaubt eine Aussagen über seine Effektivität. Dabei sind sowohl die Aufbau- als auch die Ablauforganisation zu berücksichtigen.

Im Fragebogen wurde nach dem Umfang des Risikomanagements gefragt. Als mögliche Antworten wurden die Teilaktivitäten vorgegeben, die zum Risikomanagement gehören. Zusätzlich wurde explizit nach der Risikonachbereitung gefragt, da diese ein wesentlicher Bestandteil des Risikomanagements ist, aber dennoch oft vernachlässigt wird. Die Frage wurde wie in nachstehender Abbildung 3 dargestellt beantwortet.

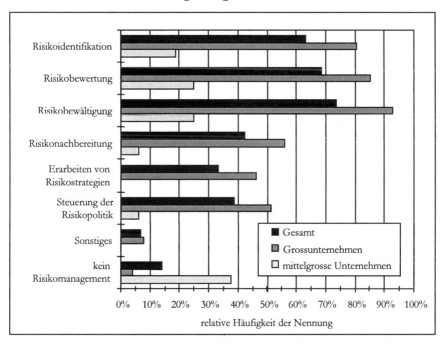

Abbildung 3: Umfang des Risikomanagements

Die Risikoanalyse, bestehend aus Risikoidentifikation und Risikobewertung, sowie die Risikobewältigung betreiben jeweils ca. 2/3 der befragten Unternehmen. Risikonachbereitung oder strategisches Risikomanagement, bestehend aus der Erarbeitung von Strategien und der Steuerung der unternehmensweiten Risikopolitik, wird demgegenüber nicht einmal von der Hälfte der Unternehmen praktiziert. Das strategische Risikomanagement ist aber für die Wahrnehmung der Führungsfunktion des Risikomanagements unabdingbar. Sein Fehlen wirkt sich zwangsläufig effizienzmindernd auf den Risikomanagementprozess aus. Die Unterentwicklung des strategischen Risikomanagements wurde auch schon in einer anderen empirischen Erhebung zum Risikomanagement festgestellt, die an der Universität Innsbruck durchgeführt wurde.[10] Die Risikonachbereitung ist mit einer Häufigkeit von 40 % ähnlich stark unterentwickelt wie das strategische Risikomanagement. Es ist kaum nachvollziehbar, warum 60 % der Unternehmen darauf verzichten, Risikoeintritte hinsichtlich ihrer Entstehung und ihrer Auswirkungen zu analysieren. Immerhin ist die Nachbereitung von Risiken ein effektives und vergleichsweise einfach handhabbares Mittel, mit dem ähnlichen Risiken entgegengewirkt werden kann.[11] 14 % der befragten Unternehmen, darunter genau die Hälfte aller mittelgrossen Unternehmen verzichten völlig auf systematisches Risikomanagement.

Selbst wenn das Risikomanagement eines Unternehmens alle wichtigen Aktivitäten umfasst, bedeutet dies nicht automatisch, dass es besonders effektiv ist. Einzelne Aktivitäten bringen nur einen geringen Nutzen, wenn ihre Ergebnisse nicht regelmässig aktualisiert werden. Über 60 % der Unternehmen, die Risikomanagement betreiben, sorgen für eine regelmässige oder permanente Aktualisierung der Erkenntnisse. Die übrigen Unternehmen, darunter 2/3 der mittelgrossen Unternehmen, verzichten darauf, ihr Risikomanagement auf dem neuesten Stand zu halten.

Eine zentrale Frage bezüglich der aufbauorganisatorischen Behandlung des Risikomanagements ist die nach der höchsten zuständigen Instanz. Soll das Risikomanagement seiner Führungsfunktion gerecht werden, muss es letztendlich Chefsache sein. Wird das Risikomanagement an tiefer angeordnete Hierarchieebenen delegiert, ist die ganzheitliche Risikobewältigung gefährdet. 55 % der befragten Unternehmen geben an, dass das Risikomanagement in der Zuständigkeit der Unternehmensleitung liegt, aber in immerhin 29 % der Fälle wird das Risikomanagement delegiert (vgl. Abbildung 4).

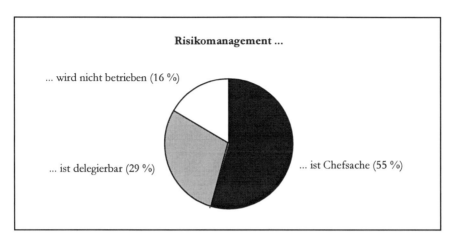

Abbildung 4: Zuständigkeit für das Risikomanagement

Neben der höchsten Instanz ist auch von Interesse, ob und wie das Risikomanagement fest in die Organisationsstruktur des Unternehmens eingebunden ist. Eine unabhängige Institution mit Weisungsbefugnis in fachspezifischen Fragen ist dabei die zu präferierende Lösung, für die sich etwa 40 % der befragten Unternehmen entschieden haben. 16 % der Unternehmen räumen der Risikomanagementstelle weniger Entscheidungsgewalt ein; sie verfügen zwar über eine zentrale Risikomanagementinstitution, die aber keine Weisungsbefugnis besitzt. 8 % der Unternehmen verzichten auf eine zentrale Koordination des Risikomanagements, das hier nur innerhalb der einzelnen Funktionsbereiche betrieben wird. Eine solche Konzeption widerspricht der integrativen Natur des Risikomanagementansatzes, da bei einer solchen Organisationsform keine Koordination des Risikomanagements möglich ist. Ganzheitliche Risikobewältigungskonzepte, die auch Interdependenzen zwischen den einzelnen Fachbereichen berücksichtigen, sind hier nicht denkbar. Immerhin 37 % aller Unternehmen, darunter 3/4 aller mittelgrossen Unternehmen, besitzen kein institutionalisiertes Risikomanagement (vgl. Abbildung 5).

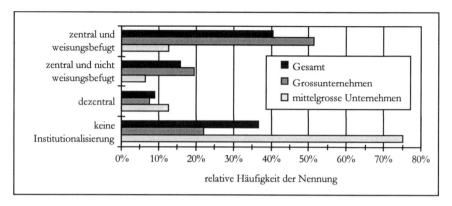

Abbildung 5: Institutionalisierung des Risikomanagements

Im Rahmen der organisatorischen Ausgestaltung des Risikomanagements ist auch von Bedeutung, wieviele Personen mit der Durchführung des Risikomanagements betraut sind. Sicherlich sind die gemachten Angaben wegen einer unterschiedlichen Interpretation des Begriffs «Risikomanager» nicht vollkommen vergleichbar. Die liegen Angaben meist im Bereich von 2 bis 10 Mitarbeitern. Dabei werden fast immer nebenamtliche Mitarbeiter bevorzugt. Dies ist ein Indiz dafür, dass es sich nicht um wirkliche Experten handelt.

Die Grundlage für ein wirkungsvolles strategisches Risikomanagement ist ein zielorientiertes Managementkonzept. Die Unternehmensziele sollten allen Mitarbeitern bekannt und schriftlich fixiert sein. Knapp 60 % aller befragten Unternehmen besitzen ein ausformuliertes Zielsystem. Mehr als jedes fünfte Unternehmen beschränkt sich darauf, die Ziele mündlich weiterzugeben. 18 % der Unternehmen verzichten völlig auf die Definition von Unternehmenszielen. Fast 2/3 der Unternehmen mit zielorientiertem Management vermitteln ihren Mitarbeitern diese Ziele. In den übrigen Unternehmen sind die Ziele nur den Führungskräften bekannt.

Zur Unterstützung des Risikomanagements sollten Risikoziele im Zielsystem des Unternehmens enthalten sein. Für die Ausgestaltung eines risikoorientierten Zielsystems existieren drei Alternativen. Zum einen ist es möglich, den Risikoaspekt besonders zu betonen, indem die Risikoziele als Hauptziele definiert werden. Diesen Weg gehen knapp 23 % der Unternehmen, die sich Ziele setzen. Darunter findet sich allerdings keines der mittelgrossen Unternehmen. Ebenfalls 23 % der Unternehmen betonen den Risikoaspekt weniger stark. Bei ihnen sind die Risikoziele Nebenziele. Die dritte Möglichkeit ist die, die Risikoziele nicht explizit zu nennen, sondern in andere Ziele zu integrieren. Diesen für das Risikomanagement eher ungeeigneten Weg hat genau die Hälfte der befragten Unternehmen gewählt, darunter 72 % der mittelgrossen Unternehmen.

Ein wichtiges Instrument des strategischen Risikomanagements sind Verhaltensanweisungen und risikopolitische Leitlinien, die von seiten der Unternehmensführung erstellt werden. Sie sollen allen Mitarbeitern als Hilfe bei ihren Entscheidungen dienen. 61 % der befragten Unternehmen geben ihren Mitarbeitern solche Hilfen an die Hand, aber mehr als 1/3 der Unternehmen verzichten darauf. Auch hier ist wieder das Missverhältnis zwischen Grossunternehmen und mittelgrossen Unternehmen deutlich zu erkennen, denn fast 2/3 der mittelgrossen Unternehmen erarbeiten keine risikopolitischen Entscheidungshilfen für ihre Mitarbeiter. Das Fehlen solcher Verhaltensanweisungen ist ein deutliches Indiz dafür, dass in den betreffenden Unternehmen kein strategisches Risikomanagement vorhanden ist, das dieser Bezeichnung gerecht wird.

Einschätzung der verschärften Haftungsrisiken

Die Risikolage der Industrieunternehmen hat sich in den vergangenen Jahren drastisch verändert. Dies bezieht sich vor allem auf die Risiken einer Inanspruchnahme durch Produktfehler oder Umweltbeeinträchtigungen. Mit dem Produkthaftungsgesetz (ProdHaftG) und dem Umwelthaftungsgesetz (UmweltHG) sind zwei rechtliche Normen in Kraft getreten, auf deren Grundlage ein Unternehmen auch dann in Anspruch genommen werden kann, wenn ihm kein Verschulden am eingetretenen Schaden nachgewiesen werden kann. Darüber hinaus können die Geschädigten ihre Ansprüche deutlich leichter durchsetzen als in der Vergangenheit.[12]

Die Industrieunternehmen haben das Anwachsen dieser Risiken zur Kenntnis genommen, wohl auch deswegen, weil die Fachliteratur und die Industrieverbände deutlich auf diese Problematik hingewiesen haben. 2/3 der befragten Unternehmen äussern die Ansicht, dass die Haftungsrisiken erheblich angewachsen sind, 7 % sind gar der Meinung, die Risiken seien nunmehr existenzbedrohend. 1/4 der Unternehmen sehen keine wesentliche Erhöhung des Risikos (vgl. Abbildung 6).

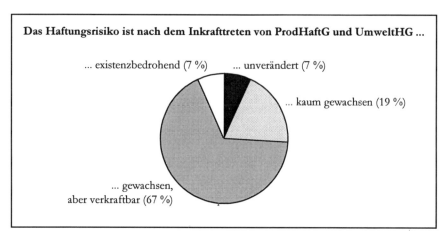

Abbildung 6: Einschätzung der Veränderung des Haftungsrisikos durch ProdHaftG und UmweltHG

Es ist festzuhalten, dass die Industrieunternehmen die Veränderung der Risikolage durchweg wahrnehmen, die Entwicklung aber eher gelassen verfolgen. Es sei dahingestellt, ob dies nicht daran liegen könnte, dass man sich in der deutschen Industrie mit diesem Problem nicht intensiv genug auseinandergesetzt hat. Obwohl die Grossunternehmen eher die für eine juristische Analyse erforderliche personellen Kapazitäten besitzen, sind hinsichtlich der Risikoeinschätzung keine signifikanten Unterschiede in den Häufigkeitsverteilungen zwischen Grossunternehmen und mittelgrossen Unternehmen festzustellen.

Versicherungsmanagement

Umfang des Versicherungsmanagements und sein Stellenwert im Risikomanagement

Der Abschnitt des Fragebogens, der sich mit dem Versicherungsmanagement der Industrieunternehmen beschäftigte, begann mit der Frage nach der Stelle, die für das Versicherungsmanagement zuständig ist. Die Beantwortung dieser Frage ist in nachstehender Abbildung 7 dargestellt. Traditionell wird das Versicherungsmanagement von der Finanzabteilung bzw. dem Rechnungswesen wahrgenommen. Auch heute ist das noch bei ca. 1/3 der Unternehmen der Fall, obwohl sich hierfür nur wenige sachliche Gründe nennen lassen. Eine Finanzabteilung kann i.d.R. weder die technischen Rahmenbedingungen noch die rechtlichen Probleme der Versicherungsnahme korrekt einschätzen. Auch die Durchführung des Versicherungsmanagements durch die Unternehmensleitung ist weit verbreitet, insbesondere in mittelgrossen Unternehmen. Im Regelfall wird hier aber kein ausgewiesener Versicherungsexperte zu finden sein. Immerhin verfügen fast 1/4 der Unternehmen über eine eigene Versicherungsabteilung. Die Dienste von Versicherungsmaklern werden im reinen Versicherungsmanagement überraschend selten in Anspruch genommen.

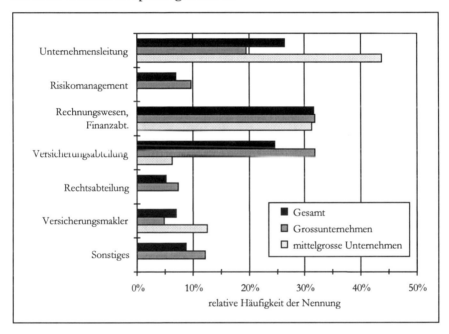

Abbildung 7: Zuständigkeit für das Versicherungsmanagement

Die Beantwortung der Frage nach dem Stellenwert des Versicherungsmanagements im Risikomanagement lässt Rückschlüsse darüber zu, ob das Konzept des Risikomanagements richtig verstanden wurde (vgl. Abbildung 8). Der überwiegende Teil der Unternehmen ist der Ansicht, dass die Versicherung von Risiken neben anderen Aktivitäten einen gleichwertigen Bestandteil des Risikomanagements darstellt. Diese Einordnung entspricht der Philosophie des modernen Risikomanagements. Auch die von 5 % der Unternehmen vertretene Sichtweise der Versicherung als untergeordnetem Bestandteil des Risikomanagements ist akzeptabel.

Die Aussagen, dass das Versichern von Risiken die wichtigste Risikomanagementaktivität (12 %) oder gar gleichbedeutend mit Risikomanagement sei (12 %), sind eindeutig negativ zu beurteilen. Ebenso ist die Ansicht, Versicherungen und Risikomanagement hätten nichts miteinander zu tun (9 %), nicht akzeptabel, denn Versicherungen sind ein Bestandteil einer ganzheitlichen Risikobewältigung.

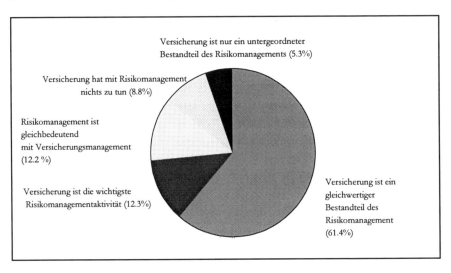

Abbildung 8: Stellenwert der Versicherung im Risikomanagement

Die Industrieversicherer bauen ihr Angebot an zusätzlichen Dienstleistungen, die über den reinen Versicherungsschutz hinausgehen, ständig aus, da offenbar eine grosse Nachfrage nach solchen Leistungen besteht. So gaben 88 % der befragten Unternehmen an, entsprechende Dienstleistungen ihrer Versicherer in Anspruch zu nehmen. Am häufigsten erfolgen Beratungen in den Bereichen Brandschutz (von 77 % der Unternehmen genannt), Risikoanalyse (63 %) und Umweltmanagement (45 %). Bei den Dienstleistungen, die nicht von Versicherungsunternehmen kommen, rangieren die Versicherungsmakler mit 44 % an erster Stelle. 12 % der Unternehmen konsultieren keine externen Berater. 85 % dieser Unternehmen begründen dies damit, dass sie solche Leistungen besser selbst erbringen können. In Einzelfällen mag dies zutreffen, aber spezialisierte Anbieter werden in der Regel über ein deutlich grösseres Fachwissen verfügen.

Gestaltung und Pflege von Versicherungsverträgen

Die Art und Weise, in der Unternehmen ihre Versicherungsverträge handhaben, gibt Hinweise darauf, ob sie dies eher als lästige Pflichtübung oder als ein wichtiges Instrument der Risikobewältigung ansehen. Kaum ein Unternehmen geht den leichten Weg, indem nur Standardverträge abgeschlossen werden. Nahezu alle Unternehmen machen sich, zumindest bei wichtigen Policen, die Mühe des individuellen Aushandelns der Versicherungsverträge.

Ein effizienter Versicherungsschutz ist nur dann gewährleistet, wenn der vorhandene Deckungsumfang ständig in Frage gestellt und regelmässig angepasst wird. Dies kann durch Schadensauswertungen geschehen. 2/3 der Unternehmen nehmen solche Auswertungen regelmässig vor, der Rest verzichtet darauf.

Die Kontrolle des Versicherungsschutzes beinhaltet daneben aber auch die regelmässige Prüfung und ggf. Anpassung der Deckungssummen. Immerhin 38 % der befragten Unternehmen ergreifen hier selbst die Initiative, 5 % verlassen sich in dieser Hinsicht auf ihren Versicherer. Jedes fünfte Unternehmen gestaltet seine Versicherungsverträge so, dass die Deckung automatisch angepasst wird.

Die Kriterien, nach denen ein Industrieunternehmen im Einzelfall den Versicherer auswählt, lassen Rückschlüsse darauf zu, wie intensiv das Versicherungsmanagement betrieben wird. Der einfache Weg besteht darin, immer mit dem gleichen Versicherer zusammenzuarbeiten. Dies tun mehr als 1/4 aller befragten Unternehmen, darunter die Hälfte aller mittelgrossen Unternehmen. Wird der Versicherer nach bestimmten Kriterien ausgewählt, so ist die Prämienhöhe erwartungsgemäss das wichtigste Entscheidungskriterium. Aber auch die jeweilige Flexibilität des Versicherungsunternehmens bei der Vertragsgestaltung ist ähnlich relevant. Jedes zehnte Unternehmen verlangt von einem Versicherer internationale Präsenz und Programme. Diese Antwort war im Fragebogen nicht vorgegeben, die Bearbeiter haben dieses Kriterium aus eigenem Antrieb genannt. Dies ist ein deutliches Indiz dafür, dass die Industrie die Risiken aus der zunehmenden Globalisierung der Wirtschaft erkannt hat und kongruenten Versicherungsschutz nachfragt.

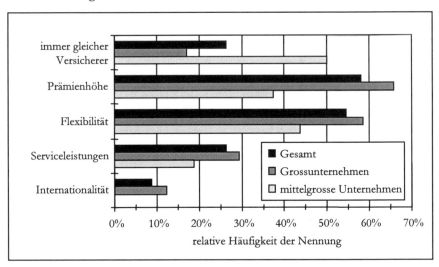

Abbildung 9: Auswahlkriterien für Versicherer

Versicherungsprogramm

Haftpflichtversicherungen

Die Betriebshaftpflichtversicherung ist für die befragten Unternehmen der wichtigste Versicherungstyp, denn ausnahmslos alle Unternehmen, die sich an der Erhebung beteiligt haben, verfügen über einen solchen Versicherungsschutz. Insbesondere für die Betriebshaftpflichtversicherung ist eine ständige Aktualisierung der Deckungssumme wichtig. Bei ca. 50 % der befragten Unternehmen ist die Deckungssumme aber nicht auf dem neuesten Stand. Dies ist entweder dadurch begründet, dass keine regelmässigen Anpassungen vorgenommen werden (in 41 % der Fälle) oder die letzte Anpassung zu lange zurückliegt (7 %).

Eine wichtige Zusatzdeckung der Betriebshaftpflichtversicherung stellt die erweiterte Produkthaftpflichtdeckung dar, die Vermögensschäden Dritter aus Produktfehlern deckt.[13] Nahezu 90 % der befragten Unternehmen haben diese Deckung in ihr Versicherungsprogramm aufgenommen. 30 % dieser Unternehmen geben an, dass sich die Versicherungsprämien durch den Abschluss der erweiterten Produkthaftpflichtdeckung spürbar erhöht haben. Die Verteuerungen liegen zwischen 10 % und 100 %. Das arithmetische Mittel beläuft sich auf 32 %, der Median beträgt 25 %. Die Tatsache, dass der Median deutlich kleiner als das arithmetische Mittel ist, bedeutet, dass die Nennungen in ihrer Mehrzahl im unteren Bereich des Intervalls von 10 % bis 100 % liegen und es einzelne Ausreisser nach oben gibt. Etwa 2/3 der Unternehmen, die eine Prämienerhöhung vermelden, halten diese angesichts der Deckungserweiterung für angemessen. 91 % der Unternehmen, die die diesbezügliche Frage beantwortet haben, halten den Deckungsumfang der erweiterten Produkthaftpflichtdeckung für ausreichend. Insgesamt ist also eine grosse Zufriedenheit der Industrieunternehmen mit dieser Deckung festzustellen.

Die Umwelthaftpflichtversicherung ist noch weiter verbreitet als die erweiterte Produkthaftpflichtdeckung. Hierbei handelt es sich um eine von der Betriebshaftpflichtversicherung unabhängige Deckung für Umweltschäden Dritter, die vom Versicherungsnehmer verursacht wurden. Dabei sind grundsätzlich nur Schäden durch Störfälle gedeckt. Die Normalbetriebshaftung ist ausgeschlossen, es sei denn, der Betreiber der den Schaden verursachenden Anlage musste die Störung nicht erkennen. Dabei soll sich der Kenntnisstand des Versicherungsnehmers auf dem «Stand der Technik» bewegen. Eine eindeutige Definition dieser Formulierung liegt derzeit noch nicht vor, es besteht bis zum Vorliegen höchstrichterlicher Urteile also hinsichtlich des Deckungsumfangs der Umwelthaftpflichtversicherung ein gewisses Mass an Unsicherheit. Eine Haftung für Umweltschäden durch Emissionen, die dem Anlagenbetreiber bekannt sind, ist in jedem Fall ausgeschlossen, selbst dann, wenn die Emissionen dem Produktionsverfahren immanent und technisch unvermeidbar sind.[14]

Trotz dieser Schwachstellen nutzen 91 % der befragten Unternehmen eine Umwelthaftpflichtversicherung. 2/3 der Unternehmen beklagen eine deutliche Erhöhung der Versicherungsprämien im Zuge der Umstellung auf die Umwelthaftpflichtversicherung. Genannt werden Steigerungen zwischen 3 % und 300 %. Die meisten Nennungen liegen im Bereich bis 30%, nach oben treten einzelne Ausreisser auf. Das arithmetische Mittel liegt bei 38,5 %, der Median bei 20%. Eine sehr ähnliche Verteilung, allerdings mit einem extremen Ausreisser auf 2.500 %, hat der BDI in einer eigenen Umfrage festgestellt.[15] Nur 37 % der Unternehmen, die eine Prämienerhöhung vermelden, sind der Meinung, dass diese angemessen ist. Wie sich in Zusammenhang mit der erweiterten Produkthaftpflichtdeckung gezeigt hat, stehen Industrieunternehmen Prämienerhöhungen nicht grundsätzlich ablehnend gegenüber. Folglich ist die Kritik von 63 % der Unternehmen ernst zu nehmen.

Genau 1/3 der Unternehmen sind mit dem Deckungsumfang der Umwelthaftpflichtversicherung zufrieden. Die übrigen beklagen ausgeprägte Deckungslücken. 12 % der Unternehmen bemängeln, dass die Bodenkaskodeckung nicht mehr im Deckungsumfang enthalten ist, 9 % weisen auf Einschränkungen bei den vorgezogenen Rettungskosten hin. Ebenfalls 9 % stellen fest, dass die Normalbetriebshaftung nur in eingeschränktem Umfang durch die Umwelthaftpflichtversicherung gedeckt ist. Sowohl die Bodenkaskodeckung als auch die Normalbetriebshaftung waren im Fragebogen nicht als Antwortmöglichkeiten für die Frage nach den Mängeln der Umwelthaftpflichtversicherung vorgegeben. Dies geschah in der Absicht, die tatsächliche Relevanz dieser Kritikpunkte festzustellen.

Angesichts der Tatsache, dass die Einschränkungen bei der Normalbetriebshaftung in der Literatur den Hauptkritikpunkt an der Umwelthaftpflichtversicherung darstellen, hätte eine ähnlich ausgeprägte Ablehnung von seiten der Industrie nicht überrascht, besonders weil eine Versicherung für Umweltschäden durch bekannte Emissionen nicht erhältlich ist. Darüber hinaus ist die Versicherung von Umweltrisiken nach wie vor eines der zentralen Tätigkeitsfelder des industriellen Umweltmanagements.[16] Insofern wäre eine kritischere Beurteilung zu erwarten gewesen. Dafür, dass dies nicht geschehen ist, sind zwei Erklärungsansätze denkbar. Einerseits könnten die Unternehmen diesen Aspekt weniger dramatisch sehen als die Literatur. Andererseits könnten sie die neue Risikosituation aber auch falsch einschätzen und stattdessen Einschränkungen des Versicherungsschutzes gegenüber früheren Versicherungslösungen kritisieren, was insbesondere die Bodenkaskodeckung betrifft. Diese Eigenschadendeckung war in der sogenannten WHG-Haftpflichtdeckung enthalten. Die WHG-Haftpflichtdeckung ist nun Bestandteil der Umwelthaftpflichtversicherung und wurde als separate Versicherung abgeschafft. Die Kaskodeckung wurde grundsätzlich nicht übernommen, da eine Eigenschadendeckung in einer Haftpflichtversicherung, die Schäden Dritter decken soll, fehl am Platze ist.

Welcher der beiden Erklärungsansätze zutrifft, lässt sich an dieser Stelle nicht abschliessend klären. An späterer Stelle wird die Korrelation zwischen dem Risikomanagement und der Risikosensibilität analysiert. Dann wird auf diesen Zusammenhang noch einmal einzugehen sein.

Versicherung der Produktionsanlagen

Die Versicherung der Produktionsanlagen umfasst sowohl die Versicherung von Sachschäden an den Anlagen selbst als auch als Versicherung von Vermögensschäden, die durch Sachschäden an den Anlagen verursacht wurden. In den letzteren Bereich fallen vor allem Betriebsunterbrechungsversicherungen. Diese übernehmen den Vermögensschaden, der dadurch entsteht, dass es durch einen Schaden an einer Produktionsanlage zu einem Produktionsausfall kommt.

Die am häufigsten genutzte Sachversicherung ist die Feuerversicherung. Unter den Begriff «Feuerversicherung» wird hier auch die Extended-Coverage-Deckung gefasst. Gegenüber der Feuerversicherung spielen die verschiedenen Formen der technischen Sachversicherung nur eine untergeordnete Rolle. Die grösste Relevanz hat hier die Elektronikversicherung, die im Versicherungsprogramm von ca. 2/3 der befragten Unternehmen enthalten ist. Die klassische Maschinenversicherung hat eine vergleichsweise geringe Bedeutung. Sie wird nur von ca. 1/4 der Unternehmen genutzt. Immerhin jedes fünfte Unternehmen (21 %) verfügt über keine technische Sachversicherung. In diesen Fällen besteht folglich kein Versicherungsschutz für Sachschäden, die nicht im weiteren Sinne als Brandschäden zu bezeichnen sind. Insbesondere sind von eigenen Mitarbeitern verursachte Schäden, z.B. durch menschliches Versagen oder aufgrund böswilliger Sabotage, nicht gedeckt. Die geringe Relevanz der technischen Versicherungen ist durchgängig in allen Branchen festzustellen.

Bei der technischen Sachversicherung für im Bau befindliche Produktionseinrichtungen ist die Zahl der «Verweigerer» noch grösser als bei der Versicherung betriebsbereiter Anlagen. Mehr als 1/3 der befragten Unternehmen sieht keine Veranlassung für den Abschluss einer solchen Versicherung. Unter den mittelgrossen Unternehmen verzichten sogar 69 % auf eine entsprechende Versicherung.

Bei den Betriebsunterbrechungsversicherungen bietet sich ein Bild, das dem der Sachversicherungen sehr ähnlich ist. Die Feuer-Betriebsunterbrechungsversicherung bzw. die EC-Feuer-Betriebsunterbrechungsversicherung ist die mit Abstand am häufigsten genutzte BU-Versicherung. Sie wird von 81 % der befragten Unternehmen, darunter 93 % aller mittelgrossen Unternehmen, eingesetzt. Mit weitem Abstand folgt die Maschinen-BU-Versicherung, die von gut 12 % der Unternehmen genutzt wird. Die Häufigkeiten der weiteren technischen Betriebsunterbrechungsversicherungen liegen jeweils unter 10 %. 9 % der Unternehmen besitzen eine «sonstige» Betriebsunterbrechungsversicherung. Hierbei handelt es sich zumeist um eine Betriebsunterbrechungsdeckung als Bestandteil einer All-Risk-Versicherung.

Im Vergleich mit der Häufigkeitsverteilung der Sachversicherung für betriebsbereite Einrichtungen fällt auf, dass die dort festgestellte Relevanz der Elektronikversicherung im Vergleich zu den anderen technischen Versicherungen hier nicht nachvollziehbar ist. Bei den Betriebsunterbrechungsversicherungen spielen die Varianten der Elektronikversicherung gegenüber der Maschinen-BU-Versicherung eine untergeordnete Rolle. Dies ist insofern erstaunlich, als die Elektronik-BU-Versicherung auch Unterbrechungsschäden durch den Ausfall von EDV-Anlagen übernimmt. Angesichts der grossen Abhängigkeit vieler Unternehmen von ihrer Datenverarbeitung wäre eine stärkere Nutzung dieses Versicherungstyps zu erwarten gewesen.

Sonstige Versicherungen

Die Versicherungswirtschaft bietet etliche neue Versicherungslösungen an, die der Verschärfung der industriellen Risiken entgegenwirken sollen. Eine solche Versicherung ist die All-Risk-Versicherung. Gemäss dem Prinzip der Allgefahrendeckung sichern solche Versicherungen prinzipiell alle Risiken des Versicherungsnehmers ab, ausser denen, die in einer Ausschlussliste genannt sind.

Der Terminus «All-Risk» ist insofern irreführend, als die Deckungsausschlüsse sehr umfangreich sind. Der Versicherungsumfang ist aber flexibel, da auch bislang unbekannte Gefahren gedeckt sind, was bei enumerativer Aufzählung der versicherten Risiken nicht der Fall wäre.[17]

Dadurch, dass der Versicherer ihm unbekannte Risiken übernimmt, ist die All-Risk-Versicherung vergleichsweise teuer. Aus diesem Grund werden zwecks Prämiensenkung meist sehr hohe Selbstbehalte vereinbart. Zur Aushandlung günstiger Konditionen ist eine gewisse Verhandlungsmacht erforderlich, die vor allem Grossunternehmen besitzen. So überrascht es nicht, dass immerhin 41 % der Grossunternehmen, aber nur 20 % der mittelgrossen Unternehmen über eine solche Versicherung verfügen. Noch deutlicher wird die Korrelation der Häufigkeit mit der Unternehmensgrösse dadurch, dass alle befragten Unternehmen, die mehr als 10.000 Mitarbeiter beschäftigen, eine All-Risk-Versicherung in ihrem Versicherungsprogramm haben.

Die Mehrzahl der Unternehmen, die über eine All-Risk-Versicherung verfügen, sind mit dieser Versicherung zufrieden, sowohl hinsichtlich des Deckungsumfangs als auch in bezug auf die Prämienhöhe. Allerdings ist anzumerken, dass teilweise erhebliche Unterschiede in den Konditionen, die den Unternehmen von verschiedenen Versicherungsgesellschaften angeboten wurden, bestehen. Diese Uneinheitlichkeit bemängeln etliche Unternehmen. Darüber hinaus empfinden die befragten Unternehmen den administrativen Aufwand für All-Risk-Policen als zu hoch. Eine leichter verständliche Formulierung der Ausschlussliste ist der am häufigsten genannte Verbesserungswunsch.

Die Internationalisierung der Wirtschaft stellt die deutschen Industrieunternehmen vor neue Probleme. Lediglich eines der befragten Unternehmen gibt an, weder über ausländische Produktionsstätten zu verfügen noch Import oder Export zu betreiben. 86 % der Unternehmen sind im Aussenhandel aktiv, 56 % betreiben einen Teil ihrer Produktion ausserhalb Deutschlands. Dieser hohe Anteil an Unternehmen mit ausländischen Produktionsstätten ist vermutlich auch darauf zurückzuführen, dass die Grössenverteilung der befragten Unternehmen nicht mit der tatsächlichen Struktur der deutschen Industrie übereinstimmt. Der Schwerpunkt der Befragung lag auf den Grossunternehmen.

88 % der Unternehmen mit ausländischen Produktionsstätten sichern diese mittels einer Master-Cover-Deckung ab. Dieses Modell ermöglicht es, für weltweit alle Produktionsstätten einen einheitlichen Versicherungsschutz zu gewährleisten (in Nordamerika nur mit Einschränkungen). Hierzu wird in den jeweiligen Tätigkeitsländern mittels lokal abgeschlossener Verträge ein Grundversicherungsschutz aufgebaut, der mit dem in Deutschland abgeschlossenen Master-Cover-Vertrag auf ein einheitliches Deckungsniveau gebracht wird.[18] Für die Unternehmen besteht keinerlei Notwendigkeit, eine solche Versicherung abzuschliessen. Es könnte ebenso ein umfassender lokaler Versicherungsschutz aufgebaut werden. Die hohe Akzeptanz

des Master-Cover-Modells zeugt daher von einer grossen Zufriedenheit der Versicherungsnehmer.

Als letzter Punkt des Versicherungsprogramms soll die Versicherung der EDV-Anlagen erwähnt werden. Für viele Industrieunternehmen ist ein Geschäftsbetrieb ohne EDV nicht mehr möglich. Aus diesem Grund sollte diesem Aspekt besondere Beachtung geschenkt werden, zumal es in diesem Zusammenhang nicht nur um Sachschäden an der Hardware geht. Vielmehr sind auch Betriebsunterbrechungsschäden, Datenverlust, Computermissbrauch usw. zu berücksichtigen, die gegenüber dem reinen Hardwareschaden immer mehr in den Vordergrund treten.[19] Mehr als die Hälfte der Unternehmen sichern ihre EDV-Anlagen mittels der Elektronikversicherung ab. Dabei ist aber zu berücksichtigen, dass diese nur den reinen Hardwareschaden deckt. Betriebsunterbrechungsversicherungen oder Versicherungen für Kosten durch Datenverlust werden überraschend selten genutzt, nämlich jeweils von weniger als 10 % der befragten Unternehmen.

Beurteilung der Untersuchungsergebnisse und Schlussfolgerungen

Die Effektivität des Risikomanagements deutscher Industrieunternehmen

Bewertung des Risikomanagements

In den bisherigen Ausführungen sind die Ergebnisse der Befragung in der Gesamtheit dargestellt worden. Um die Effektivität des Risikomanagements in der deutschen Industrie einschätzen zu können, ist für jedes einzelne Unternehmen ferner eine individuelle Beurteilung vorgenommen worden, die sich an folgenden Teilaspekten orientierte:

- Umfang des Risikomanagements,
- Organisatorische Umsetzung im Unternehmen,
- Zielorientierte Gestaltung des Risikomanagements.

In jeder dieser drei Kategorien erfolgte eine Einzelbewertung. Hierbei handelt es sich um eine qualitative Beurteilung, da keine quantitativen Daten erhoben wurden. Vergeben wurden die Urteile «sehr gut», «gut», «mit Mängeln» und «unzureichend». Auf die Angabe numerischer Werte wurde verzichtet, da diese den unrichtigen Anschein einer hohen Genauigkeit vermitteln würden.

Die Bewertungsergebnisse der vier einzelnen Kategorien wurden abschliessend zu einer Gesamtbewertung des Risikomanagements zusammengeführt. Hierzu wurde ein «Mittelwert» gebildet, wobei die einzelnen Kategorien gleich stark gewichtet wurden. Die Abstände zwischen den Bewertungsstufen sind gleich gross, d.h. beispielsweise, dass die Einzelbewertungen «gut» und «unzureichend» zum Mittelwert «mit Mängeln» führen.

Erhält das Risikomanagement eines Unternehmens die Gesamtbewertung «sehr gut», dann bedeutet dies, dass in diesem Unternehmen ein vollständiges System zur Risikohandhabung vorhanden ist, das dem Konzept des modernen Risikomanagements sowohl auf strategischer als auch auf operativer Ebene weitestgehend entspricht. Ein gutes Risikomanagement weist im Vergleich dazu in Teilbereichen gewisse Schwachstellen auf. Dennoch ist es weit entwickelt, und es kann durchaus ein effektives Mittel der Risikohandhabung sein. Ist das Risikomanagement mit Mängeln behaftet, dann ignoriert es wichtige Elemente des Konzeptes, der Gedanke des integrativen Ansatzes wurde nicht realisiert. Ein solches Risikomanagement ist bei weitem nicht so effektiv, wie es sein sollte. Wird das Risikomanagement als schlecht bewertet, fehlen wesentliche Bestandteile, so dass die Wirksamkeit nicht gegeben ist.

Das erste Kriterium, das eine Aussage über die Qualität des Risikomanagements ermöglicht, ist der Umfang der Aktivitäten. Die Untersuchung hat gezeigt, dass hier insbesondere die strategische Komponente vernachlässigt wird. Der Umfang des Risikomanagements wurde nach folgenden Regeln bewertet:

- Die Beurteilung «sehr gut» wurde vergeben, wenn ein Unternehmen alle vorgegebenen Risikomanagementaktivitäten betreibt.
- Der Risikomanagementumfang ist gut, wenn mindestens eine der Teilphasen der Risikoanalyse (Risikoidentifikation oder Risikobewertung), mindestens eine der strategischen Aktivitäten sowie Risikobewältigung und Risikonachbereitung betrieben werden.
- Der Umfang des Risikomanagements weist Mängel auf, wenn eines der Tätigkeitsgebiete Risikoanalyse, Risikobewältigung, Risikonachbereitung oder strategisches Risikomanagement vollständig fehlt.

- Eine Bewertung mit «unzureichend» erfolgte, wenn zwei oder mehr der Tätigkeitsgebiete nicht wahrgenommen werden.

Nach diesen Regeln ergab sich eine Bewertung wie folgt: Nahezu 70 % der Industrieunternehmen, darunter nahezu alle mittelgrossen Unternehmen, betreiben Risikomanagement in einem Umfang, der nicht mehr als gut bezeichnet werden kann. In 42 % der befragten Unternehmen ist der Umfang unzureichend. Es muss in diesem Zusammenhang allerdings darauf hingewiesen werden, dass in diesem Anteil auch diejenigen Unternehmen enthalten sind, die überhaupt kein Risikomanagement betreiben. Nur ca. 21 % der Unternehmen betreiben Risikomanagement in einem als sehr gut zu bezeichnenden Umfang.

Das zweite Bewertungskriterium für die Qualität des Risikomanagements ist seine organisatorische Umsetzung, die wie folgt bewertet wurde:

- Die Organisation des Risikomanagements wurde mit «sehr gut» bewertet, wenn das Risikomanagement die Aufgabe der Geschäftsleitung ist, wenn eine zentrale und in fachlichen Belangen weisungsbefugte Risikomanagementinstitution vorliegt und wenn den Mitarbeitern Verhaltensanweisungen und Strategien zur Risikohandhabung an die Hand gegeben werden.
- Die Organisation des Risikomanagements wurde als gut bezeichnet, wenn eine zwar zentrale, aber nicht weisungsbefugte Risikomanagementstelle vorhanden ist.
- Die Organisation ist mit Mängeln behaftet, wenn entweder das Risikomanagement als delegierbar angesehen wird, es dezentrale bzw. keine Risikomanagementinstitutionen gibt oder den Mitarbeitern keine Verhaltensanweisungen gegeben werden.
- In allen anderen Fällen wurde die Organisation des Risikomanagements als unzureichend angesehen.

Gemäss diesem Bewertungsschema haben 26 % der Unternehmen das Risikomanagement sehr gut in ihre Unternehmensstruktur eingebunden. Allerdings erreichen auch hier wieder 2/3 der Unternehmen keine gute Bewertung, und wiederum gilt dies für fast alle mittelgrossen Unternehmen.

Da im Rahmen des modernen Risikomanagementansatzes das Risiko als Zielverfehlung definiert wird, ist ein zielorientiertes Management die Grundlage für ein funktionierendes Risikomanagement. Aus diesem Grund muss bei der Bewertung des Risikomanagements auch dieser Aspekt berücksichtigt werden. Das zielorientierte Management wurde anhand folgender Regeln bewertet:

- Das zielorientierte Management wurde als sehr gut bezeichnet, wenn ein schriftlich fixiertes Zielsystem vorhanden ist, das alle Mitarbeiter kennen und das Risikoziele als Haupt- oder Nebenziele enthält.
- Ein gutes zielorientiertes Management ist ebenfalls schriftlich fixiert und allen Mitarbeitern bekannt. Die Risikoziele sind aber implizit in anderen Zielen enthalten.
- Ein zielorientiertes Management weist Mängel auf, wenn im Vergleich zur guten Bewertung entweder nur eine mündliche Verbreitung der Ziele erfolgt oder die Ziele nur den Führungskräften bekannt sind.
- In allen übrigen Fällen ist das zielorientierte Management unzureichend.

Die Beurteilung des zielorientierten Managements fällt ähnlich zu den Ergebnissen der anderen Bewertungskategorien aus. Ca. 30 % der Unternehmen verfügen über ein gutes oder sehr gutes zielorientiertes Management, aber nahezu alle mittelgrossen Unternehmen erreichen keine gute Bewertung.

Werden die drei Einzelbewertungen zu einer Gesamtbewertung des Risikomanagements zusammengeführt, so ergibt sich das in nachstehender Abbildung 10 dargestellte Ergebnis. Fast 2/3 aller befragten Unternehmen haben ein Risikomanagement das mit Mängeln behaftet oder als unzureichend einzustufen ist. Folglich verfügen nur 1/3 der Unternehmen über ein gutes bzw. sehr gutes Risikomanagement.

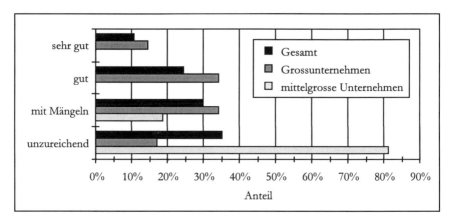

Abbildung 10: Gesamtbewertung des industriellen Risikomanagements

Auf die einzelnen Branchen bezogen zeigt sich, dass mehr als die Hälfte der Unternehmen aus der chemischen Industrie über ein gutes oder sehr gutes Risikomanagement verfügen. Dieses Ergebnis überrascht angesichts der exponierten Risiken der Chemiebranche nicht. Das tendenziell schlechteste Risikomanagement besitzen der Fahrzeugbau und die Metallindustrie (vgl. Abbildung 11).

Etwa 30 % aller befragten Unternehmen betreiben ein Risikomanagement, das Mängel aufweist. Dies bedeutet, dass zwar erste Ansätze vorhanden sind, die aber nicht konsequent umgesetzt wurden. Bemerkenswert ist, dass keines der mittelgrossen Unternehmen ein Risikomanagement besitzt, das als gut zu bezeichnen wäre. Vielmehr haben 81 % der mittelgrossen Unternehmen gar ein unzureichendes Risikomanagement, wohingegen dies nur für 17 % der Grossunternehmen gilt.

Als Fazit ist festzuhalten, dass in der deutschen Industrie ein grosser Nachholbedarf in Sachen Risikomanagement besteht. Dies gilt in besonderem Masse für Unternehmen der Grössenklasse bis 1.000 Mitarbeiter. In diesem Zusammenhang sei noch einmal daran erinnert, dass immerhin 61 % der befragten Unternehmen die Ansicht vertreten, dass das Risikomanagement ein wesentlicher Bestandteil des Managements ist. Die praktische Umsetzung dieser Ansicht ist aber offensichtlich noch nicht in ausreichendem Masse verwirklicht.

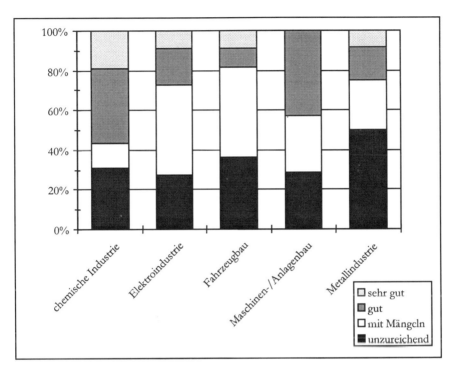

Abbildung 11: Qualität des Risikomanagements bezogen auf die Branche

Ein Ziel des Risikomanagements ist die Förderung der Risikosensibilität der Mitarbeiter. Diese Sensibilität kommt z.B. in der Einschätzung der Umwelthaftpflichtversicherung zum Ausdruck. Wird nun für jedes befragte Unternehmen die Einschätzung der Umwelthaftpflichtversicherung in Beziehung zur Qualität des Risikomanagements gesetzt, so zeigt sich, dass vor allem Unternehmen mit gutem oder sehr gutem Risikomanagement den Deckungsumfang der Umwelthaftpflichtversicherung als unzureichend ansehen (vgl. Abbildung 12). Die Unternehmen mit mangelhaftem oder unzureichendem Risikomanagement sind hingegen mehrheitlich mit der Umwelthaftpflichtversicherung zufrieden. Letzteres könnte daran liegen, dass sich die Unternehmen mit schlechtem Risikomanagement der Veränderung der Umweltrisiken und deren Deckung bzw. Nicht-Deckung durch die Umwelthaftpflichtversicherung nicht bewusst und dementsprechend unkritisch eingestellt sind.

Dies legt die Schlussfolgerung nahe, dass konsequentes Risikomanagement die Mitarbeiter anregt, sich intensiver mit der Risikoproblematik zu beschäftigen und derartige Zusammenhänge kritisch zu hinterfragen. Das Risikomanagement scheint also seinen Zweck der Sensibilisierung für Risiken zu erfüllen.

Angesichts der tendenziell eher schlechten Beurteilung des Risikomanagements ist die Frage interessant, inwieweit die Unternehmen externe Beratungsleistungen in Anspruch nehmen. Dies tun vor allem die Grossunternehmen. Die mittelgrossen Unternehmen nutzen solche Angebote durchweg nur sporadisch oder überhaupt nicht. Dieses Ergebnis ist etwas überraschend, da anzunehmen ist, dass Grossunternehmen über ein besseres Fachwissen und grössere Kapazitäten verfügen als die mittelgrossen Unternehmen. Demzufolge wäre zu erwarten, dass die mittelgrossen Unternehmen einen grösseren Bedarf an externen Beratungsleistungen haben.

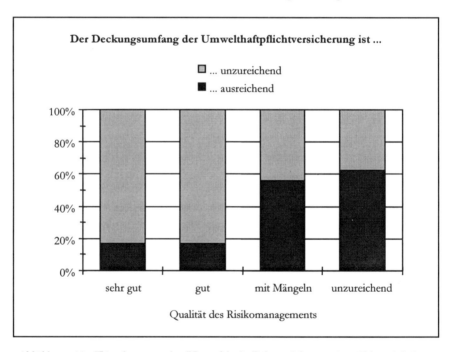

Abbildung 12: Einschätzung der Umwelthaftpflichtversicherung in Abhängigkeit von der Qualität des Risikomanagements

Bewertung des Versicherungsmanagements

Analog zur Beurteilung des Risikomanagements ist eine Bewertung des Versicherungsmanagements vorgenommen worden. Es soll hier herausgefunden werden, wie intensiv sich die Industrie mit dem Abschluss und der Pflege von Versicherungsverträgen auseinandersetzt. Diese Problematik wurde anhand von sieben verschiedenen Fragen des Fragebogens überprüft. Jede Frage konnte in bezug auf die Qualität des Versicherungsmanagements positiv oder negativ beantwortet werden. Die Gesamtbewertung des Versicherungsmanagements orientierte sich an folgenden Regeln, für die Bewertungsstufen gelten analog die Ausführungen im Rahmen der Bewertung des Risikomanagements:

- Das Versicherungsmanagement wurde als sehr gut bezeichnet, wenn alle sieben Fragen positiv beantwortet wurden.
- Das Versicherungsmanagement ist gut, wenn eine oder zwei Fragen negativ beantwortet wurden.
- Das Versicherungsmanagement erhält die Bewertung «mit Mängeln», wenn drei bis fünf Fragen negativ beantwortet wurden.
- Das Versicherungsmanagement ist unzureichend, wenn mehr als fünf Fragen negativ beantwortet wurden.

Die Frage nach der Zuständigkeit für das Versicherungsmanagement gilt dann als positiv beantwortet, wenn am Abschluss und der Pflege der Verträge eine Versicherungs- oder Risikomanagementabteilung beteiligt oder ein unabhängiger Versicherungsmakler in Verbindung mit einer unternehmensinternen Institution zuständig ist. In allen anderen Fällen wird die Frage als negativ beantwortet interpretiert.

Das zweite Kriterium bezieht sich auf die Gestaltung der Versicherungsverträge. Dabei stehen drei Alternativen zur Verfügung. Zum einen ist es möglich, hauptsächlich Standardverträge abzuschliessen. Das ist von der Handhabung her einfach, zeugt aber nicht von konsequentem Versicherungsmanagement. Deshalb wird diese Antwort negativ eingeschätzt. Zum anderen können Versicherungsverträge ausgehandelt werden, d.h. es wird ein standardisiertes Grundgerüst um individuelle Deckungserweiterungen und -beschränkungen ergänzt. Da hierdurch eine gute Anpassung an die

Anforderungen des Versicherungsnehmers möglich ist, wird diese Variante ist im Hinblick auf die Güte des Versicherungsmanagements positiv beurteilt. Eine weitere positiv eingeschätzte Alternative besteht darin, beide Varianten zu verwenden. In den Fällen, in denen ein Standardvertrag ausreicht, ist es nicht erforderlich, aufwendige Verhandlungen zu führen.

Um die Effizienz des bestehenden Versicherungsprogramms einschätzen zu können, ist es notwendig, eigene Schadensauswertungen durchzuführen. Wird auf solche Analysen verzichtet, so ist dies negativ zu beurteilen.

Die Initiative zur Anpassung des Versicherungsschutzes an veränderte Gegebenheiten sollte vom Versicherungsnehmer ausgehen. Es ist zwar auch denkbar, dem Versicherer die Initiative zu überlassen oder eine automatische Anpassung von Deckungssummen in den Verträgen zu vereinbaren, aber beide Alternativen dürften nicht zum optimalen Ergebnis führen. Daher wird nur die Eigeninitiative positiv beurteilt.

Auch die Kriterien, nach denen ein Unternehmen im Einzelfall die Versicherungsgesellschaft auswählt, ermöglichen eine Aussage über die Qualität des Versicherungsmanagements. Die diesbezügliche Frage gilt als negativ beantwortet, wenn grundsätzlich immer mit dem gleichen Versicherer zusammengearbeitet wird. In Einzelfällen ist es zwar denkbar, dass es zu einer positiven Zusammenarbeit zwischen einem Industrieunternehmen und einem einzigen Versicherer kommt, nämlich dann, wenn das Unternehmen seine Wünsche immer durchsetzen kann. Dies erscheint insbesondere bei sehr grossen Unternehmen denkbar, die über die erforderliche Verhandlungsmacht verfügen. Meist dürfte es aber so sein, dass sich die Angebote der verschiedenen Versicherer erheblich voneinander unterscheiden. Darüber hinaus haben die Versicherer oftmals einzelne Sparten, in denen sie sich nur ungern engagieren und daher dem Versicherungsnehmer ungünstige Konditionen anbieten. Es ist sehr unwahrscheinlich, dass ein Versicherer einem Industriekunden in allen Sparten die günstigsten Konditionen anbieten kann. Folglich muss angenommen werden, dass die Zusammenarbeit mit immer dem gleichen Versicherer aus Gründen der Bequemlichkeit geschieht. Die Frage nach den Auswahlkriterien für Versicherer ist ebenfalls negativ beantwortet, wenn die Höhe der Prämienforderung das einzige Kriterium ist, nach dem ein Versicherer ausgewählt wird. Die Frage nach den Auswahlkriterien ist dann positiv beantwortet, wenn ein Unternehmen in jedem Einzelfall anhand mehrerer Kriterien die Entscheidung über den Versicherer fällt.

Einen weiteren Hinweis auf die Qualität des Versicherungsmanagements eines Unternehmens gibt die Ausgestaltung der Betriebshaftpflichtversicherung, die zu den wichtigsten Versicherungstypen gehört. Ist die Versicherung individuell ausgehandelt, so gilt die Frage als positiv beantwortet. Das letzte Bewertungskriterium für das Versicherungsmanagement ist die Häufigkeit, mit der die Deckungssumme der Betriebshaftpflichtversicherung aktualisiert wird. Der Verzicht auf regelmässige Anpassungen wird negativ beurteilt.

Es muss darauf hingewiesen werden, dass negativ eingeschätzte Antworten nur ein Indiz für Schwachstellen im Versicherungsmanagement sind. In Einzelfällen kann es durchaus vorkommen, dass diese Schwachstellen trotz negativer Einschätzung real nicht vorhanden sind. Die Gesamtheit der Befragung dürfte die Realität in der deutschen Industrie aber recht genau wiedergeben. Dies liegt zum einen am verhältnismässig groben Bewertungsraster, das Fehleinschätzungen erschwert. Zum anderen gleichen sich Fehler in der Gesamtheit einer Umfrage tendenziell aus.[20]

Für jedes Unternehmen, das sich an der Umfrage beteiligt hat, ist in der bereits beschriebenen Art und Weise eine Beurteilung des Versicherungsmanagements vorgenommen worden. Etwa 2/3 der Unternehmen betreiben gutes oder sehr gutes Versicherungsmanagement. Dies bedeutet im Umkehrschluss, dass bei 1/3 der Unternehmen das Versicherungsmanagement zumindest mit Mängeln behaftet ist. Ein wirklich unzureichendes Versicherungsmanagement ist aber nur selten anzutreffen. Wie auch bei der Beurteilung des Risikomanagements beobachtet werden konnte, erhalten die mittelgrossen Unternehmen insgesamt schlechtere Bewertungen als die Grossunternehmen. So haben 2/3 der mittelgrossen Unternehmen ein mit Mängeln behaftetes Versicherungsmanagement (vgl. Abbildung 13).

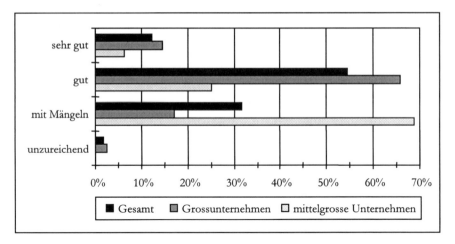

Abbildung 13: Bewertung des industriellen Versicherungsmanagements

Auch an dieser Stelle soll eine branchenbezogene Betrachtung vorgenommen werden (vgl. Abbildung 14). Im Unterschied zu der Bewertung des Risikomanagements schneidet die Metallindustrie hier am besten ab. 83 % der Unternehmen aus diesem Bereich zeichnen sich durch ein gutes oder sehr gutes Versicherungsmanagement aus. Auch in der Elektroindustrie zeigt sich mit 81 % gutem oder sehr gutem Versicherungsmanagement eine überdurchschnittlich gute Bewertung. Weit unterdurchschnittlich ist der Fahrzeugbau einzuschätzen, in dem das Versicherungsmanagement bei 64 % der Unternehmen Mängel aufweist. Dieser Industriezweig wurde auch schon beim Risikomanagement schlecht beurteilt.

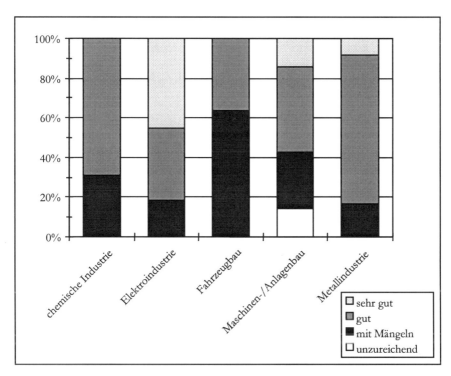

Abbildung 14: Qualität des Versicherungsmanagements je Branche

Schnittstelle zwischen Risiko- und Versicherungsmanagement

Ein gutes Versicherungsmanagement ist für ein effizientes Risikomanagement unverzichtbar, da das Versichern von Risiken ein wesentlicher Bestandteil der Risikofinanzierung ist. Umgekehrt bildet aber auch ein gutes Risikomanagement die Basis für die Gestaltung eines effizienten Versicherungsprogramms. Nachfolgend wird untersucht, wie die Schnittstelle vom Risiko- zum Versicherungsmanagement in der Praxis ausgestaltet ist. Damit soll festgestellt werden, inwieweit die Unternehmen den Interdependenzen dieser Bereiche Rechnung tragen. In diesem Zusammenhang bietet sich eine Analyse an, inwieweit die Qualität des Risikomanagements mit der des Versicherungsmanagements korreliert. Ein solcher Vergleich wurde für jedes Unternehmen, das sich an der Umfrage beteiligt hat, durchgeführt. Das Ergebnis ist in nachstehender Abbildung 15 dargestellt.

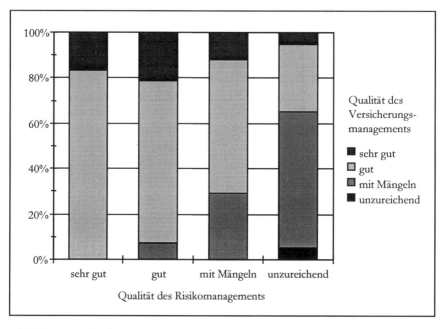

Abbildung 15: Qualität des Versicherungsmanagements in Abhängigkeit von der Qualität des Risikomanagements

Zwar ist die Qualität des Versicherungsmanagements insgesamt besser als die des Risikomanagements, aber dennoch ist eine deutliche positive Korrelation zu erkennen. So haben 95 % der Unternehmen mit gutem oder sehr gutem Risikomanagement auch ein Versicherungsmanagement gleicher Qualität. Von den restlichen Unternehmen verfügt nur etwa jedes zweite Unternehmen über ein gutes oder sehr gutes Versicherungsmanagement. Fast 2/3 der Unternehmen mit unzureichendem Risikomanagement besitzen ein mangelhaftes oder unzureichendes Versicherungsmanagement. Das sind immerhin 23 % aller Unternehmen, die sich an der Befragung beteiligt haben.

Es kann aus den Ergebnissen der Untersuchung keinesfalls der Schluss gezogen werden, dass für die Industrieunternehmen der Abschluss von Versicherungen ein Ersatz für das Risikomanagement darstellt, selbst wenn 1/4 der befragten Unternehmen diese Ansicht äussern. Stattdessen scheint es eher so zu sein, dass die Unternehmen, die kein gutes Risikomanagement betreiben, auch die Relevanz der Versicherungen falsch einschätzen. Sie messen dem Risikoaspekt in ihrem Management nicht die notwendige Bedeutung zu. Dies führt dazu, dass auch das Versicherungsmanagement eher als lästige Pflicht denn als wichtiges Instrument der Risikobewältigung angesehen wird. Es kann also in diesen Unternehmen keine Rede davon sein, dass das Risiko- und das Versicherungsmanagement miteinander harmonieren, geschweige denn überhaupt aufeinander abgestimmt sind. Die Korrelation zwischen der Qualität des Risikomanagements und der des Versicherungsmanagements zeigt aber auch, dass ein gutes Risikomanagement meist zu einer Sensibilisierung für die unternehmerischen Risiken und zu einer ganzheitlichen Sichtweise führt.

Potentielle Schwachstellen im Versicherungsprogramm

Eine Bewertung des Versicherungsprogramms analog zur der des Risiko- und des Versicherungsmanagements kann nicht vorgenommen werden. Ein Versicherungsprogramm muss auf die individuellen Gegebenheiten eines Unternehmens abgestimmt werden. Eine pauschale Beurteilung ist daher nicht möglich. Aus diesem Grund muss sich die Betrachtung an dieser Stelle auf Aussagen allgemeiner Natur zu einzelnen Versicherungsformen beschränken.

Die Haftpflichtversicherungen haben sich nicht ohne Grund zum wichtigsten Versicherungstyp für Industrieunternehmen entwickelt. Folgerichtig verfügen alle Unternehmen, die sich an der Befragung beteiligt haben, über eine Betriebshaftpflichtversicherung. Allerdings wird oft versäumt, diese hinsichtlich ihrer Deckungssumme auf den neuesten Stand zu bringen. Ein Industrieunternehmen ist eine dynamische Einheit, die sich permanent verändert. Aus diesem Grund müssen insbesondere die wichtigen Versicherungspolicen regelmässig aktualisiert werden.

Die Umwelthaftpflichtversicherung ist in der deutschen Industrie weit verbreitet. Viele Unternehmen – insbesondere die mit eher schlechtem Risikomanagement – erkennen die Probleme und potentiellen Deckungslücken dieser Versicherung nicht. Dies kann fatale Folgen haben. Sind solche Deckungslücken nämlich nicht bekannt, werden auch keine Massnahmen zur Risikominderung in den betroffenen Bereichen ergriffen. Es kann so zu nicht versicherten Risikoeintritten kommen, die u.U. vermeidbar gewesen wären.

Bei der industriellen Sachversicherung wird wie in keinem anderen Zweig der Industrieversicherung an traditionellen Versicherungsprogrammen festgehalten. Fast alle Unternehmen verfügen über eine Feuerversicherung. Dies ist für sich genommen auch richtig, denn das Brandrisiko wächst stetig an. Zu viele Unternehmen beschränken ihren Versicherungsschutz aber auf die Brandrisiken. Dies wiederum ist problematisch, denn die Schadensummen und -häufigkeiten in der technischen Sachversicherung zeigen eine ähnliche Entwicklungsrichtung wie in der Feuerversicherung.[21]

Die Risiken von Schäden durch technische Defekte bzw. durch Böswilligkeit oder Fahrlässigkeit eigener Mitarbeiter steigen ebenso an wie das Brandrisiko. Wie aber nachstehender Abbildung 16 zu entnehmen ist, werden die entsprechenden Versicherungen von etwa 22 % der befragten Unternehmen nicht genutzt. Angesichts der zunehmenden Komplexität und des steigenden Sachwertes der Produktionseinrichtungen ist zu erwarten, dass die technische Sachversicherung in der Zukunft noch wichtiger werden wird, denn je komplexer die Technologie ist, desto grösser wird das Ausmass der Schäden.

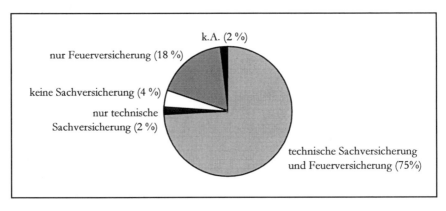

Abbildung 16: Nutzung von technischen Sachversicherungen im Vergleich zu der Nutzung von Feuerversicherungen

Die Nutzung von Betriebsunterbrechungsversicherungen ähnelt dem Bild bei den Sachversicherungen, mit dem Unterschied, dass die Dominanz der Feuer-Betriebsunterbrechungsversicherungen gegenüber den technischen BU-Versicherungen noch ausgeprägter ist (vgl. Abbildung 17). In 82 % der befragten Unternehmen ist das technische Betriebsunterbrechungsrisiko nicht versichert. 72 % der Unternehmen besitzen nur eine Feuer-BU-Versicherung.

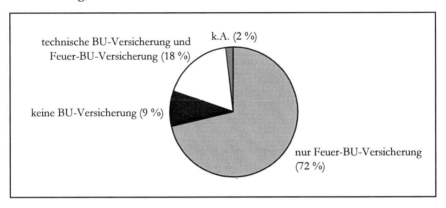

Abbildung 17: Nutzung von technischen Betriebsunterbrechungsversicherungen im Vergleich zu der Nutzung von Feuer-Betriebsunterbrechungsversicherungen

Sowohl für technische Versicherungen als auch für Feuerversicherungen gilt, dass die Vermögensschäden durch Betriebsunterbrechungen oft um ein Vielfaches grösser sind als die reinen Sachschäden, die zum Betriebsstillstand geführt haben. Bei grösseren Produktionsanlagen können sich Reparaturen u.U. über mehrere Wochen erstrecken. Wenn es sich um eine Engpassmaschine handelt, kommt der gesamte nachgelagerte Betrieb zum Stillstand. Diese Gefahr ist besonders bei einer verketteten Fertigung oder bei einer Just-in-time-Logistik relevant. Die Unternehmen scheinen sich teilweise nicht darüber im Klaren zu sein, welchen Schaden ein einzelner Mitarbeiter auf diese Art und Weise verursachen kann. Eine Betriebsunterbrechungsversicherung dürfte zumindest dann angebracht sein, wenn für die Produktion keine Ausweichmöglichkeiten zur Verfügung stehen.

Der Grund für die Bevorzugung der Feuerversicherung gegenüber technischen Versicherungen liegt vermutlich darin, dass die Versicherungsprogramme der Unternehmen «historisch gewachsen» sind. Die Feuerversicherung ist diejenige Sachversicherung mit der grössten Tradition und daher auch die mit der grössten Verbreitung. Eine ähnliche Häufigkeitsverteilung der einzelnen Typen von BU-Versicherungen würde sich kaum ergeben, wenn die Unternehmen ihr Versicherungsprogramm ausschliesslich auf der

Basis einer fundierten Risikoanalyse mit einem darauf aufbauenden Risikobewältigungskonzept zusammenstellen würden.

Eine Versicherung, die eine globale Deckung für viele Risiken bietet, ist die All-Risk-Versicherung. Durch die umfassende Deckung und die vergleichsweise einfache Handhabbarkeit verleitet dieser Versicherungstyp dazu, sich nicht im erforderlichen Ausmass mit den Risiken auseinanderzusetzen. Es ist kaum möglich, mit einer All-Risk-Police einen Versicherungsschutz aufzubauen, der den gleichen Individualisierungsgrad wie bei der Verwendung von Spezialversicherungen aufweist. Aus diesem Grund ist die All-Risk-Versicherung aus der Sicht eines ganzheitlichen Risikomanagements durchaus problematisch einzuschätzen. Zudem bemängeln die Unternehmen das oft schwer verständliche Wording der Ausschlusslisten. Dies kann dazu führen, dass sich die Unternehmen wegen der globalen Deckung rundum abgesichert fühlen. Dennoch kann es im Schadenfall wegen einer unterschiedlichen Interpretation der Ausschlussliste zu Unstimmigkeiten kommen.

Verbesserungsansätze im industriellen Risiko- und Versicherungsmanagement

Entwicklungsbedarf auf Seiten der Industrieunternehmen

Die empirische Untersuchung hat gezeigt, dass im industriellen Risiko- und Versicherungsmanagement der deutschen Industrie nach wie vor ein grosser Handlungsbedarf besteht. Das primäre Problem liegt dabei darin, dass das Konzept des modernen Risikomanagements die Unternehmen noch nicht völlig durchdrungen hat. Risikomanagement wird meist als etwas Altbekanntes empfunden und eher als lästige und delegierbare Aufgabe angesehen.

Insbesondere wird die Bedeutung des strategischen Risikomanagements erheblich unterschätzt. Vermehrte Anstrengungen in diesem Bereich würden automatisch dazu führen, dass sich die Effektivität des Risikomanagements verbessert. Demgegenüber bringt es keinen grossen Nutzen, wenn einzelne, isolierte Aktivitäten betrieben werden, die sich nicht an einer gemeinsamen strategischen Zielsetzung orientieren.

Wenn das Risikomanagement eines Unternehmens seiner Führungsfunktion gerecht werden soll, muss eine klare Regelung über Zuständigkeiten und Kompetenzen getroffen werden, wobei die Unternehmensleitung diejenige Instanz sein muss, die letztlich über die grundlegenden Fragestellungen entscheidet. Sie hat die risikopolitischen Leitlinien zu definieren und eine Vorbildfunktion wahrzunehmen. Ein wirkungsvolles strategisches Risikomanagement ist die Grundvoraussetzung dafür, dass auch ein effektives operatives Risikomanagement entsteht.

Das mangelnde Verständnis und das fehlende Fachwissen über das Risikomanagement stellt für die Unternehmen ein grosses Hindernis für eine effektive Risikohandhabung dar. Solches Wissen kann aus externen Quellen beschafft werden. Es werden sowohl von darauf spezialisierten Unternehmensberatern als auch von den grossen Industrieversicherern Dienstleistungen im Risikomanagement angeboten. Zum einen werden Beratungen offeriert, die die Methodik des Risikomanagements betreffen, zum anderen kann aber auch die Durchführung einzelner Teile des Risikomanagements externen Beratern übertragen werden, die möglicherweise über grösseres Fachwissen verfügen.

Die von immerhin mehr als 10 % der befragten Unternehmen genannte Ansicht, keine Beratung im Risikomanagement zu benötigen, weil sie dies selbst besser machen könnten, ist oftmals unzutreffend. Nur sehr wenige Grossunternehmen sind dazu in der Lage, ohne professionelle Hilfe ein modernes Risikomanagement aufzubauen.[22] Die Unternehmen sollten ernsthaft abwägen, ob es in bestimmten Teilbereichen des Risikomanagements nicht sinnvoll ist, externe Berater hinzuzuziehen. In welchem Umfang dies geschehen sollte, hängt von den individuellen Gegebenheiten des jeweiligen Unternehmens ab.

Beim Aufbau eines Risikomanagements ist zudem unbedingt darauf zu achten, dass das Versicherungsmanagement sinnvoll integriert wird, da es ein unverzichtbarer Bestandteil der Risikofinanzierung ist. Eine effiziente Risikobewältigung ist nur dann möglich, wenn alle Massnahmen aufeinander abgestimmt werden. Immerhin 1/3 der befragten Unternehmen sind entweder der Ansicht, dass Risikomanagement mit Versicherungen nichts zu tun hat, oder dass Versicherungsmanagement mit Risikomanagement gleichzusetzen ist. Beiden Ansichten kann im Sinne eines modernen Risikomanagements nicht zugestimmt werden.

Die Integration des Versicherungsmanagements in das Risikomanagement ist noch aus einem anderen Grund wichtig. Die Industrieversicherer können nicht alle existenzbedrohenden Risiken übernehmen, weil diese teilweise unversicherbar sind. Diese Erkenntnis ist noch nicht in alle Unternehmen vorgedrungen. Die Industrie muss verstärkt die Grösstrisiken zum Betrachtungsgegenstand ihres Risikomanagements machen. Nur wenn es intensives aktives Risikomanagement gibt, das auf den Versicherungsschutz abgestimmt ist, werden die Versicherungsunternehmen eine adäquate Deckung anbieten können.[23]

Auch im Hinblick auf die Gestaltung des Versicherungsprogramms besteht für die Industrieunternehmen Handlungsbedarf. Die Dynamik der industriellen Risiken macht eine regelmässige Kontrolle und ggf. Anpassung des Versicherungsschutzes unbedingt erforderlich. Insbesondere sind Schwachpunkte bei der Deckung von Risiken aus dem technischen und organisatorischen Fortschritt festzustellen.

Dies unterstreicht die Notwendigkeit ständiger Risikoanalysen und einer daraus folgenden Feststellung des Versicherungsbedarfs als Baustein einer ganzheitlichen Risikobewältigung. Es ist also die Forderung zu stellen, dass die Industrieunternehmen ihr Versicherungsprogramm mehr an ihrer individuellen Risikolage und weniger an früheren Versicherungsprogrammen orientieren.

Entwicklungsbedarf auf Seiten der Industrieversicherer

Nicht nur die Industrieunternehmen selbst, auch die Versicherungsunternehmen können zu Verbesserungen im industriellen Risiko- und Versicherungsmanagement beitragen. So könnte die Gestaltung der Verträge transparenter sein, d.h. die Formulierungen in den Verträgen müssten weniger juristisch geprägt und stattdessen eindeutig und klar verständlich sein. So würde es Industrieunternehmen leichter fallen, den bestehenden Versicherungsschutz einzuschätzen.

Darüber hinaus sollte die Versicherungswirtschaft für die Industrieunternehmen Anreize schaffen, Risikomanagement zu betreiben, z.B. durch Prämien, die sich stärker am individuellen Risiko des Versicherungsnehmers orientieren. Solche Versicherungsprämien wären für den Versicherungsnehmer nachvollziehbar und daher auch für den Versicherer leichter durchsetzbar.

Die Allianz Versicherungs-AG hat als erster deutscher Industrieversicherer das Prämiensystem in der Feuerversicherung dementsprechend umgestellt. Für jeden Versicherungsnehmer werden nunmehr individuelle

Prämiensätze berechnet. Neben den klassischen Tarifierungskriterien wird nun auch verstärkt die Qualität des Risikomanagements des Versicherungsnehmers berücksichtigt, d.h. ein gutes Risikomanagement führt zu Prämienermässigungen. Ähnliche Modifikationen des Tarifierungssystems sind auch in anderen Sparten der Industrieversicherung geplant.[24]

Im Zuge der Verschärfung der industriellen Risiken haben die grossen Industrieversicherer ihr Angebot an zusätzlichen Dienstleistungen, die über den reinen Versicherungsschutz hinausgehen, ausgebaut. Meist betreffen diese Dienstleistungen das Risikomanagement der Versicherungsnehmer. In der Vergangenheit haben nicht zuletzt die Versicherer dafür gesorgt, dass sich in einzelnen sensiblen Bereichen, z.B. in der Luftfahrt, bei Industrieanlagen oder bei der Brandbekämpfung, ein hoher Sicherheitsstandard entwickelt hat.[25] Eine ähnliche Entwicklung sollte auch im allgemeinen Risikomanagement möglich sein. Die Versicherer besitzen ein grosses Wissen über Schadenfälle, da sie systematisch entsprechende Daten aus einer Vielzahl von Quellen sammeln.

Eine weitere Ausdehnung des Angebots an Dienstleistungen, die nicht nur bestimmte Versicherungszweige betreffen, ist anzuraten. Hierzu wäre es angebracht, wenn die Versicherer ihre eigene Risiko- und Schadenforschung, insbesondere im ingenieurwissenschaftlichen Bereich, weiter intensivieren. Die daraus gewonnenen Erkenntnisse können dann im Rahmen der Risikoberatung an die Kunden weitergegeben werden.

Eine solche direkte Einflussnahme auf die zu versichernden Risiken ist für den Versicherer von Vorteil. Dadurch können Deckungen ermöglicht werden, die ohne risikomindernde Massnahmen u.U. abgelehnt werden müssten. Darüber hinaus sind die Risiken für das Versicherungsunternehmen transparenter und daher leichter und genauer kalkulierbar. Eine Prämiendifferenzierung wird dadurch erleichtert.

Zusammenfassend ist also festzuhalten, dass der Weg zu einem funktionierenden industriellen Risikomanagement über eine intensivere Zusammenarbeit zwischen den Industrieunternehmen und den Industrieversicherern führen könnte. Dabei sollte eine partnerschaftliche Beziehung entwickelt werden, d.h. die traditionelle Gegnerschaft zwischen Versicherer und Versicherungsnehmer dürfte nicht zum gewünschten Ziel führen. Hierzu ist es erforderlich, dass sich die Versicherungsunternehmen nicht nur mit den konventionellen Versicherungsrisiken beschäftigen, sondern die gesamte Risikosituation ihrer Industriekunden im Blickfeld haben, d.h.

die Versicherungswirtschaft sollte ihre Aufgabe nicht mehr nur in der Schadenvergütung, sondern verstärkt auch in der Schadenverhütung sehen.

Anmerkungen

1. Helten (1994).
2. Die Ergebnisse dieser Untersuchung wurden in der Studie «Industrieversicherungen als Element des modernen Risikomanagements – Ergebnisse einer empirischen Untersuchung» zusammengestellt, die am Lehrstuhl für Finanzierung und Investition der Universität Kaiserslautern bezogen werden kann.
3. Kirschhofer-Bozenhardt/Kaplitza(1975), Wilk (1975).
4. Holm (1975).
5. Ebensberger (1986), Mai (1991).
6. O.V. (1995).
7. Wilk (1975).
8. Hafermalz (1976).
9. Holm (1975).
10. Sauerwein (1994).
11. Winterling (1989).
12. Schmidt-Salzer (1994).
13. Schierenbeck/Hölscher (1998).
14. Schierenbeck/Hölscher (1998).
15. O.V. (1994).
16. Dyckhoff/Jacobs (1994).
17. Schierenbeck/Hölscher (1998).
18. Schierenbeck/Hölscher (1998).
19. Schopka (1994).
20. Lehn/Wegmann (1992).
21. Illner (1995), Koch (1999).
22. Fink (1990).
23. Haller/Petin (1994).
24. O.V. (1995a).
25. Jakobi (1996).

Literaturverzeichnis

Ebensberger, H.: Internationale Wirtschaftszweig- und Gütersystematiken und ihre Harmonisierung, in: Wirtschaft und Statistik, 38. Jg. (1986), S. 79-96.

Dyckhoff, H./Jacobs R.: Organisation des Umweltschutzes in Industriebetrieben, Ergebnisse einer empirischen Untersuchung, in: Zeitschrift für Betriebswirtschaft, 64. Jg. (1994), S. 717-735.

Fink, B.: Befriedigen die Versicherungsunternehmen Bedarf und Nachfrage des «Euro-Risk-Managers» der 90er Jahre?, in: Versicherungswirtschaft, 45. Jg. (1990), S. 13-18.

Hafermalz, O.: Schriftliche Befragung, Möglichkeiten und Grenzen, in: Studienreihe Betrieb und Markt, Band 21, Hrsg.: Behrens, K. C., Wiesbaden 1976.

Haller, M./Petin, J.: Geschäft mit dem Risiko, Brüche und Umbrüche in der Industrieversicherung, in: Dieter Farny und die Versicherungswissenschaft, Hrsg.: Schwebler, R. u.a., Karlsruhe 1994, S. 153-177.

Helten, E.: Wertewandel und fortschreitende Individualisierung der Prämien, Ende der Versichertensolidarität und des Ausgleichs im Kollektiv?, in: Dieter Farny und die Versicherungswissenschaft, Hrsg.: Schwebler, R. u.a., Karlsruhe 1994, S. 195-200.

Hölscher, R./Kremers, M./Rücker, U.-C.: Industrieversicherungen als Element des modernen Risikomanagements, Ergebnisse einer empirischen Untersuchung, in: Studien zum Finanz-, Bank- und Versicherungsmanagement des Lehrstuhls für Finanzierung und Investition der Universität Kaiserslautern, Band 1, Hrsg.: Hölscher, R., Kaiserslautern 1996.

Holm, K.: Die Frage, in: Die Befragung, Band 1, Hrsg.: Holm, K., München 1975, S. 32-91.

Illner, M.: Die industrielle Sachversicherung 1994/1995, in: Versicherungswirtschaft, 50. Jg.(1995), S. 1026-1028.

Jakobi, W.: Mit Rücksicht auf die Zukunft handeln, Versicherungsgesellschaften verpflichten sich für den Umweltschutz, in: Versicherungswirtschaft, 51. Jg. (1996), S. 293-296.

Koch, P.: Versicherungswirtschaft, Ein einführender Überblick, 5. Auflage, Karlsruhe 1999.

Lehn, J./WEGMANN, H.: Einführung in die Statistik, 2. Auflage, Stuttgart 1992.

Kirschhofer-Bozenhardt, A. Von/Kaplitza, G.: Der Fragebogen, in: Die Befragung, Band 1, Hrsg.: Holm, K., München 1975, S. 92-126.

Mai, H.: Nace, Rev. 1: Die neue europäische Wirtschaftszweigsystematik, in: Wirtschaft und Statistik, 13. Jg. (1991), S. 7-16.

O.V.: Vertragsumstellung traf bislang die grossen Firmen, in: Handelsblatt vom 19.12.1994, S. 30.

O.V.: Was ist Mittelstand?, in: Industrie-Anzeiger, 117. Jg. (1995), Heft 41, S. 27.

O.V.: Kunden sollen die Risiken mittragen, Die Allianz koppelt sich von den Prämienrichtlinien ab, in: Frankfurter Allgemeine Zeitung vom 31.5.1995, S. 23.

Sauerwein, E.: Strategisches Risikomanagement in der bundesdeutschen Industrie, in: Strategische Unternehmensführung, Band 1, Hrsg.: Hinterhuber, H. H., Frankfurt/Main u.a. 1994.

Schierenbeck, H./Hölscher, R.: BankAssurance, Institutionelle Grundlagen der Bank- und Versicherungsbetriebslehre, 4. Auflage, Stuttgart 1998.

Schmidt-Salzer, J.: Verbraucherschutz, Produkthaftung, Umwelthaftung, Unternehmensverantwortung, in: Neue Juristische Wochenschrift, 47. Jg. (1994), S. 1305-1315.

Schopka, K.: Elektronik-Versicherungen, Wirtschaftlichkeit und Sparmöglichkeiten, in: KES, Zeitschrift für Kommunikations- und EDV-Sicherheit, 10. Jg. (1994), Heft 6, S. 7-12.

Wilk, L.: Die postalische Befragung, in: Die Befragung, Band 1, Hrsg.: Holm, K., München 1975, S. 187-200.

Winterling, K.: Risiken in Unternehmen erkennen, verhindern, bewältigen, in: io Management-Zeitschrift, 58. Jg. (1989), Heft 11, S. 30-33.

Edgar Wittmann

Organisation des Risikomanagements im Siemens Konzern

Vom Risikomanagement zum unternehmensweiten Risikomanagement

Jedes unternehmerische Handeln ist darauf gerichtet, geschäftliche Chancen wahrzunehmen und damit einhergehende Risiken handzuhaben. Risikomanagement beschreibt somit einen Kernbestandteil unternehmerischer Tätigkeit und stellt die Voraussetzung für unternehmerischen Erfolg dar. Ziel ist der bewusste und kontrollierte Umgang mit Risiken, um damit Wettbewerbsvorteile aufzubauen oder weiterzuentwickeln und letztlich den Wert des Unternehmens zu erhöhen.

Risikomanagement findet sich in unterschiedlichen Ausprägungen in jedem Unternehmen. Dabei gibt es dezidierte und so betitelte Risikomanagement-Systeme meist im Finanzbereich. Aber auch die übrigen Management-Systeme in einem Unternehmen – insbesondere in den operativen Geschäftseinheiten – sind letztlich darauf ausgerichtet, Risiken zu erkennen und handzuhaben. Selbst wenn diese Management-Systeme nicht explizit Risikomanagement-Systeme genannt werden, sind sie damit dennoch Teil des unternehmensweiten Risikomanagement-Systems. Wie wird jedoch aus all diesen verteilten Risikomanagement-Systemen in einem Unternehmen ein unternehmensweites Risikomanagement-System?

Für ein unternehmensweites Risikomanagement und Risiko-Controlling steht die Gestaltung einer unternehmensweiten Risikomanagement-Organisation und eines unternehmensweiten Risikomanagement-Prozesses im Zentrum. Die besondere Problemstellung für ein unternehmensweites Risikomanagement besteht darin, die Gesamtheit eines Unternehmens mit all seinen organisatorischen Teilsystemen und die Vielzahl unterschiedlicher Managementprozesse zusammenfassend zu betrachten. Der folgende Beitrag versucht in einer praxisorientierten Sichtweise die dafür notwendigen Grundüberlegungen darzustellen. Das Ziel ist es dabei nicht eine – wie auch immer parametrisierte – risk engine im Sinne eines Risikogesamtmodells des Unternehmens zu erfinden, sondern die organisatorischen und prozessualen Voraussetzungen für ein unternehmensweites Risikomanagement zu beschreiben.

Die Gestaltung der Risikomanagement-Organisation bildet den Ausgangspunkt des Risikomanagements. Deshalb werden eingangs zunächst die grundlegenden Elemente eines Risikomanagement-Systems dargestellt. Hierzu zählen insbesondere die für ein Risikomanagement zu betrachtenden organisatorischen Einheiten, aber auch risikopolitische Grundsätze als Ordnungselement.

Für die damit definierten Organisationseinheiten werden daraufhin deren Aufgaben und Verantwortlichkeiten innerhalb der Risikomanagement-Organisation beschrieben. Dargestellt wird in diesem Zusammenhang ein Mehr-Ebenen-Modell eines unternehmensweiten Risikomanagements, innerhalb dessen durch ein abgestimmtes Rollenverhalten der beteiligten Organisationseinheiten ein umfassendes, unternehmensweites Risikomanagement erreicht werden kann.

Eingebettet in die unternehmensweite Risikomanagement-Organisation und das damit verbundene System aufbauorganisatorischer Regelungen ist der Risikomanagement-Prozess, der die Grundlage für das Risiko-Controlling darstellt. Der unternehmensweite Risikomanagement-Prozess soll sicherstellen, dass alle wesentlichen Risiken des Unternehmens systematisch identifiziert, bewertet, gehandhabt und laufend überwacht werden. Dazu muss der unternehmensweite Risikomanagement-Prozess auf den dezentralen Risikomanagement-Prozessen der operativen Geschäftseinheiten aufbauen.

Dieser Aspekt – die Verknüpfung der vorhandenen Organisation und Controlling-Prozesse mit der Risikomanagement-Organisation und den -Prozessen – wird im abschliessenden Kapitel nochmals vertieft. Die Gestaltung des Risikomanagement-Systems darf nicht zu einer separaten Parallel-Organisation bzw. –Prozessen führen. Vielmehr muss das Risikomanagement auf das engste mit der vorhandenen Organisation und den -prozessen verzahnt sein.

Elemente einer Risikomanagement-Organisation

Ausgangspunkt der Gestaltung eines Risikomanagement-Systems ist zunächst die Frage nach den grundlegenden organisatorischen Elementen und ihrer prinzipiellen Ausprägung. Die Risikomanagement-Organisation liefert den aufbauorganisatorischen Rahmen für ein Risikomanagement und definiert den strukturellen Hintergrund für den Ablauf der Risikomanagement-Prozesse. Einen Überblick über die Elemente einer Risikomanagement-Organisation liefert Abbildung 1.

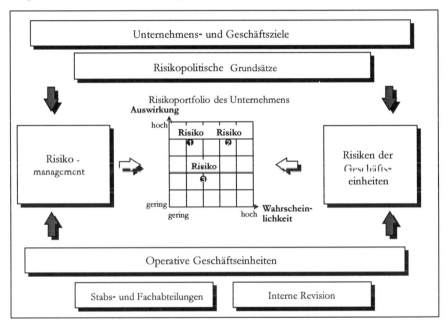

Abbildung 1: Elemente einer Risikomanagement-Organisation

Die Festlegung der Risikomanagement-Organisation geht – wie jede organisatorische Strukturierung – von den übergeordneten Unternehmens- und Geschäftszielen des Unternehmens aus. Die Unternehmens- und Geschäftsziele bestimmen die grundsätzlichen markt- und wettbewerbsbezogenen Ziele und definieren das mit der Geschäftstätigkeit zu erreichende betriebswirtschaftliche Anspruchsniveau. Darüber hinaus legen die Unternehmens- und Geschäftsziele die grundlegende Ausrichtung des Unternehmens auf bestimmte Tätigkeitsgebiete oder Geschäfte fest und definieren damit in allgemeiner Weise die zu bedienenden Produkt-/ Marktfelder. Auf diese Weise kann die Grundstrategie eines Unternehmens z.B. die bewusste Fokussierung auf Kernarbeitsfelder innerhalb einer Branche beinhalten.

Unternehmens- und Geschäftsziele beinhalten daneben vielfach auch Festlegungen über die regionale Geschäftsausrichtung, also etwa die Fokussierung auf den angestammten Heimatmarkt oder die gezielte internationale Ausrichtung der Geschäfte. Mit bestimmten Regionalzielen sind dann u.a. entsprechende Länderrisiken impliziert. Die Definition von Unternehmens- und Geschäftszielen führt damit im Ergebnis zu einer Festlegung der grundlegenden Risiken der operativen Geschäftseinheiten. Diese Risiken der operativen Geschäftseinheiten sind ihrerseits geprägt durch die mit dem Branchenumfeld extern vorgegebenen Einflussfaktoren und durch die unternehmensintern vorhandenen Kompetenzen und Ressourcen zur Risikohandhabung.

Gleichzeitig wird durch die Unternehmens- und Geschäftsziele andererseits aber auch das Risikomanagement selbst bestimmt, indem die grundsätzliche Vorgehensweise für den Umgang mit Risiken vorgegeben wird. Die Unternehmens- und Geschäftsziele finden in diesem Sinne ihren Ausfluss in risikopolitischen Grundsätzen. Risikopolitische Grundsätze beinhalten die grundlegende Haltung der Unternehmensleitung zur Handhabung von Risiken und beeinflussen dementsprechend auf das Risikomanagement innerhalb des Unternehmens. Sie stellen Verhaltensregeln dar, die alle Führungskräfte und Mitarbeiter zu einem angemessenen Umgang mit Risiken anleiten sollen. Risikopolitische Grundsätze zeigen, inwieweit das Eingehen von Risiken unternehmenspolitisch erwünscht oder unerwünscht ist und verdeutlichen damit die übergeordnete Risikoneigung oder -aversion des Unternehmens bzw. der Unternehmensleitung.

Durch die Festlegung und Kommunikation von risikopolitischen Grundsätzen kann die Unternehmensleitung deutlich machen, dass Risikomanagement ein wichtiges Thema für sie ist und zugleich ihr commitment zum Ausdruck bringen. Gleichzeitig wird die Verpflichtung der Führungskräfte, in ihrem jeweiligen Verantwortungsbereich für ein angemessenes Risikomanagement zu sorgen, unterstrichen. Risikopolitische Grundsätze bilden eine wichtige Voraussetzung für die Ausgestaltung der Risikomanagement-Organisation und die konkrete Entwicklung von Massnahmen zur Risikohandhabung durch sämtliche nachgeordnete Unternehmenseinheiten.

Daneben zielen risikopolitische Vorgaben vielfach darauf ab, ein unternehmenseinheitliches Vorgehen im Umgang mit Risiken vorzugeben. Wenn aus Sicht der Unternehmensleitung z.B Währungsrisiken begrenzt werden sollen, so kann dies durch die Festlegung einer Absicherungsverpflichtung für Fremdwährungspositionen erfolgen. Durch die Festlegung von Vorgehensweisen für einzelne Risikoarten oder –felder wird zudem eine einheitliche Sprache und Kommunikation zu Risiken bzw. zur Risikohandhabung innerhalb des Unternehmens gefördert. Damit bilden risikopolitische Grundsätze auch einen wichtigen Ansatzpunkt für eine generelle Verbesserung des Risikobewusstseins im Unternehmen.

Risikopolitische Grundsätze stellen – in Verbindung mit den übergeordneten Unternehmens- und Geschäftszielen – den Ausgangspunkt für den Umgang mit Risiken im Unternehmen dar. Unmittelbar für die Risikohandhabung verantwortlich sind die operativen Geschäftseinheiten, die für die Geschäftsführung und damit auch für das Risikomanagement zuständig sind. Diese Verantwortungszuordnung folgt dem Prinzip, dass Risiken grundsätzlich dort handzuhaben sind, wo sie auftreten. Die operativen Einheiten sind diejenigen, die mit den Risiken aus der Geschäftstätigkeit vor allem konfrontiert sind und deshalb liegt bei ihnen auch die primäre Verantwortung für das Risikomanagement. Daneben existieren in grösseren Unternehmen in der Regel Stabs- und Fachabteilungen, die die operativen Einheiten unterstützen und beraten, sowie eine interne Revision, die als Überwachungsinstanz wirkt. Dies wird im folgenden Kapitel noch ausführlicher erläutert.

Als Ergebnis der Handhabung der Risiken ergibt sich ein bestimmter Risikobestand des Unternehmens, der sich anhand eines Risikoportfolios verdeutlichen lässt. Wie später noch eingehender dargestellt wird, sind anhand eines Risikoportfolios die grössten, das Unternehmen bedrohenden Risiken schnell zu erkennen. Ein den Unternehmens- und Geschäftszielen bzw. den risikopolitischen Grundsätzen entsprechendes Risikoportfolio kann somit als Ergebnis des zielgerichteten Zusammenwirkens der aufgezählten Elemente einer Risikomanagement-Organisation verstanden werden.

Mehr-Ebenen-Modell eines unternehmensweiten Risikomanagements

Eine klare Risikomanagement-Organisation ist für das reibungslose und effiziente Funktionieren eines Risikomanagement-Systems unabdingbare Voraussetzung. Durch die Festlegung einer transparenten Risikomanagement-Organisation sollen die Rollen und Verantwortlichkeiten der beteiligten Unternehmenseinheiten sowie deren gegenseitige Beziehungen eindeutig vorbestimmt und damit mögliche Unklarheiten im Hinblick auf Zuständigkeiten oder Überschneidungen vermieden werden.

Innerhalb der Risikomanagement-Organisation eines Unternehmens können vor allem drei Typen von Unternehmenseinheiten unterschieden werden: operative Geschäftseinheiten, Stabs- und Fachabteilungen sowie die Interne Revision. Diese Unternehmenseinheiten sind in Abbildung 2 als Mehr-Ebenen-Modell des Risikomanagements dargestellt.

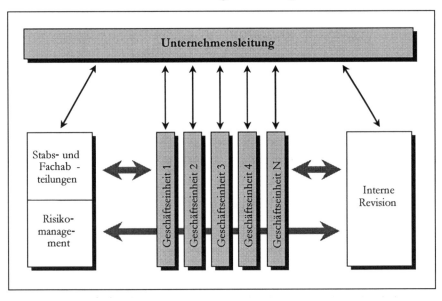

Abbildung 2: Mehr-Ebenen-Modell eines unternehmensweiten Risikomanagements

Das Mehr-Ebenen-Modell des Risikomanagements beinhaltet eine klare und eindeutige Rollenaufteilung zwischen den beteiligten Unternehmenseinheiten. Die Aufgaben sind dabei vom Grundsatz her wie folgt verteilt:

- Die operativen Einheiten sind als Träger des Geschäfts und der damit verbundenen Risiken die primär für das Risikomanagement verantwortlichen Einheiten.
- Stabs- und Fachteilungen unterstützen die operativen Geschäftseinheiten in deren Risikomanagement durch die Vorgaben von Grundsätzen, Methoden und Standards zum Risikomanagement sowie ggf. durch ein unabhängiges Risiko-Controlling.
- Die Interne Revision auditiert die vorhandenen Risikokontroll- und -steuerungssysteme als unabhängige Überwachungsinstanz.

Ein erfolgreiches Gesamt-Risikomanagement-System basiert auf dem reibungslosen Zusammenspiel aller Risikomanagementebenen. Auf die spezifischen Aufgaben und Zuständigkeiten der einzelnen Unternehmenseinheiten soll deshalb im folgenden näher eingegangen werden.

Operative Geschäftseinheiten

Innerhalb eines Unternehmens entstehen Risiken zu einem überwiegenden Teil im Zusammenhang mit der Geschäftstätigkeit der dezentralen Unternehmenseinheiten, so dass diese die primären Träger des Risikomanagements sein müssen. Dabei ist es Aufgabe der operativen Geschäftseinheiten zunächst selbst eine klare Organisations- und Verantwortungsstruktur für das Risikomanagement innerhalb der Einheit festzulegen. Auf dieser Grundlage und in engem Zusammenhang damit sind die Risikomanagement-Prozesse und die ablauforganisatorischen Zuständigkeiten zu definieren. Ein systematischer Risikomanagement-Prozess umfasst die Erfassung, Bewertung, Handhabung und das Controlling der Risiken bzw. der Risikohandhabung:

Bei der Erfassung der Risiken ist sicherzustellen, dass alle Risiken, die für die jeweilige operative Geschäftseinheit relevant sind, in systematischer Weise erkannt und dokumentiert werden. Die Risikoidentifizierung durch die operativen Geschäftseinheiten zielt darauf ab, Risiken möglichst frühzeitig zu erkennen, um rechtzeitig Gegenmassnahmen einleiten zu können. Auf diese Weise wird das Risikomanagement-System zum Früherkennungssystem.

Der folgende Schritt innerhalb des Risikomanagement-Prozesses in den operativen Geschäftseinheiten umfasst die Analyse und Bewertung der Risiken. Um eine eindeutige und nachvollziehbare Priorisierung der Risiken zu erreichen, sind hierzu einheitliche Analyseregeln und Bewertungsmassstäbe für die betrachteten Risiken aufzustellen. Als Konsequenz aus Risikoanalyse und -bewertung müssen die Ergebnisse in Entscheidungen und Massnahmen umgesetzt werden. Die Entscheidungsträger in den operativen Geschäftseinheiten müssen als Voraussetzung dafür laufend und zeitnah über die wichtigsten Risiken informiert werden.

Die Risikohandhabung ist der sich anschliessende und entscheidende Schritt innerhalb des Risikomanagement-Prozesses in den operativen Geschäftseinheiten. Die Risikohandhabung umfasst alle Massnahmen, die auf die Vermeidung, Verminderung, Beeinflussung oder den Transfer von Risiken gerichtet sind. Dabei kann weiterhin unterschieden werden zwischen der dauerhaften Einrichtung von Steuerungsmassnahmen und einzelfallbezogenen Aktionen z.B. im Rahmen eines Projektmanagements. Die Massnahmen sind von den operativen Geschäftseinheiten laufend hinsichtlich ihrer Angemessenheit und Effizienz zu überprüfen, dies gilt auch für die dauerhaften Steuerungsmassnahmen.

Die Massnahmen zur Risikohandhabung sind in der Regel von den betroffenen operativen Geschäftseinheiten unmittelbar selbst zu ergreifen und umzusetzen. Daneben kann jedoch auch für bestimmte Risiken eine unternehmenseinheitliche Handhabungsweise unter Inanspruchnahme übergeordneter Stabs- und Fachabteilungen oder zentraler unternehmensinterner Dienstleister vorgesehen sein. So kann durch die Unternehmensleitung z.B. für Währungsrisiken vorgegeben werden, dass die Absicherung offener Währungspositionen der operativen Geschäftseinheiten nur durch ein zentrales Treasury erfolgen darf. Damit können Pooling- und Nettingeffekte sowie zentrale Kompetenz gezielt genutzt werden.

Der abschliessende Schritt innerhalb des Risikomanagement-Prozesses der operativen Geschäftseinheiten ist das laufende Controlling der Risiken bzw. der Risikohandhabung. Alle relevanten Risiken eines Geschäftes müssen kontinuierlich erfasst und überwacht werden. Auftretende Abweichungen gegenüber den Zielvorgaben müssen erkannt und falls notwendig zusätzliche Massnahmen ergriffen werden. Zur Sicherstellung eines Risiko-Controllings ist die vorhandene Berichterstattung falls notwendig um risikoorientierte Informationen oder Kennzahlen zu ergänzen. Für das Risikomanagement sollten keine separaten Controllingwege und -prozesse aufgebaut werden, sondern das Risiko-Controlling sollte – wie der gesamte Risikomanagement-Prozess – Teil der normalen Geschäftsprozesse in den operativen Geschäftseinheiten ist. Geschäftsführung und Risikomanagement gehören unmittelbar zusammen.

Stabs- und Fachabteilungen

Die Stabs- und Fachabteilungen bilden die zweite Ebene innerhalb des Mehr-Ebenen-Modells des Risikomanagement. Im Gegensatz zu den operativen Geschäftseinheiten stehen sie – ausser für ihre eigenen Risiken – nicht in der unmittelbaren Verantwortung für das Risikomanagement, sondern haben die Funktion von Unterstützungseinheiten.

Im Rahmen des Risikomanagements umfassen die Aufgaben der Stabs- und Fachabteilungen vor allem die Entwicklung von Grundsätzen, Methoden und Standards zum Risikomanagement und zwar für das jeweilige Aufgabengebiet bzw. den Risikobereich, das der Stabs- und Fachabteilung inhaltlich zugeordnet ist. Um z.B. die Identifizierung und Erfassung von geschäftlichen Risiken zu verbessern, kann die strategische Planungsabteilung als relevante Stabsabteilung ein Instrumentarium zur strategischen Planung vorgeben und damit gezielt die Risikoidentifizierung in den operativen Einheiten unterstützen. Ebenso können z.B. von einer zentralen IT-Abteilung Vorgaben und Checklisten zum Thema Informationssicherheit herausgegeben werden.

Die Grundsätze, Methoden und Standards können sich auf den gesamten Risikomanagement-Prozess oder Teile davon beziehen und beschreiben die grundlegende, von den operativen Geschäftseinheiten zu verfolgende Vorgehensweise für die Identifikation, Bewertung, Handhabung sowie das Controlling von Risiken in dem jeweiligen Risikobereich. Ein Bestandteil der Aufgaben von Stabs- und Fachabteilungen kann in diesem Zusammenhang die Vermittlung der Methodenkompetenz an die operativen Einheiten über Trainings- und Schulungsprogramme sein. Stabs- und Fachabteilungen spielen so eine wichtige Rolle in der Verbesserung des Risikobewusstseins.

Die Vorgaben von Stabs- und Fachabteilungen können auch auf die übergeordnete Risikostrategie für einen bestimmten Risikobereich gerichtet sein. Dabei wird der Standard der Risikohandhabung festgelegt, an dem sich die operativen Einheiten orientieren sollten. So kann z.B. für die Absicherung von Schadensrisiken eine diesbezügliche Risikostrategie über eine zentrale Versicherungsabteilung vorgegeben werden. Zielsetzung ist hierbei, dass vergleichbare Risiken auch in geschäftlich oder regional völlig unterschiedlichen Einheiten in gleicher Weise gehandhabt werden und gleichzeitig Grössen- und Diversifikationseffekte genutzt werden können.

Neben der Definition von Grundsätzen, Methoden und Standards gehört zu den Aufgaben der Stabs- und Fachabteilungen, im Rahmen ihrer Kontrollpflichten auch die Einhaltung dieser Vorgaben bei den operativen Geschäftseinheiten mit zu überwachen. Unabhängig davon sind allerdings die operativen Geschäftseinheiten zunächst selbst für die Einhaltung der Vorgaben verantwortlich.

Darüber hinaus können Stabs- und Fachabteilungen gegenüber den operativen Einheiten eine unabhängige Controllingfunktion wahrnehmen, indem sie auch eine inhaltliche Kontrolle der Risiken und nicht nur eine Überprüfung der Einhaltung der Vorgaben (Systemkontrolle) vornehmen. Stabs- und Fachabteilungen übernehmen damit eine Objektivierungsfunktion, die eine unabhängige Kontrolle der Risiken und der Risikohandhabung sicherstellen und eine Validierung der Controllingergebnisse der operativen Geschäftseinheiten erlauben.

Zu den Aufgaben von Stabs- und Fachabteilungen gehört es auch, die operativen Geschäftseinheiten im Hinblick auf deren Risikomanagementaufgaben und -Prozesse zu beraten. Dazu können Stabs- und Fachabteilungen ihr für spezifische Risikobereiche vorhandenes Know how einbringen sowie darüber hinaus als Wissens-Drehscheibe innerhalb des Unternehmens fungieren.

Aufgaben einer eigenständigen Risikomanagementabteilung

Neben den Stabs- und Fachabteilungen kann zusätzlich – abhängig von der Grösse und Komplexität eines Unternehmens- eine eigenständige Risikomanagementabteilung als Unternehmensstabsstelle eingerichtet werden. Dabei übernimmt auch eine solche Risikomanagementabteilung keine Risikomanagementaufgaben für die operativen Geschäftseinheiten, sondern wirkt ähnlich wie die übrigen Stabs- und Fachabteilungen als Unterstützungseinheit. Insbesondere enthebt eine Risikomanagementabteilung die operativen Einheiten nicht von deren Risikomanagementverantwortung.

Der Aufgabenbereich einer Risikomanagementabteilung umfasst die Erarbeitung und Weiterentwicklung von übergeordneten Konzepten und Methoden für ein unternehmensweites Risikomanagement sowie ggf. der Begleitung der Implementierung entsprechender Massnahmen in den operativen Geschäftseinheiten.

Im Rahmen dieser Aufgaben liegt ein Schwerpunkt im Entwerfen einer Gesamtarchitektur für ein unternehmensweites Risikomanagement, in der die wesentlichen Risikomanagement-Systemelemente und ihre grundsätzliche Funktionsweise beschrieben werden. Da in einem gut geführten Unternehmen in der Regel viele Elemente eines Risikomanagement-Systems bereits vorhanden sind, besteht das Ziel insbesondere darin, diese integrativ zu einem wirkungsvollen Risikomanagement-System zu verbinden und dieses zu dokumentieren. Auch die vorhandenen Stabs- und Fachabteilungen sind als wesentliche Elemente der Risikomanagement-Organisation miteinzubeziehen.

Daneben ist eine Risikomanagementabteilung zuständig für die Erarbeitung oder Weiterentwicklung übergeordneter risikopolitischer Grundsätze und deren Kommunikation innerhalb des Unternehmens. Diese risikopolitischen Grundsätze werden vielfach ergänzt und konkretisiert durch Grundsätze und methodische Standards für einzelne Risikobereiche, die von den dafür zuständigen Stabs- und Fachabteilungen zu erarbeiten sind.

Darüber hinaus können von einer Risikomanagementabteilung Methoden und Standards entwickelt werden, die in übergeordneter Weise die unternehmenseinheitliche Risikoidentifikation und Risikobewertung unterstützen. Hierzu zählt z.B. die Beschreibung der Vorgehensweise zur Ermittlung von Risikoportfolios. Die Bereitstellung grundlegender Risikomanagement-Methoden trägt zum einen dazu bei, die Integration vorhandener Teilsysteme zu einem Gesamt-Risikomanagement-System zu fördern, da andere Stabs- und Fachabteilungen und insbesondere die operativen Geschäftseinheiten auf dieser Basis ihre Ansätze bzw. Teilsysteme entwickeln oder anpassen können. Zum anderen wird durch die Verwendung einheitlicher Ansätze zur Risikoerfassung und -bewertung ein Risiko-Reporting erleichtert, da risikoorientierte Informationen unternehmenseinheitlich dargestellt und berichtet werden können.

Auch die grundlegenden Anforderungen an ein risikoorientiertes Reporting können von einer Risikomanagementabteilung – ggf. zusammen mit anderen Stabs- und Fachabteilungen – definiert werden. Dies trägt zur gezielten Weiterentwicklung der im Unternehmen vorhandene Planungs- und Controllingsysteme bei und unterstützt sowohl das Risiko-Controlling in den operativen Geschäftseinheiten als auch auf Unternehmensebene. Im Zusammenhang mit dem Risiko-Controlling auf Unternehmensebene kann eine Risikomanagementabteilung daneben auch gezielt Risikoanalysen durchführen und versuchen mögliche Risikoakkumulationen festzustellen. Die als Voraussetzung hierfür notwendige Informationsbeschaffung sollte dabei überwiegend in den normalen Planungs- und Controllingprozess integriert sein.

Das übergeordnete Ziel einer Risikomanagementabteilung besteht in der unternehmensweiten Verbesserung des Risikobewusstseins und der Risikokultur. Dazu tragen auch die Durchführung von Risiko-Workshops und Qualifikationsprogrammen in den operativen Geschäftseinheiten bei. Daneben können Best practice-Foren zum Risikomanagement eingerichtet werden, durch die der unternehmensinterne Wissenstransfer verbessert und die organisatorischen Lernprozesse beschleunigt werden können.

Interne Revision

Die interne Revision stellt das dritte Element innerhalb des Mehr-Ebenen-Modells der Risikomanagement-Organisation dar. Die Aufgabe einer internen Revision besteht allgemein darin, im Auftrag der Unternehmensleitung die Ordnungsmässigkeit, Rechtmässigkeit, Zweckmässigkeit und Wirtschaftlichkeit von Unternehmenseinheiten und –prozessen zu auditieren. Im Zusammenhang mit dem Risikomanagement sind die Prüfungshandlungen der internen Revision auf die im Unternehmen vorhandenen Risikomanagement-Systeme gerichtet wobei die interne Revision als unabhängige Überwachungsinstanz wirkt. Die Überwachung findet dabei vor allem auf der Systemebene statt und stellt deshalb eine Systemprüfung dar. Die Aufgabenstellung der internen Revision ist insofern mit der der externen Wirtschaftsprüfer vergleichbar.

Im Hinblick auf das Risikomanagement ist durch die interne Revision insbesondere die Angemessenheit und Wirksamkeit der in den operativen Geschäftseinheiten zur Identifizierung, Bewertung, Handhabung und laufenden Steuerung von Risiken vorhandenen Risikomanagement-Systeme zu beurteilen. Zu untersuchen ist hierbei z.B. ob im Rahmen des Risikomanagement-Prozesses alle wesentlichen Risiken bzw. Risikofelder erfasst, ob Risiken systematisch bewertet und verfolgt oder inwieweit die Massnahmen zur Risikosteuerung überwacht werden. Wesentliches Ziel der Untersuchung ist die Beurteilung der Funktionstüchtigkeit der in den operativen Geschäftseinheiten vorhandenen Risikomanagement-Systeme. Von der Revision sind zu diesem Zweck entsprechende Prüfkonzeptionen und -module zu entwickeln und anzuwenden. Ansatzpunkt der Prüfung ist eine Dokumentation der Risikomanagement-Systeme in den operativen Einheiten.

Mit der regelmässigen Überprüfung durch die interne Revision lassen sich ungenügende Risikomanagement-Systeme oder vorhandene Lücken identifizieren und die dadurch bedingte potentielle Risikogefährdung des Unternehmens verdeutlichen. Die so entstehenden Revisionsberichte liefern die Grundlage für die Festlegung und Umsetzung von Verbesserungsmassnahmen durch die operativen Geschäftseinheiten. Die Rolle der Revision beschränkt sich in diesem Zusammenhang meist auf die Vorgabe von Empfehlungen oder den Verweis auf Kontrollstandards und Best practice-Vorgehensweisen. Die Entwicklung und Installation von Risikomanagement-Systemen gehört nicht zu den Aufgaben der internen Revision.

Sofern keine Revisionsabteilung im Unternehmen vorhanden ist, ist sicherzustellen, dass diese Überwachungsfunktion von anderen internen oder durch externe Stellen wahrgenommen wird. Nur dadurch kann eine «neutrale», prozess- und funktionsunabhängige Beurteilung der eingerichteten Systeme und Prozesse erreicht werden. Auf diese Weise können Defizite oder Ineffizienzen wirkungsvoll erkannt und anschliessend von den operativen Geschäftseinheiten beseitigt werden. Durch die Wahrnehmung dieser Überwachungs- und Kontrollfunktion unterstützt eine interne Revision damit – ebenso wie Stabs- und Fachabteilungen – die ständige Weiterentwicklung des Risikomanagement-Systems im Unternehmen.

Unternehmensweites Risiko-Controlling

Wie im vorigen Abschnitt dargestellt, ist Risikomanagement primär die Aufgabe der operativen Geschäftseinheiten. Dazu sind in den operativen Geschäftseinheiten entsprechende Risikomanagement-Prozesse notwendig.

Diese sind so zu konzipieren und implementieren, dass sie integraler Bestandteil der Geschäftsprozesse der jeweiligen Einheiten sind. Risikomanagement ist also keine «Sonderveranstaltung» und kein Parallelprozess, sondern einfach normaler Bestandteil guter Geschäftsführung.

Die in den operativen Geschäftseinheiten identifizierten Risiken und die Massnahmen zur Risikohandhabung müssen jedoch auch zusammenfassend für das Gesamtunternehmen betrachtet und laufend überwacht werden. Hierauf ist ein unternehmensweites integriertes Risiko-Controlling gerichtet.

Ziel ist es, die Unternehmensrisikoposition systematisch und regelmässig zu erfassen und durch das frühzeitige Erkennen von Gefährdungspotentialen ausreichend Handlungsspielräume zu schaffen, um das Erreichen der Unternehmensziele abzusichern. Der besondere Vorteil eines integrierten Risiko-Controllings besteht darin, dass hier alle Risiken eines Unternehmens zusammenfassend untersucht werden können und damit auch die Interdependenzen zwischen den Risiken aller operativen Geschäftseinheiten deutlich werden. Auf diese Weise wird die Voraussetzung geschaffen, die Risiken – sowie auch die Chancen – des gesamten Unternehmensportfolios aktiv durch die Unternehmensleitung zu steuern.

Ein unternehmensweites integriertes Risiko-Controlling basiert auf einem unternehmensweit ablaufenden Risikomanagement-Prozess, der seinerseits durch eine Vielzahl dezentraler Risikomanagement-Prozesse unterstützt wird. Der Risikomanagement-Prozess umfasst generell alle Aktivitäten zum systematischen Umgang mit Risiken im Unternehmen. Wie im vorigen Abschnitt bereits angedeutet, zählt hierzu im einzelnen die Identifikation, Bewertung, Steuerung und die Überwachung der Risiken bzw. der Risikohandhabung. Der Risikomanagement-Prozess ist in Abbildung 3 dargestellt.

Der Risikomanagement-Prozess kann grundsätzlich als Regelkreis verstanden werden, bei dem die auf der Grundlage der Risikoidentifikation und Risikobewertung erfassten Risiken sowie die hierauf bezogenen Massnahmen laufend überwacht werden und der bei auftretenden Abweichungen bzw. bei der Neufeststellung von Risiken immer wieder durchlaufen wird. Risiko-Controlling ist in diesem Sinne keine einmalige Aktion, bei der man sich nach dem Erkennen von Risiken und dem Ergreifen und Durchführen steuernder Massnahmen beruhigt zurücklehnen kann. Vielmehr erfordern die sich ständig und schnell verändernden Risiken, dass der Risikomanagement-Prozess kontinuierlich durchgeführt wird. Darüber hinaus ist es sinnvoll, den Risikomanagement-Prozess so flexibel zu gestalten, dass auch neue, veränderte Risikostrukturen erkannt und entsprechende Massnahmen eingeleitet werden können.

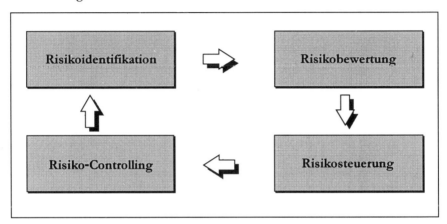

Abbildung 3: Risikomanagement-Prozess

Wie eingangs bereits angesprochen, besteht ein enger Zusammenhang zwischen den dezentralen Risikomanagementprozessen in den operativen Geschäftseinheiten und dem übergeordneten unternehmensweiten Risikomanagement-Prozess. Der übergeordnete Risikomanagement-Prozess und damit das unternehmensweite Risiko-Controlling baut auf den vorhandenen Risikomanagement-Prozessen auf. Diese müssen dabei nicht explizit als Risikomanagement-Prozesse tituliert sein, sondern bestehen in der Regel bereits in Form der etablierten Managementprozesse. Der Zusammenhang zwischen dem übergeordneten unternehmensweiten Risikomanagement-Prozess und den dezentralen Risikomanagement-Prozessen wird in der folgenden Darstellung nochmals verdeutlicht. Zu erkennen ist hier auch, dass die einzelnen Phasen der Prozesse unmittelbar miteinander korrespondieren.

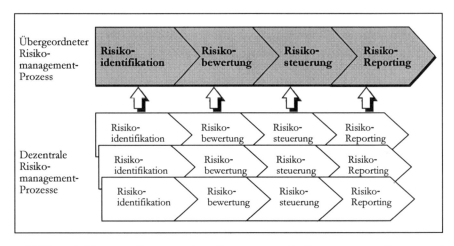

Abbildung 4: Zusammenhang zwischen übergeordnetem Risikomanagement-Prozess und dezentralen Risikomanagement-Prozessen

Identifikation und Erfassung von Risiken

Die Identifikation und Erfassung von Risiken ist der Ausgangspunkt jedes Risikomanagement-Prozesses und liefert die grundlegenden Informationen, auf denen alle nachfolgenden Schritte des Risikomanagement-Prozesses aufbauen. Nur auf Risiken, die vom Unternehmen und seinen Entscheidungsträgern erkannt wurden, kann durch entsprechende Massnahmen reagiert und damit eine Risikobegrenzung erreicht werden.

Ziel der Risikoidentifikation ist die umfassende und systematische Erfassung aller für das Unternehmen bzw. die einzelnen operativen Geschäftsbereiche relevanten Risiken. Zu den Risiken sind sowohl externe Risiken, die sich beispielsweise aus einer Veränderung des Markt- und Branchenumfelds ergeben, als auch interne Risiken, wie z.B. ungenügende Qualitätssicherung zu zählen. Durch die Risikoidentifikation sollen alle wesentlichen Risiken, d.h. alle Risiken mit dem für das Unternehmen grössten Bedrohungspotential, erkannt werden. Das Bedrohungspotential misst sich an der durch die Risiken bestehenden Gefährdung der von der Unternehmensleitung vorgegeben Ziele. Die Risikoidentifikation setzt somit eine klare Definition der Unternehmensziele bzw. der Ziele für einzelne operative Geschäftseinheiten voraus.

Die Risikoidentifikation im Rahmen eines unternehmensweiten Risiko-Controllings baut auf der in den operativen Geschäftseinheiten laufend durch die vorhandenen Management-Systeme bereits erfolgenden Risikoidentifikation auf. Da für ein unternehmensweites Risiko-Controlling eine systematische, d.h. strukturierte und vollständige Erfassung der Risiken erfolgen muss, können diese dezentralen Prozesse jedoch gezielt ergänzt werden. Verwendet werden können in diesem Zusammenhang unternehmens- bzw. geschäftsspezifische Risikochecklisten, die in umfassender Weise die Risikoidentifizierung unterstützen.

Um sicherzustellen, dass in einem übergeordneten Risiko-Controlling tendenziell auch alle wesentlichen Risiken erfasst werden, bietet es sich zunächst an, eine umfassende unternehmensspezifische Risikokategorisierung zu entwickeln und den operativen Geschäftseinheiten vorzugeben. Eine solche allgemeine Risikokategorisierung ist von den operativen Geschäftseinheiten zur Anpassung an die jeweiligen Gegebenheiten und Besonderheiten dann noch geschäftsspezifisch zu vertiefen. Die allgemeine unternehmensspezifische Risikokategorisierung dient damit als unternehmensweit konsistente Grundlage der Risikoidentifikation, die in den operativen Geschäftseinheiten ergänzt und verfeinert wird. Auf diese Weise wird erreicht, dass einerseits eine einheitliche Sprachregelung zu Risiken im Unternehmen etabliert wird, andererseits aber noch genügend Freiraum vorhanden ist, auch die geschäftsspezischen Risiken zu erfassen. Die geschäftsspezische Vertiefung ist dabei auf jeden Fall notwendig, denn letztlich ist die Vollständigkeit der Risikoerfassung nur durch ein Bottom Up-Vorgehen zu gewährleisten. Ein Beispiel für eine Risikokategorisierung zeigt Abbildung 5.

Bei der Entwicklung einer Risikokategorisierung kann unterschiedlichen Gliederungsprinzipien gefolgt werden, z.B. Gliederung der Risiken nach Wirkungen (Ertrags-, Vermögenswirkung), Gliederung nach Herkunft der Risiken (Externe, Interne Risiken) oder Gliederung nach Risikoursachen. Eine Gliederung nach Risikoursachen hat den Vorteil, dass die Ansatzpunkte für die Risikosteuerung damit i.d.R. einfacher und unmittelbarer erkennbar sind. Besteht die Ursache eines Lieferantenrisiko z.B. in Form der Abhängigkeit von einem Schlüssellieferanten als Single source, so kann dieses Risiko etwa durch den Aufbau einer qualifizierten Second source deutlich reduziert werden. Gleichzeitig wird es durch eine an den Risikoursachen orientierte Risikokategorisierung erleichtert, auch die Risk owner festzustellen, denen die Verantwortung für eine entsprechende Risikosteuerung zugeordnet werden kann.

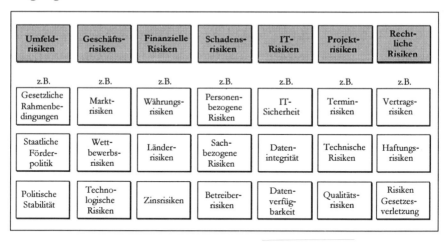

Abbildung 5: Beispiel für eine Risikokategorisierung

Analyse und Bewertung von Risiken

Die im Rahmen der Risikoidentifizierung erfassten Risiken müssen in dem sich anschliessenden zweiten Schritt näher analysiert und bewertet werden. Die Bewertung der Risiken zielt darauf ab, die Risiken entsprechend ihrer Bedeutung bzw. ihres Gefährdungspotentials für das Unternehmen in eine gewisse Rangordnung zu bringen. Durch eine solche Priorisierung der Risiken können die Anstrengungen zur Risikohandhabung dann gezielt auf die grössten Risiken ausgerichtet werden.

Für die Bewertung von unterschiedlichen Risiken gibt es keine allgemeingültigen Massstäbe. Vielmehr haben sich in Theorie und Praxis abhängig von der Art des Risikos jeweils dementsprechende Bewertungsansätze herausgebildet. Entscheidend für die Methode der Bewertung eines Risikos ist vor allem, ob es sich um Risiken bzw. Risikoursachen handelt, die unmittelbar quantitativ zu ermitteln sind, oder ob es sich um eher qualitative Risiken handelt. Wenn es z.B. um die Bewertung eines Währungsrisikos geht, so ist es bei Kenntnis der offenen Position, des verwendeten Absicherungsinstruments und vorhandener Zeitreihen/Statistiken sowie unter Einsatz entsprechender Rechenmodelle relativ einfach möglich, eine entsprechende Risikoposition – z.B. in Form eines Value at Risk zu berechnen (was nicht ausschliesst, dass unter Experten heftig über die «richtige» Art der Berechnung diskutiert werden kann). Schwieriger wird es jedoch bei all jenen Risiken, die zunächst eher qualitativer Natur sind, also z.B. Branchen- und Wettbewerbsrisiken, Informationstechnologische Risiken oder Personalrisiken. Hier ist es notwendig, einfach handzuhabende Bewertungsansätze zu finden, die letztlich ebenfalls eine – zumindest grobe – Quantifizierung zulassen.

Dieses Problem der Quantifizierung qualitativer Risiken ist insbesonders bei einem unternehmensweiten, integrierten Risiko-Controlling von Bedeutung, geht es hier doch darum, die Vielzahl mitunter äusserst unterschiedlicher Risiken zusammenfassend zu betrachten und zu bewerten. Der Bewertungsansatz ist in diesem Zusammenhang so zu wählen, dass einerseits eine möglichst genaue Quantifizierung erreicht werden kann, der Ansatz aber dennoch anwenderfreundlich bleibt. Geeignet und im praktischen Einsatz bewährt hat sich in diesem Zusammenhang eine zweidimensionale Bewertung von Risiken hinsichtlich Eintrittswahrscheinlichkeit und Auswirkung, d.h. potentieller Schadenshöhe des Risikos. Risiken können anhand dieser Dimensionen in einer Matrix als Risikoportfolio dargestellt werden, wie aus der folgenden Abbildung 6 deutlich wird.

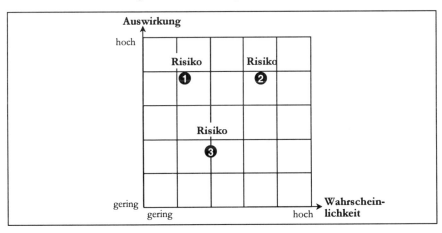

Abbildung 6: Risikoportfolio

Ein derartiges Risikoportfolio liefert einen schnellen und umfassenden Überblick über die Risikosituation einer einzelnen operativen Einheit oder eines Unternehmens. Die Risiken können unmittelbar in ihrer Bedeutung für das Unternehmen erkannt werden.

Die Darstellung der Risiken kann hierbei prinzipiell entweder durch ordinale Skalierungen oder durch kardinale Skalierungen erfolgen. Sofern nur eine operative Einheit eines Unternehmens betrachtet wird, genügt zur relativen Ordnung eine Ordinalskala wie oben dargestellt. Sollen jedoch mehrere operative Einheiten vergleichbar abgebildet werden, so ist eine Kardinalskala anzustreben, die zumindest auf abgestuften Bandbreiten sowohl für die Eintrittswahrscheinlichkeit als auch vor allem die Auswirkung basiert. Ansonsten besteht die Gefahr, dass ein Risiko von z.B. 20 Millionen DM einmal für ein – am Umsatz gemessen – grosses Geschäft als sehr gering und für ein kleines Geschäft als sehr hoch eingeschätzt wird, was eine Zusammenfassung auf Unternehmensebene sehr erschwert.

Der besondere Vorteil einer Risikodarstellung in Form eines Risikoportfolios besteht darin, dass alle Risiken unternehmensweit nach einheitlichen Kriterien bewertet werden. Die Bewertung ist zudem wenig komplex, so dass eine schnelle und einfache Risikobewertung erfolgen kann. Entscheidend bei der Bewertung ist nicht eine 100%ige Genauigkeit, sondern dass eine Priorisierung der Risiken erfolgt. So können bei der Bewertung von Risiken – insbesondere der Auswirkung – auch vereinfachende Überschlagsrechnungen angewandt werden: Für das oben angeführte Beispiel der Lieferantenabhängigkeit kann die potentielle Auswirkung bei Ausfall der Single Source z.B. über eine Annahme des potentiellen Produktions-/ Umsatzausfalls multipliziert mit der erwarteten Umsatzrendite grob ermittelt werden.

Die Bewertung von Risiken in Form von Risikoportfolios für ein integriertes Risiko-Controlling im Rahmen des übergeordneten Risikomanagement-Prozesses impliziert nicht, dass auf vorhandene Risikomasse für bestimmte Risiken verzichtet wird. Selbstverständlich wird z.B. zur Überwachung eines Währungsrisikos weiterhin ein Value at Risk-Ansatz oder das jeweils gängige state of the art-Verfahren verwendet werden. Dies gilt insbesondere für den Bereich finanzieller Risiken, die einer genaueren Quantifizierung leichter zugänglich sind. Durch die Verwendung von Risikoportfolios als Bewertungs- und Darstellungsansatz wird jedoch sichergestellt, dass auch für all die anderen Risiken eine möglichst genaue und zutreffende Einschätzung vorgenommen werden kann. Zudem erleichtern die Risikoportfolios die Kommunikation und Diskussion von Risiken.

Steuerung von Risiken

Die Ergebnisse der Risikoidentifikation und Risikobewertung müssen in Entscheidungen und Massnahmen zur Risikohandhabung umgesetzt werden. Dies ist der Gegenstand der Risikosteuerung, die darauf ausgerichtet ist, die Risikoposition der operativen Einheit oder des Gesamtunternehmens aktiv zu beeinflussen. Da die Risikohandhabung unmittelbar und «vor Ort» ansetzen muss und je nach Risikosituation geschäftsspezifische Steuerungsstrategien anzuwenden sind, ist die Risikohandhabung und -steuerung primär Aufgabe der operativen Einheiten. Eine übergeordnete Unternehmensleitung kann ihrerseits jedoch durch Einflussnahme auf geschäftspolitische Entscheidungen der operativen Einheiten oder durch die Gestaltung des Unternehmensportfolios auf das Risikoportfolio des Unternehmens einwirken.

Ausgangspunkt der Risikosteuerung sind die Unternehmens- und Geschäftsziele des Unternehmens, die das zu erreichende Anspruchsniveau, aber gleichzeitig in der Regel auch den «Risikoappetit» des Unternehmens oder der operativen Einheit bestimmen. Daneben können risikopolitische Grundsätze vorhanden sein, die ebenfalls die Grundausrichtung der Risikosteuerung bestimmen. Da Risikosteuerung in der Regel mit Kosten verbunden ist, ist also umgekehrt stets nach den mit der Risikosteuerung angestrebten Zielen zu fragen, denn Risikosteuerung als l'art pour l'art macht wenig Sinn. Risikosteuerung dient wesentlich dazu, die angestrebten Chancen auszuschöpfen und ist deshalb im Hinblick auf das Erreichen einer angemessenen Risk-/ Return-Relation anzugehen.

Die Risikosteuerung umfasst alle Massnahmen und Mechanismen zur Beeinflussung der Risiken. Dies kann prinzipiell durch Verringerung der Eintrittswahrscheinlichkeit (z.B. durch Prävention) und/ oder der Auswirkungen (z.B. Versicherung, contingency plans) geschehen. Die im Zuge der Risikobewertung vorgenommene Beurteilung der Risiken nach Eintrittswahrscheinlichkeit und Auswirkung hilft damit unmittelbar bei der Generierung von Massnahmen zur Risikobewältigung und unterstützt auf diese Weise die Risikosteuerung.

Für die Risikosteuerung stehen allgemein mehrere grundlegende Alternativen zur Verfügung. Hierzu zählen die Vermeidung, Verminderung, der Transfer und die Akzeptanz von Risiken. Die Vermeidung von Risiken zielt auf die Reduzierung oder das Einstellen bzw. Nichteingehen risikobehafteter Aktivitäten z.B. durch die Ablehnung von Aufträgen oder der Ausstieg aus Projekten. Bei der Risikoverminderung geht es um die teilweise oder weitgehende Reduzierung der Eintrittswahrscheinlichkeit und/ oder der Auswirkung, während der Risikotransfer die teilweise oder vollständige Übertragung von Risiken auf Dritte beinhaltet. Zur Risikoverminderung bzw. dem Risikotransfer existieren eine Vielzahl von möglichen Massnahmen, die von Kontrollen, dem Einsatz derivativer Finanzinstrumente bis hin zur Versicherung von Risiken reichen. Daneben kann eine Risikoverminderung z.B. durch eine gezielte Diversifikation (Märkte, Produkte/Leistungen, Technologien, Regionen), ein Risikotransfer z.B. durch Kooperationen und Joint Ventures (z.B. im Entwicklungsbereich) erfolgen. Als weitere Alternative besteht schliesslich noch die Möglichkeit der Risikoakzeptanz, die z.B. dann zu Zuge kommt, wenn das erwartete Risiko relativ gering und damit tragbar ist, oder wenn die Kosten der Risikosteuerung übermässig hoch sind und gleichzeitig keine grosse Bedrohung durch das jeweilige Risiko besteht.

Jede Art der Risikosteuerung ist, um wirksam zu sein, darauf angewiesen, dass die Risiken und die jeweils eingeleiteten Massnahmen regelmässig und zeitnah überwacht werden. Nur so können Änderungen der Risikosituation oder die möglicherweise ungenügende Wirksamkeit von Massnahmen rechtzeitig erkannt werden. Dazu ist ein laufendes Risiko-Reporting erforderlich.

Risiko-Reporting

Im Rahmen eines Risiko-Reporting ist über die identifizierten und bewerteten Risiken sowie über die eingeleiteten Massnahmen zur Risikohandhabung regelmässig zu berichten. Durch das Risiko-Reporting soll die Risikolage der operativen Geschäfte und des Gesamtunternehmens jederzeit transparent sein und laufend überwacht werden können. Für die Wirksamkeit des Risiko-Reporting ist entscheidend, dass dieses nicht als separater Prozess installiert wird, sondern in die bestehenden Berichtssysteme integriert ist.

Das Risiko-Reporting baut auf einer systematischen Erfassung und Bewertung der Risiken im Rahmen eines methodisch eindeutig festgelegten Verfahrens der Risikoidentifizierung und -bewertung auf. Die Risiken sind dabei nicht nur einmalig, sondern laufend zu überwachen und im Rahmen eines Risiko-Reporting zu kommunizieren. Nur so können bei Bedarf rechtzeitig Steuerungsmassnahmen durch die Risikoverantwortlichen bzw. die jeweiligen Entscheidungsträger auf den verschiedenen Führungsebenen eines Unternehmens eingeleitet werden. Ziel der Risikoüberwachung muss es sein, die Risiken möglichst früh zu erkennen und in der Berichterstattung zu kommunizieren, damit reaktives zugunsten proaktivem Handeln zurücktritt. In diesem Zusammenhang kann es sinnvoll sein, geschäftsspezifische Frühindikatoren für potentielle Risiken zu definieren. Durch die Risikoüberwachung soll auch erreicht werden, dass – falls notwendig – vertiefende Risikoanalysen eingeleitet werden.

Kernbestandteil des Risiko-Reporting sind neben den Risiken die Massnahmen, die zur Risikohandhabung ergriffen wurden. Die kontinuierliche Überwachung der Umsetzung und Wirksamkeit dieser Massnahmen soll sicherstellen, dass die Risiken beherrscht und damit die vorgegebenen Geschäfts- und Unternehmensziele erreicht werden. Durch das Aufzeigen von tatsächlichen oder potentiellen Abweichungen gegenüber den vorgegebenen Zielen soll die Möglichkeit eröffnet werden, bei unzureichenden Massnahmen rechtzeitig Zusatz- oder Alternativmassnahmen zur Bewältigung oder Begrenzung der Risiken zu ergreifen. Je nach Risikoart kann es sich bei den für die Risikosteuerung zugrundegelegten Kenngrössen sowohl um quantitative Kennzahlen (z.B. Limitvorgaben für einzelne Händler innerhalb des Treasury; potentielle Abweichung gegenüber Plan-Ergebnis) oder um Bandbreiten sowie um eher qualitative Kriterien handeln. Anzustreben ist hier jedoch – ebenso wie bei der Risikobewertung – eine möglichst harte und eindeutige Quantifizierung.

Die Risikoüberwachung und ein entsprechendes Risiko-Reporting muss auf allen Ebenen des Unternehmens und in allen funktionalen Teilsystemen stattfinden. Dies bedeutet jedoch nicht, dass nun neben den bereits bestehenden Management- und Berichtssystemen jeweils noch parallele Risikoüberwachungs- und Berichtssysteme einzurichten sind. Vielmehr ist davon auszugehen, dass in jedem gut geführten Unternehmen mit den vorhandenen Management- und Berichtssystemen bereits auch Risikoüberwachungs- und berichtssysteme bestehen (hierauf wird im folgenden 5. Kapitel nochmals eingegangen). Dies gilt insbesondere für das bereits vorhandene Interne Kontrollsystem (IKS), das z.B. in Form eines wirkungsvollen Rechnungswesens (als Teil des IKS) eine wesentliche Voraussetzung für ein effizientes Risikomanagement darstellt.

Im Hinblick auf ein unternehmensweites integriertes Risiko-Controlling bietet sich es allerdings an, als integrative Klammer über die vorhandenen Management- und Berichtssysteme hinweg eine fokussierte, übergeordnete Risikoberichterstattung zu etablieren. Fokussiert bedeutet in diesem Zusammenhang, dass sich diese Risikoberichterstattung auf die jeweils wesentlichen Risiken einer operativen Geschäftseinheit oder des Gesamtunternehmens konzentriert.

Um dieses Ziel zu erreichen, ist es hilfreich, Wesentlichkeitsgrenzen für die Risikoberichterstattung auf den unterschiedlichen Unternehmensebenen zu definieren. Der Leitgedanke ist hierbei, die Entscheidungsträger auf den einzelnen Unternehmensebenen nur mit den für ihren Verantwortungsbereich jeweils wesentlichen Risikoinformationen zu versorgen, um einen Information overload oder eine unerwünschte Rück-Delegation von Verantwortung zu vermeiden. Kriterien für die Festlegung von Schwellenwerten können der – absolute oder relative – Bezug auf das Geschäftsvolumen, das Ergebnis, auf Vermögensgrössen oder andere geschäftsspezifische Kenngrössen sein, bzw. auch eine Kombination von Kriterien. Geeignet sind insbesondere die auch sonst im operativen Geschäft oder Unternehmen als Steuerungsgrössen verwendeten Grössen. Darüber hinaus bietet es sich an, die ausgewählten Schwellenwerte in Abhängigkeit von der Grössenordnung der betrachteten operativen Einheit abzustufen, umgekehrt für das Risiko-Reporting auf Unternehmensebene jedoch entsprechend höhere Schwellenwerte zu verwenden.

Verbindung zur bestehenden Organisation und Controlling-Prozessen

Da in jedem Unternehmen bereits eine Vielzahl von Organisationseinheiten und organisatorischen Regelungen existieren, ist bei der Gestaltung der Risikomanagement-Organisation hierauf aufzubauen. Die vorhandenen Organisations- und Führungsstrukturen sind somit der Ausgangspunkt einer Risikomanagement-Organisation und müssen entsprechend berücksichtigt werden. Die Fokussierung auf das Thema Risikomanagement darf nicht dazu führen, dass neben der «normalen» Organisation eine parallele Risikomanagement-Organisation eingeführt wird.

Insbesondere sind bei der Gestaltung der Risikomanagement-Organisation die in den operativen Einheiten sowie den Stabs- und Fachabteilungen vorzufindenden Risikomanagement-Kompetenzen konsequent zu nutzen. Da Risiken primär dort zu managen sind, wo sie auftreten, muss das Risikomanagement unmittelbar mit der Geschäftsorganisation und den Geschäftsprozessen verzahnt sein. Risikomanagement ist somit nur ein wichtiger Teilaspekt der bereits vorhandenen Organisation und Prozesse.

Auch für die Verwendung unterstützender Instrumente gilt, dass für das Risikomanagement nicht nur neue Methoden entwickelt und eingeführt werden sollten, sondern auf den existierenden Führungsinstrumenten aufzubauen ist. Wenn z.B. eine strategische Planungsmethodik im Unternehmen bereits vorhanden ist, so stellt diese – durch die damit regelmässig durchgeführten Branchen- und Wettbewerbsanalysen – eine gute Basis für die Identifizierung von Branchen- und Wettbewerbsrisiken dar. In ähnlicher Weise wird man für das Management von Projektrisiken, zunächst auf im Unternehmen bereits verwendete Projektmanagement-Tools zurückgreifen. Das Aufsetzen auf vorhandenen Ansätzen schliesst nicht aus, dass zusätzlich neue Methoden eingeführt oder bestehende risikoorientiert ergänzt werden.

Ebenso sollten für das Risikomanagement nicht unbedingt neue Prozesse eingeführt werden. Für ein risikoorientiertes Reporting kann beispielsweise am vorhandenen Controlling-Prozess angesetzt werden, indem etablierte Reportingformate um spezifische risikobezogene Informationen ergänzt werden. Risiko-Controlling ist dann nicht eine eigenständige Form des Controlling, sondern nur ein Aspekt des Controlling. Diese Verzahnung wird auch in folgender Abbildung 7 nochmals verdeutlicht: Quer über alle Stufen der beispielhaft angedeuteten Wertschöpfungskette sind hier Controlling und Risiko-Controlling integriert.

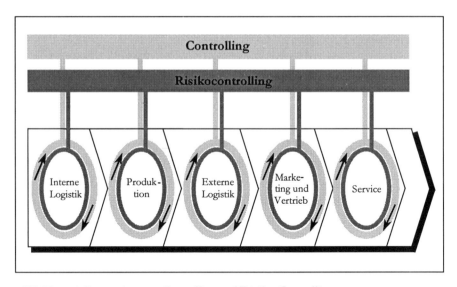

Abbildung 7: Integration von Controlling und Risiko-Controlling

Ziel der Gestaltung des unternehmensweiten Risikomanagement-Systems muss es sein, dass Risikomanagement integraler Bestandteil der Organisations- und Führungsstrukturen und der darin eingebetteten Prozesse ist. Nur dadurch ist eine umfassende und frühe Erkennung von Risiken und eine effiziente Handhabung und Steuerung zu gewährleisten. Auf diese Weise kann erfolgreiches Risikomanagement – als eine Kernfunktion unternehmerischen Handelns – einen wesentlichen Beitrag zur Steigerung des Unternehmenswertes liefern.

Autorenverzeichnis

Rainer Häberle, Jahrgang 1964, ist seit 1998 bei der UBS AG im Bereich Risikokontrolle tätig. Zuvor war er bei der ABB Treasury Consulting beschäftigt. Er studierte in Fribourg und an der London School of Economics und ist promoviert.

Reinhold Hölscher, Jahrgang 1954, ist seit 1994 Professor für Betriebswirtschaft an der Universität Kaiserslautern sowie Inhaber des Lehrstuhls für Finanzierung und Investition. Er studierte an der Universität Münster und an der Universität Basel, wo er auch nach seiner Habilitation in 1993 als Privatdozent tätig war.

Christiane Jost, Jahrgang 1962, studierte an der Universität Freiburg Volkswirtslehre und an der University of Sussex in Mathematik. Nach ihren Studien arbeitet sie zunächst als Vorstandsassistentin bei einer internationalen Wirtschaftsprüfungsgesellschaft im Bereich Versicherungen. Neben ihrer daran anschliessenden Tätigkeit bei der Helvetia Patria Gruppe im Bereich Risikomanagement und Portfoliostrategie promovierte sie mit dem Thema «Asset-Liability» Management bei Erstversicherungen". Zur Zeit ist sie freiberuflich als Beraterin für die Helvetia Patria Gruppe tätig.

Michael Lister, Jahrgang 1964, ist Assistenzprofessor der Abteilung Bankmanagement und Controlling an der Universität Basel und Habilitand von Prof. Dr. Schierenbeck. Er studierte an den Universitäten in Münster und Basel, an der er 1996 promovierte. Zuvor absolvierte er eine Bankausbildung bei der BfG, bei der er anschließend in der Anlageberatung und im Finanzierungsgeschäft tätig war.

Oliver Neumann, Jahrgang 1957, ist seit 1995 Fachbereichsleiter bei der Strategie- und Managementberatung Mummert & Partner AG in Frankfurt im Geschäftsbereich Versicherungen. Zuvor war er einige Jahre bei der Price Waterhouse GmbH in Frankfurt im Bereich Prüfung beschäftigt. Er studierte Jura in Fribourg, Schweiz und Betriebswirtschaft in Freiburg/Breisgau.

Matthias Nolte, Jahrgang 1965, ist seit 1997 Direktor für Budget und Planung im Geschäftsbereich Investmentbanking der Bankgesellschaft Berlin. Zuvor übte er im Bereich Riskcontrolling verschiedene leitende Funktionen bei der Credit Suisse in Zürich und Basel aus. Während dieser Zeit promovierte er mit dem Thema «Marktwertcontrolling im Währungsportfolio». Er studierte an der Universität in Münster/ Westfalen Betriebswirtschaftslehre.

Per-Göran Persson, Jahrgang 1966, ist seit 1995 im Bereich Risikokontrolle bei der UBS AG tätig. Er studierte an der Stockholm School of Economics und hat ein Doktorat in Ökonomie.

Uwe-Christian Rücker, Jahrgang 1967, ist seit 1998 bei der Robert Bosch GmnH im Bereich Geschäftsbereichs-Controlling tätig. Er Studierte Wirtschaftsingenieurwesen an der Universität Kaiserslautern und der Birmingham University. Während seiner Tätigkeit als wissenschaftlicher Mitarbeiter am Lehrstuhl für Finanzierung und Investition an der Universität Kaiserslautern, promovierte er.

Henner Schierenbeck, Jahrgang 1946, ist seit 1990 ordentlicher Professor für Bankmanagement und Controlling an der Universität Basel, an der er auch seit 1998 Dekan der Wirtschaftswissenschaftlichen Fakultät ist. Zugleich ist er wissenschaftlicher Leiter des Zentrums für Ertragsorientiertes Bankmanagement in Münster. Er studierte an der Freien Universität Berlin und an der Universität Freiburg/Breisgau. Zuvor war er Professor für allgemeine Betriebswirtschaftslehre, insbesondere Unternehmensrechnung, und Professor für Bankbetriebslehre und zugleich Direktor des Instituts für Kreditwesen an der Universität Münster.

Edgar Wittmann, Jahrgang 1960, ist seit 1997 Leiter Corporate Risk Management bei der Siemens AG München. Er studierte Betriebswirtschaftslehre an der Ludwig Maximilians-Universität in München und promovierte anschliessend. Seine berufliche Laufbahn bei Siemens begann er 1989 als Unternehmensanalyst in der Abteilung Unternehmensstrategien innerhalb der Zentralabteilung Unternehmensplanung und -entwicklung. Ab 1993 war er als Bereichsreferent für das strategische Controlling der Bauelemente-Bereiche von Siemens und für Siemens Solar zuständig.